教师教育精品教材·学前教育专业系列

学前教育简史

|第二版|

李召存　祝　贺◎主编

华东师范大学出版社
·上海·

图书在版编目(CIP)数据

学前教育简史/李召存,祝贺主编.—2版.—上海:华东师范大学出版社,2022
 ISBN 978-7-5760-3068-6

Ⅰ.①学⋯ Ⅱ.①李⋯②祝⋯ Ⅲ.①学前教育－教育史－世界－高等职业教育－教材 Ⅳ.①G619.1

中国版本图书馆 CIP 数据核字(2022)第 133528 号

学前教育简史(第二版)

主　　编	李召存　祝　贺
责任编辑	刘　雪
责任校对	王　琳　时东明
装帧设计	庄玉侠

出版发行	华东师范大学出版社
社　　址	上海市中山北路3663号　邮编 200062
网　　址	www.ecnupress.com.cn
电　　话	021-60821666　行政传真 021-62572105
客服电话	021-62865537　门市(邮购)电话 021-62869887
地　　址	上海市中山北路3663号华东师范大学校内先锋路口
网　　店	http://hdsdcbs.tmall.com

印 刷 者	常熟高专印刷有限公司
开　　本	787毫米×1092毫米　1/16
印　　张	16.75
字　　数	372千字
版　　次	2023年3月第2版
印　　次	2024年2月第2次
书　　号	ISBN 978-7-5760-3068-6
定　　价	48.00元

出 版 人　王　焰

(如发现本版图书有印订质量问题,请寄回本社客服中心调换或电话 021-62865537 联系)

前 言

QIAN YAN

学前教育史是学前教育专业的基础课程,它有利于引导学生初步了解学前教育发展的基本历程和思想演进,有利于打开学生学习学前教育专业的宏观视野,有利于提升学生思考学前教育专业问题时的历史意识,从而奠定其学习学前教育基本理论的基础。

本书名为《学前教育简史》,因此在编写过程中,我们着重思考了以下几点:首先,力图做到提纲挈领,把中外学前教育发展历程中出现的基本问题、主要事件、重要制度、核心思想等简明扼要地呈现出来,既让学生能够清晰地掌握基本史实,同时又不至于陷入史料泥潭。其次,努力尝试在史实基础上引导学生史识的提升。学习学前教育史,不仅要了解学前教育发展中的历史事实,而且需要在了解历史事实的基础上,形成一种对历史的见识。历史事实学习的是一种知识形态,历史见识则是基于知识而生成的一种思考能力。再次,在编写过程中,还有意识地引导学生从学前教育史的学习中"跳出来",直面现实中的实践问题。学前教育史的学习需要学生能够进入历史的意境,但进入历史的意境不是主要目的,因为我们的学生学习学前教育史主要不是为了以后去专门研究这个领域,而是为了能够汲取历史的思想资源,促进对学前教育现实问题的思考。也就是说,反观历史,思考现实,这才是学习学前教育史更现实的目的所在。

党的二十大报告指出,要"加强教材建设和管理"。教材是我国教育中的重要阵地,应紧扣时代的脉搏,将党的二十大精神落实到教材中,为加强教材建设和管理作出贡献,本书也不例外。当前我国学前教育事业已迈入高质量发展时期,对幼儿园教师的专业素养也有了更高要求,为进一步完善教材的质量,更好地发挥本书在高素质学前教育人才培养中的作用,在本次第二版出版之际,做了适当的完善修订。主要包括:①对书中存在的个别文字表述及文献注释等方面的不妥之处进行了订正;②对一些章节的历史背景部分做了更为凝练的概括;③在一些章节的首段,增加了核心要点的提炼。

本书由李召存、祝贺担任主编。第一章由陈晓红编写,第二章由吴芳编写,第三章由田雨佳编写,第四、六章由李召存编写,第五章由王红编写,第七章由范婕编写,第八章由姜玉杰编写,第九章由邢俊编写,第十章由高玲编写,第十一章由莫迪编写,第十二章由祝贺、万驰编写。全书由李召存、祝贺统稿。

  本书在编写过程中参考了诸多学界前辈和同行的研究成果,在此表示感谢!书中难免存在不足之处,敬请读者予以指正。

编者

2024 年 1 月

目录

第一章 中国古代学前教育实践 / 1

第一节 古代的胎教 / 2

第二节 古代的家庭教育 / 9

第三节 古代的慈幼 / 17

第二章 中国古代学前教育思想 / 22

第一节 贾谊的早期教育思想 / 23

第二节 颜之推的家庭教育思想 / 27

第三节 朱熹的儿童教育思想 / 31

第四节 王守仁的儿童教育思想 / 35

第三章 清末学前教育的近代转折 / 42

第一节 清末学前教育近代转折的历史背景 / 43

第二节 近代西方学前教育观念的传入与国人的探索 / 45

第三节 清末蒙养院制度的确立 / 53

第四节 清末学前教育的实施 / 58

第四章 民国时期学前教育的演进 / 65

第一节 学前教育思潮的传播与发展 / 66

第二节　学前教育制度的发展 / 71

第三节　学前教育实践的发展 / 77

第五章　近现代学前教育家的教育思想 / 89

第一节　陈鹤琴的学前教育思想 / 90

第二节　张雪门的学前教育思想 / 101

第三节　张宗麟的学前教育思想 / 107

第六章　中国共产党领导下的革命根据地学前教育 / 115

第一节　苏区的学前教育 / 116

第二节　抗日民主根据地的学前教育 / 119

第三节　解放战争时期解放区的学前教育 / 123

第七章　外国古代学前教育实践 / 126

第一节　古代东方国家的学前教育 / 127

第二节　古希腊的学前教育 / 133

第三节　古罗马的学前教育 / 136

第四节　西欧中世纪的学前教育 / 139

第八章　古代西方学前教育思想 / 146

第一节　柏拉图的学前教育思想 / 147

第二节　亚里士多德的学前教育思想 / 152

第三节　昆体良的学前教育思想 / 155

第九章　近代欧美主要国家和日本的学前教育发展 / 162

第一节　近代英国的学前教育发展 / 163

第二节　近代法国的学前教育发展 / 166

第三节　近代德国的学前教育发展 / 169

第四节　近代美国的学前教育发展 / 172

第五节　近代俄国的学前教育发展 / 175

第六节　近代日本的学前教育发展 / 178

第十章　近代西方学前教育思想 / 182

第一节　夸美纽斯的学前教育思想 / 183

第二节　卢梭的学前教育思想 / 188

第三节　欧文的学前教育思想 / 193

第四节　福禄贝尔的学前教育思想 / 198

第十一章　现代欧美主要国家和日本的学前教育发展 / 205

第一节　现代英国的学前教育发展 / 206

第二节　现代法国的学前教育发展 / 211

第三节　现代德国的学前教育发展 / 214

第四节　现代美国的学前教育发展 / 217

第五节　现代俄国的学前教育发展 / 222

第六节　现代日本的学前教育发展 / 225

第十二章　现代西方学前教育思想 / 232

第一节　杜威的儿童教育思想 / 233

第二节　蒙台梭利的幼儿教育思想 / 239

第三节　皮亚杰的儿童发展与教育思想 / 250

主要参考文献 / 260

第一章　中国古代学前教育实践

 学习目标

1. 了解中国古代胎教的理论基础及内容和方法。
2. 理解并掌握中国古代家庭教育的内容、原则与方法。
3. 了解中国古代慈幼实践的发展与措施。

 本章导览

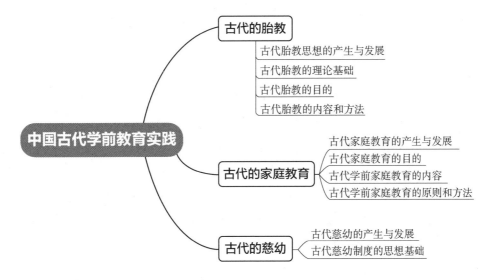

问题提出

汉代《韩诗外传》中记载了一个"买肉啖子"的故事。孟子小的时候,一天邻居家在杀猪,孟子问母亲:"邻居家为什么杀猪啊?"孟母随口答道:"要给你吃肉。"话一说完,孟母立刻后悔了:"我怀这个孩子时,就很注意胎教,座位放得不端正,就不会去坐;肉切割得不方正,我就不吃。现在他刚刚懂事,而我却欺骗他,是教他不诚实啊!"于是,孟母就去买了邻居家的猪肉,做给孟子吃,以证明自己没有欺骗他。这个故事反映了中国优秀的家庭教育传统,同时也让我们发现那个时候就已经有了胎教的做法。那么,中国古代社会家庭式学前教育的基本情况是什么样的呢?古代人所谓的胎教是怎样的?为什么座位放得不端正就不坐、肉切割得不方正就不吃呢?本章将会谈到这些问题。

中华五千年文明史源远流长,内涵博大精深。与之相随的是同样历史悠久的教育文明。以教立国、以教化民是历朝历代统治者维护其统治的基本政策。学前教育作为中国古代教育中的重要部分,历经数千年的实践,积累了丰富的教育经验。中国古代并没有产生具有现代意义上的专门化、社会化的学前教育机构,学前教育主要是在家庭中完成的。在漫长的历史发展中,从孩子出生之前的胎教,到出生之后的家庭教养,再到具有民族特色的慈幼观等,都是中国古代学前教育实践的重要组成部分,也是我们在今天发展学前教育事业时需要学习和了解的历史。

第一节 古代的胎教

在一般人的概念中,胎教似乎是一种非常现代化的做法,但其实在中国古代就有胎教实践了。那么,何为胎教呢?《辞海》中解释为:孕妇加强自身的调养和修养,给胎儿以良好影响。① 现在,胎教一般是指母亲怀孕期间,通过内外环境的调节,对胎儿施以有益影响,促其发育的各种做法。尽管中国古代并未形成一门独立的胎教学,但有关胎教的论述散见于政治、哲学、文学、教育、医学等各类书籍之中,虽夹杂着封建迷信的内容,但也有很多宝贵经验值得研究与借鉴。

一、古代胎教思想的产生与发展

西周时期是我国古代胎教实践的形成时期。中国古代强调"早谕教",十分重视孩子的早期教育。据史料记载,中国古代的胎教实践开始于三千多年之前的西周时期,周文王的母亲太任是史料记载中最早实施胎教的。汉代学者刘向在《列女传·母仪传》中记载,太任怀

---

① 辞海编辑委员会.辞海(第六版,缩印本)[M].上海:上海辞书出版社,2009:1818.

文王之时，"目不视恶色，耳不听淫声，口不出敖言，能以胎教"①。此后，周成王的母亲怀成王之时，"立而不跛，坐而不差，笑而不喧，独处不倨，虽怒不骂，胎教之谓也"（贾谊《新书·胎教》）②。这些都是有关我国胎教活动的最早记载，在思、视、听、言、动、情等方面均对孕妇提出了要求，强调上述各方面均会影响胎儿的发展。总体而言，西周时期是我国古代胎教理论与实践发展的初始阶段。这一时期，胎教主要实施于宫廷之内、帝王之家。当时的统治者十分重视胎教，甚至将胎教之道"书之玉版，藏之金匮，置之宗庙，以为后世戒"（《大戴礼记·保傅》）③，对平民百姓却"秘而不宣"。

春秋战国时期，因战乱动荡，使得学术下移、教育下移，胎教之道也得以由宫廷走向民间，逐渐为百姓所闻，并开始出现记载胎教的相关书籍。如《黄帝内经》是我国最早的医学著作，成书于春秋战国时期，其中就有关于"胎病"的记述，尤以《素问》中为多。所谓"胎病"，是指人的某些疾病起因于胎儿时期。

两汉时期，胎教理论开始形成。出于维护封建皇权统治的需要，西汉时期的不少思想家、政治家们纷纷指出，帝王早期是否施以胎教会影响其出生后的资质，进而关系国家未来的命运。如西汉政治家贾谊所著的《新书》，是我国最早专论胎教问题的著述，该书提出胎教的目的在于"正礼"，即孕妇的言行举止要符合"礼"的规范；强调"正本慎始""慎始敬终"，即若想得到好的结果，必须先有好的开端。此外，书中还提到需注意孕妇的居所、饮食、情绪调节等。再如西汉末年的刘向著有《列女传》，它作为我国最早的一部妇女专史，其中涉及胎教方面的内容更为广泛。《列女传·母仪传》记载了西周时期周室太姜、太任、太姒三位后妃分别对王季、文王、武王施以胎教的详细事迹，并强调孕妇必须注意对外界事物的感应。这一思想为后来的胎教理论——"外象内感"说奠定了基础。东汉王充曾著《论衡》三十卷，其中《气寿篇》《自然篇》《命义篇》《本性篇》都对怀胎、胎孕、胎教等进行了系统的解释。他从"元气生物"和"人性三品"的观点出发，强调胎教的重要性，并阐述饮食、居所环境、情绪等对母体的影响。从政治道德作用的角度论述胎教，是汉代各类胎教理论的一个共同特点。

魏晋南北朝时期，古代胎教呈现出两大发展趋势：第一，医学角度的相关论述开始出现。随着医学的发展，一些著名的医生也开始研究胎教。第二，从理论走向实践。这一时期的胎教不再限于理论的阐述，而是开始探索如何实施。如西晋学者张华在《博物志》中追述古代胎教之法，并提出一些独到见解。他大胆质疑当时的胎教万能论，提出孕妇应注意饮食禁忌，要对接触的事物心存谨慎，以及生男生女的办法。张华的胎教思想受封建思想影响较深，部分言论失之偏颇，带有明显的时代特征。北齐医师徐之才著有《逐月养胎法》，该书从妊娠生理学和胚胎学角度阐述了胎儿在母体中的生长发育情况，并依据脉象归纳了孕妇孕期一至九月的养胎内容，提出了伤胎后的补救措施。这一著述初步奠定了胎教理论的医学

---

① 中国学前教育史编写组.中国学前教育史资料选[M].北京：人民教育出版社，1989：6.
② 中国学前教育史编写组.中国学前教育史资料选[M].北京：人民教育出版社，1989：6.
③ 王小婷.论中国古代民间胎教思想习俗及其科学性[J].山东社会科学，2012(11)：88.

基础。同时期,颜之推也曾在《颜氏家训》中总结了古代胎教之法。

隋唐时期,人们更多地从医学角度论述胎教。这一时期有关胎教方面的著作,一方面继承了前人有关胎教实施内容的基本论点,另一方面展开了妊娠生理特点和胎儿生理特点的研究,对胎教的意义、作用、内容和方式等进行阐述,胎教逐渐走向科学化。如唐代名医孙思邈在其医学名著《千金方》中曾系统阐述妊娠起居、脉象、禁忌等胎教问题,并提出"外象内感"这一基本理论。孙思邈从医学角度阐述外界环境对孕妇的影响,奠定了古代胎教学的理论基础,但其中的生男生女、美贤之说等不免夹杂臆想成分。

两宋至元明清时期,有关胎教的理论和实践得以充实、发展。医学的发展分化、儿科学的逐步完善,使得一些医者从儿科学角度,进一步探讨胎儿发育的生理机制,展开对胎教学说的深入研究。如元代医师朱震亨著有《格致余论》,其中的"慈幼论",从养胎、保胎的视角出发,强调"儿之在胎,与母同体"。明代医学家万全则从医学角度较为科学地解释了情绪对胎儿的影响。

总体而言,"胎养与胎教相结合"是古代医学家在论述胎教之道时大多持有的观点。正如明代名士许相卿所言:"古者教导贵豫,今来教子宜自胎教始。妇妊子者,戒过饱,戒多睡,戒暴怒,戒房欲,戒跛倚,戒食辛热及野味。宜听古诗,宜闻鼓瑟,宜道嘉言善行,宜阅贤孝节义图画,宜劳逸以节,动止以礼。"(《许云邨贻谋》)①这种养教一体化的胎教之道,既是对前人胎教思想的发展,也是对古代胎教内容的丰富,同时也是对胎教发展方向的揭示,与现代胎教理论颇为一致。

二、古代胎教的理论基础

古代胎教理论延续了中国医学的一大特点——强调整体性,认为胎儿的发展与母体及所处的外界环境有着密切关系。基于这一观点,古代胎教的理论依据大致可包括"外象内感"说、"母子同体"说、"生长发育"说。

(一)"外象内感"说

"外象内感"说,是中国传统胎教思想的重要理论基础,强调母亲在怀孕期间所接触的外界刺激会通过母亲身体和心理的变化传递给胎儿,胎儿能直接感应到来自母体和外界的刺激。顾名思义,"外象"是指作用于母体的外界客观事物,"内感"是指胎儿在母体内对外部客观事物的感应。

早在西汉末年,刘向就曾在《列女传·母仪传》中概括出"外感"说。他指出,"人生而肖万物者,皆其母感于物,故形音肖之",意指胎儿的形体、声音之所以和外界事物相似,是因为母亲对外界刺激的感受。因此,胎教的重点在于注重母亲对外界的感受。此外,唐代医学家孙思邈在总结前人胎教理论和实践经验的基础上,提出了"外象内感"说。他认为,"至于三

---

① 中国学前教育史编写组.中国学前教育史资料选[M].北京:人民教育出版社,1989:6.

月,名曰始胎,血脉不流,象形而变,未有定仪,见物而化"(《备急·千金要方》)①。因此,要特别注意外界环境对孕妇的影响。

"外象内感"说,是夹杂科学与迷信的医学和胎教理论。它的科学性在于从整体性的角度强调"胎儿——母体——外界环境"间的相互影响,这一点也已为现代医学所证明;它的迷信在于过度夸大外界作用对胎儿的影响,例如在性别的选择上,"欲生男,宜佩弦","欲生女,宜佩韦"。

(二)"母子同体"说

"母子同体"说,是指母子同出一体,母亲的生理、心理变化都会被胎儿所感应,因此母亲在怀孕期间应对自己的言行举止、情感情绪等比较慎重。这一学说与"外象内感"说并无实质性差异,只是从思维水平看,更为浅显易懂。"母子同体"说,表明外界环境可以通过母体自身体内的环境变化来直接影响胎儿。因此,创造良好的母体环境是成功实施胎教的关键。这一观点已被现代医学、遗传学、胎教理论等证实。

元代医师朱震亨在其著作《格致余论》的"慈幼论"一篇中写道,"乳母禀受之厚薄,情性之缓急,骨相之坚脆,德行之善恶,儿能速肖",且"儿之在胎,与母同体,得热则俱热,得寒则俱寒,病则俱病,安则俱安。母之饮食起居,尤当慎密"②。这一段文字集中体现了"母子同体"说的基本思想,强调母亲与胎儿共处一体,外界的刺激会通过母体的生理、心理变化作用于胎儿。所以,母亲在怀孕期间,必须注意饮食起居及相关禁忌等。

(三)"生长发育"说

"生长发育"说,强调胎儿生长发育的阶段性,这一理论建立在中医学的基础之上。它主要是指依据医学中有关胎儿在母体中的生长发育阶段的认识,抓住时机,及时施行胎教。如隋代太医巢元方在其《诸病源候论·妊娠候》中,引用北齐医师徐之才的"逐月养胎方",指出"妊娠一月始胚,二月始膏,三月始胞,四月形体成,五月能动,六月筋骨立,七月毛发生,八月脏腑具,九月谷气入胃,十月诸神备,日满即产矣"③,阐述了胎儿在母体中的生长发育情况,并基于此列出孕妇每月所需的营养,制定出相应的食谱。此外,古人将胎儿的第三个月视为关键期,强调怀胎三月是施以胎教的最佳时机。这一观点与现代医学和胚胎学理论不谋而合,具有一定的科学依据。

三、古代胎教的目的

中国古代十分重视胎教,强调"正本慎始",提倡"早谕教",即教育要早、教育贵豫(预)。作为很早提出并实施胎教的国家之一,中国古代的胎教史源远流长,积累了丰富的经验。

春秋战国之前,胎教属于统治者的特权,胎教之道主要流行于宫廷之中,对于民间是"秘

---

① 中国学前教育史编写组. 中国学前教育史资料选[M]. 北京:人民教育出版社,1989:21.
② 中国学前教育史编写组. 中国学前教育史资料选[M]. 北京:人民教育出版社,1989:22.
③ 古今图书集成·博物汇编艺术典第 405 卷·医部·妇人胎前门[M]. 北京:中华书局,1934(454):55.

而不宣"的。宫廷中的胎教目的在于"生而明圣",培育贤圣的君主,为统治者培育合格的接班人打好基础。春秋战国之后,学术下移、教育下移,胎教之道开始流传于民间,平民百姓开始关注胎教之道,将胎教作为培养合格后代的方法,乃至希望能够通过它培育贤人、圣人。正如孟母实施胎教培育孟子,以求"卒成大儒之名"。尽管帝王之家、平民之家所追求的胎教目的有所差异,但其本质都在于要让孩子的教育有一个好的起点,为其健康成长打下良好的基础,培养出德才兼备、身体健康、形貌端正的理想下一代。具体而言,古代胎教主要包括以下四个目的。

(一) 追求德才兼备

古代胎教中对胎儿的道德教育是通过母亲的良好道德修养去施以影响的,即母亲自身需以传统的伦理道德规范严格要求自己,从而达到正胎的目的,使得胎儿出生后具备良好德性,能够"生而明圣",成为"贤明"之人。如刘向曾在《列女传》中提及,"太任之性,端一诚庄",正因为太任具有这种品性,怀文王之时,能够端正自己的视听言动,严格遵守礼仪法度,因此文王才得以"生而明圣"。古代胎教讲求母亲之"正",即视听言动之正、思想之正,且以礼正之。

(二) 追求形貌端正

为人父母者,无不希望自己的子女能够形貌端正、仪表美好。正因为"外象内感",因此,必须抓住妊娠"三月……形象始化,未有定仪"的时机,对胎儿施以良好影响。如隋代太医巢元方在《诸病源候论》中提到:"欲令子美好端正者,数视白璧美玉,看孔雀,食鲤鱼。"此外,为避免孩子出生时形貌不好,西晋的张华在《博物志》中指出:"妊娠者不可啖兔肉,又不可见兔,令儿缺唇。又不可啖生姜,令儿多指。"这些观点在今天看来已毫无科学根据,但它确实反映出我国古代的胎教往往将形貌端正作为目的之一,希望通过观外物而达到"外象内感"的效果。

(三) 追求健康成长

促使胎儿健康发育,为未来的发展奠定良好的身体基础,是古代胎教的又一重要目的。如王充在《论衡·命义》中提及,"禀得坚强之性,则气渥厚而体坚强,坚强则寿命长,寿命长则不夭死"。由上述论断可以看出,胎儿正处于人体的形成期,促使其身体发育是最为基础,也是最为重要的任务。

(四) 进行性别的选择

中国封建社会重男轻女的思想体现在胎教学说上则表现为"性别选择"。古人认为实施胎教能够达到性别选择的目的。如西晋的张华指出,怀孕的妇女在未满三个月时,于凌晨穿上丈夫的衣冠,到院子里的水井旁向左绕三圈,仔细观看水中自己的倒影后离去,不要回头看,也不要让自己的丈夫看见,则必会生男孩。这种奇特的言论实则是古代胎教学说中的谬论,带有浓厚的迷信色彩,是一种反科学的胎教观,在当代理应受到批判与舍弃。

四、古代胎教的内容和方法

在了解古代胎教的发展概况、理论基础和目的之后,在此进一步展开阐述我国古代胎教的具体内容和方法。在具体内容上,古代胎教主要注重孕妇自身的情绪调节、饮食调节以及所处的环境。在具体方法上,古代胎教主要运用三种方法:小劳法、监督法、瘦身法。

(一) 古代胎教的内容

1. 注意情绪的调适

"母子同体",孕妇的精神状态对胎儿有着重要影响。孕妇情绪稳定、心情舒畅有利于胎儿的发育成长。为此,孕妇首先要"养心",保持平和虚静的心态,能够"端坐清虚",且内心恬淡愉悦,排除私心杂念,无嗜无欲,遇事不喜不怒,宁静平和。其次,要"慎其所感",正因为外象内感,"感于善则善、恶则恶矣",因此必须"目不观恶色,耳不听恶声"。再者,还要进行诗书礼乐之教,使得孕妇能够"听诵诗书讽咏之音,不听淫声,不视邪色"[1],以使孕妇平和虚静,保持良好的精神状态,为胎儿的生长发育打下良好的基础。

2. 注意饮食的调理

注重饮食的营养与调理是古代胎教的又一基本内容。对于如何调理饮食,古代的胎教经验大致如下:

(1) 不食邪味。古代胎教学说中强调孕妇在饮食方面需"割不正不食",饮食禁忌颇多,主要是忌食肥甘厚味、生冷辛辣之品,例如兔肉、狗肉、生姜等,认为"食兔缺唇,食犬无声,食杂鱼而生疮癣之属,皆以食物不戒之过也……"这一方面反映了古人对食物功能的认识,另一方面也反映了古代的礼教观念,即追求正道、正礼,体现在饮食上则成为"割不正不食"。

(2) 饥饱适中。古代有胎教著作提出,孕妇饮食应饥饱适中,不宜过饥过饱。如先秦典籍《管子·内业》中所说的,"凡食之道:大充,伤而形不臧;大摄,骨枯而血冱"。即饮食过多,超过身体的吸收能力,反而会难以吸收而伤身。饮食过少,则易导致孕妇的营养不良,血脉枯竭。因此,怀孕期间,母亲的过饥、过饱都会影响胎儿的生长发育。基于此,古人提出了"瘦身法",强调孕期要限制胎儿在母腹中长得过于肥胖。

3. 注意环境的选择

基于"外象内感"说的胎教理解,古代胎教十分重视孕妇所处环境的选择,强调孕妇应选择优美、简静的环境居住,正如"怀子三月,出居别宫"。优美、简静的居处环境会通过对孕妇的影响而潜移默化地影响胎儿,从而利于胎儿的生长发育。此外,优良的环境还指孕妇应生活在有音乐、诗诵的环境之中,以保持心情愉悦。

---

[1] 中国学前教育史编写组. 中国学前教育史资料选[M]. 北京:人民教育出版社,1989:20.

(二) 古代胎教的方法

1. 小劳法

小劳法是指孕妇要参加一些轻微的体力活动,以达到"筋骨活动、血脉流通"的目的。如唐代医学家孙思邈在《备急千金要方》卷二《夫人方上》中提及,"以成其筋,身欲微劳,无得静处,出游于野","以成其骨,劳身摇肢,无使定止,动作屈伸,以运血气"。孕妇通过"出游于野""劳身摇肢""动作屈伸"等可以达到轻微活动、畅通气血的目的。清代亟斋居士对这一点有更为详尽的论述,他指出,"保胎又宜小劳为妙",因为"劳则气血流通,筋骨坚固","倘安逸不动,则筋骨柔脆,气血不行,略有闪挫,随至堕落"(《达生编》)。

2. 监督法

监督法是指对孕妇的视听言动、饮食起居进行监督,以促使"目不视恶色,耳不听淫声,口不出敖言",从而达到保胎、养胎的目的。这种方法主要见于宫廷之中。如贾谊在《新书·胎教》中阐述了具体做法:"王后有身,七月而就蒌室,太师持铜而御户左,太宰持斗而御户右,太卜持蓍龟而御堂下,诸官皆以其职御于门内。"[①]其中,"太师持铜而御户左"在于监督王后在孕期中要听什么音乐,以达到"耳不听于淫";"太宰持斗而御户右"在于监督王后的饮食,目的在于"口不食邪味"。太师、太宰的作用看似是御护王后,实则是监督王后的视听言动,督促王后按照符合统治阶级的伦理德性去感化和影响胎儿,以达到养胎、保胎的目的。

3. 瘦身法

所谓瘦身法,是限制胎儿在母腹中长得过于肥胖的方法。为达到孕妇瘦身的目的,古代胎教还会要求适当控制孕妇的饮食,使得孕妇摄食时做到饥饱适中。如清代的亟斋居士经过长期观察还总结出一种具体做法:用六七寸宽的布带横束孕妇的腰,约缠两道,直到临盆时才把布解去。[②] 这种方法既可以使孕妇在胎儿未长成之时保持腰部有力,以防流产;也可以使孕妇腹中狭窄,待解开之时,腹中易变宽,易于胎儿转身。

胎教思想是我国古代幼儿教育思想中的重要组成部分,历史悠久的古代胎教学说积累了丰富的胎教经验,虽然其中诸如"欲生男者,操弓矢;欲有女者,弄珠玑"等论断带有唯心主义色彩,缺乏科学依据,甚至部分论述带有封建迷信色彩或是过分夸大胎教的作用,但也不乏合乎科学原理的论述,值得今天的人们引以为鉴。例如,重视外界环境对胎儿的影响,强调为孕妇创造良好的环境;注重母亲孕期的精神状态,要求母亲怀孕时保持良好、稳定的情绪。此外,胎教实际上也是母教,通过直接作用于母亲的显性行为来影响胎儿的生长发育,其实质也是为了培养作为家庭教育的主要师资——母亲的一种重要手段。

---

① 贾谊.贾谊集[M].上海:上海人民出版社,1976:175.
② 李定开.中国学前教育史[M].重庆:西南师范大学出版社,1990:31—63.

第二节 古代的家庭教育

奴隶社会和封建社会时期，受社会生产力水平的制约，并未出现专门的学前教育机构，学前儿童主要在家庭中接受教育。中国古代的家庭教育主要是指父母对子女施加的一种有目的、有意识的单向的培养教育。作为儿童教育的基本形式，家庭教育在中国古代教育体系中占重要地位，积累了丰富的实践经验和文献著述，对当前我国的家庭教育仍具有一定的启发意义。

一、古代家庭教育的产生与发展

春秋战国时期，是我国家庭教育的第一个发展时期。在这一时期，周王室衰微，文化教育出现下移局面，一般平民家庭开始注意家庭教育，丰富的家教实例流传至今。例如《论语》中记载了孔子教育儿子孔鲤学诗学礼的庭训。陈亢问于伯鱼曰："子亦有异闻乎？"对曰："未也。尝独立，鲤趋而过庭，曰：'学《诗》乎？'对曰：'未也。''不学《诗》，无以言。'鲤退而学《诗》。他日，又独立，鲤趋而过庭，曰：'学《礼》乎？'对曰：'未也。''不学《礼》，无以立。'鲤退而学《礼》。闻斯二者。"此外，如孟母教子的故事更是广为流传。

两汉魏晋南北朝时期，开始出现了家教理论著作，被视为古代家庭教育发展的第一个繁荣时期。自汉代实施察举制以来，求功名、做官已成为一种普遍的社会追求，学子读书的积极性有了极大提高，家庭教育普遍受到重视。这一阶段的家庭教育主要体现在以下三方面：一是家书的流行，通过家书、家诫的形式教育子女，如三国时期诸葛亮的《诫子书》，动之以情，晓之以理。二是家教理论逐渐系统化、理论化，如南北朝时期颜之推所写的《颜氏家训》，专门论述家庭教育问题，被后世誉为家教的经典。三是家庭教育中对女子的要求逐渐完善，如东汉班昭所著的《女诫》成为中国最早的普及性女子教育读物。

唐宋时期，有关家庭教育的文献著述大量涌现，相关理论更为深入，是古代家庭教育发展的又一繁荣时期。自隋唐设立科举制以来，教育逐渐平民化，家庭教育日益受到重视。这一时期，家庭教育出现以下新的发展：一是家教理论研究的深入，家教著作日益丰富。如司马光的《温公家范》，该书共十卷，详细阐述了封建家庭道德伦理教育学说，极大地推动了古代家庭教育理论的发展。二是强调母亲在家庭教育中担任重要角色。如北宋政治家欧阳修之母郑氏，"以荻画地，教以书字"。三是将历代家训汇编成书。如南宋刘清之所著的《戒子通录》，收集史籍中有关庭训、教子事迹的言论百余篇，成为我国现存最早的家训著作汇集，有着重要的文献价值。

明清时期，家庭教育理论不断发展，并达到高峰。伴随统治者对文化教育控制力的加强以及理学家的提倡，从严治家成为社会风气。在这一时期，家庭教育的理论研究与实践活动都有了极大的进展，一方面产生了一批家教著作，另一方面集各家之所成的汇编丛书日渐趋多。

二、古代家庭教育的目的

家庭是以婚姻和血缘关系为基础组成的最小社会单位,是构成社会的细胞。在我国古代,家庭既承担着社会生产和人口生产的功能,又承担着教育的职能。国家赋税的征收、劳役与兵役的征用等依赖家庭,符合封建社会发展需要的人才培养也依赖家庭。因此,家庭教育的成败关系到国家和社会的稳定与兴衰。家庭教育的目的涉及社会、家庭、个体等多个层面。

(一)社会层面:齐家治国平天下,为培养统治人才服务

在古代中国,封建社会的教育是通过家庭教育的形式得以最终落实和体现的,而且封建社会的政治统治也是建立于以家庭为单位的原则之上的。因此,古代向来把"齐家"与"治国"联系在一起,强调家庭教育为社会教育需要服务。如《礼记·大学》曾概括了家庭教育与治理国家之间的关系,该著述认为"古之欲明明德于天下者,先治其国;欲治其国者,先齐其家。欲齐其家者,先修其身……身修而后家齐,家齐而后国治,国治而后天下平",概括起来,即修身、齐家、治国、平天下。封建统治者将家庭教育视为培养国家未来官僚的开始。可见,为培养统治人才服务,是封建社会教育的重要组成部分。

(二)家庭层面:谋取功名,追求入仕为官、光耀门楣

中国古代的封建社会注重血缘关系,将个人成才与家庭紧密联系起来,而且自建立科举制以来,考取功名成为平民百姓入仕的便捷之路,也是实现"朝为田舍郎,暮登天子堂"的蜕变之路。唐宋以来,社会上盛行"万般皆下品,唯有读书高""学而优则仕"的风气,无论是仕官之家还是平民百姓之家,都要求子弟读书。这些学子从小便立志要获取功名,以求入仕为官,可谓"两耳不闻窗外事,一心只读圣贤书"。

读书求功名在一定程度上促进了"读书进取"的社会风气,使得读书蔚然成风。但这种一味追求名利的风气,导致年过半百后还一无所成、一无所能,乃至潦倒一生的也大有人在。

(三)个体层面:加强道德修养,习得一技之长以谋生传家

古代学前家庭教育的目的体现在个体层面,主要表现在两个方面:一方面是以培养道德修养为目的,即"修身";另一方面则是以学得一技之长能够谋生传家为目的。"修身"更多体现在士大夫的家庭教育之中,以道德修养的塑造为家庭教育目的。如清代著名文学家、画家郑板桥任潍县知县时,在寄给弟弟的一封书信中提及,"夫读书中举中进士作官,此是小事,第一要明理作个好人","一捧书本,便想中举、中进士、作官,如何攫取金钱、造大房屋、置多产田。起手便错走了路头,后来越做越坏,总没有个好结果"。由此可见,读书是为明理,学高实为品高。因此,将子女培养成一个"明伦理、懂孝悌、知廉耻、守法度"的"贤子孙"是古代

家庭教育的基本目的,是中国传统家庭教育的主流。① 此外,古代家庭教育中还追求"习得一技之长"的目的,希望子女能够有所专长,以便在日后能够谋生传家。颜之推曾在《颜氏家训·勉学》中提及,"积财千万,不如薄伎在身","人生在世,会当有业"。这一家庭教育目的在当今社会仍值得推崇,所谓"术业有专攻",得一业足以治生。

三、古代学前家庭教育的内容

在我国古代,尽管不同的家庭、不同的时代,家庭教育内容有所差异,但概括起来,主要包括以下内容:初步的思想道德教育、文化知识教育、生活常规教育和身体保健教育。

(一) 初步的思想道德教育

思想道德教育向来是中国古代教育内容的主体,同样也成为学前家庭教育的"纲领",正如朱熹所言,"自小便教之以德,教之以尚德不尚力之事",旨在让儿童初步养成一些基本的道德观念及良好的行为习惯,主要内容包括孝悌、立志、崇俭、自立、处世之道等。

1. 孝悌

孝悌之道是我国古代伦理纲常教育的核心内容。在古代中国,当儿童稍懂人事的时候,父母、兄长等便会教之以伦理纲常。其目的在于让儿童自小懂得纲常礼教的内涵,为之后的修身、践行礼教奠定基础。孝悌之道包含两个方面:

(1) 孝,是指敬重长辈,顺从长辈,不违父母意志。孝的教育首先体现在从小懂得顺从父母长辈,不违背父母的意志,服从父母的绝对权威。《弟子规》中曾提及,"父母呼,应勿缓。父母命,行勿懒。父母教,须敬听。父母责,须顺承"。在古代中国,父母之命不可违。孝的教育还体现在儿童从小应养成敬奉双亲的习惯。古时为推行孝道,还出现了一些通俗易懂的儿童读物,如《二十四孝图》。

(2) 悌,是指友爱兄弟,目的在于让儿童从小敬重兄长,同辈之间互敬互爱。孔融让梨的故事便体现兄弟间互敬互爱。吐谷浑国王则是通过折箭的故事让众儿子明白"一箭易折,十箭难断",从而懂得兄弟团结才有力量的道理。

2. 立志

古人将立志视为思想道德教育的首要内容,有关立志问题的论述也十分丰富,归纳起来,主要包含三个方面:一是立志向学。古代教育家认为人的学业是否有成与其立志有关,所谓"非学无以广才,非志无以成学",不学难以成才,但成学必须有"志",而且必须持"志"以恒。二是立志成人。志存高远者,则会以前贤为范,成为一个高尚之人、一个正直之人。正如诸葛亮在《诫外甥书》中提到,"志当存高远,慕先贤,绝情欲,弃疑滞,使庶几之志,揭然有所存"。三是立志报国。以天下为己任,注重爱国气节、民族气节是我国家庭教育的优良传统,立志报国的气节使得代代儿女甘为国家和民族大义"抛头颅,洒热血"。例如,历史上岳

---

① 杜成宪,单中惠. 幼儿教育思想史[M]. 北京:人民教育出版社,2011:32—56.

母刺字,督促岳飞"精忠报国"就体现出了这样的报国之志。

3. 崇俭

在封建社会,人们主要以劳动为生,以勤俭为本,体现在家庭教育中则表现为崇尚俭朴,注重培养儿童树立崇俭的观念,养成勤俭的生活习惯。如朱柏庐在《治家格言》中所说,"一粥一饭,当思来处不易;半丝半缕,恒念物力维艰"。司马光曾专门著述有关勤俭的家训——《训俭示康》,告诫子孙除了自身要躬行俭训之外,还"当以训汝子孙,使知前辈之风俗"。提倡节俭,切勿奢华,是中国古代家庭教育留下的优良传统。

4. 自立

古代家庭教育注重儿童自立能力的培养,无论是寻常百姓家还是达官贵人之家,都要求子女从小懂得自立自强。在平民百姓之家,主要是受到家庭经济条件的限制,当子女达到一定年龄时,要求其自立门户,自谋营生;在达官贵人之家,主要是注重教育后世不要依赖家庭,而要依靠自己的力量自立于世。正如《温氏母训》所言,"岂有子孙专靠祖宗过活,天生一人,自料一人衣禄。若肯高低,各执一业,大小自成结果。今见各房子弟,长袖大衫,酒食安饱,父母爱之,不敢言劳,虽使先人贻百万赀,坐困必矣"。因此,我国古代十分重视儿童自理能力的培养,并要求儿童学习基本的劳动技能。例如,儿童能自己吃饭时,教他右手进食;会讲话时,教他学会应答成人。相比于达官贵人之家,平民百姓更关注儿童基本劳动技能的掌握,从小便学习打扫、饲养家畜等技能。

5. 处世之道

处世之道是古代家庭教育的重要内容之一,培养儿童待人接物与交友的能力,包括诚实守信、与人为善、谨言慎行等内容。

(1) 诚实守信。诚实守信是指要求儿童诚实无欺,从小说真话,做错事情应勇于承认,以诚信待人,不做欺瞒之事。史料记载,司马光五六岁时,有一次,他想给胡桃去皮但不会。姐姐试着帮他,但也去不掉,就先走开了,一位婢女用热水替他顺利将胡桃皮去掉,姐姐回来后便问:"谁帮你做的?"他回答是自己做的。事后他父亲得知真相,便训斥他:"小子怎敢说谎!"从此,司马光不敢说谎,而被后世称赞,"司马光一生以至诚为主,以不欺为本"。

(2) 与人为善。古代家庭教育中注重培养儿童行善去恶的意识,教育儿童为人处世要与人为善,积善心、做善事,而且"勿以恶小而为之,勿以善小而不为",告诫儿童不能因善事小而不做,凡是合乎道义的利人之事都应为之。正如《孟子·公孙丑上》中所言,"取诸人以为善,是与人为善者也。故君子莫大乎与人为善"。

(3) 谨言慎行。古人认为"祸从口出",因此教育儿童要"谨言慎行"。正所谓"处世戒多言,言多必失",以谨慎之心待人接物,有谦让之心,"临事让一步"。

古代家庭教育传授儿童为人处世之道,旨在让儿童从小学会自我保护,少走弯路,但我国封建社会一直宣扬的"明哲保身""乐天知命",体现在儿童教育方面,却含有世故、自保的思想,这些教育内容是否适合儿童,还有待商榷。

(二) 文化知识教育

在古代中国,"学而优则仕"的观念根深蒂固,反映在学前家庭教育上,则表现为对儿童早期文化知识教育的重视。在家庭中实施的文化知识教育,主要有识字习字、基本算术、自然常识、诗赋知识的启蒙等。

1. 识字习字

古代十分重视儿童的识字习字教育,不仅创设了易于儿童学习的方法,如《父师善诱法》中提到,将字刻于小木板之上,让儿童每日识得三四字;而且也十分重视对启蒙教材的编写,如李斯的《仓颉篇》、赵高的《爱历篇》以及流行至今的《三字经》和《百家姓》等。这些教材大多采用韵语,以三言句或四言句的格式,读来朗朗上口,易于儿童接受。此外,古代家庭教育中也十分重视"习字"。将识字与习字分开教学,先识后习。在习字过程中,先学习握笔,然后再描红,临摹名家碑帖,最后才脱离碑帖习字。这一习字方法在当前教授儿童学习写字时仍为世人所用。

2. 基本计算

相比于人文知识,算术知识教育在中国古代学前儿童的家庭教育中较为薄弱,主要是基于日用的需要,一般家庭在儿童五六岁时会教授一些简单的数字计算,以满足日后生活和生产之需。当然,在一些专门从事数学研究的家庭中,算术乃至数学教育,会在儿童幼时便开始进行。如南北朝著名数学家祖冲之,年幼便从父而学。

3. 自然常识

古代家庭教育中也会教授儿童一些基本的天文地理常识。如《三字经》中就涉及天文、五行、六谷、四季变化等相关基础知识。

4. 诗赋知识的启蒙

在古代中国的科举考试中,诗赋是一项重要内容,因而在家庭教育中也十分关注儿童诗赋知识的启蒙。如以汉赋或唐诗宋词中的某些名篇名作为题材,让儿童进行背诵学习。

(三) 生活常规教育

古代学前家庭教育中实施的生活常规教育主要有两个方面:一是礼仪规范的教育;二是为未来生活作准备的技能教育。

1. 礼仪规范的教育

古代家庭教育中对儿童进行礼仪规范教育的内容很多,被概括为"幼仪"或"童子礼"。礼仪规范的教育主要包括:第一,对儿童日常行为举止的训练。古代家庭教育对儿童的坐、立、行、跪、拜等都有严格的要求,如"立如松,坐如钟,行如风,卧如弓";饮食时不得抢先、拖后,不得挑食、拨食、撒饭、剩饭……总之,希望儿童能够动静有度、举止端庄。第二,对儿童进行尊老敬长的训练。古代家庭教育制定了儿童与长辈相处时的行为准则,即"应对、进退"之礼。例如长辈召见时,儿童应立即快步前往,面向长辈,垂首侍立,认真倾听等。此外,每日清晨和黄昏时分,儿童需向父母请安;逢年过节或长辈寿诞时,儿童需行叩头礼。总之,儿童在面对长辈时,应谦卑、恭谨。

2. 为未来生活作准备的技能教育

古代家庭教育中注重培养儿童的一技之长,注重向儿童传授对未来生活有用的知识和技能,以便儿童未来能够自谋营生。颜之推曾在《颜氏家训·勉学篇》中引用历史教训来阐述学习有用知识的重要性。他指出,梁朝繁盛时,贵族子弟不学无术、奢靡浪荡,待梁朝被推翻时,无所依靠,难以安身立命,而那些学艺者,却能在乱世之后"触地而安"。因此,颜之推感叹,"积财千万,不如薄伎在身"。

(四) 身体保健教育

身体保健教育,是我国古代学前家庭教育中的又一基本内容,注重儿童卫生习惯的养成、进行身体锻炼与身体保健等。

1. 卫生习惯的养成

古代有关家庭教育的论述中详细阐述了儿童应该养成的卫生习惯,包括洗漱、穿戴等,而且要求严格,必须"冠必正,纽必结。袜与履,俱紧切"[1]等。除此之外,还强调儿童需要为家庭的环境卫生做一些力所能及之事,如打扫庭院等。

2. 进行身体锻炼

在古代,游戏是加强儿童身体锻炼的一种重要方法。如拔河、踢毽子、跳绳、放风筝等,许多传统民间游戏至今仍为儿童所喜欢。

3. 身体保健

身体保健教育在吃穿住行等儿童生活的方方面面提出了要求,如饮食穿着勿过度,不能让儿童吃得过饱、穿得过暖,正所谓"若要小儿安,须带三分饥与寒";保护婴幼儿免受伤害,免受惊吓,消除儿童所处环境中的危险因素;勿勤抱持,适当地任其啼哭,避免孩子养成以哭为要挟的坏习惯。

四、古代学前家庭教育的原则和方法

古代家庭教育在长期的实践中积累了丰富的育儿经验,形成了一定的教育原则和方法,值得我们深思与借鉴。

(一) 古代学前家庭教育的原则

1. 及早施教

中国古代家庭教育强调"早谕教",认为对儿童实施的教育愈早愈好。古人认为儿童年幼之时还未受到外界环境的影响,易于塑造;且幼时养成的良好品行和习惯易于保持,即所

---

[1] 李毓秀. 弟子规[M]. 郑州:河南人民出版社,2007:2—4.

谓"少成若天性,习贯如自然"。更重要的是,儿童年幼时求知欲强,好奇心重,正是学习和接受教育的时机。如颜之推曾在《颜氏家训·勉学篇》中指出:"人生小幼,精神专利。长成已后,思虑散逸,固须早教,勿失机也。"若待儿童已养成某种不良习惯时再来施教,那难度便加大了。因此,古人强调及早施教,要趁着儿童"心未滥而先谕教"。

2. 量资循序

量资循序是指在教育儿童时,不能操之过急,需要依据儿童不同年龄发展阶段的资质水平循序渐进式地予以教育。如在《礼记·内则》中就提到了一个较为完整的、顺应儿童身心发展阶段的家庭教育的实施过程:"子能食食,教以右手。能言,男唯女俞。男鞶革,女鞶丝。六年教之数与方名。七年男女不同席,不共食。八年出入门户及即席饮食,必后长者,始教之让。九年教之数日。十年出就外傅,居宿于外,学书计……"这一过程启示当今的我们要抓住时机,顺应儿童身心发展特点,适时教育。

3. 严慈相济

严慈相济是指对儿童实施教育时,应该严格要求与慈爱相互交融。在中国古代,严、慈分别是对父亲和母亲的简称,因此严慈相济在一定程度上也代指父亲与母亲之间相互配合,共同教育子女。严慈相济主要表现为以下三点:第一,反对溺爱。"慈母多败儿","知爱不知教"只会养成儿童任性骄横的坏习惯。因此,爱孩子也应有度,要做到"心虽爱之,不形于外"。第二,注重严教。所谓严教,包含引导和约束这两个方面。"严"并不等于朝打暮骂,而在于事事指引,宽严有度。第三,讲求"均爱"。古人认为偏爱不但会害了受宠的孩子,使其任意妄为,还会引发其他子女对宠儿的不满、对家长的反感和抵触,甚至会导致子女间的冲突,引发家庭灾难。如颜之推曾在《颜氏家训·教子篇》中严厉地指出,"人之爱子,罕亦能均;自古及今,此弊多矣……有偏宠者,虽欲以厚之,更所以祸之"。总之,古人强调在实施家庭教育时,应严慈相济,一视同仁。

4. 一致性

一致性是指父母、长辈之间的教育要保持一致性。它一方面是指父母、长辈间要坚持同样的教育标准,对待所有子女要一视同仁。若父母的教育不一致,不仅会抵消家庭教育的作用,还会使得孩子养成看成人脸色行事、表里不一的不良习惯,变得"阳从父训,而阴奉母言"。另一方面是指教育要求的一致性。家长自身对孩子的要求要做到前后一致,正所谓"教之示以好恶有常",促使孩子向同一方向发展;当教育要求不一致时,不同方向间的教育信息会彼此干扰,反而会使得孩子无所适从,甚至产生懈怠和侥幸心理。

(二) 古代学前家庭教育的方法

1. 注重身教,以身作则

言传身教是中国古代家庭教育中较为普遍的一种方法,即以身作则、以身示教。古人强调在实施家庭教育时,以自己的榜样示范来教育并感化儿童,这一教育方法也体现了古人"欲正人先正己"的思想。孔子曾言,"其身正,不令而行;其身不正,虽令不从"。由此可见,父母的榜样会对孩子起到潜移默化的作用。因此,"教子须是以身率先"。针对父母的身教,古人提出了具体的实施策略:第一,为人父母者,在孩子面前,自身必须保持端正、庄重的形象,言行举止应符合封建礼仪之教,且言行一致,做到"言必行"。第二,父母要求孩子做到的,自己必须先要做到,"己所不欲勿施于人"同样适用于家庭教育之中,父母需"以身率先"。

2. 陶冶教育,注重感化

陶冶教育是指通过外界环境(如家长的榜样、家庭风气、社会环境等)的影响,潜移默化地熏陶儿童、教育儿童,以实现教育的目的。这一家庭教育方法体现了中国古代历来十分重视环境中所蕴含的教育意义。所谓"近朱者赤,近墨者黑",古人在对儿童实施家庭教育时,就十分重视环境对儿童的影响,"孟母三迁"也正是基于这一点。陶冶教育的目的在于陶情冶性,通过感化、积渐来实现。感化是指在不知不觉中使得儿童自觉地接受教育。感化的关键在于启发诱导,从而充分调动儿童的积极性。积渐是指教育儿童时,需要由点及面、由浅入深地进行,正如"积土成山"与"积水成渊"般,实现"积善成德"而"神明自得"的最终目的。总之,古代家庭教育中运用陶冶式的教育方法,需要选择良好的居住环境,并要求家长以身作则、塑造良好的家风等,为儿童营造最佳的外界环境,使其在一种软性的约束和持续的教育中逐渐被感化。

3. 顺应自然,关注儿童

中国古代提倡"顺应自然"这一家庭教育方法的先贤有很多,他们指出在实施家庭教育时,应考虑儿童的承受能力,注意儿童的自然天性及个体差异。明代学者王守仁曾指出:"大抵童子之情,乐嬉游而惮拘检,如草木之始萌芽,舒畅之则条达,摧挠之则衰痿。今教童子必使其趋向鼓舞,中心喜悦,则其进自不能已;譬之时雨春风,沾被卉木,莫不萌动发越,自然日长月化。"[①]游戏是儿童的天性,家长在对儿童实施家庭教育时,必须根据儿童的身心发展特点,顺应其天性,同时注意适度性,反对以爱之名束缚儿童,有如给树浇水,当树苗只需要一杯水时,切勿浇一桶水。

4. 体罚,惩戒儿童过失

体罚是古代家庭教育中盛行的一种惩戒方法,并被视为教育子女的必要手段,所谓"不打不成材""棍棒之下出孝子"。《礼记·内则》中提出,"父母怒、不说,而挞之流血,不敢疾怨,起敬起孝"。要求子女受到长辈的打骂时,不但不可生埋怨之心,而且还要更加敬爱父母。例如颜之推也提倡责打,并认为责打是立业的根本保证。当然,古代也有学者反对体罚,认为体罚违背了儿童的自然天性,是对儿童人格的侮辱,对其身心的摧残。例如王守仁就曾在《训蒙大意示教读刘伯颂等》中疾呼,"责其检束而不知导之以礼,求其聪明而不知养之以善"。体罚这一简单粗暴的家庭教育方法在当今逐渐被摒弃。

在我国漫长的封建社会里,家庭是学前儿童接受教育的主要场所。尽管没有形成系统的学前儿童家庭教育体系,但也积累了数千年的家庭教育的丰富经验,产生了一批家庭教育

---

① 吴光.王阳明全集[M].上海:上海古籍出版社,1992:87.

著作,对后世产生深远影响。尽管其中带有一些糟粕,有着时代的局限性,但也蕴含着很多精华,是古代教育学家智慧的结晶,值得我们学习与借鉴。

第三节 古代的慈幼

所谓慈幼,是指爱护幼小,给予幼儿关心和仁爱,促使其健康成长。"尊老爱幼"是中华民族的传统美德。中国数千年的文明历史,形成了具有民族特色的慈幼观念与习俗,值得后世研究、借鉴。

一、古代慈幼的产生与发展

从生物学的角度看,动物保护自己的后代,是延续自身种系的本能,而人类的慈幼除了本能外,更有自觉性。我国早期的儒家经典《礼记》就曾提到"大道之行也,天下为公。选贤与能,讲信修睦。故人不独亲其亲,不独子其子,使老有所终,壮有所用,幼有所长"。这是对原始共产主义社会的想象性描绘,折射出远古氏族公社时期对幼儿公养公育的慈幼特点。

先秦时期,慈幼观念和实践开始有了初步发展。一方面统治者为维护统治,加快人口繁殖,开始制定有关幼儿保护和救助方面的政令。例如,至今发现的我国最早记载保护和救助幼儿的著述,即管仲的"九惠之教",其中就提到了"慈幼";再如,根据史料《国语·越语上》的记载,春秋末期,越王勾践为积蓄兵力反击吴国,就曾颁布政令大力推行慈幼之政,鼓励妇女生育,派医官帮助妇女分娩,给予一定的经济补助等。另一方面,人们开始从母爱和家庭教育的角度论述慈幼观念,对此已逐渐形成一种较为普遍的认识,即"有教为爱"。韩非子曾在《韩非子·八说》中指出,虽然慈母十分疼爱幼子,但若放弃教育,只会使得幼儿养成不良习惯。战国时期的慈幼观念已蕴含了对教育的思考,但依附于统治政治的成分较大。

两汉时期,慈幼观念逐步深入人心。统治者不仅在思想上重视慈幼,同时采取了一系列措施。如东汉章帝,规定百姓家有身孕者,可以免去孕妇徭役和三年的赋税,并赠予孕妇每人养胎谷三斛,免去其丈夫的徭役和一年的赋税[①]。此外,东汉时期,以王充为代表的思想家批判当时盛行的忌讳女人生育哺乳,认为不专的封建迷信观念与习俗,希望能够改变这一陋习以保护妇女和婴儿的权利。如王充指出:"人,物也,子亦物也。子生与万物之生何以异?……世能别人之产与六畜之乳,吾将听其讳;如不能别,则吾谓世俗所讳妄矣。(《论衡》)"

唐宋时期,慈幼的发展步入兴盛阶段。如在宋代,弃婴现象极为普遍,针对这一现象,统治者采取了一系列措施:从制度上,颁布一系列法律禁止弃婴行为,指出生育孩子却不养育孩子的行为是"残忍薄恶,莫比之甚"。同时,针对弃婴,鼓励民间有条件者收养义子。在实践中,官府也兴办了专门的慈幼机构——慈幼局。

---

① 谭友坤,卢清.施善与教化:中国古代慈幼恤孤史述论[J].学前教育研究,2006(12):51—53.

明清时期,除了官办的慈幼机构,社会民间力量开始参与进去,创办了一系列的民间慈幼机构,用以救济贫困家庭中的婴幼儿。

二、古代慈幼制度的思想基础

(一)民本思想

中国古代的民本思想,强调以民为本,注重民意、民心与民生,是中国传统政治理论与实践的精华。早在殷周时期,统治者就意识到民众在社会发展以及维护政权统治中的重要作用,提出"民之所欲,天之必从"的论述。因此,统治者从维护封建统治的角度出发,实行惠民政策,体现在慈幼上则表现为颁布相关法令要求体恤孤幼、严禁弃婴、设立慈幼机构等。正如管仲在《管子·入国》中也提出"九惠之教"的概念:"一曰老老,二曰慈幼,三曰恤孤,四曰养疾,五曰合独,六曰问疾,七曰通穷,八曰振困,九曰接绝。"他强调设立"掌幼"和"掌孤"的官职,对那些有幼弱子女且无力抚养的家庭,国家将减免相关徭役,提供一定的资助;对无依无靠的孤儿,及时了解他们的生活状况,给予必要的救助等。

(二)仁爱思想

仁爱是儒家思想的核心,贯穿于儒家思想的各个层面。自汉代"罢黜百家,独尊儒术"以来,孔子的"仁者爱人""泛爱众而亲仁"、孟子的"老吾老以及人之老,幼吾幼以及人之幼"等仁爱思想开始为官方制度所吸收。在这一思想基础之上,统治者更加重视慈幼,为之后慈幼机构的创立奠定了良好的思想基础。正如宋代思想家张载在《正蒙·西铭》中强调,"尊高年,所以长其长;慈孤弱,所以幼其幼;圣,其合德;贤,其秀也。凡天下疲癃残疾、惸独、鳏寡,皆吾兄弟之颠连而无告者也。于时保之,子之翼也;乐且不忧,纯乎孝者也"。也就是说,"幼其幼"是建立在"慈孤弱"的思想之上的,将慈幼视为每个人必须承担的责任和义务。

(三)道家和佛家思想中的慈悲观

尽管封建社会中儒家思想一度成为主流思想,为多代统治者所推崇,但逐步发展起来的道家思想以及由外土传入的佛家思想,也推动了中国古代慈幼观的发展。道家提倡人之向善,如《太上感应篇》中就指出人应该"积德累功,慈心於物。忠孝友悌,正己化人,矜孤恤寡,敬老怀幼"。佛家思想则一直信奉慈悲观,教导民众要怀有大慈大悲之心,并且将育儿、养老等行为视为怀有慈悲之心的具体表现。如隋唐时期,佛教寺院中设有病坊,专门用来收治老、疾、孤、寡者。

三、古代的慈幼措施

中国古代的慈幼观内容丰富,历朝历代更是在实践中采取了一系列措施用于体恤孤幼,包括颁布法令制度(禁止弃婴、胎养令、养子法)、设立慈幼机构、免除赋税徭役、奖励收养行为等,其中以颁布法令制度、设立慈幼机构为主。

(一) 颁布法令制度

慈幼作为我国古代社会中广为流传的一种观念,也体现在历朝历代的政策法令之中,且多与自然灾害、赋税徭役相关联。统治者出于维护统治之需要,往往实行仁政,对孤幼及其他穷困人群进行救助。

早在春秋战国时期就已经以政策法令的形式规定了养育孤幼的政策,强调"养一孤者一子无征,养二孤者二子无征,养三孤者尽家无征"。当时的齐国,甚至还专门设有负责慈幼的官职。汉代时期,曾颁布律令,对"人有产子者"或"其婴儿无父母亲属"作免税和扶助。到两宋时期,弃婴现象严重,为改变这一社会现象,朝廷曾颁布一系列诏令,严禁弃婴并鼓励有条件者收养弃婴,如宋仁宗至和二年(1055年)下诏,"访闻饥民流移,有男女或遗弃道路,令开封府、京东、京西、淮东、京畿转运司应有流民雇卖男女,许诸色人及臣寮之家收买。或遗弃道路者,亦听收养"[①]。

(二) 设立慈幼机构

按慈幼机构的创办方划分,主要分为宫廷慈幼机构和社会慈幼机构。

1. 宫廷慈幼机构

宫廷慈幼机构,顾名思义,是指在宫廷之内设立的慈幼机构。据史料记载,中国最早的慈幼机构出现在西周时期,当时西周及各诸侯国的宫廷之内都设有养育婴幼儿的机构,即"孺子室"。这些机构主要是为太子、王子等人设立,以养育为主,仅供贵族等统治阶层所独享。东汉时期,出现了中国第一个具有教育性质的慈幼机构,即东汉邓太后所创办的"邸舍"。邓太后将宫室子女5岁以上者集中起来,教学诗书,并亲自监督。宫廷慈幼机构是我国慈幼机构中的一种特殊形式,并不具有代表性。

2. 社会慈幼机构

社会慈幼机构是指带有社会性质的慈幼机构,可以细分为官府创办的具有社会性质的慈幼机构、宗教人士举办的慈幼机构、学者及贤达创办的慈幼机构等。

(1) 官府创办的具有社会性质的慈幼机构。南朝萧梁时期,出现了中国历史上最早的官方慈善机构——孤独园。但此时的孤独园除了收养婴幼儿外,还会收养无家可归的孤寡老人,并不是专门的慈幼机构。自北宋开始,慈幼机构开始大规模地普及,走向制度化,出现了由朝廷或地方官吏创办的社会性质的慈幼机构。例如,在北宋时建立了收养老人与幼儿的居养院、慈幼局、婴儿局等机构;南宋时期则出现了专门的幼儿救助机构——婴儿局、慈幼局、慈幼庄等。其中,地方官吏创办的收养幼儿的机构主要是婴儿局和慈幼庄。例如,宁宗嘉定末年,湖州通判袁甫在当地创立婴儿局:"有弃儿于道者,人得之,诘其所从来,真弃儿

[①] 俞宁.中国传统慈幼恤孤制度探析[J].安徽史学,2011(01):125—128.

也,乃书于籍。使乳母乳之,月给之粟。择媪五人为众母长,众乳各哺其儿。又一人焉,以待不时而来者,来者众,则益募乳收之,今八十人矣。"①

（2）宗教人士举办的慈幼机构。自佛教传入中国以来,寺院就频繁开展慈善活动,其中就包括设立慈幼机构。早在南朝时期,梁武帝设立的六疾馆、孤独园等,就是由寺院及僧侣主持的,用来收养难以自力更生的鳏寡孤幼者。到隋唐时期,寺院中就已经设有病坊,主要用于收容乞丐、老、疾、孤、寡、贫等人群。总之,宗教人士举办的慈幼机构有着综合性的特点,并非专门为幼儿所设立,但也推动了中国古代慈幼的发展。

（3）学者及贤达创办的慈幼机构。如清代道光年间,学者唐鉴在贵州筹款举办及幼堂,不仅收养弃儿,还依据儿童的天资实施不同的教学内容,聪明者教以读书写字;粗钝者教以打草绳、编竹器等可以据以自食其力的一技之长,为将来谋生作准备。这使得慈幼机构具备了教育的性质。再如,清代名臣盛宣怀也曾在苏州办了孤儿院,也以"教养兼资"为特点。②

此外,宗室家族在婴幼儿的养育上,也发挥了重要的作用。例如,光绪年间的丁氏宗族就曾规定,"族中凡丧嫡室而遗有子女俱幼者,于应给月米外,加给月米一大口,制钱伍百文。俾失恃子女,稍得体恤。俟满拾陆岁停给"。③ 宗族之间不仅承担了抚养遗孤的义务,还经常救助宗族中的贫而有志者。除了养育之外,宗族还承担着教育的责任。例如,咸丰五年的屠氏家族设立了体恤遗孤的家塾,并规定了儿童的读书顺序,要求其接受"孝""善"之教以及儒家思想的教育。

需要注意的是,中国传统的慈幼组织所体现出的主要是体恤幼儿的性质,这些机构主要以"养"为主,而"教"所占的比例很少甚至没有。慈幼机构在一定程度上是统治者用以体现"仁政"的一种表现形式。中国传统的慈幼机构并不同于中国近代学制中的蒙养院或幼稚园,两者间存在本质的差别:前者主要是慈善性质的;后者则是学制体系中规定的,带有学前教育的功能,已经是现代意义上的"学前教育机构"了。两者间也存在联系,如中国近代的学前教育组织——蒙养院,就是利用了传统慈幼组织的设施和条件,附设在育婴堂之类的慈幼机构中。

 思考与练习

一、填空

1. 古代胎教的方法有_____、_____、_____等。
2. 中国古代儿童学前教育的基本形式是_____。
3. 古代家庭教育中,思想道德教育的重要内容是_____。

---

① 袁甫.蒙斋集[M].台北:台湾商务印书馆,1983:471.
② 唐淑.学前教育史[M].北京:人民教育出版社,2009:17.
③ 费成康.中国的家法族规[M].上海:上海社会科学出版社,1998:304.

4. 东汉时期,出现了中国第一个具有教育性质的慈幼机构,即东汉邓太后所创办的_____。

二、选择

1. 中国古代从( )起对女子家庭教育提出了完整的要求。
   A. 西周　　　　　　B. 春秋战国　　　　C. 秦朝　　　　　　D. 汉朝
2. 在我国,胎教作为一种理论,初步形成于( )。
   A. 隋代　　　　　　B. 北宋　　　　　　C. 唐代　　　　　　D. 两汉
3. 中国古代家庭教育的原则有( )。
   A. 大器晚成　　　　B. 放任自主　　　　C. 及早施教　　　　D. 以游戏为主
4. 下面哪一个不是我国古代家庭教育的目的( )。
   A. 求取功名　　　　B. 道德修养　　　　C. 谋求一技之长　　D. 发展儿童个性
5. 古代慈幼发展的鼎盛时期是( )。
   A. 隋代　　　　　　B. 宋代　　　　　　C. 唐代　　　　　　D. 两汉

三、简答

1. 我国古代胎教的目的有哪些?
2. 我国古代学前家庭教育的基本原则有哪些?
3. 我国古代学前家庭教育的内容有哪些?
4. 我国古代慈幼制度下的具体措施有哪些?

四、论述

中国古代家庭教育中注重体罚,常有"棍棒出孝子,不打不成器"等说法,请结合你所学习的中国古代家庭教育思想,谈谈你的看法。

拓展阅读

1. 毕诚.中国古代家庭教育[M].北京:商务印书馆,1997.
2. 李定开.中国古代幼儿教育方法及其现实价值[J].学前教育研究,2000(04):13—14.
3. 李如琳.对现代具有指导意义的几个古代婴幼儿家庭教育原则[J].学前教育研究,1995(03):10—11.
4. 刘咏聪.中国古代的育儿[M].北京:商务印书馆,1997.
5. 马镛.中国家庭教育史[M].长沙:湖南教育出版社,1997.
6. 乔卫平,程培杰.中国古代幼儿教育史[M].合肥:安徽教育出版社,1989.
7. 谭友坤,卢清.施善与教化:中国古代慈幼恤孤史述论[J].学前教育研究,2006(12):51—53.
8. 俞宁.中国传统慈幼恤孤制度探析[J].安徽史学,2011(01):125—128.

第二章 中国古代学前教育思想

 学习目标

1. 了解贾谊的胎教思想和幼教思想。
2. 了解颜之推的家庭教育思想。
3. 了解朱熹的儿童教育思想。
4. 掌握王守仁的儿童教育思想。

 本章导览

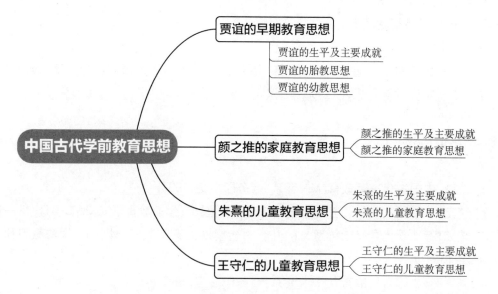

问题提出

一般说来,儿童的性情,是喜欢嬉戏玩耍而害怕被约束,就像草木刚开始发芽时,如果让它舒展畅快地生长,就能迅速发育繁茂,如果摧挠它就会很快枯萎。现在教育孩子,也是这样,一定要使他们顺着自己的兴趣,多加鼓励,使他们内心喜悦,那么他们自然就能不断进步,想停都停不下来。这犹如春天的和风细雨,滋润了花草树木,花木没有不萌芽发育的,自然能一天天地茁壮生长。但如果遇到冰霜的侵袭,那么它们就会萧条破败,一天天地枯萎。

以上内容是明代著名的思想家王守仁对儿童教育的一段表述。在许多人的印象中,好像中国的传统教育就是成人的权威教育,甚至棍棒教育,其实不尽然。王守仁的这段话充分认可和肯定了儿童的天性,并主张教育要顺导儿童的性情。那么,在中国古代社会,不同的思想家都阐述过哪些关于儿童早期教育的思想呢?这些思想又与今天的学前教育有哪些相通和启发之处?本章将重点选择几位思想家,加以介绍和分析。

在我国的历史发展长河中,有很多的思想家、教育家曾从不同的角度,提出了关于儿童早期教育的见解和主张。这些见解和主张与当时的社会现状、政治背景、教育制度等有着密切的关系。虽然今天看来其中某些内容存在着一定的历史局限性,但不容否认,它们都是我国古代学前教育发展史上不可忽视的存在。本章选择贾谊、颜之推、朱熹和王守仁四位思想家作为代表人物,对他们的儿童早期教育思想加以简述。

第一节 贾谊的早期教育思想

在贾谊之前,我国历史上已有不少教育家对教育这一基本领域进行过丰富且细致的探讨。然而,自先秦以来,就儿童早期教育这一子领域而言,却无人对此进行过系统而全面的阐述。贾谊的早期教育思想开启了一扇或许不够恢宏壮观却已经足够宽敞的大门。

一、贾谊的生平及主要成就

贾谊(前200—前168),洛阳(今河南省洛阳市孟津县)人,西汉初年卓有影响的政论家、文学家。贾谊曾担任过长沙王太傅,因而世人也称他为贾太傅、贾生、贾长沙。汉高祖七年,贾谊出生于洛阳,自幼读书刻苦,博览群书,所看书籍囊括了先秦时期的诸子百家之言论,到了十八岁,贾谊已经小有名气,在郡里得到夸赞,并被河南郡守吴公召入门下。贾谊二十二岁时,在吴公的推荐下成为当时朝廷所聘用的最年轻的博士,二十三岁时被提升为太中大夫,后被贬为长沙王太傅。三年

图2-1 贾谊

后,汉文帝召贾谊回长安,拜其为梁怀王太傅。汉文帝十一年,梁怀王坠马而死,贾谊认为责任在己,此后终日心情抑郁,于次年过世,年仅三十三岁。

贾谊在政治、文学、教育方面均颇有建树,所著政论有《过秦论》《陈政事疏》《论积贮疏》等;又以《吊屈原赋》《鹏鸟赋》等,享文学家之名;因其担任太傅并在《新书》中论述了教育问题,在教育领域也占有不可小觑的一席之地。他的教育思想主要记载在《新书》中。《新书》又称《贾子》,今存十卷五十八篇,但有两篇仅有目录,并无正文,因此实为五十六篇。贾谊在《新书》诸多篇目中谈及其教育思想和主张,其中涉及早期教育思想的主要是《傅职》《保傅》《劝学》《胎教》等篇。毛泽东曾有《七律·咏贾谊》:"少年倜傥廊庙才,壮志未酬事堪哀。胸罗文章兵百万,胆照华国树千台。雄英无计倾圣主,高节终竟受疑猜。千古同惜长沙傅,空白汨罗步尘埃。"这表达了对贾谊的咏赞之情。

二、贾谊的胎教思想

贾谊继承了中国古代"慎始敬终"的思想,认为对人的教育应自胎教开始。他的胎教思想可概括为"慎择母"和"孕正礼"。

(一) 慎择母

贾谊总结了前人的教育思想,主张教育应从胎教做起,并且认为胎教的第一步在于择母,即要为未来的孩子慎择其母。在论述这一点时,贾谊引用《周易》中的言论:"易曰:'正其本而万物理,失之毫厘,差以千里,故君子慎始。'春秋之元,诗之关雎,礼之冠婚,易之乾坤,皆慎始敬终云尔。"正因为"君子慎始",贾谊才对胎教格外重视,因为胎教是教育的开始,不能错过这一宝贵时机。他说道:"素成,谨为子孙婚妻嫁女,必择孝悌世世有行义者。如是,则其子孙慈孝,不敢淫暴,党无不善,三族辅之。故凤凰生而有仁义之意,虎狼生而有贪戾之心,两者不等,各以其母。呜呼,戒之哉!无养乳虎,将伤天下,故曰素成胎教之道,书之玉版,藏之金匮,置之宗庙,以为后世戒。"[①]由此可见,贾谊认识到母亲的道德品质和个性特征对其后代有直接影响,正如凤凰"仁义",而虎狼"贪戾",这两者具有本质差别。人亦是如此,孩童自呱呱坠地开始,即受母亲的影响,母亲的仁德对儿童的教育至关重要,因而他提倡"择孝悌世世有行义者"。

(二) 孕正礼

贾谊对太子的孕育过程也十分重视,强调"正礼胎教",即要以正规的礼法对孕妇的孕育过程进行约束,给胎儿提供良好的孕育环境。贾谊在《新书·胎教》中论述道:"青史氏之记曰:'古者胎教之道,王后有身,七月而就蒌室,太师持铜而御户左,太宰持斗而御户右,太卜持蓍龟而御堂下,诸官皆以其职御于门内。比三月者,王后所求声音非礼乐,则太师抚乐而

[①] 于智荣.贾谊新书译注[M].哈尔滨:黑龙江人民出版社,2003:305.

称不习。所求滋味者非正味,则太宰荷斗而不敢煎调,而曰:'不敢以侍王太子'。"① 由此可以看出,贾谊对孕妇所在的外界环境非常重视,在王后怀孕七个月时,便要入住分娩所用的蒌室,随之而入室的还有掌管音乐和膳食的人,而王后所听的音乐必须合乎礼教,所吃的食物也必须是"正味"。这一切皆是为孕妇体内的胎儿考虑。此外,贾谊对孕妇本身的环境也很重视,他主张孕妇"立而不跛,坐而不差,笑而不喧,独处不倨,虽怒不骂"②,这是为了使孕妇保持身心自在、平和,使胎儿能在一个较为健康的母体中得到良好发育。

虽然贾谊的胎教理论是建立在对历史经验和前人观点进行引述与总结的基础上,新意稍显欠缺,但他能从对太子的教育中深刻理解胎教的重要性,并且极力提倡胎教,这对胎教理念的进步和发展具有重大的意义。

贾谊胎教思想中的某些内容与现代的婚育观有共通之处。例如,他对孕妇孕期的情绪很重视,而在现代医疗实践中,我们也发现母亲的情绪状况对胎儿的发育有很大的影响,如果母亲在孕期处于消极的情绪状态,那么孕妇各方面的身体机能都会受到影响,从而影响胎儿的发育。不过,贾谊的某些胎教主张与今天的胎教理念在本质上有很大不同,如贾谊提倡以正规礼法约束怀孕的王后,保证王后所听的声音必须是"礼乐",所食用的食物必须是"正味",这与我们今天在胎教中采用音乐胎教以及注重孕妇的饮食是有本质差别的。以饮食为例,在现代婚育理念中,重视孕妇的饮食是有科学依据的,是根据现代生理学和医学的研究成果来调理孕妇的身体,避免摄入对孕妇和胎儿造成危害的食品,保证孕妇和胎儿的营养需要;而贾谊所重视的"正味"是从礼仪的角度来讨论的,合乎礼仪的便是"正味",反之便是"邪味"。准确说来,这背后并无确切的科学依据,而是封建社会的人们对礼仪的信仰问题,相信孕妇的良好行为能够对孩子有正面的启迪作用。③ 这在我国古代封建社会并不少见,如刘向在《列女传·母仪传》中也指出孕妇要"不食邪味"。再如,东汉名医张仲景还说"妇人妊娠,食雀肉,令子淫乱无耻"④。这里所说的"令子淫乱无耻",便是对孩子品德上的影响。事实上,并没有科学依据证明"雀"性淫,这只是封建社会人们的迷信所致。由此可见,贾谊提倡的"正礼胎教"在本质上也无法脱离古代封建社会的大背景,汉代重视儒术,贾谊也是儒家思想的推崇者,对礼乐很是重视,因此他的胎教主张中也渗透了儒学的礼仪观念。

三、贾谊的幼教思想

贾谊的幼教思想来自他对太子教育的经历,其精髓可以用一句话来概述:"太子之善,在于早谕教与选左右。"(《治安策》)

---

① 于智荣.贾谊新书译注[M].哈尔滨:黑龙江人民出版社,2003:306—307.
② 于智荣.贾谊新书译注[M].哈尔滨:黑龙江人民出版社,2003:307.
③ 徐寒.中国历史百科全书·教育卷[M].长春:吉林大学出版社,2004:306.
④ 张笑平.金匮要略临床新解[M].合肥:安徽科学技术出版社,2001:596.

(一) 早谕教

胎教之后,婴儿出生,直接的教育由此开始。而早期教育在整个教育历程中具有至关重要的地位,因此贾谊认为,对太子的教育应该尽早开始实施。贾谊在《新书·保傅》中指出:"人性非甚相远也,何殷周之君有道之长,而秦无道之暴也,其故可知也。"他认为人的本性相差不远,君王是否有道与后天所在的环境以及教育影响具有密切的关系,殷周之君与秦君的本性并没有多大差别,但他们后天所受教育不同,因而殷周之君有道,而秦君无道。在《新书·保傅》中,贾谊引用孔子的言论"少成若天性,习贯如自然",认为殷周之君的有道源于太子幼年所接受的良好的早期教育。他认为当太子还是婴幼儿之时,其怀有一颗赤子之心,并未受到外界的任何污染,在此时对太子进行教育,效果就会很显著,这就是所谓的"心未滥而先谕教,则化易成也"①。

(二) 选左右

贾谊认为,与"早谕教"同样重要的是"选左右"。慎选左右对早期教育意义重大。贾谊说:"使赵高傅胡亥而教之狱,所习者非斩劓人,则夷人之三族也。故胡亥今日即位而明日射人,忠谏者谓之诽谤,深计者谓之妖言,其视杀人若艾草菅然。岂惟胡亥之性恶哉?彼其所以习道之者非其理故也。"②由此可见,贾谊认为胡亥暴虐并不是因为生来如此,而是因为赵高在旁教习,因此胡亥即位后昏聩狠辣,使得秦朝二世而亡。贾谊由此指出,要慎重选择常伴太子左右的早期教育者。贾谊所谓的"选左右",既包括保傅,也包括太子的侍从及朋友,他说:"夫开于道术,知义理之指,则教之功也。若其服习积贯,则左右而已矣。"③同时,贾谊还在《新书·保傅》中列出殷周时期周太子的保傅加以引证,并在《新书·傅职》和《新书·保傅》中介绍了"三公"(太师、太傅、太保)、"三少"(少保、少傅、少师)的职责。"三少"是"三公"的副手,"三公"的职责是"保,保其身体;傅,傅之德义;师,道之教训"。这种保傅教育制度旨在为太子的早期教育提供正面的良性的环境,保傅官与太子接触密切,对太子的道德品行有着潜移默化和深远持久的影响。周太子所选择的太师、太傅、太保皆有德有才,所以周君仁德,因此贾谊主张"皆选天下之端士孝悌博闻有道术者以卫翼之,使与太子居处出入"④,如此一来,便可达到"太子初生而见正事,闻正言,行正道,左右前后皆正人也"⑤,即要选择德才兼备的贤士来担任"三公"或"三少",教导太子。

贾谊的早期教育思想多是针对太子的教育提出的,主要从有利于中央集权统治的政治立场出发,带有一定的政治色彩,但他是先秦以来第一位对早期教育进行系统论述的教育家,他提出的一些教育思想具有一定的普适性,丰富了我国古代早期教育的理论和经验。

---

① 于智荣. 贾谊新书译注[M]. 哈尔滨:黑龙江人民出版社,2003:154.
② 于智荣. 贾谊新书译注[M]. 哈尔滨:黑龙江人民出版社,2003:153.
③ 于智荣. 贾谊新书译注[M]. 哈尔滨:黑龙江人民出版社,2003:154.
④ 于智荣. 贾谊新书译注[M]. 哈尔滨:黑龙江人民出版社,2003:147.
⑤ 于智荣. 贾谊新书译注[M]. 哈尔滨:黑龙江人民出版社,2003:147.

第二节 颜之推的家庭教育思想

家庭教育思想是颜之推教育思想的精华。颜之推的家教思想诞生于封建社会,受到儒家学说的熏染,成为后世"家教规范"。颜之推强调家庭教育的重要意义,他对家庭教育具体内容的论述具有很强的实用性,对后世家庭教育的实施具有借鉴作用。

一、颜之推的生平及主要成就

颜之推(531—约597),字介,琅琊临沂(在今山东省临沂市)人,北齐文学家。祖籍邹鲁,东汉关内侯颜盛之后,有颜之仪、颜之善两兄。颜之推生活在南北朝至隋朝时期,一生中经历战乱,遭遇坎坷,曾几次被俘,途中经历被囚、出逃、为官等诸多变故,曾在梁、北齐、北周、隋等四朝为仕,梁相东王曾任他为国左常侍,后投奔北齐,累官至黄门侍郎,北周灭北齐后,他被任为御史上士,而在隋文帝期间被召为学士,于隋朝开皇十一年因疾而终。颜之推的传世著作有《颜氏家训》《集灵记》《还冤志》,其中,《颜氏家训》记载了颜之推的家庭教育思想。

图 2-2 颜之推

图 2-3 《颜氏家训》

《颜氏家训》成书于隋灭陈(589年)之后,其中记录了颜之推个人的经历、思想、学识,用以告诫子孙。它是中国传统社会的家规典范,是中国文化史上的一部重要典籍,是中国封建社会最早最完整的家庭教育著作。它开启后世"家训"先河,曾被南宋藏书家陈振孙誉为"古今家训之祖"。

二、颜之推的家庭教育思想

婴儿一出生就与家庭教育密不可分。在学校教育与社会教育之前,儿童最早接受的便是家庭教育。可以说,家庭教育是早期教育不可或缺的组成部分。在漫长的人生中,家庭教育带来的影响是潜移默化而又深远持久的。颜之推对家庭教育具有深刻且独有特色的认识,其家庭教育思想记录在《颜氏家训》一书中。《颜氏家训》中的教育内容立足于教育子孙立身、处世的需要,将儒家思想进一步发展,提出切实可行的教育方法、主张。

(一) 固须早教

颜之推对儿童的早期教育十分重视,并且和贾谊一样,也很重视胎教。他在《颜氏家训·教子篇》中说道:"古者,圣王有胎教之法:怀子三月,出居别宫,目不邪视,耳不妄听,音声滋味,以礼节之。"可见,颜之推对古代圣王的胎教很是支持,他由此谈到对儿童的教育应该尽早,就算没有实施胎教的条件,也应该相对提早。他还引用孔子的话"少成若天性,习贯如自然"以及"教妇初来,教儿婴孩"来力证他的主张。颜之推虽然也提倡晚学的精神,认为亡羊补牢与没有行动相比也是可取的,但他对早教和晚学的效果差别认识得很深刻,他认为在幼年的学习就像日出之光,光芒很灿烂耀眼,而老了再学习,就像秉烛夜谈,光芒微弱而艰难,就如他在《颜氏家训·勉学篇》中所说:"幼而学者,如日出之光,老而学者,如秉烛夜行,犹贤乎瞑目而无见者也。"对于这一思想,他在《颜氏家训·教子篇》中这样论述:"凡庶纵不能尔,当及婴稚,识人颜色,知人喜怒,便加教诲,使为则为,使止则止。比及数岁,可省笞罚。"这句话的意思便是普通老百姓家纵使不能如此(指进行胎教),也应在婴儿识人脸色、懂得喜怒时,就加以教导训诫,做到大人允许他做才做,不允许他做就立即停止,那么等到孩子长大几岁,就可免去鞭打惩罚。

颜之推还说:"人生小幼,精神专利,长成已后,思虑散逸,固须早教,勿失机也。"①此外,他还谈到自己七岁的时候背诵《鲁灵光殿赋》,过了多年都不会忘记,而二十岁之后背诵的书,一个月就已经废忘了。由此可以总结出,颜之推之所以提倡及早实施教育有两个方面的理由,一方面是因为他认为儿童在幼儿时期心境纯朴,不受污染,可塑性很强,教育对儿童的影响很大,因而是实施教育的绝佳时机。另一方面则是因为儿童在幼年时期精神专一,记忆力也很好,学习效果很好,而长大以后,思虑容易分散,因此就该早早教育,不要失掉教育的机会。

(二) 慈严相济

颜之推主张在家庭教育中,父母对孩子要慈严相济。他说:"父母威严而有慈,则子女畏慎而生孝矣。"②他认为慈爱是实施家庭教育的前提和基础,"父不慈则子不孝"③,"骨肉之爱,不可以简。简则慈孝不接"④,但他不支持无限度的溺爱,而是主张有教有爱。他在《颜氏家

---

① 颜之推. 颜氏家训·卷第三·勉学[M]. 檀作文,译注. 北京:中华书局,2007:110.
② 颜之推. 颜氏家训·卷第一·教子[M]. 檀作文,译注. 北京:中华书局,2007:8.
③ 颜之推. 颜氏家训·卷第一·治家[M]. 檀作文,译注. 北京:中华书局,2007:32.
④ 颜之推. 颜氏家训·卷第一·教子[M]. 檀作文,译注. 北京:中华书局,2007:11.

训·教子篇》中这样论述:"吾见世间,无教而有爱,每不能然;饮食运为,恣其所欲,宜诫翻奖,应呵反笑,至有识知,谓法当尔。骄慢已习,方复制之,捶挞至死而无威,忿怒日隆而增怨,逮于成长,终为败德。"可见,颜之推对"恣其所欲"这种现象十分反对,他认为不能任意放纵孩子,不加管制,因为倘若孩子形成了骄傲怠慢的习惯,那么纵使鞭打得再狠毒也树立不起威严,愤怒得再厉害也只会增加怨恨,直到长大成人,最终成为品德败坏的人。所以,他说:"父子之严,不可以狎。"①在家庭教育中,慈严结合才是最合适的做法。他还以自身经历为例,谈到自己家的门风家教向来严谨周密,在他还小的时候,就受到诱导教诲,但在他九岁时父亲去世,家道中落,由兄长抚养他,但兄长仁爱而少威严,使得他后来自我放纵,举止轻率,直到十八九岁才稍加磨砺,但习惯成自然,短时间内已经很难消除。所以他主张父母在孩子幼年时既要保持威严,又要保持慈爱,在教育中将"严"和"慈"相结合,才能达到良好的效果。

在"严"的具体实施上,颜之推主张采用体罚的方式,用体罚立威。他在《颜氏家训·治家篇》中说道:"笞怒废于家,则竖子之过立见;刑罚不中,则民无所措手足。治家之宽猛,亦犹国焉。"他也在《颜氏家训·教子篇》中说道:"凡人不能教子女者,亦非欲陷其罪恶;但重于呵怒,伤其颜色,不忍楚挞惨其肌肤耳。当以疾病为谕,安得不用汤药针艾救之哉?又宜思勤督训者,可愿苛虐于骨肉乎?诚不得已也!"他在此处以疾病来做比喻,认为孩子犯了过错时,不能因为不忍心就不惩罚,就像生病一样,不用药不针灸是不会痊愈的,而那些认真训诫子女的父母并不是忍心刻薄凌虐子女,而是不得已的。在今日看来,颜之推主张体罚的思想虽失之偏颇,然而在中国古代社会,这种严格教育的思想却似乎已经根深蒂固。直至今日,我们也依然能听到"棍棒底下出孝子""不打不成器"等说法。

(三) 均爱不偏

颜之推主张父母在家庭教育的实施过程中应当均爱,切忌偏宠偏憎,对所有的孩子都应该保持公平和公正的态度,做到一视同仁。

颜之推通过观察,发现在家庭教育中存在偏爱子女的问题,主要有三种表现:第一,对男孩女孩态度有别,即重男轻女。颜之推说道:"世人多不举女,贼行骨肉,岂当如此而望福于天乎?吾有疏亲,家饶妓媵,诞育将及,便遣阍竖守之。体有不安,窥窗倚户,若生女者,辄持将去,母随号泣,使人不忍闻也。"②重男轻女的现象在古代比较普遍,有些人生了女儿之后,便不愿养育,甚至残害孩子。第二,父母根据自身偏好,不平等地对待孩子。每个孩子的性格、天资都不一样,这也会影响父母对他们的喜爱程度。针对这种现象,颜之推说:"人之爱子,罕亦能均;自古及今,此弊多矣。贤俊者自可赏爱,顽鲁者亦当矜怜,有偏宠者,虽欲以厚之,更所以祸之。"③第三,对于后夫、后妻的子女态度不同。在《颜氏家训·后娶篇》中,颜之

---

① 颜之推. 颜氏家训·卷第一·教子[M]. 檀作文,译注. 北京:中华书局,2007:11.
② 颜之推. 颜氏家训·卷第一·治家[M]. 檀作文,译注. 北京:中华书局,2007:40.
③ 颜之推. 颜氏家训·卷第一·教子[M]. 檀作文,译注. 北京:中华书局,2007:14.

推说道:"凡庸之性,后夫多宠前夫之孤,后妻必虐前妻之子;非唯妇人怀嫉妒之情,丈夫有沉惑之僻,亦事势使之然也。前夫之孤,不敢与我子争家,提携鞠养,积习生爱,故宠之;前妻之子,每居已生之上,宦学婚嫁,莫不为防焉,故虐之。异姓宠则父母被怨,继亲虐则兄弟为仇,家有此者,皆门户之祸也。"这段话谈到了家庭中偏宠的另一种现象,即后夫大多宠爱前夫的孩子,后妻必然虐待前妻的孩子。这是一般人家的常态,颜之推认为之所以出现这种现象,不只是因为妇人心怀妒忌,丈夫沉迷女色,也是事态促使。因为前夫的孩子,不敢和自己的孩子争夺家业,所以将他提携抚养,天长日久自然生爱,因而宠爱他;而前妻的孩子常常居于自己所生孩子之上,无论学业、做官还是婚姻嫁娶,没有不需防范的,因而虐待他。对于这种问题的存在,颜之推认为也是祸患,因为如果异姓之子受宠,那么父母遭怨恨,如果后妻虐待前妻之子,那么兄弟成仇敌。

颜之推认为家庭中发生偏爱的问题是个弊端。他在论述这一问题时曾以史为证,谈到春秋时期武姜宠爱幼子共叔段,而最后共叔段骄横霸道,由于起兵谋权而被诛杀,以此类例子来佐证偏爱偏憎所导致的不良后果。

(四) 风化熏陶

颜之推对环境的熏陶作用十分重视,认为环境对人的成长的影响作用在幼年时期尤其明显。环境对幼儿的影响虽然是潜移默化的,但是却深远持久,甚至在儿童的身上烙下永恒的印记。颜之推说道:"人在年少,神情未定,所与款狎,熏渍陶染,言笑举动,无心于学,潜移暗化,自然似之;何况操履艺能,较明易习者也?"[①]这便是说人在年少时候,精神意态还未定型,和人家交往亲密,受到熏渍陶染,人家的一言一笑一举一动,即使无心去学习,也会潜移默化,自然相似,而别人的操行技能,是更加明显易学的东西。此处,颜之推对父母家人和邻居朋友两方面皆有着墨。

父母是与儿童最亲近的家人,因而对子女的影响也最深,所以颜之推主张在家庭教育中,父母要为儿童创造良好的环境,并以自家门风为例来论述家庭环境对儿童成长的影响。他在《颜氏家训·序致篇》中说道:"吾家风教,素为整密。昔在龆龀,便蒙诱诲;每从两兄,晓夕温清,规行矩步,安辞定色,锵锵翼翼,若朝严君焉。赐以优言,问所好尚,励短引长,莫不恳笃。"可见,家庭环境对颜之推的影响很大。

在家庭教育中,除了父母家人对儿童具有典范作用之外,选邻择友也是不可忽视的方面。颜之推继承前人学者的教育思想,重视"友"对儿童教育的影响。他在《颜氏家训·慕贤篇》中说道:"是以与善人居,如入芝兰之室,久而自芳也;与恶人居,如入鲍鱼之肆,久而自臭也。墨子悲于染丝,是之谓矣。君子必慎交游焉。"这便是我们时常谈到的"近朱者赤,近墨者黑"。因此,在家庭教育中,父母也应该对客观环境加以重视,让孩子在良好的环境中成长,择邻而居,慎重交友。

[①] 颜之推. 颜氏家训·卷第二·慕贤[M]. 檀作文,译注. 北京:中华书局,2007:87.

(五) 德艺周厚

在教育内容方面,颜之推主张德艺同行,但他继承了儒家学者的思想,对道德教育尤其重视,因此他提倡以德育为根本,同时也很重视技艺教育。

在道德教育方面,颜之推推崇孝悌仁义等道德规范的教育。在具体内容上,既包括人伦道德教育,也包括立志教育。他主张在儿童年幼时便要教育他们知晓忠孝仁义,践行礼法人伦,并且在对年幼的孩子进行教育时提到可从"孝"着手。颜之推对立志十分看重,认为士大夫的子女应该志向远大,以尧舜之志为目标。他在《颜氏家训·勉学篇》中说道:"士大夫之弟,数岁已上,莫不被教,多者或至《礼》《传》,少者不失《诗》《论》。及至冠婚,体性稍定,因此天机,倍须训诱。有志向者,遂能磨砺,以就素业;无履立者,自兹堕慢,便为凡人。"儿童早期阶段接受的道德教育对儿童品质的发展有极大影响,因而颜之推主张从小便开始对儿童进行道德教育。

除了道德教育之外,颜之推对技艺学习也很重视。除了经史文章,其他技艺也很重要。他在《颜氏家训·勉学篇》中说道:"人生在世,会当有业,农民则计量耕稼,商贾则讨论货贿,工巧则致精器用,伎艺则沉思法术,武夫则惯习弓马,文士则讲议经书。"他认为拥有一技之长能够得以自立。此外,他还在《颜氏家训·杂艺篇》中谈到书法、弓箭、绘画、算术、医方等技艺。但他认为这些杂艺不必过精,在谈到书法时,他说:"夫巧者劳而智者忧,常为人所役使,更觉为累。韦仲将遗戒,深有以也。"因此,他认为对于杂艺,稍微了解便可。

受时代背景所限,颜之推教育思想中的某些内容以今日的教育眼光来看可能有失妥当,如在严格教育方面,他主张体罚教育。但即便如此,颜之推的很多教育主张对我们当代家庭教育仍然具有重大的启发意义,如"慈严相济"的教育思想在家庭教育中仍然被很多父母采用,而均爱不偏的教育主张更是告诉父母应该以公平、公正的态度对待子女。此外,颜之推重视父母的言传身教,强调父母的榜样作用。这一主张告诉我们在家庭教育过程中,父母就是孩子的第一任教师,因此父母应该以身作则,用自己的实际行动在潜移默化中影响孩子的思想和行为,从而达到良好的教育效果。

第三节 朱熹的儿童教育思想

宋元时期是我国古代教育发展的重要阶段,在教育理念、方法和教材等方面都有较大发展,而其中,作为著名教育家的朱熹对儿童教育有着不可磨灭的贡献。

一、朱熹的生平及主要成就

朱熹(1130—1200),字元晦,一字仲晦,号晦庵,晚称晦翁,谥文,亦称朱文公,祖籍徽州婺源(今江西婺源),南宋哲学家、教育家,是儒学集大成者,世人尊称其为"朱子"。

宋建炎四年庚戌九月十五日午时,朱熹诞生于福建尤溪县的郑氏草堂(即"南溪书院"),

图 2-4 朱熹

他五岁入小学,家境穷困,自小聪颖,弱冠及第,于绍兴十八年中进士,先后任地方官九年,到朝廷任侍讲官四十天,官至直宝文阁待制,封婺源开国男,历高、孝、光、宁四朝。庆元六年庚申三月初九午时,朱熹病逝于建阳考亭之沧州精舍,享年七十岁。

朱熹为官仅十余年,却有五十年从事教学,他一生致力儒学,不断办学、讲学,例如修复白鹿洞书院,重修石鼓书院,参加鹅湖之会等。朱熹是程颢、程颐的三传弟子李侗的学生,成为程颢、程颐之后儒学的重要人物。在经学、史学、文学乃至自然科学的训诂考证、注释整理上都有较大成就,他精心编撰了《四书集注》等多种教材,代表著作有《周易本义》《启蒙》《蓍卦考误》《诗集传》《大学中庸章句》《四书或问》《论语集注》《孟子集注》《童蒙须知》等。朱熹哲学发展了程颐等人的思想,集理学之大成,建立唯心论的理气二元论体系。朱熹是两宋时期在学术上造诣最深的学者,他总结了以往的思想,尤其是宋代理学思想,建立了庞大的理学体系,成为宋代理学之大家,其功绩为后世所称道。

教育思想是朱熹整个学术理论体系中举足轻重的一部分,而他的儿童教育思想主要记录在其编著的《小学》和《童蒙须知》中。

二、朱熹的儿童教育思想

朱熹对儿童教育的重要性具有较为深刻的认识,正是在此基础上,他提出了一系列的儿童教育主张,对儿童教育的内容和方法都进行了较为深入、详细的探讨。

(一)重视童蒙教育

朱熹对童蒙教育十分重视,他根据前人的教育经验,依据教育的阶段性,将人的教育划分为两个阶段,八至十五岁定为"小学"教育阶段,十五岁之后为"大学"教育阶段。朱熹认为这两个阶段的教育是有所区别但又有所联系的,"小学"阶段与"大学"阶段的教育有不同的内容和方法,但"小学"教育是"大学"教育的基础。他说:"小学是直理会那事;大学是穷究那理,因甚恁地。小学者,学其事;大学者,学其小学所学之事之所以。小学是事,如事君,事父,事兄,处友等事,只是教他依此规矩做去。大学是发明此事之理。"①在《大学或问》中也记载了朱熹对于小学与大学关系的论述:"方其幼也,不习之于小学,则无以收其放心,养其德性,而为大学之基本。及其长也,不进之于大学,则无以察夫义理,措诸事业,而收小学之成功。"可以看出,朱熹认为"小学"是"大学"的基石,"大学"是"小学"的升华。

---

① 黎靖德. 朱子语类·卷七[M]. 北京:中华书局,1985:124—125.

朱熹很重视童蒙教育的基础作用,他说:"古者,小学已自暗养成了,到长来,已自有圣贤坯模,只就上面加光饰。"①朱熹还说:"古人于小学存养已熟,根基已深厚,到大学,只就上面点化出些精彩。古人自能食能言,便已教了,一岁有一岁功夫。到二十时。圣人资质已自有十分。"②

(二) 强调道德教育

朱熹非常重视道德教育,其童蒙教育以道德行为规范的养成为重心。朱熹的理学是朱熹道德教育思想的理论基础,朱熹认为伦理纲常都来源于"天理",他说:"万物皆有此理,理皆同出一原。但所居之位不同,则其理之用不一。如为君须仁,为臣须敬,为子须孝,为父须慈。物物各具此理,而物物各异其用,然莫非一理之流行也。"③朱熹继承孟子的思想,认为道德教育的目的是"明人伦",而道德教育的最终目标是培养"圣贤",他说道:"凡人须以圣贤为己任。世人多以圣贤为高,而自视为卑,故不肯进。抑不知,使圣贤本自高,而己别是一样人,则早夜孜孜,别是分外事,不为亦可,为之亦可。然圣贤禀性与常人一同。既与常人一同,又安得不以圣贤为己任?"④《朱子语类》中记载了朱熹的话:"圣人教人有定本。舜'使契为司徒,教以人伦:父子有亲,君臣有义,夫妇有别,长幼有序,朋友有信'。"朱熹之所以提出"明人伦"的道德教育目的,是因为当时的教育中存在不良风气,对人伦教育有所偏失,而偏重鼓励学子为仕途而读书的现象。

在道德教育的内容方面,朱熹认为在"小学"阶段和"大学"阶段是不同的,"小学"阶段教"事","大学"阶段教"理"。朱熹在《小学》中说道:"古者小学,教人以洒扫、应对、进退之节;爱亲、敬长、隆师、亲友之道。皆所以为修身、齐家、治国、平天下之本,而必使其讲而习之于幼稚之时。欲其习与智长,化与心成,而无扞格不胜之患也。"由此可以看出,朱熹主张在童蒙教育阶段,主要教育儿童在行为实践中学会基本的伦理,形成良好的道德习惯。朱熹在《小学》和《童蒙须知》中都用了很多笔墨编撰了童蒙阶段应该学习的道德教育内容,如他在《小学》中编入了独立的《明伦》篇目,对儿童应遵循的行为规矩和礼仪规范作了详细论述;而在《童蒙须知》中,他注重从细节实事中培养儿童的良好品行,使儿童的品德修养得以提升,他说:"凡为人子弟,须是常低声下气,语言详缓,不可高声喧哄,浮言戏笑。父兄长上有所教督,但当低首听受,不可妄大议论。长上检责,或有过误,不可便自分解,姑且隐默,久却徐徐细意条陈,云此事恐是如此,向者当是偶尔遗忘;或曰当偶尔思省未至。若尔,则无伤忤,事理自明。至于朋友分上,亦当如此。"

(三) 主张学"眼前事"

朱熹认为,在童蒙教育阶段,儿童的主要任务是"学其事",即学习近在眼前的日常之

---

① 黎靖德. 朱子语类·卷七[M]. 北京:中华书局,1985:125.
② 黎靖德. 朱子语类·卷七[M]. 北京:中华书局,1985:125.
③ 黎靖德. 朱子语类·卷十八[M]. 北京:中华书局,1985:398.
④ 黎靖德. 朱子语类·卷八[M]. 北京:中华书局,1985:133.

事。在《近思录》中,朱熹说:"圣贤之学,虽不可以浅意量,然学之者,必自其近而易者始。"朱熹对儿童的身心发展特点十分重视,正是根据"小学"阶段与"大学"阶段的不同,他才对"小学"阶段的主要学习任务进行了细致的讲述,并因此编写了两本童蒙教材《小学》和《童蒙须知》。

其中,《小学》全书分为内外两篇:内篇有《立教》《明伦》《敬身》《稽古》四个篇目;外篇分为《嘉言》《善行》两篇。朱熹在《童蒙须知》中对"眼前事"进行了详细的论述,他将儿童要学的日常之事分为"衣服冠履""语言步趋""洒扫涓洁""读书写字",以及其他"杂细事宜"。他说:"大抵为人,先要身体端正。自冠巾、衣服、鞋袜皆须收拾爱护,常令洁净整齐。"以衣服为例,他指出:"凡著衣服,必先提整衿领,结两衽。纽带不可令有缺落。饮食照管,勿令污坏。行路看顾,勿令泥渍。凡脱衣服,必整齐摺叠箱箧中,勿散乱顿放,则不为尘埃杂秽所污,仍易于寻取,不致散失。著衣既久,则不免垢腻,须要勤勤洗浣,破绽则补缀之,尽补缀无害,只要完洁。"而在读书写字方面,朱熹强调:"凡读书,须整顿几案,令洁净端正,将书整齐顿放,正身体,对书册,详缓看字,子细分明。读之,须要读得字字响亮,不可误一字,不可少一字,不可多一字,不可倒一字,不可牵强暗记,只是要多诵遍数,自然上口,久远不忘。"朱熹对童蒙教育阶段诸多杂细事宜均作了较为细致的规定,以便儿童的学习可以有章可循。

朱熹说:"古者初年入小学,只是教之以事,如礼乐射御书数及孝弟忠信之事。自十六七入大学,然后教之以理,如致知、格物及所以为忠信孝弟者。"[1]他认为,这种对"眼前事"的学习是符合儿童的认知发展水平的做法,同时也在为以后的"大学"教育作铺垫。

(四)要求慎择师友

与贾谊、颜之推等古代教育家一样,朱熹也非常重视教育环境对儿童的影响,因此他主张应该慎择师友,并且应该从选择儿童的乳母开始,这一点与贾谊胎教思想中"慎择母"有相通之处。朱熹在《立教》中总结前人之言,说道:"《内则》曰:'凡生子,择于诸母与可者,必求其宽裕慈惠、温良恭敬、慎而寡言者,使为子师。'"由此可见,朱熹对乳母的品性十分重视,认为乳母对儿童的影响极大,因此应该选择"宽裕慈惠、温良恭敬、慎而寡言者",如此才不至于让乳母败乱家法的不良行为影响她们所抚养的孩子。

朱熹认为家长负有教育职责,因此应该注重榜样作用,为儿童创造良好的教育氛围,发挥表率作用。他说:"父母爱其子,正也;爱之无穷,而必欲其如何,则邪矣。此天理人欲之间,正当审决。"[2]朱熹还在《稽古》中谈到"孟母三迁"的典故,可见他很赞同父母为儿童选择良好教育环境的做法。

对于皇子的教育,朱熹对贾谊"早谕教"和"选左右"的思想非常赞同。朱熹认为当朝皇

---

[1] 黎靖德. 朱子语类·卷七[M]. 北京:中华书局,1985:124.
[2] 黎靖德. 朱子语类·卷十三[M]. 北京:中华书局,1985:232.

子和皇孙的教育存在弊端,因为"师傅、宾客既不复置,而詹事、庶子有名无实,其左右春坊遂直以使臣掌之,既无以发其隆师亲友、尊德乐义之心,又无以防其戏慢媟狎、奇邪杂进之害"①。针对这种弊端,朱熹认为应该选择"端方正直、道术博闻之士"来教育皇子皇孙。由上述内容可知,朱熹很关注教育环境的作用,强调环境对儿童的熏陶和启迪。

(五)提倡正面教育

在教育方法上,朱熹提倡以正面教育为主,重视启发诱导。在《小学辑说》中有记录:"小学书要多说那恭敬处,少说那防禁处。"②从这里便可看出朱熹是推崇正面引导多于反面惩戒的。他认为在儿童教育中应该多多进行积极引导,减少消极限制。因此,在《小学》和《童蒙须知》中他花了不少笔墨对儿童的日常生活和学习行为进行规范,从"衣服冠履"到"读书写文字"乃至其他杂细事宜,他皆一一点到,从细节处对儿童进行教育和引领。此外,《小学》一书中还收录了许多前人的典故和例子,且多是正面榜样,这正是为了对儿童进行正面的积极的启发诱导,如《稽古》中以闵子骞来谈"孝",说道:"孔子曰,孝哉闵子骞!人不间于其父母昆弟之言。"在《小学》中,类似这样的例子有很多,可见朱熹很乐于用古代圣贤之士的美谈来做正面案例,对儿童进行引导。

朱熹认为师长应该是个引路人,在教育儿童时应善用指导之术。他说:"某此间讲说时少,践履时多,事事都用你自去理会,自去体察,自去涵养。书用你自去读,道理用你自去究索。某只是做得个引路底人,做得个证明底人,有疑难处同商量而已。"③他认为:"师友之功,但能示之于始而正之于终尔。若中间三十分工夫,自用吃力去做。既有以喻之于始,又自勉之于中,又其后得人商量是正之,则所益厚矣。不尔,则亦何补于事。"④因此,师长在儿童教育过程中应该注重指引和启发。

朱熹的儿童教育思想深受儒家学说的影响,尤其是在道德教育方面,他的主张与孔孟一脉相承。但是,朱熹特别重视道德教育与实践的结合,主张从实际的"眼前事"中提升儿童的道德修养,使其养成良好的行为习惯,这种思想对于我们今天的教育很有启示。我国当下的思想道德教育仍然存在着纸上谈兵、流于表面的现象,与社会实践的联系不够密切,针对这种情况,我们或许应该以史为鉴,对朱熹的道德教育思想进行深刻的思考,在今天的思想道德教育中多多关注现实,真正做到"理论联系实际"。

第四节 王守仁的儿童教育思想

王守仁很重视教育对人的发展所起的作用,他的教育思想建立在心学的基础上。其中,

---

① 朱熹.朱子全书·卷十一·戊申封事[M].上海:上海古籍出版社,2002:590.
② 唐淑.学前教育思想史[M].北京:人民教育出版社,2009:29.
③ 黎靖德.朱子语类·卷十三[M].北京:中华书局,1985:223.
④ 黎靖德.朱子语类·卷八[M].北京:中华书局,1985:146.

王守仁的儿童教育思想在古代学前教育史上占有重要地位,很多内容对今日的幼儿教育实践仍然具有指导意义。

一、王守仁的生平及主要成就

图2-5 王守仁

王守仁(1472—1529),幼名云,字伯安,世称阳明先生,谥文成,故后人又称王文成公。浙江绍兴府余姚县(今属宁波余姚)人,明代著名的哲学家、教育家,心学唯心主义集大成者,与孔子、孟子、朱熹并称为孔、孟、朱、王。

王守仁出身于书香门第、官宦世家,家族自称是东晋丞相王导的后裔。他十二岁时入读师塾,志存高远,不仅对儒、道、佛三家思想潜心修习,更对兵法卓有研究,期盼为国尽忠。十五岁时,王守仁曾上书皇帝献策平定农民起义,可是并没有被采纳,后来他出游居庸关、山海关,在那时就已心存经略四方之志。二十岁时,王守仁第一次参加乡试,中举人,弘治十二年,他参加礼部会试,因考试出色,举南宫第二人,赐二甲进士第七人,观政工部。王守仁不仅在学术上颇有成就,其政治和军事才能亦卓尔不凡,是当之无愧的全能大儒,曾官至南京兵部尚书、都察院左都御史,因平定宸濠之乱等军功而封爵新建伯,隆庆时追赠侯爵。

王守仁的哲学思想是其一生学术成就中最闪耀的亮点,留有三本传世之作《阳明全书》《传习录》《大学问》,皆是其学生、门人所辑。其中,《大学问》被认为是王阳明哲学思想的最重要的代表著作。此外,王守仁在文学上也颇有造诣,著有《瘗旅文》《教条示龙场诸生》《象祠记》等。而在教育上,王守仁亦有不小的成就,他三十多岁开始讲学授徒,并在任职过程中经常修建书院,倡办社学,利用从政之余进行讲学。他谪居贵州龙场驿时,曾建龙冈书院,主讲贵阳书院;在巡抚江西期间,曾立社学,修濂溪书院,集门人于白鹿洞讲学,并在其总督两广军务时办思田学校、南宁学校和敷文书院。即使在其退职回乡期间,他也先辟稽山书院,后办阳明书院,并在余姚龙泉山寺讲学,学者云集。

二、王守仁的儿童教育思想

王守仁在《训蒙大意示教读刘伯颂等》《教约》《传习录》中的部分篇目中都对儿童教育问题有所论述,其思想主张主要可以概括为四个方面:顺导志意,调理性情;量其资禀,循序渐进;因人施教,各成其材;全面诱导,不执一偏。

(一)顺导志意,调理性情

王守仁主张在儿童教育中应该尊重儿童的身心特点,遵循儿童的成长规律,顺导儿童性情,让其自然发展。在《训蒙大意示教读刘伯颂等》中,王守仁以一针见血的论述对当时儿童教育中存在的弊端进行了严厉的批判，他说："若近世之训蒙稚者，日惟督以句读课仿，责其检束而不知导之以礼，求其聪明而不知养之以善，鞭挞绳缚，若待拘囚。"①他认为当时传统的教育方法对儿童来说是一种束缚，因为那种训练式的教育仅仅督促儿童的课业学习，一味地对儿童的行为进行约束，却不知用礼仪来引导儿童，只重视聪明的头脑，却忽视对其善良之心的培养。在这种教育下，儿童就像被缚手缚脚的囚犯，他们的天性被践踏、忽视。这种情况带来的恶果则是"彼视学舍如囹狱而不肯入，视师长如寇仇而不欲见，窥避掩覆以遂其嬉游，设诈饰诡以肆其顽鄙，偷薄庸劣，日趋下流"②。

针对这种弊端，王守仁提出了自己对于儿童心理特点的认识，他认为儿童"乐嬉游而惮拘检，如草木之始萌芽，舒畅之则条达，摧挠之则衰痿"③，正因为如此，他提出教育应该顺应儿童的性情。他论述道："今教童子必使其趋向鼓舞，中心喜悦，则其进自不能已。譬之时雨春风，沾被卉木，莫不萌动发越，自然日长月化。若冰霜剥落，则生意萧索，日就枯槁矣。"④在这里，他将教育儿童类比为"春风时雨"之于"卉木"，只要顺着儿童的兴趣，对他们多加鼓舞，那么他们心中就会喜悦，因而能不断进步。王守仁详细地论述了这一点，他这样说道："故凡诱之歌诗者，非但发其志意而已。亦所以泄其跳号呼啸于咏歌，宣其幽抑结滞于音节也。导之习礼者，非但肃其威仪而已，亦所以周旋揖让而动荡其血脉，拜起屈伸而固束其筋骸也。讽之读书者，非但开其知觉而已，亦所以沈潜反复而存其心，抑扬讽诵以宣其志也。"⑤在这里，"诱之歌诗""导之习礼""讽之读书"这些做法都是用来顺应儿童的天性，引导儿童的志向，使得儿童教育达到良好的效果。

王守仁对儿童天性的重视对于我们今日的教育依然具有重要的启示。事实上，我们不难发现，在今天的教育现实中，仍然存在王守仁所批判的现象，应试教育的压力使得许多教师和家长只关心孩子的成绩而忽视了孩子的内心，很多儿童为考试和作业所累，从童年开始便承受着或多或少的学业压力，他们幼小的心灵得不到放松，在这种绑束中，快乐也被剥夺了，教育的效果也会受到影响……或许，我们应该认真思考究竟如何将"顺导其志意，调理其性情"真正付诸今天的教育实践中。

（二）量其资禀，循序渐进

王守仁强调对儿童教育节奏的把握，认为教育应该是以儿童成长为基础的循序渐进的过程。《传习录》上卷中的《门人陆澄录》中记录了王守仁的观点，他说："婴儿在母腹时，只是纯气，有何知识？出胎后，方始能啼。既而后能笑。又既而后能识认其父母兄弟。又既而后能立，能行，能持，能负。卒乃天下之事，无不可能。皆是精气日足，则筋力日强，聪明日开。

---

① 王阳明.传习录[M].叶圣陶，点校.北京：北京时代华文书局，2018：269.
② 萧无陂.传习录校释[M].长沙：岳麓书社，2012：128—129.
③ 萧无陂.传习录校释[M].长沙：岳麓书社，2012：128—129.
④ 萧无陂.传习录校释[M].长沙：岳麓书社，2012：128—129.
⑤ 萧无陂.传习录校释[M].长沙：岳麓书社，2012：128—129.

不是出胎日便讲求推寻得来。"由此可知，王守仁对儿童教育持有发展性眼光，他认为人的认识水平都存在一个不可避免的发展过程，当孩子在母亲腹中时，他们并没有任何知识，只有出生以后，随着生理和心理的发展、成长，使其知识经验得以积累，智慧得以开发，才能够"精气日足，则筋力日强，聪明日开"。而这种成长必须经历一个客观过程，在这一过程中，教育儿童必须循序渐进，不可急躁，不可冒进。王守仁认为这一教育原则便是"随人分限所及"，他说："我辈致知，只是名随分限所及；今日良知见在如此，只随今日所知扩充到底，明日良知又有开悟，便从明日所知扩充到底，如此方是精一功夫。与人论学，亦须随人分限所及。"①在论述这一观点时，他以灌溉之事为例，说道："如树有这些萌芽，只把这些水去灌溉，萌芽再长，便又加水，自拱把以至合抱，灌溉之功皆是随其分限所及，若些小萌芽，有一桶水在，尽要倾上，便浸坏他了。"②因此，他主张在儿童教育中要"量其资禀"，例如当儿童年幼时，理解力尚弱，认知水平有限，因此只能教以具体事务。《传习录》中的《门人黄以方录》中记载了他的一段语录："洒扫、应对就是一件物。童子良知只到此便教去洒扫。应对，就是致他这一点良知了。又如童子知畏先生长者，此亦是他良知了。故虽嬉戏中见了先生长者，便去作揖恭敬，是他能格物以致敬师长之良知了。童子自有童子的格物致知。"

正是因为"童子自有童子的格物致知"，因此王守仁强调对儿童的知识教育要依据儿童的"分限所及"，在教育过程中，不能一味地以成人的眼光去苛求儿童，不能为了追求儿童所学知识的"量"而忽视了教育的"质"。他说："凡授书不在徒多，但贵精熟，量其资禀，能二百字者止可授以一百字，常使精神力量有余，则无厌苦之患，而有自得之美。讽诵之际；务令专心一志，口诵心惟，字字句句紬绎反复，抑扬其音节，宽虚其心意，久则义礼浃洽，聪明日开矣。"③在教授知识的过程中，不能单纯地追求量的多少，而应该将重点放在"精熟"上，如此方能让儿童"有自得之美"。

由上述内容可知，王守仁主张教育水平要与儿童的认知水平相对应，不能以外力对儿童施压，揠苗助长对儿童的成长弊大于利，但也不可压抑其发展。总之，量力而进才是最适宜的态度。

（三）因人施教，各成其材

王守仁不仅重视儿童的身心发展特点，同时也对儿童的个体差异很关注。因而他主张教育应考虑儿童的特点，进行差异性教育。他在《别王纯甫序》中说道："因人而施之，教也，各成其材矣，而同归于善。"因为每个儿童各有所长，各有兴趣，所以教育要做的事便是"因人而教"，如此才能开发儿童的潜质，让其发展得更好。他还以射箭为例论述这一观点，说道："三子譬如射，一能步箭，一能马箭，一能远箭，他射得到俱谓之力，中处俱可谓之巧；但步不

---

① 于民雄，顾久. 传习录全译[M]. 贵阳：贵州人民出版社，1998：258.
② 于民雄，顾久. 传习录全译[M]. 贵阳：贵州人民出版社，1998：258.
③ 于民雄，顾久. 传习录全译[M]. 贵阳：贵州人民出版社，1998：238.

能马,马不能远,各有所长,便是才力分限有不同处。"①这是他对儿童拥有不同才能的认识。此外,《传习录》中的《门人黄省曾录》中也记录了他对儿童性格差异的认识,他说:"圣人教人,不是个束缚他通做一般,只如狂者便从狂处成就他,狷者便从狷处成就他,人之才气如何同得?"王守仁认为,人的才能气质都是不尽相同的,因此真正懂得教育的圣人在教育方法上是善于变通的,遇到狂妄的人便从狂妄之处加以引导,而面对洁身自好、性情耿直的人就从正直之处加以引导。总之,他认为能够做到因人而异,才是真正适合儿童的好的教育。就如同他在《与刘元道》中所说的那样,"夫良医之治病,随其疾之虚实、强弱、寒热、内外,而斟酌加减。调理补泄之要,在去病而已。初无一定之方,不同症候之如何,而必使人人服之也",教育也如此,治病要对症下药,教育要因人而教,如此才能各成其材。

王守仁因人施教,各成其材的教育主张与孔子因材施教的思想有共通之处,这一思想一直延续到今日,在当下的教育界,这一主张仍然受到推崇。在儿童教育中,承认并尊重儿童的个性差异极其重要,因此这一主张不仅是教育方法上的进步,更是教育理念和思想的进步,在当时封建社会的背景下着实难能可贵。

(四) 全面诱导,不执一偏

在教育内容和方法上,王守仁认为应当对儿童进行全面诱导。《传习录》中的《门人陆澄录》中有记载,在论为学功夫时,王守仁曾说道:"教人为学,不可执一偏。"他在《训蒙大意示教读刘伯颂等》中曾论述了以习礼、歌诗、读书等方式来教育儿童,即"诱之歌诗""导之习礼""讽之读书"。他认为,通过吟唱诗歌来引导孩子们,不只是为了激发他们的志趣,也是为了在吟唱诗歌中消耗他们蹦跳呼喊的精力,在音律中宣泄他们心中的郁结和不快;引导他们学习礼仪,不仅是为了严肃他们的仪容,也是借此让他们在揖让叩拜中活动血脉,在起跪屈伸中强健筋骨;而教导他们读书,不仅是为了开启他们的智慧,也是借此使他们在反复思索中存养他们的本心,在抑扬顿挫的朗诵中弘扬他们的志向。所有这些都是用来顺应他们的天性,引导他们的志向,调理他们的性情,在潜移默化中消去他们的粗俗愚顽的秉性,这样使他们逐渐接近礼而不感到艰难,性情也在不知不觉中达到了中正平和。此外,王守仁在《教约》中对每日教学的具体内容和流程作了详细安排,他说:"每日工夫,先考德,次背书诵书,次习礼或作课仿,次复诵书讲书,次歌诗。凡习礼歌诗之数,皆所以常存童子之心,使其乐习不倦,而无暇及于邪僻。"在这里,王守仁既谈到"考德""背书诵书""习礼""课仿",也涵盖了"歌诗"的学习,这些学习内容相互穿插结合,儿童的学习生活因此丰富多彩,也就"无暇及于邪僻"。由此可见,王守仁对儿童的兴趣特点十分关注,致力于寻求给儿童最好的教育。他对教育内容和方法的探讨,体现了其教育思想的进步性,是对当时传统的封建社会教育的一种突破,具有重要的意义。

---

① 于民雄,顾久.传习录全译[M].贵阳:贵州人民出版社,1998:293.

思考与练习

一、选择

1. 提出"早谕教"思想的是( )。
   A. 贾谊　　　　　B. 颜之推　　　　C. 朱熹　　　　D. 王守仁

2. ( )是颜之推的早期教育思想之一。
   A. 选左右　　　　　　　　　　　B. 均爱不偏
   C. 顺导志意,调理性情　　　　　D. 学"眼前事"

3. 白鹿洞书院是由( )重建的。
   A. 贾谊　　　　　B. 颜之推　　　　C. 朱熹　　　　D. 王守仁

4. ( )是中国封建社会最早最完整的家庭教育著作。
   A.《圣谕广训》　　B.《颜氏家训》　　C.《朱子家训》　　D.《袁氏世范》

5. "量其资廪,循序渐进"是( )的儿童教育主张。
   A. 贾谊　　　　　B. 颜之推　　　　C. 朱熹　　　　D. 王守仁

6. 学"眼前事"是( )的教育主张。
   A. 贾谊　　　　　B. 颜之推　　　　C. 朱熹　　　　D. 王守仁

7. "教人为学,不可执一偏"体现的教育思想是( )。
   A. 顺导志意,调理性情　　　　　B. 量其资廪,循序渐进
   C. 因人施教,各成其材　　　　　D. 全面诱导,不执一偏

二、简答

1. 简述贾谊的胎教主张。
2. 评述颜之推慈严相济的家庭教育思想。
3. 简述朱熹的儿童教育思想。

三、论述

1. "大抵童子之情,乐嬉游而惮拘检,如草木之始萌芽,舒畅之则条达,摧挠之则衰痿。今教童子必使其趋向鼓舞,中心喜悦,则其进自不能已;譬之时雨春风,沾被卉木,莫不萌动发越,自然日长月化;若冰霜剥落,则生意萧索,日就枯槁矣。故凡诱之歌诗者,非但发其志意而已,亦所以泄其跳号呼啸于咏歌,宣其幽抑结滞于音节也;导之习礼者,非但肃其威仪而已,亦所以周旋揖让而动荡其血脉,拜起屈伸而固束其筋骸也;讽之读书者,非但开其知觉而已,亦所以沈潜反复而存其心,抑扬讽诵以宣其志也;凡此皆所以顺导其志意,调理其性情,潜消其鄙吝,默化其粗顽,日使之渐于礼义而不苦其难,人于中和而不知其故,是盖先王立教之微意也。"(选自《训蒙大意示教读刘伯颂等》)

阅读以上内容并分析其中蕴含的教育思想。

2. 试论述颜之推的家庭教育思想,并谈谈其对今天的家庭教育有何启示。

拓展阅读

1. 杜维明.青年王阳明(1472—1509)[M].北京:生活·读书·新知三联书店,2017.
2. 郭齐家,李茂旭.中华传世家训经典[M].北京:人民日报出版社,2009.
3. 颜之推.颜氏家训[M].檀作文,译注.北京:中华书局,2007.
4. 于民雄,顾久.传习录全译[M].贵阳:贵州人民出版社,1998.
5. 于智荣.贾谊新书译注[M].哈尔滨:黑龙江人民出版社,2003.
6. 朱杰人,严佐之,刘永翔.朱子全书[M].上海:上海古籍出版社,2010.

第三章　清末学前教育的近代转折

 学习目标

1. 了解西方近代学前教育思想传入的过程。
2. 掌握康有为的儿童公育思想。
3. 理解近代蒙养院制度建立的过程。
4. 了解清末几所典型的蒙养院。

 本章导览

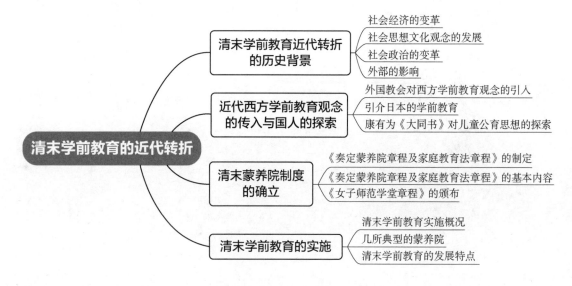

问题提出

在清末,出现了一种新的教育机构,叫作蒙养院,专为保育教导3—7岁的幼儿而设立。它初步具有了幼儿园的性质,但远没有今天的幼儿园那么专业化。当时清政府的各省府厅州县以及大的市镇,都设有育婴堂和敬节堂。育婴堂是一种慈善机构,负责收育被遗弃的婴儿。敬节堂则为收养"守节"寡妇之所。而蒙养院就附设在这两类机构里。

这是中国最早由官方规定的学前教育机构,它标志着中国的学前教育开始由古代以家庭为主的教育向有组织的社会机构教育转折和过渡。那么这样一种转折和过渡,在当时是如何发生的?其背景如何?又是怎样的一种过程?本章将围绕这一历史进程而展开。

第一节　清末学前教育近代转折的历史背景

1840年鸦片战争以后,中国社会由封建社会逐步沦为半殖民地半封建社会,中国社会出现了"三千年来未有之大变局",政治、经济、文化教育开始出现结构性转变,学前教育也开始由古代社会以家庭教育为主缓慢地向以社会机构为主的教育转化。这一转化的历史背景可综合概括如下:

一、社会经济的变革

从社会经济的变革来看,近代中国资本主义的初步发展,为学前教育的近代转折提出了客观要求。从世界范围来看,学前教育机构是社会发展到资本主义阶段才产生的。资本主义大工业生产使得妇女迫于生计,开始走出家庭,走进工厂,参加工厂生产劳动,从而使传统的家庭教育失去了继续存在的基础,为专门的学前教育机构的产生提出了客观需求。

鸦片战争之后,西方资本主义列强强迫清政府签订了一系列不平等条约,在中国领土上大办工业,开工厂,采矿山。而清政府在洋务派"自强""求富"的口号下,也开始兴办各种"洋务",建立军用工厂,开设民用企业。甲午战争后,中国的民族资本主义有了初步发展。在这个过程中,中国传统的封建自然经济开始解体,产业工人的队伍在逐渐发展。其中一些妇女为生计所迫,也不得不走向社会,进入工厂参加生产劳动。在这种情况下,家庭已不能完全承担起传统的儿童养育之责,从经济上提出了建立学前教育机构的要求。

二、社会思想文化观念的发展

从社会思想文化观念的发展上看,救亡图存的早期探索,为学前教育的近代转折奠定了思想基础。西方列强的入侵,使中国的民族危机和社会危机日益加深,面对救亡图存的历史责任,地主阶级洋务派和资产阶级维新派进行了早期探索。洋务派提出"中学为体,西学为用"的思想,主张了解、学习和研究西方,兴办新式学堂,培育人才,为传统教育吸收西方新学气息打开了一扇窗子,促进了中国教育开始近代化转向。"可以这样肯定,如果没有洋务教育思潮的勃兴,促进了各级各类新式学堂的建立和完善,清政府1902年至1903年建立新学制,都将会像无源之水的不可想象"①,而中国近代学前教育恰是在清政府建立新学制的过程中得以确立的。

而维新派在推动维新变法运动中,不仅主张效法西洋,倡办西学,对西方的教育思想学说开始有了初步介绍,而且如康有为、梁启超等都直接论述过学前教育的相关问题。康有为在其所著的《大同书》书中,设计了一幅近趋完美的社会图景。在这幅完美的社会图景中,它的教育体系就包括了婴幼儿的早期教育问题。而梁启超在维新运动失败后,逃往日本避乱之际,对日本的教育制度进行了细致考察,并初步论述了幼儿期儿童的身心发展特点。这些都为中国近代学前教育的转折,提供了思想基础。

三、社会政治的变革

从社会政治变革的角度看,清末"新政"中颁布的学制,为学前教育的近代转折奠定了制度基础。19世纪末20世纪初,西方列强对中国的侵略不断加深,1900年八国联军大举进攻,侵略者的炮火再一次强烈震撼了中国的朝野上下。中国社会危机进一步加深,民族矛盾、阶级矛盾被进一步激化。为了迎合帝国主义在华利益诉求,缓和民族、阶级矛盾,笼络人心,清政府宣布推行"新政",其中在教育方面废科举、兴学堂,改革教育行政体制,厘定教育宗旨。1902年管学大臣张百熙奉命起草了《钦定学堂章程》,但此学制虽经颁布,却并未实施。1904年初又颁布了由张之洞、张百熙、荣庆等主持重新拟定的《奏定学堂章程》,它确立了详细的近代学制系统,其中包括了蒙养院制度,从而使近代学前教育正式在制度上得以确立。

四、外部的影响

从外部的影响看,外国教会在中国的教育活动,为学前教育的近代转折在客观上起到了一定的促动作用。鸦片战争之前,外国传教士就想方设法地在中国传教。鸦片战争之后,列强又在许多不平等条约中明文规定保护教会在华的办学权益,为他们在中国开办学校提供了法律依据。如在第二次鸦片战争后,通过"天津条约"和"北京条约",列强取得了在中国传教办学的权利,从而使得外国人不仅可以在沿海办学,而且凡他们居住的地方,都可以办学。到1902年,外国教会教育的联合组织——"中华教育联合会"向在华的传教士发出号召,要求大力加强教会教育工作,积极控制和影响中国的教育。在这个过程中,学前教育自然也成为他们关注的一个领域。虽然列强在中国办教育,在根本目的上是培养在华代理人和使中国基督化,但在客观上也给封闭的中国带来了西方的教育观念和模式,从这个意义上看,对中

---

① 董宝良,周洪宇.中国近现代教育思想与流派[M].北京:人民教育出版社,1997:41.

国近代学前教育的产生和发展,还是起到了一定的积极作用。

第二节 近代西方学前教育观念的传入与国人的探索

鸦片战争打开了中国尘封已久的大门,带来了西学东渐的浪潮,伴随着这股浪潮,近代西方学前教育观念开始进入中国,并与中国传统教育观念之间发生着激烈的冲突、碰撞与融合,逐渐改变了中国的学前教育状况。在中国近代学前教育于制度上确立起来之前,观念上的传入和认识上的转变,已经在悄然进行。在这个过程中,外国教会的引入和中国有识之士的引介起到了重要作用。

一、外国教会对西方学前教育观念的引入

从时间上看,外国教会在我国最初创办的幼稚园要早于我国自办的同类机构。西方学前教育观念在这个过程中初步传入中国。

(一) 外国教会学前教育实践的产生与发展

早期入华的西方传教士,其所传播的基督教精神与中国本土的儒家思想格格不入,遇到了很大的阻力,为了更好地传播基督教,西方传教士将目光放在了儿童身上。美国传教士林乐知(Young John Allen,1836—1907)曾言:"中国之宜设幼稚园,如此其急也。吾党传道之士,苟知劝道华人之法,惟幼稚园之收效为最大。"①

起初,外国教会主要是开办了具有慈善救济性质的育婴堂、孤儿院、慈幼院等机构。如19世纪40年代就在湖南衡阳开办了一所慈幼院。随后,此类机构慢慢增多,到1903年,有统计数据显示"耶稣各会在华所设之育婴堂共有9所,共有男孩5人,女孩293人,共298人"②。婴幼儿在这里能得到饭吃和最低限度的照料,同时他们也要接受宗教教育、劳动教育和生活习惯培养。少部分儿童还会接受歌舞和舞蹈等方面的教育。这为后来教会幼稚园的发展奠定了基础。但从本质上来说,这些机构还不是教育机构,入院的婴幼儿多为弃婴,因为照料环境较差,被收养的婴幼儿常因疾病和营养不良而死亡,死亡率很高。

到19世纪80年代,外国教会开始在福州、宁波等地沿海地区创办专门的学前教育机

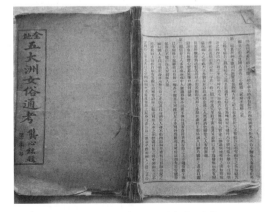

图 3-1 《全地五大洲女俗通考》

---

① 李楚材.帝国主义侵华教育史资料——教会教育[M].北京:教育科学出版社,1987:21.
② 何晓夏,史静寰.教会学校与中国教育近代化[M].广州:广东教育出版社,1996:85.

构,此后这种教会幼稚园的数量逐渐增加。根据美国传教士林乐知所撰写的《全地五大洲女俗通考》记载,此类机构被称为"小孩察物学堂",根据他的统计,到1903年,教会在中国设立学前教育机构"小孩察物学堂"共有6所,学生194人,其中男女各占一半。所谓"察物学堂",按照林乐知的解释,就是幼稚园,"小孩未读书之前,先使察物,就其目所能见,手所能抚,耳所能闻之物,皆使记其名字,及其造法、用法。故至读书识字之时,能收驾轻就熟之效也。"① 可见,这些早期的教会学前教育机构,对未入小学的儿童实施学前教育,用日常儿童生活中耳、目、手等感官所能直接接触到的事物予以感性知识的训练,为入小学打基础。

除了直接的学前教育实践外,外国教会为培养幼稚园的师资,还创办了相关的师资培训班。较为有名的有:1889年美国卫理公会在苏州创办的英华女中,其中就设立了幼师班;1892年美国监理公会传教士海淑德在上海创办了幼稚园教师训练班;1898年英国长老会在福建厦门创办了幼稚师资班;1902年美国监理公会在苏州创办景海女学,主要就是培养幼稚园师资;1904年美国长老会在岭南大学创办了高等幼稚师范专科部;1905年美国公理会在北京协和女书院创办了高等幼稚师范专科部。一方面这些幼儿师资在学校会受到相对完备的文化素质和专业能力的培训。比如从景海女学的幼稚师资培训的课程可以看出,幼稚师资培训班的学生会修习一定的文化课,如体育、生理及卫生、生物学、音乐等,以及一些专业课,如心理学、学校管理法、实习、幼稚教法、启智用具教法等,这相对于当时中国传统家庭教育中那些主要起到照看作用的妇人来说,无疑具有显著的专业优势。但另一方面,这些幼儿师资在学校还会学习相当多的英文和宗教课,深受基督教思想的影响,使得他们以后教育儿童也主要从为宗教服务的目的出发。

(二) 西方学前教育观念的渗透

尽管西方传教士们在中国积极发展教会学前教育,其主观目的是传播基督教,进行思想上的渗透,但在客观上,它也带来了西方学前教育的观念和思想。

图3-2 林乐知

第一,对学前教育作用的重视。美国著名的传教士林乐知曾将儿童比作刚初升的太阳,如果社会想要取得进步的话,就必须大力发展学前教育,他说:"儿童者,世界之旭日。吾于今益信之,是故人群不欲进步则已,欲求进步,其必自儿童教育始。"② 林乐知认为当时的清政府只重视发展高等教育,中等教育和初等教育处于被忽视的境遇,"惟京师大学堂,则规模略具,各省大学堂,亦纷纷筹办",他感叹道:"照此办法,恐再越数十年,吾知其必无成效。"他建议中国的新教育,要想取得事半功倍的效果,"必当先从初等公学入手","学必基于蒙养",如果不重视学前教育,"而惟望增添成人之才智,改变学人之

---

① 李楚材.帝国主义侵华教育史资料——教会教育[M].北京:教育科学出版社,1987:418.
② 李楚材.帝国主义侵华教育史资料——教会教育[M].北京:教育科学出版社,1987:213.

习气,此若登楼者,不经初级而欲飞升,安有不挫跌随之者乎"。① 这种对学前教育的重要作用及其对整个教育系统的基础性意义的认识,对当时中国近代学前教育的转型具有启发意义。

第二,在教育方法上,对儿童的兴趣、意愿和游戏的重视。在中国传统教育中,儿童的游戏天性,是不被重视,甚至是被否定的,即所谓"业精于勤而荒于嬉",而西方学前教育观念则主张"既知儿童之愿欲所存,即可教育儿童"。对于儿童的游戏,林乐知认为"盖儿童之视游戏,一如其视饮食,其宗教在是,其世界在是,一切事物,无不以是为中心点。是故游戏者,儿童之事业,亦犹工作者……人以游戏视之,儿童以郑重出之,然则游戏者,实即儿童之工作,其爱游戏之心,扩而充之,即成人之爱工作,是在善养之而矣"。② 因此,幼稚园的活动应以游戏为中心。

第三,在教育理论上,对西方学前教育理论也开始有了初步介绍。如 1899 年 2 月,《万国公报》刊登了英国传教士秀耀春和江苏六合人汪振声的《养蒙正规》,分别介绍了柏思大罗其(裴斯泰洛齐)和福若伯(福禄贝尔)的儿童教育思想,认为裴氏的教育思想强调教育的目的是保持人的本性,即"学校之正理,根本于性";教育的任务是实现德智体全面发展,"由性而生者,其身体所发之力,一也;思虑,二也;能分别善恶,三也";教育应强调知识和能力的结合,特别注意技能的培养,"学校之大意,原欲成就学生各种本领,若使已有学识不能试行于外,则犹未尽所能也";教育应由浅及深,循序渐进,"学生造诣,由近及远,由浅入深,自耳目所能及,以心思所能到,步步推之,由一类以例千百类"。

他们还认为福氏的教育思想强调"孩童习业之成就,有迟速难易之不同,而俱赖其自有之明悟。为之师者,不过善导之耳""孩童之聪明能干,各有所长,各有所短,第观其现在所能者,步步引导,不必问其以后之学业,定欲如何成就,且俟将来量材而教之可也""教习幼童如学医然。医生必深明化学及一切应知之事,循序而进,自有功候。童子之向学亦然,故须用功久而不可躐等""教习学生,不但开其知识,并教习保养身体与练习身体之法,使其日渐强壮"……③

二、引介日本的学前教育

日本明治维新,大力发展西学教育,其学前教育已经颇具规模:1876 年成立了第一所学前教育机构——东京女子师范学校附属幼稚园,并以此为样板先后在全国开设了 229 所幼稚园。在 1899 年,日本政府正式颁布了《幼稚园保育及设备规程》,从制度层面上对保育对象的年龄、保育时间、幼儿园的规模、保育目的、保育内容的范围、设施设备的标准进行了规范。在教学实践中,日本幼稚园也逐渐从早期以福禄贝尔的"恩物"为主,转变为以游戏、唱歌、谈

---

① 李楚材.帝国主义侵华教育史资料——教会教育[M].北京:教育科学出版社,1987:418.
② 李楚材.帝国主义侵华教育史资料——教会教育[M].北京:教育科学出版社,1987:213.
③ 钱钟书.万国公报文选[M].北京:三联书店,1998:63.

话和手技为主的具有自己民族特色的幼儿教育模式。

清末,甲午一役,清政府败于日本,急于寻求日本迅速强大的经验,因此在20世纪最初几年,形成了一股留学日本和对日本游历考察的热潮。在这一过程中,已经为日本所吸收和改造的西方学前教育观念,开始通过以下几个基本途径被引介到中国。

(一) 留日学生的学习引入

由于留学日本路近费省,日文近于中文易通晓,很多西方书籍也已被日本翻译,日本的风俗习惯又近似中国,其发展经验可以更好地为中国所借鉴,因此,20世纪初,留学日本的人数剧增,其中有不少为女留学生。当时日本人曾评价她们说:"此等留学生,举止娴雅,志趣高尚,对日本人亦不惧惮,彬彬有礼,为日本妇人所不及。"[①] 这些女留学生中读师范、学教育者不在少数。如1905年湖南省派出的20名留日女学生中,有15人进了师范班。当时日本实践女学是接纳中国女学生最多的学校,专设速成师范科,其功课主要有教育、心理、地理、历史、算术、体操、唱歌、日语等。除了理论课的学习外,还有参加教育实践考察和见习的机会,"一星期间,恒有一二日,由教员率领学生,至男女学校及幼稚园,查看考验"。[②] 这些留学生学成回国后,成了输入日本学前教育观念和模式的重要角色。如1904年,上海务本女塾附设幼稚舍,务本女塾经理吴馨派吴朱哲去日本保姆养成所学习。1907年吴朱哲回国后开办了保姆传习所,从学者36人,学习内容和管理方法基本上都是日本式的。

(二) 官绅、学者的考察游历

除了留日学生外,一批官绅、学者也曾专门赴日本考察学务,乃至部分维新人士在戊戌变法失败后去日本避乱时的学术研究,也成为引入日本学前教育的一个重要渠道。如1901年冬受张之洞等人的委托,罗振玉携两湖书院监院刘洪烈,自强学堂教习陈毅、胡均等一行六人赴日考察学务,以期为国内参考之用。回国后,罗振玉与陈毅直接参与了清政府的"癸卯学制"的起草工作。"癸卯学制"将"蒙养教育"的年限确定"为保育三岁以上至七岁幼儿",并确立了中国近代第一个幼稚教育法规——《奏定蒙养院章程及家庭教育法章程》。"癸卯学制"的制定与罗振玉等一行人的考察密不可分。再如,梁启超在戊戌变法失败避难日本期间,对日本的教育制度进行了考察,并于1902年撰写了《教育政策私议》,其中,"取日本人所论教育次第"为榜样,制定了"教育期区分表"(儿童身心发展表),并将五岁以下列为"家庭教育期"和"幼儿园期"。这个分期注意到了幼儿和青少年的不同身心特点,具有一定的生理学和心理学依据。

(三) 相关期刊的介绍

如1901年由罗振玉创刊、王国维担任主编的中国最早的教育类刊物《教育世界》,就曾多

---

① 实藤惠秀.中国人留学日本史[M].谭汝谦,林启彦,译.北京:生活·读书·新知三联书店,1983:54.
② 杜成宪,王伦信.中国幼儿教育史[M].上海:上海教育出版社,1998:160.

次刊载关于日本学前教育的相关文章。在办刊初期就对日本教育制度、法规作了着重介绍,以后又陆续译载日本各项教科书、教育学及教育史专著五十多种,这对清政府的教育改革产生很大影响。其中,有代表性的学前教育文章如 1903 年 3 月第 46 号(癸卯 4 期)发表的日本关信三纂辑、小俣规义译的《幼稚教育恩物图说》;1904 年第 8、9、10 期连续刊登了日本学者东基吉所著的《幼稚园保育法》的节译本。东基吉是当时推进日本学前教育发展的核心人物,日本第一个关于幼儿教育的规程《幼稚园保育及设备规程》就是在以他为首的"福禄贝尔会"的推进下由文部省制定的。

图 3-3 《教育世界》

(四) 聘用日本教习

因为缺乏有一定资质的师资,当时中国不少的幼稚园都会聘用日本教习。如 1903 年,在湖北武昌创办的湖北幼稚园,是中国近代最早的一所官办幼儿园,当时湖北巡抚端方特地从日本聘来 3 名女师范教养员,由日本人户野美知惠担任园长,办园模式是完全仿照日本的,基本上都是依据日本的幼稚园课程进行教学,甚至连日语也成了学习科目。再如,1905 年,严修在天津创办了严氏女塾保姆讲习所,并附设蒙养院作为学员实习的场所。鉴于国内幼稚园的师资和设备的贫乏,严修聘请在日本结识的大野铃子出任教师,翻译并使用日本幼稚园教育教材,还从日本购得钢琴、风琴、儿童桌椅、教具等教学设备。

三、康有为《大同书》对儿童公育思想的探索

在中西方文化剧烈碰撞的背景下,康有为首次系统提出了儿童公育的思想,设想了从胎教到幼教的完整教育体系,这对我国近代学前教育公育思想及学前教育机构的产生都起到了积极作用。

(一) 生平

康有为(1858—1927),原名祖诒,号长素,广东南海人,人称"南海先生",是近代著名的思想家、政治家和教育家,是戊戌维新运动的领袖人物,其思想在中国近现代思想史中占据重要地位。李泽厚曾说过:"在这个近百年六代知识者的思想旅程中,康有为(第一代)、鲁迅(第二代)、毛泽东(第三代),大概是最重要的三位。"[①]康有为出生在广东南海县银塘乡"世以理学传家"的封建地主士人家庭,幼年时父亲去世,家道中落,使他很早就体会到人生的辛酸苦辣。在祖父的支持下,康有为发奋读书,中学基础颇为扎实,并于 19 岁时拜粤中大儒朱次琦为师,学习程朱理学与陆王心学,三年之后,他自认为将书读通,且觉得整日在故纸堆中钻研会有碍于自己思想的发展,遂于 1879 年隐居西樵山参禅学佛,潜心钻研佛学思想。随后又

---

① 李泽厚. 中国现代思想史论[M]. 天津:天津社会科学院出版社,2003:340.

得以游历香港，接触西学。1895年，《马关条约》签订前夕，康有为、梁启超等联络在京举子1300余人联名上书光绪帝，请求变法图强，史称"公车上书"，此举动也使康有为开始走向政治舞台。随后，在光绪帝的支持下，康有为等人在全国范围内组织学会，开办学堂，兴办报纸，并于1898年协助光绪帝开展维新变法运动，该变法主要内容为学习西方变化，提倡科学文化，改革政治、教育制度，发展农工商等。然而，由于该运动触动到以慈禧太后为代表的封建顽固派的利益，遭到其强烈反对，在实行第103天后就遭到扼杀，以光绪帝被软禁、维新派人士被逮捕杀害而告终。康有为在仓皇中逃亡日本，在流亡期间对欧洲的法意等11国进行考察，寻求解救中国的良药。辛亥革命胜利后，得以回国，于1927年在青岛病逝。

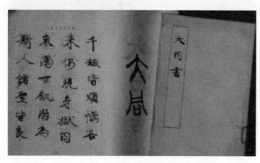

图3-4 《大同书》

可以说，康有为出生在近代中国这个多灾多难的社会，经历与目睹了许多苦难，他希望能够寻找到救国救世的良策；在思想上，康有为所学甚杂，既有深厚的中学基础，也接触到宗教思想，以及西方近代资产阶级的平等、民主思想，这些都反映在他的传世之作《大同书》中。《大同书》共30卷，约20万字，包括"入世界观众苦""去国界合大地""去极界平民族""去种界同人类""去形界保独立""去家界为天民"等10个部分，旨在构建一个"至平、至公、至仁、治之至"的极乐世界——大同社会。为了达到大同社会理想，康有为设计了一个儿童从出生前到出生后的儿童公共教育体系，本节对其中涉及学前教育的部分进行详细阐述和简要评析。

（二）儿童公育思想的提出

康有为认为家庭之所以产生，在于满足男女之欲，以及二者合力抚养后代。而家庭产生后，却产生了一系列的弊端，有碍于达成大同社会。首先，是私心的产生，康有为列举了13条家庭"大碍于太平"的罪状，他认为家庭的产生，使得人们各私其家，导致社会不平等的产生以及社会公益事业难以进行，也使得"教化不一""养生不一"，民众的教育质量和身体素质无法保证，并且还易于滋生奸诈、盗伪、贪污等恶习，不利于民众的教化。其次，是家庭本身所带来的矛盾。人的性格各异，"金刚水柔，弦急韦缓，甘辛异嗜，白黑殊好"，强行住在一起，极易产生矛盾，"视其门外，太和蒸蒸，叩其门内，怨气盈溢，盖凡有家焉，无能免者"。①再次，父母对子女的辛勤付出并不一定有收获。康有为对此举了中西方两方面的例子加以说明，他认为欧美的家庭薄父母重夫妇，父母含辛茹苦将子女抚养成人，而子女成婚后就与其分居，所取得的财富与地位也鲜少与父母分享，造成欧美有些家庭并不乐于养育子女。中国虽重视孝道，但多在口头上宣称而罕有力行者，或仅私妻子，不养其亲，或因疾病、犯罪、愚蠢而连

---

① 康有为.康有为文集[M].北京:线装书局,2009:172—173.

累双亲,"以吾乡所见,养父者千不得一,养母而丰泽安乐者,百不得一",①家庭并不能保证父母老有所依。

由于家庭的种种弊端,康有为认为应当废除家庭,改由政府公养,并为此设立了一个完整的儿童公养公育系统。在他的设想中,母亲自怀孕始就入住人本院,进行胎教,不用其丈夫赡养,待婴儿出生后就即可离院,而婴儿则被送入公立的育婴院和怀幼院,由政府抚育。6岁后,进入蒙学院进行学习,此后依次有小学院、中学院和大学院对其施加教育,直到20岁毕业。

(三) 公育体系的构建:人本院、育婴院与慈幼院

康有为在《大同书》中设计了公养公教的婴幼儿教养机构,并针对院址选择、建筑设备、教养人员、教养工作、教养方法、管控制度等,提出诸多规范,涉及婴幼儿保育的多个方面。

1. 人本院

所谓人本院,即是专门进行胎教的地方,旨在"正生人之本,厚人道之源"②。

首先,康有为非常重视环境对胎教的影响,因此对人本院的选址有极高的要求。"院地当择平原广野、丘阜特出、水泉环绕之所",如果条件达不到的话,也可以选择"岛屿广平、临海受风"的地方,或者是"近海广平"之地,或者选择"远背山陵,前临溪水"的地方,"高山之顶及岭麓广平者"也可以。③

其次,尊崇孕妇为众人之母,极大地赞扬了孕妇为国家所作出的贡献。孕妇的待遇等同于国家公职人员,"故得禄养,贵于齐民"。但凡进入人本院的孕妇均可以获赠保星,并且待到出院时,人口官长会到医院同医生一起,召集各官长,为其演奏乐曲称诵功词,并赠予象征荣誉的宝星,对于贫者则赠予金钱,并颁发旗帜护送妇女到住所,如果住得远的话则用汽车护送以显示荣耀。

再次,对孕妇一日的衣食住行和所接触物都进行了严格的规定。"孕妇为大地众母,为天下传种;种之佳否皆视其母",因此会派一名有医学背景的女傅跟随孕妇出入,"以傅其德义,化其气质";令孕妇"目不视恶色,耳不听恶声,口不道恶言,鼻不闻恶臭,身不近恶人,心不知恶事",使所接触到的皆是"高妙、仁慈、广大、和平、安乐之事"。④ 而孕妇所住的地方、所吃的食物、所穿的衣服,均由医生考察后为其选择最有益于孕妇和胎儿的,并且早晚会察视孕妇身体,如果孕妇生病还会酌情对医生进行惩罚。

此外,孕妇在入院期间,还会受到相应的教育,女师会为其讲授"人道之公理,仁爱慈惠之故事",来发扬其智慧,涵养其心性,女保医生会为其讲解生育、卫生的知识,以便孕育、生产顺利。在即将生子及生子之后,更是会由医生精心护理,并由医生决定何时断乳,断乳后,

---

① 康有为. 康有为文集[M]. 北京:线装书局,2009:170.
② 康有为. 大同书[M]. 长春:吉林出版集团有限责任公司,2012:232.
③ 康有为. 大同书[M]. 长春:吉林出版集团有限责任公司,2012:234.
④ 康有为. 大同书[M]. 长春:吉林出版集团有限责任公司,2012:239.

孕妇即可出院，一切听其自由。

2. 育婴院与慈幼院

婴儿在断乳后即被送入育婴院，于3岁时进入慈幼院。育婴院的选址标准同人本院，最好位置与之接近，以便于移送，"不得在山谷狭隘倾压，粗石荦确，水土旱涝之地"，也不能"近市场、制造厂及污秽之地"①。育婴院旨在"养儿体，乐儿魂，开儿知识"。

在"养儿体"方面，医生会为婴儿进行早晚两次的诊视，考察其服饰、饮食、嬉戏、安息是否适宜，由女保执行医生的指示，如果婴幼儿生病则会责罚女保。对于生病的婴幼儿，会根据其轻重确定医生诊视的数量，轻者诊视三次，重者诊视无数次并且交由医术水平高的医生。婴儿在几个月时，会交由一人专门抚养，待到两岁以上时，会由一人看护两三人。

在"乐儿魂"方面，育婴院尤其注意内部环境的构造，以便培养婴幼儿的仁心，所住的地方应当通风并且濒临池水。院中多种植花草树木，饲养鱼鸟，所采用的图画皆要反映仁爱慈祥之事，摒除争杀、偷盗、奸诈等恶物。等到婴幼儿可以唱歌时，歌曲的内容也要选用仁慈爱物，以涵养心性。

在"开儿知识"方面，等到婴儿可以说话时则教其说话，并且将世间百物或制成雏形，或绘成图画，使其知识日益增长。等到婴幼儿掌握了一些文化知识后，则将"世界有形各物，自国家至农工商局，皆为雏形，教之制作"，这样等到长大后，"贫而谋生，富而监督"，都可以在社会上生存下来。②

除了对婴幼儿的保教内容的详细规定外，康有为对教养人员也有着严格的规定。管理者由医生担当，由公众选举产生，会选择德高望重、医学水平高的人。育婴院的看护者全部为女子，简称女保，因为女子较男子更为耐心细致，女保皆出自本人自愿，由总医生选定慈祥、健康、聪慧、耐心的女子充任。女保的地位也是很高的，"见者不论贵贱皆加敬礼"，因为她是众人的代理母亲，育婴院的女保以两年为期，期满则赠予仁人慈保宝星，该宝星为第一等宝星。慈幼院的女保以一年为期，期满则赠予生母宝星一等，若还愿意再充任的话，则会再赠予仁人慈保宝星。但凡仁人慈保宝星多的人，尊荣越多，越容易担任其他职位。

从思想的渊源来看，康有为的学前教育思想将西方近代学制与儒家思想结合起来，融汇与杂糅了中学与西学。康有为在书中极力反对社会的不公，主张人人平等，男女平权，打破阶级，反映了资产阶级自由、平等的思想主张。而他要求培养孕妇和婴幼儿的仁爱之心，令孕妇在入院后应"高洁寡欲，学道养身"又符合儒家教育思想的理念。其胎教思想中对孕妇所处环境的重视，和中国古代胎教思想中孕妇应当"目不视恶色，耳不听淫声"本质上也是一致的，可以说，他的教育思想中同时闪现着中方文化与西学文化的光芒。余英时曾经说过："已故的列文森(Joseph R. Levenson)对中国近代史曾提出一个著名的论断，认为中国近代

---

① 康有为. 大同书[M]. 长春：吉林出版集团有限责任公司，2012：254.
② 康有为. 大同书[M]. 长春：吉林出版集团有限责任公司，2012：256.

知识分子大体是在理智方面选择了西方的价值,而在情感方面却丢不开中国的旧传统。"[1]此说法用到康有为身上真是再合适不过了。

从历史意义上来看,康有为提出了中国学前教育史上第一个儿童公育的思想,构建了一个较为完整的体系。虽然具有浓厚的乌托邦气息,在当时的历史条件下难以实施,但其思想架构合理,为近代我国儿童公育思想的发展以及公共学前教育机构的产生奠定了基础。他提出的胎教、育儿方法虽不是完全科学的,但仍有许多值得提倡的地方,比如重视环境的作用,注重师资的质量,运用音乐、绘画等方式进行教育,注重儿童的身心发展特点等,这些教育思想的提出在当时可谓是难能可贵的。

第三节 清末蒙养院制度的确立

1904年,清政府正式颁布并施行了《奏定学堂章程》,其中包含了《奏定蒙养院章程及家庭教育法章程》,这是中国近代第一个关于学前教育的正式法规。中国出现了最早的学前教育机构——蒙养院,它的设立标志着中国的学前教育开始由古代社会的家庭教育转向近代有组织的社会教育。

一、《奏定蒙养院章程及家庭教育法章程》的制定

1901年清政府开始推行"新政",教育上1902年在管学大臣张百熙的主持下,清政府颁布了《钦定学堂章程》,那一年恰是农历的壬寅年,因此该章程也称为"壬寅学制"。它具体规定了各级各类学堂的性质、培养目标、入学条件、在学年限、课程设置和相互衔接关系等。在该学制体系中,起点为蒙学堂,学制为四年,宗旨"在培养儿童使有浅近之知识,并调护其身体"。蒙学堂毕业后方可升入小学学堂。在小学学堂之下设立蒙学堂,似乎就应该是学前教育机构了。但是,此蒙学堂招收的儿童入学年龄在6岁,学习内容包括修身、字课、习字、读经等,与西方学前教育理念相去甚远。而且由于"壬寅学制"制定仓促,存在诸多不足,公布后即有人提出不同意见,其中湖广总督张之洞还提出了较为系统的建议。因此,该学制虽经颁布,却并未生效实施。1903年,清政府命张百熙、荣庆、张之洞等人重新拟定学堂章程。1904年1月13日清政府公布了重新拟定的章程,即《奏定学堂章程》,当时正值农历的癸卯年,因此该章程又称"癸卯学制",这是中国近代由中央政府颁布并生效实施的第一个学制。该章程中包含了专门为7岁前儿童所制定的《奏定蒙养院章程及家庭教育法章程》,这是中国近代学前教育的第一个法规,是中国近代学前教育制度化建设的重要标志。随后,在1907年,"癸卯学制"又增补了关于女学的《女子小学堂章程》和《女子师范学堂章程》,开启了幼儿师资职前教育的先河。

---

[1] 余英时.中国思想传统的现代诠释[M].南京:江苏人民出版社,2003:283.

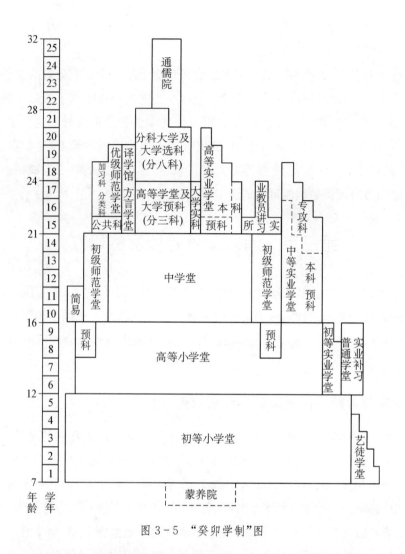

图 3-5 "癸卯学制"图

二、《奏定蒙养院章程及家庭教育法章程》的基本内容

(一) 蒙养家教合一

《奏定蒙养院章程及家庭教育法章程》的第一句话就开宗明义,强调"蒙养家教合一之宗旨,在于以蒙养院辅助家庭教育,以家庭教育包括女学。"① 也就是说,当时的政府认为学前教育的主体还是家庭教育,蒙养院只是家庭教育的辅助形式,同时以家庭教育来完成女子教育。基于这样一种定调,该章程做了以下具体规定。

首先,关于蒙养院的教育对象。"蒙养院专为保育教导三岁以上至七岁儿童,每日不得

---

① 舒新城.中国近代教育史资料[M].北京:人民教育出版社,1981:381.

过四点钟"①,同时指明了,蒙养院就是国外所谓的幼稚园。但是国外的幼稚园都由毕业的女师范生来承担对幼儿的各种教养活动,而"中国此时情形,若设女学,其间流弊甚多,断不相宜"②。这样一来,不设女学,就不能培养女师范生,也就没有了幼教师资,因此,也就没办法开设像国外那样的幼稚园,而只能借鉴国外的模式,设立蒙养院。

其次,关于蒙养院的设置。蒙养院设在什么地方呢?"凡各省府厅州县以及极大市镇,现在均有育婴堂及敬节堂(即恤嫠堂),兹即于育婴敬节二堂内附设蒙养院"③。育婴堂创立于宋朝,虽然收的是幼儿,但其创立并不是从幼儿教育的角度出发的,主要目的在于救济养育孤苦无依的儿童;而敬节堂是收养寡妇之所,因为她们能守节,受封建社会的"敬慕",故设此类机构以赡养之。蒙养院就是在这两类机构里面而划出来的一个附设机构。这样,学前教育机构虽然不是单独开设的,但总算有了一席之地。

再次,关于蒙养院的师资。因为不能开设女学,没有女师范生,蒙养院的师资就由育婴堂的乳媪和敬节堂的节妇经训练而成,她们被称为"保姆"。训练的方法是,在育婴堂和敬节堂中,选出识字者当教员,为堂内其他人讲授保育教导幼儿之事。如堂内无识字者,则可以请一识字的老妇人来讲授。讲授的内容包括官编女教科书和家庭教育书籍。这些书籍主要是中国传统的道德伦理读物,如《孝经》《列女传》《女诫》《女训》《教女遗规》及"四书"等,另有少量从国外翻译的教育、家政类书籍。一年以后,对于讲授认真、保育教导合乎规定的人,地方官员会给予奖励,并颁发保姆教习凭单。在育婴堂或敬节堂学习过并通过考察的人,都会发学过保姆的凭单,听任她们自营生业;学习没有成效的人,就不发凭单。这样的培养方式,充分反映出《奏定蒙养院章程及家庭教育法章程》的封建性和保守性。

最后,关于家庭教育。因为"保姆学堂既不能骤设,蒙养院所教无多,则蒙养所急者仍赖家庭教育"④。所以,保证家庭教育的质量,《奏定蒙养院章程及家庭教育法章程》规定要从两方面入手。一方面,要提高家庭教养者本身的素质。政府要求各省学堂将《孝经》《女诫》《女训》《教女遗规》及"四书"等书,选择其中的要点,分别依照深浅程度,明确地解说,编成一本书并会附上图画,此书最多不能超过两卷,每家分发一本。此外,为了增加家庭教养者的育儿知识,还可选取外国家庭教育的书,选择其中简单易懂的,并和中国妇道不相违背的内容给妇女看。另一方面,供给教养儿童所用之教材。《奏定蒙养院章程及家庭教育法章程》规定地方官应该印刷和发布,如初等小学识字课本和小学前两年级的各种教科书,以便让妇女教给自己的子女。识字的妇女可自看自解,自教其子女;不识字的妇女可由其丈夫或旁人给她讲解后,再由她教育其子女。这样为人母者都可以在家中自行对子女进行教育,家家都可以是一个蒙养院了。

---

① 舒新城.中国近代教育史资料[M].北京:人民教育出版社,1981:381.
② 舒新城.中国近代教育史资料[M].北京:人民教育出版社,1981:381.
③ 舒新城.中国近代教育史资料[M].北京:人民教育出版社,1981:381.
④ 舒新城.中国近代教育史资料[M].北京:人民教育出版社,1981:383.

(二)保育教导要旨及条目

这一部分所规定的主要是学前教育的教育原则和基本的保教方式。

1. 教育原则

关于蒙养院的保育教导要旨,《奏定蒙养院章程及家庭教育法章程》提出了四条规定。[①] 第一,"保育教导儿童,专在发育其身体,渐启其心知,使之远于浇薄之恶风,习于善良之轨范",即要关注儿童身体与道德的发展。第二,"保育教导儿童,当体察幼儿身体气力之所能为,心力知觉之所能及,断不可强授以难记难解之事,或使为疲乏过度之业",即不可拔苗助长,要考虑儿童的身心发展水平。第三,"保育教导儿童,务留意儿童之性情及行止仪容,使趋端正",即要端正儿童行为规范,注重礼仪教育。第四,"儿童性情极好模仿,务专意示以善良之事物,使则效之,孟母三迁即此意也",即注重环境的影响,以培养儿童良好的道德情操。

2. 保教方式

关于蒙养院的保教方式,章程上规定应当选择儿童所喜欢的,又容易理解的东西循序渐进地启发涵养,并且指出蒙养院和小学的教授之法有着明显的区别。保教方式分为四部分:游戏、歌谣、谈话与手技。

(1) 游戏。游戏分为随意游戏和同人游戏两种。随意游戏是让幼儿各自运动,同人游戏是和集体一起游戏。同人游戏可使幼儿心情愉悦,身体体能安全,也将帮助幼儿养成合群的性格特征。

(2) 歌谣。在幼儿五六岁对歌唱感兴趣的时候开展歌谣活动,一般选用平和浅易的小诗,比如古人的短歌谣和五言绝句。唱诵歌谣可以让幼儿的耳目喉舌得到充分发展,还可以使幼儿心情愉悦,以培养出良好的德性涵养。

(3) 谈话。谈话内容应当选择幼儿感兴趣并能够理解的内容,例如寓言之类的,以便培养幼儿的性情。和幼儿谈话时,也要选择幼儿常见的"天然物"和"人工物",并且要注意启发和培养其清晰的谈话思路。等到幼儿熟悉之后,就要求其说明其中的要领,并对谈话也提出了进一步要求,务必声音洪亮,语言流畅,尤其不许幼儿将说话的次序颠倒。

(4) 手技。手技主要培养的是幼儿的动手能力,其材料也是多种多样的,有承装大小不一木片的木匣,以便幼儿能够用木片制作成房屋门户等形状;有小竹签和豆子,以便幼儿摆成各种形状;可以用纸做成各种物体的形状;可以用黏土来做碗壶等物体;还可以让幼儿在蒙养院的庭院内种植花草,浇水施肥等。做这些手技活动的目的在于引导幼儿的手眼协调发展,使它能够用在有用的地方,以助开发心智。

---

① 舒新城. 中国近代教育史资料[M]. 北京:人民教育出版社,1981:384.

（三）屋场图书器具

这部分规定，蒙养院的房舍应以平房为宜，不可建造楼房，以免幼儿在登降过程中发生危险。蒙养院应具备保育室、游戏室及其他必须具备的房室。凡是蒙养院所需之手技用的器物图画，游戏用的物具乐器、几案椅凳、时辰表、寒暑表、暖房器等，可视经费情况酌量置备，简朴些可以，但不可全缺。内外一切卫生等设施，均应当仿照小学堂的规定。

（四）管理人事务

蒙养院设院董一人，管理院中一切事务，并酌设司事。院董和司事都要选择老成端庄，诚实而平和，有耐心的人来担任。院董、司事的选派，如果蒙养院是官方所立的，就由官方选派；如果是乡村公立的，则由绅董公议，再由地方官核定；如果是私人所创的，则由私人方选定，但也需报本地官批准并立案。无论是公立的还是私立的，都需要上报给本省的学务处以便检查和考核。

综观《奏定蒙养院章程及家庭教育法章程》的内容，我们可以看出，作为社会性教育机构的蒙养院地位是非常有限的，缺乏应有的独立地位。特别是蒙养院的师资由育婴堂的乳妇和敬节堂的节妇充任，她们所接受的主要是封建女学思想教育，再加上自身文化素质不高，必然很难贯彻具有近代化特征的教育内容和方法，难以保证学前教育的质量。另外，与清末教育改革整体上向日本借鉴的形势相一致，《奏定蒙养院章程及家庭教育法章程》的制定也深受日本学前教育制度的影响，特别是其中关于保育教导宗旨与条目、蒙养院设备等方面的规定基本上是对日本1899年制定的《幼稚园保育及设备规程》的移植。

三、《女子师范学堂章程》的颁布

1904年所实施的"癸卯学制"中对女子教育是极为限制的，育婴堂和敬节堂中的幼教师资，也多靠乳妇和节妇来完成。但是，时代在发展，打破对女学的禁锢已经是大势所趋，迫于舆论的压力，清政府于1907年正式颁布了《女子小学堂章程》和《女子师范学堂章程》作为对"癸卯学制"的补充，正式承认女子教育的合法性。其中，《女子师范学堂章程》规定："女子师范学堂，以养成女子小学堂教习，并讲习保育幼儿教育方法，期于俾补家计，有益家庭教育为宗旨。"培养幼儿教养人员成了学堂设立的目的之一，开启了幼儿教育师资职前培训的先河。此外，《奏定蒙养院章程及家庭教育法章程》还规定女子师范学堂的毕业生，从领毕业证之日起，三年以内，有充当女子小学堂教习和蒙养院保姆的义务，从而保证了女子小学堂和蒙养院幼儿教育的师资来源。

但是，女师范生的培养，仍然受封建思想的影响，主要还是从培养传统的贤妻良母的目的出发。在《女子师范学堂章程》中提到："一、中国女德，历代崇重……今教女子师范生，首宜注重于此，务时勉以贞静、顺良、慈淑、端俭诸美德……二、家国关系至为密切。故家政修明，国风自然昌盛，而修明家政首在女子普受教育，知守礼法。又女子教育为国民教育之根基故。故凡学堂教育,必有最良善之家庭教育,以为补助,始臻完美。而欲家庭教育良善,端赖贤母。欲求贤母,须有完全之女学。"①可见,其兴办女学的根本目的在于修明家政,继而使得国风昌盛,在女学修习的学生也需发展贞静、顺良、慈淑、端俭等封建传统道德。在修习科目方面,其背后的价值理念仍然是中体西用,"女子师范学堂之学科为修身、教育、国文、历史、地理、算学、格致、图画、家事、裁缝、手艺、音乐、体操"②。一方面,注重传统女学经典的传授以及家庭工艺学科的传授,如修身、家事、裁缝、手艺等科目,以培养驯良的贤妻良母;另一方面,注重实用学科的教授以及教育方法的传授,如教育、国文、历史、地理、算术、图画、音乐、体操科目,使得培养出的师资能够胜任将要教习的学科。这些科目的设置,虽本质目的还在于培养符合封建道统思想的人才,但相较于之前育婴堂和敬节堂的乳妇和节妇,在幼儿师资的培养上已经更为系统化和专业性,培养质量获得了一定的保证,这直接推动了中国学前教育的发展。

在《奏定蒙养院章程及家庭教育法章程》出台之后,部分地区迅速出现了一批学前教育机构。这些机构在教育宗旨、课程设置和师资培养等方面都进行了有益的实践,但也有着明显的历史限制。

第四节 清末学前教育的实施

一、清末学前教育实施概况

清末由国人创办的第一所学前教育机构是 1903 年在湖北武昌创办的湖北幼稚园。在《奏定蒙养院章程及家庭教育法章程》出台之前,张之洞任湖广总督,执掌湖北政务,在他的推动下,兴起了创办新式学校的热潮。受此影响,1903 年秋,湖北巡抚端方在武昌阅马场寻常小学堂(后又称为模范初等小学堂)内创办了湖北幼稚园。同年,在北京,章宗祥等人创办了北京京师第一蒙养院。1904 年 1 月,清政府颁发了《奏定蒙养院章程及家庭教育法章程》,定蒙养院为幼儿教育机构,因此,湖北幼稚园改称为武昌蒙养院,也叫武昌模范小学蒙养院。

《奏定蒙养院章程及家庭教育法章程》出台之后,在经济文化相对发达的京津、苏浙沪等地区以及受热心兴学的张之洞影响下的两湖地区迅速出现了一批学前教育机构。其他省区创办蒙养院、幼稚园的报道也屡屡见诸报端。这些机构的名称和设置办法各不相同:有的名为蒙养院,有的名为幼稚舍或幼稚园;有公立官办的,也有私人经办的;有达官富绅办的,也有乡间节妇捐款办的;有独立设置的,也有附设于育婴堂、敬节堂、女学、女塾的。这些中国第一批的学前教育机构,在办园过程中,探索和积累了一些教育工作经验。

---

① 舒新城. 中国近代教育史资料[M]. 北京:人民教育出版社,1981:804.
② 舒新城. 中国近代教育史资料[M]. 北京:人民教育出版社,1981:805—807.

二、几所典型的蒙养院

(一) 湖北武昌蒙养院

湖北武昌蒙养院是我国第一所官办学前教育机构。1903 年创办时名为湖北幼稚园，1904 年更名为湖北武昌蒙养院。由于当初没有合适的师资，巡抚端方任命一名曾留学日本的人员到日本聘请保育人员，采购幼稚园设备。后来聘请了户野美知惠等三名日本幼教人员。户野美知惠毕业于东京女子高等师范学校，是最早来华的日方幼儿教育工作者，具有良好的专业能力和素质。她在出任院长期间，借鉴日本的《幼稚园保育及设备规程》于 1904 年拟定了《湖北幼稚园开办章程》。该章程对蒙养院的教育宗旨、招生对象与学习科目、设施设备和管理制度、师资培训都进行了详细又明确的规定。

图 3-6 湖北武昌蒙养院

1. 教育宗旨

《湖北幼稚园开办章程》规定，"幼稚园因家庭教育之不完全而设，专辅小儿自然智能、开导事理、涵养德性，以备小学堂之基础为宗旨"，并强调幼稚园"重养不重教"，声称"有此蒙养，将来就学自然高人一等"。① 在强调幼稚园的作用后，随即阐明了本园的教育目的："一、保全身体之健旺，体育发达基此；二、培养天赋之美材，智育发达基此；三、习惯善良之言行，德育发达基此。"② 从中可以看出，它注意了儿童在体、智、德几个方面的全面发展，又考虑到了蒙养院和小学之间的衔接，是比较合理进步的。

2. 招生对象与学习科目

"本园招收小儿，以五岁至六岁为率"，不限性别，男女均收，"暂定额八十名"。此班为小学预备班，对招收幼儿要求"务须气质聪强、体格一律，方易施功；若身体高下不一、气质暗弱

---
① 舒新城. 中国近代教育史资料[M]. 北京：人民教育出版社，1981：386.
② 舒新城. 中国近代教育史资料[M]. 北京：人民教育出版社，1981：386.

及有疾病者,一概不收"。① 此班幼儿一年毕业后就升入"本园初等小学堂"。其后另招收 4 岁上下的幼儿,二年毕业。

学习科目方面一共有七项,鉴于清政府的相关规定,科目与日本的科目有所出入,有"行仪、训话、幼稚园语、日语、手技、唱歌、游嬉"。幼儿在园为半天,时间以三小时为宜,一周有十八个小时的保育时间。

3. 设施设备和管理制度

幼稚园中,室内有"开诱室、训话室、游戏室、陈列图书玩具室",室外有"游嬉场,场有山曰游戏山,山有亭曰游戏亭"。除此之外,还有"保姆助教休息室,看管小儿仆妇室,会计办公室,接应宾客室"。园中"一切服装、图书、保育物品,皆属官备,惟不备餐饭"②,本省的幼儿入园是免收学费的,外省的幼儿入园每月需交四元大洋。想要入园的幼儿在入园时要将自己的"族贯姓名,生年月日及父母引证人姓名住所"详细地呈现出来,以便于核查,在这些条目中,引证人作保是非常重要的,并且要立保证书。

4. 师资培训

为培养幼儿教育的师资,幼稚园还附设了保育科,保育科内的学生可以练习保育的方法,积累丰富的保育经验。

湖北武昌蒙养院历经多年变故,其原址现为湖北武昌幼儿师范学校附属幼儿园。

(二) 湖南蒙养院

1905 年,端方已从湖北调任为湖南巡抚,创办了湖南蒙养院,招收四岁以上至六七岁的儿童。虽名为蒙养院,但并未像《奏定蒙养院章程及家庭教育法章程》规定的那样,将蒙养院设立在育婴堂和敬节堂内,而是改设在长沙坡子街粮道署旧址内,单独设院,并于当年 5 月 25 日开学。开办之初,由于保姆人才缺乏,聘请了日本人春山雪子、佐藤操子为保姆,并制定了《湖南蒙养院教课说略》,对幼稚园教育的宗旨、课程设置等做了规定。

1. 教育宗旨

《湖南蒙养院教课说略》中写道:"教育发初之程度曰蒙养院,即外国所谓幼稚园,家庭教育不足以此补之,是顶门上一层工夫。"③也就是说它将蒙养院当作家庭教育的补充,其宗旨在于"养成异日受教之根据",培养儿童德智体美的全面发展,即养成"德育之始基""智育之始基""化育之始基""体育之始基"。

2. 课程设置

该蒙养院规定了以下科目:

(1) 谈话。谈话就是"教师示为人之道也",分为修身话和庶物话。修身话是教师向幼儿说明做人的道理,浅显有趣;庶物话是指教师向幼儿展示简单事物的名称,并且粗略地说明

---

① 舒新城. 中国近代教育史资料[M]. 北京:人民教育出版社,1981:387.
② 舒新城. 中国近代教育史资料[M]. 北京:人民教育出版社,1981:387.
③ 舒新城. 中国近代教育史资料[M]. 北京:人民教育出版社,1981:388.

其中的意思。凡是谈话活动,教师都应该善于设问,不能令幼儿难以回答。

(2) 行仪。选择符合规矩又有趣的内容让幼儿模仿,教师应当在旁时时指导。这是落实在实践上的修身,它和谈话都是德育的开始和基础。

(3) 读方。这一名称来源于日本。日本幼儿学文分为:读方、书方和缀方。读方就是指读其语文的文字;书方就是指书写所读的文字;缀方就是指联字成句、联句成文。书方和缀方在小学中进行,读方在幼稚园第二和第三年教之。这里的读方就是中国的识字课。

(4) 数方。数方就是教幼儿用指数器,教习幼儿单双数、分解组成以及加减法等,由教师指导传授。

(5) 手技。手技就是恩物的配插。恩物的种类有很多,可以让幼儿自由堆积配插,使得幼儿掌握轻重、大小、长短、重心。"恩物"一词,来自德国学前教育家福禄贝尔对其自制儿童玩具的称呼,意指上帝恩赐之物。共计二十种,日本对此加以学习和模仿,最终也形成二十种恩物,但"不能尽教,择其最开发心思者十一种教之"。这十一种恩物有木积、板排、箸排、镮排、豆细工、纸织、纸折、纸剪、纸刺、缝取、画方。

(6) 乐歌。乐歌可以"以音响节奏发育精神……以歌意发其一唱三叹之感情","培养美感,高洁心情,涵养情性也"。[①] 以"本省名山大川胜迹名区,乡贤名宦,动植各物"制作为歌词,谱成曲子,以启发幼儿爱国爱乡之情。

(7) 游戏。或称为游嬉,一方面可以活泼幼儿的生趣,另一方面又可以在潜移默化中调和幼儿的性情。游戏由保姆带领,或在课堂,或在室外,通过寓于自然规则的有趣动作进行。游戏时要为幼儿提供能够反映士农工商的玩具,"使各得其性之所见也"。

在以上几点中,谈话、行仪为"德育之始基",读方、数方、手技为"智育之始基",乐歌为"化育之宗",游戏为"体育之始基",并强调各科要有机结合,相互渗透。因此,我们可以看出《湖南蒙养院教课说略》关注到了幼儿的德智体美的全面发展。应该说,它已超出了《奏定蒙养院章程及家庭教育法章程》的规定,而显得更加完备。

湖南蒙养院创办第二年,因饥民暴动,全院被毁,而不得不先后三迁其址,均为租用民房。办学的不稳定,遂使得院务无从改进,幼儿的课程与教法,全凭春山雪子、佐藤操子两保姆决定,幼儿入园和出园的年龄,亦没有了规定。1911年,革命军四起,蒙养院的幼儿四散流失,该院随之停办。

(三) 严氏蒙养院

严氏蒙养院是一所私立蒙养院,创办者是严修(1860—1929)。严修世居天津,曾任清朝翰林院编修,学部侍郎等职。1989年戊戌变法时曾上书朝廷,主张废除科举并开设经济特科,但并未获得批准。于是,他回到天津专心办学。从清朝到民国初年,他除去创办南开学校和资助、赞助其他男子中小学外,尤为重视女子教育和幼儿教育。严修于1902年、1904年

[①] 舒新城.中国近代教育史资料[M].北京:人民教育出版社,1981:391.

图 3-7 严修

两度东渡日本考察教育。除了考察师范、实业以及各类私立学校外，还着重考察了日本幼稚园，参观了多所幼稚园，从与各幼稚园园长或保姆的交谈中汲取了实施幼稚园教育的理论与经验。

1. 保姆讲习所

1905年严修在其1902年所办的严氏女塾基础上创办了保姆讲习所，除原来的女塾学生外，又招了一部分新生。学生在入学时，具备初步的文化知识，根据程度的不同，分为两个组，主要由日本籍的大野铃子任教。大野铃子并不懂中文，由学生中日语较好的严修的长子当翻译；所教授的课程有保育法、音乐、弹琴、体操、游戏、手工等；其他基础文化课，如英文、算术、生理、化学等课程由南开中学堂教师教授。学员毕业后，除一部分回家主持家务外，其余学生被分配了工作。在当时中国缺少幼稚园师资的情况下，这批学员毕业后在京津两地从事幼教事业，成为中国第一批幼教工作者。

2. 蒙养院

蒙养院是保姆讲习所的实习场所。保姆讲习所成立不久，蒙养院继之成立。大野铃子半天在保姆讲习所讲课，半天在蒙养院辅导学员实习。开始时，大野自己弹琴示范，教幼儿唱歌、游戏。后来逐渐由学员教幼儿，大野在旁指导。其所招收四至六岁的儿童，不限男女，全体名额约30名，儿童为附近的邻居及亲友的子女，学费大约是每月一元，严氏子弟也不例外。

蒙养院保教活动实行半天制，时间为上午9—11时。严修在开办初期，专门为蒙养院修建了一所高大的活动室，在活动室旁还开辟了一间房间，为儿童分组活动及教师休息时使用。蒙养院的设备是从日本购买的，如钢琴、风琴、儿童桌椅、教具等都出自日本。蒙养院的玩具设备较简单，户外有锻炼身体用的器械，如秋千；还有游戏时用的玩具，如涂色的藤圈、拔河用的布绳等，供儿童选择的玩具不多。此外，还有类似于福禄贝尔恩物的玩教具，如七巧板、大小不同的铜圈、不同长短的竹棍等。

蒙养院的课程有手工、唱歌、游戏、故事等。

(1) 手工。儿童的手工约有以下几种：编纸工、折纸工、剪纸、黏土工(白泥)、穿麦莲、图画等。所有工具每人一份的有：剪刀(日本式的)、泥工板、编纸工夹子、木盒(装材料)、图画笔。

(2) 唱歌。歌曲几乎大部分是从日文翻译过来的，内容大多是关于植物、动物、自然现象、礼貌等。歌词是当年到日本的留学生翻译的，有的歌如"公鸡打鸣"在京津的幼稚园流传很广。

(3) 游戏。有带表演性的游戏，如猫捉老鼠、老鹰捉小鸡、池子里的蛤蟆、大猫的儿子等；也有竞赛性的游戏，如拔河、听琴抢圆圈、投篮竞赛、套圈、顶豆囊赛跑等。

(4) 故事。故事有寓言故事、日本桃太郎、小麻雀、西游记片段、龟兔赛跑、放羊童谎骗等。

除了上述比较典型的几所蒙养院外,这一时期影响比较大的还有1904年创办的上海务本女塾附属幼稚舍,它在1907年改为上海公立幼稚舍;1907年成立的上海私立爱国女学社附设蒙养院;1908年由江苏金山县节妇朱氏捐献田产创办的怀仁幼稚舍以及礼部侍郎曹广权创办的北京曹氏家塾幼稚园等。

三、清末学前教育的发展特点

综观清末学前教育的近代转折,我们不难看出这一时期学前教育的发展,体现出四个基本特点。

第一,中国的学前教育开始由传统封建社会的家庭教育方式向专门的社会教育转变,出现了社会性的学前教育机构——蒙养院。

第二,明显地受到日本学前教育模式的影响。无论是从蒙养院制度的制定,还是在实施中师资的聘用、课程的设置、玩具的配备、教法的运用等,都能够看到对日本学前教育的借鉴和移植。

第三,蒙养院的独立性差。蒙养院在设置上,大部分都是作为一种社会慈善机构或学前教育师资培训机构的附设机构而存在的;在功能上,被视为家庭教育的补充。

第四,体现了"中学为体,西学为用"的基本思想。一方面保留了浓厚的封建传统教育的思想观点,对幼儿注重封建伦理道德的灌输及行为习惯的训练,在师资的培养上更是受封建传统社会对女子教育的约束的影响。另一方面也增设了一些近代社会学前教育的形式和内容。

思考与练习

一、判断

1. 西方传教士在华办幼稚园的主要目的是帮助国人发展教育事业。(　　)
2. "癸卯学制"增补了《女子小学堂章程》和《女子师范章程》,开启了幼儿师资职前教育的先河。(　　)
3. 清末民初中国官办蒙养院主要的模仿对象是日本幼稚园。(　　)
4. 我国近代第一所官办幼儿教育机构是湖南蒙养院。(　　)

二、填空

1. 据美国传教士＿＿＿＿撰写的《全地五大洲女俗通考》记载,教会学前教育机构被称为"小孩察物学堂"。
2. 康有为的著作＿＿＿＿构建了一个从人本院、育婴院到慈幼院的学前教育体系。
3. 《奏定蒙养院章程及家庭教育法章程》规定:蒙养院保育教导的方式分为四部分:游

戏、_____、谈话与_____。

4. 严氏蒙养院是一所私立蒙养院,它的创办者是_____。

三、简答

1. 简述日本学前教育传入中国的途径和过程。
2. 简述康有为儿童公育思想中的学前教育部分,并对此进行评价。
3. 简述《奏定蒙养院章程及家庭教育法章程》的基本内容。

四、论述

"中体西用"是清末蒙养院所采用的基本思想,请谈谈这种思想具体在近代学前教育改革中是怎么体现的,并结合当代的学前教育变革,谈谈我们应当如何更好地将西方学前教育思想与中国传统文化有机地结合起来。

拓展阅读

1. 康有为.大同书[M].沈阳:辽宁人民出版社,1994.
2. 雷良波,等.中国女子教育史[M].武汉:武汉出版社,1993.
3. 李楚材.帝国主义侵华教育史资料——教会教育[M].北京:教育科学出版社,1987.
4. 李莉.张之洞与我国第一个幼教法规[J].幼儿教育,1993(02):69.
5. 王春燕.中国学前课程百年发展与变革的历史研究[M].北京:教育科学出版社,2004.
6. 中国学前教育研究会编.百年中国幼教[M].北京:教育科学出版社,2003.

第四章 民国时期学前教育的演进

学习目标

1. 了解民国时期学前教育思潮的传播与发展。
2. 了解蒙养园制度的确立。
3. 理解幼稚园制度的确立与实施。
4. 掌握幼稚园课程标准的基本要点。
5. 了解民国时期学前教育的实践发展。

本章导览

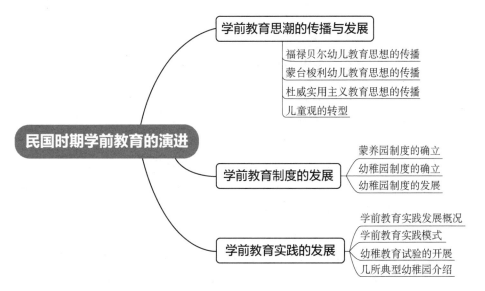

问题提出

"老老实实地说一句,再目今中国的农村社会里,乡村孩子的家庭,是没有什么卫生可言的。于是,许多的孩子们,流鼻涕、害沙眼、秃子等那是很普遍的事实。在这种情形之下,便由园中替每个儿童备了一条毛巾,又备了一面大镜子,叫儿童常常自行检查清洁。规定吃点心(所谓点心,就是乡间所出产的山芋、豆子等土货)的时候要有许多的清洁习惯。有时,导师还替儿童剪发、洗外衣、送小鞋子给她们穿。又备了许多的药品,于师范本部(即晓庄师范本部)医药卫生组前来教学做的时候,便替孩子们医治秃子、沙眼等疾病。"这是一段描写民国时期陶行知先生创办的第一所乡村幼稚园的情景。那么,在历史上,民国时期的学前教育发展的基本状况是什么样的呢?本章将重点呈现这一时期学前教育的发展演变。

第一节 学前教育思潮的传播与发展

1911年,辛亥革命爆发,以孙中山为首的资产阶级革命派推翻了清王朝的统治,宣告了两千多年的封建君主制度的结束。1912年1月,南京临时政府成立,历史进入了中华民国时期。这一时期,中国的学前教育有了长足的发展。尤其是在"五四"新文化运动的影响下,学前教育领域掀起了批判封建儿童观和引进西方学前教育思想的热潮。

一、福禄贝尔幼儿教育思想的传播

在上一章中,我们对德国著名的学前教育家福禄贝尔(Friedrich W. A. Fröbel,1782—1852)的教育思想已经有了零星介绍,在湖南蒙养院等早期学前教育机构中开设的手技等课程以及所使用的"恩物",都是根据福禄贝尔的理论创设的。但从根本上说,清末传入的福禄贝尔的学说基本上都是从日本转介而来的,经过了日本的改造。

中华民国成立后,中国开始从西方系统地介绍福禄贝尔(当时的译法有很多,如福若伯、佛罗卜尔、福禄培尔等)学前教育思想。1912年《教育杂志》在第4卷第7号刊登了谢天恩撰写的《美国幼稚园略述》,介绍了福禄贝尔遵循自然的教育原则。他指出,在福禄贝尔之前,学前教育的基本方式是通过外部训练来改变儿童的心理,这种方法是非常机械的。从福禄贝尔起,人们认识到了教育儿童的方法应是由内而外,顺应儿童心理发展的自然规律。

1914年该杂志又发表了《德国柏林裴斯泰洛齐福禄培尔馆》一文。这是一篇笔名为"无我"的作者的参观报告,介绍了由福禄贝尔的弟子虚拉翟尔夫人办理该馆的基本情况,包括"馆之成立及历史""现在之事业""保姆之养成""幼稚园主义""分组之方法""每月之主体""饲养动植物及练习家事"。在这篇参观报告中,作者宣扬了福禄贝尔重视游戏的学前教育主张。当时有不少幼稚园以小学教育为模式,以教授知识为核心,不注重游戏,以为这样做,幼稚园就办好了,作者指出这其实是违背了福禄贝尔的精神,也违背了学前教育的基本规律。

"五四"新文化运动前后,随着国人对福禄贝尔思想了解的加深和对中国的幼稚园实践的反思,中国幼教界开始对福禄贝尔思想有了更全面和理性的分析与评价。1919年,《新教育杂志》发表了《福禄培尔传》,对福禄贝尔的生平和教育实践进行更为详细和深入的介绍与总结。同年,《新教育》杂志刊登了《赫尔伯脱、福禄培尔与朱子、王阳明教育学说之比较》。张宗麟在1928年出版的著作《幼稚教育概论》中,一方面理性分析了福禄贝尔学说的不足之处,他认为:①在哲学观点上,福禄贝尔从一元论和世界整体观出发,在恩物设计中以圆为起点,以整体为归宿,强调儿童之心即宇宙之心。②在教育心理学观点上,认识到了游戏是儿童的天性,但不知道音乐也为幼儿所喜爱,所以在课程中缺少音乐课,在恩物中缺少乐器,所设计的恩物也偏细小,和儿童肌肉发展的程度不相符合。③对宗教的迷信,认为儿童教育是"为上帝而教育,非为儿童而教,非为国家培植国民"。另一方面,张宗麟也对福禄贝尔注重自然、取消惩罚,以爱的感化为宗旨,以幼儿自由为目标的教育思想给予了充分肯定。不管这些评价是否合理妥帖,但它表明"五四"新文化运动后,我国学前教育理论已走上了一个新阶段。①

二、蒙台梭利幼儿教育思想的传播

蒙台梭利(Maria Montessori,1870—1952)是意大利著名的学前教育家,她的幼儿教育思想是从1913年开始传入我国的,到五四运动前后,已形成了一股热潮。

1913年4月《教育杂志》第5卷第1号刊登了署名志厚的文章《蒙台梭利女史之新教育法》,②文章一开头就热情赞颂了蒙台梭利所主持的学前教育机构"儿童之家"(当时作者把它译为"儿童之宅"),全文四千多字,详细地介绍了"儿童之宅"的具体教学活动,它的特点、运用的种种器械、取得的成绩及其影响,并分析了其教育方法的心理学依据。同年8月《教育杂志》第5卷第5号刊载了署名"悫生"的《蒙台梭利新教育之设施》,介绍了蒙氏教育法在世界各地的迅速传播,并从三个方面总结蒙台梭利的教育思想:尊重儿童的自由、强调感觉训练、重视教具的使用。

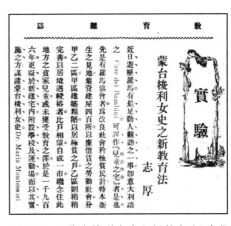

图4-1 《蒙台梭利女史之新教育法》片段

1914年,介绍蒙台梭利教育思想的书刊和活动渐多。如1914年商务印书馆出版了日本人今西嘉藏著、但涛翻译的《蒙台梭利教育法》。该书详细地论述了蒙氏教育法的原理,译者

---

① 杜成宪,王伦信.中国幼儿教育史[M].上海:上海教育出版社,1998:180.
② 女史,在古代掌管王后礼仪等事的女官,也指为世妇掌管文件书写的下属,此处应是对知识妇女的美称。

图 4-2　1916 年法国巴斯第夫人来沪演说词片段

在该书中极力反对封建主义的教育,希望蒙台梭利的"儿童之宅"能在中国推广。在宣传蒙台梭利教育思想的高潮中,1914 年江苏省教育会还专门成立了"蒙台梭利教学法研究会",商务印书馆也特意仿制发行了蒙台梭利教具。

1916 年 5 月 20 日,来自法国的巴斯第夫人应上海寰球中国学生会的邀请,专门做了"蒙台梭利教学法"的演讲,并携带全副蒙台梭利教具进行了演示。讲演稿分两期在《教育杂志》上连载刊出。这是一次西方学前教育学者从西方的视角向中国学前教育界交流对蒙氏学说的理解。之后,在 1923 年,北京女子师范大学附属蒙养园招收两个班幼儿,试验蒙台梭利教学法,一时间蒙台梭利教学法成为幼儿教育实践关注的中心,但是后来因试验者反映蒙台梭利教学法采用的教具过多,不适合中国国情,难以推广,于是,蒙台梭利教学法的热潮逐渐降温。

三、杜威实用主义教育思想的传播

美国著名实用主义教育家杜威(John Dewey,1859—1952)的教育思想,在"五四"新文化运动爆发之前,就已经开始传入中国。但作为一种思潮在中国兴起,则是 1919 年杜威来华访问之后。

1919 年 2 月,杜威访问日本东京帝国大学。到日本讲学时,杜威并没把中国列在他的远东之行计划之内,但在日本期间,杜威接到了北京大学胡适教授的邀请信。恰巧当时北京大学的蒋梦麟和南京高等师范学校校长郭秉文等也在日本,他们登门拜访杜威夫妇,并以北大、新学会、尚志学会、中国公学的名义,向杜威发出正式邀请。杜威这才决定到中国走一趟。4 月 30 日下午抵达上海,刚上码头,便见到了蒋梦麟、陶行知、胡适,他们三位昔日都就读于哥伦比亚大学,师从杜威。杜威的到来正好赶上中国五四运动的爆发,年届六十的杜威在不知不觉中,已深深陷入了中国的那场风云际会。北京学生运动的消息不断传到他的耳中,杜威有幸经历了中国历史上重要的一段岁月,并为那种浩大的声势所震撼。他本来打算在中国小住几个月的计划竟延长到两年多。在中国停留两年零两个月的时间里,其足迹遍及中国南北 11 个省,东至上海,西到太原,北抵辽宁,南达广东。每到一处,便登台演讲,其轰动效应,远远超出人们最初的预计,各大报刊竞相刊登他的演讲内容,后出版了杜威的《民主主义与教育》等主要著作。其信奉者如胡适、陶行知等也发表各种推崇备至的文章和演讲,在中国掀起了一股实用主义教育的思潮。

图4-3 1919年杜威来华交流访问

杜威的实用主义教育思想强调"教育即生活""教育即生长""学校即社会""做中学"等。它针对传统教育学中的"教师中心""书本中心""课堂中心",针锋相对地提出了"儿童中心""经验中心""活动中心"的观点。杜威说:"现在我们教育中将要引起的转变是重心的转移。这是一种变革,一种革命,一场和哥白尼把天体的中心从地球转到太阳一样的那种革命。在这种情况下,儿童变成了太阳,教育的各种措施围绕着这个中心旋转,儿童是中心,教育的各种措施围绕着他们而组织起来。"[1]

杜威实用主义教育思潮在中国的传播,深刻影响了19世纪20年代之后中国学前教育的发展,在当时中国一批学前教育家如陈鹤琴、陶行知、张雪门等人的思想中,都能看到杜威教育思想的影子,它促使了中国学前教育从清末的日本模式,逐渐向欧美模式靠近。

四、儿童观的转型

在漫长的封建社会中,成人本位是其基本特征。相对于成人来说,儿童是一个弱势群体,在"君君臣臣父父子子"的伦理纲常下,作为子女的儿童没有权利、没有自由、没有独立人格,儿童成长的内在意义被完全忽略。清末,西学东渐之风日盛,使得中国传统的儿童观逐渐受到挑战,对儿童的理解出现了新的视角。如严复翻译《天演论》,对进化论思想的引入,使人们开始认识到"后起的生命,总比以前的更有意义,更近完全,因此也更有价值,更可宝贵"[2]。而梁启超的《少年中国说》,则更是把少年与国家未来的命运前途联系起来,重估了儿童的真正价值。历史发展到五四运动时期,在这场高举"民主"与"科学"的中国启蒙运动中,儿童问题成为当时人们关注的一个基本焦点。如《新青年》1918年第一期刊登征稿启事,征集关于妇女和儿童问题的稿件。关于儿童的讨论日趋热烈,"以儿童为本"的新儿童观开始逐渐形成。

---

[1] 杜威.学校与社会·明日之学校[M].赵祥麟,译.北京:人民教育出版社,1994:43.
[2] 中央教育科学研究所.鲁迅论教育[M].北京:教育科学出版社,1986:12.

(一) 对封建传统儿童观的批判

有破才有立,五四运动时期一批先进的知识分子,纷纷对封建传统儿童观的种种弊端展开了尖锐的批判。

如鲁迅在1918年5月发表的《狂人日记》,发出了"救救孩子"的呼声,呼吁人们把孩子从封建礼教的束缚中解放出来,培养一代新人。随后,1919年又在《新青年》第6卷第6期发表了《我们现在怎样做父亲》一文,批判了中国封建传统的"长者本位",其中指出:"中国的老年,中了旧习惯旧思想的毒太深,……本位应在幼者,却反在长者;置重应在将来,却反在过去。前者做了更前者的牺牲,自己无力生存,却苛责后者又来专做他的牺牲,毁灭了一切发展本身的能力。"①

同时,鲁迅也特别批判了封建教育对儿童天性的压制和摧残。他指出旧教育运用迷信的、虚悬的《二十四孝图》《增广贤文》等历代相传的教育内容,使"孩子长大,不但失掉了天真,还变得呆头呆脑","温文尔雅,不大言笑,不大动弹","向静的一方面发展,低眉顺眼,唯唯诺诺",孩子的兴趣、情感全被压抑了、扼杀了,甚至孩子连笑的权利也没有了,因为"他们会笑,就怕他们也会哭、会怒、会闹起来"。②

再如,周作人也批判传统的儿童观,对于儿童存在很多不正确的理解,要么把儿童当作"缩小的成人","拿'圣经贤传'尽量地灌下去",忽视了儿童的年龄、心理特征及身心发展的自然规律,束缚了其美好天性;要么是把儿童当作"不完全的小人","说小孩懂得什么,一笔抹杀,不去理他"③这种儿童观,否认了儿童的独立人格和发展规律,漠视儿童的个性发展,可谓贻害无穷。

(二) 对新儿童观的倡导

在对封建传统儿童观展开批判的同时,一种新的"以儿童为本"的儿童观在被倡导和宣扬。这表现在以下三个方面:

1. 对儿童独立地位和价值的认可

如周作人指出:"儿童在生理心理上,虽然和大人有点不同,但他仍是完全的个人,有他自己内外两面的生活。儿童期的二十几年的生活,一面固然是成人生活的预备,但一面也自有独立的意义与价值;因为全生活只是一个生长,我们不能指定哪一截的时期,是真正的生活。我以为顺应自然生活各期——生长,成熟,老死,都是真正的生活。"④

2. 对儿童身心发展规律的强调

如蔡元培针对传统旧教育抹杀儿童个性的做法,提出要重视儿童的身心发展规律,"在

---

① 中央教育科学研究所.鲁迅论教育[M].北京:教育科学出版社,1986:12.
② 中央教育科学研究所.鲁迅论教育[M].北京:教育科学出版社,1986:7.
③ 周作人.儿童的文学[J].新青年,1920(8).
④ 周作人.儿童的文学[J].新青年,1920(8).

深知儿童身心发达之程序,而择种种适当之方法以助之。如农学家之于植物焉,干则灌溉之,弱则支持之,畏寒则置之温室,需食则资以肥料,好光则覆以有色之玻璃……决不敢挟成见以从事焉。"①他主张"教育者,与其守成法,毋宁尚自然;与其求划一,毋宁展个性"。

3. 对合理教育方式的建议

如鲁迅提到要根据儿童的特点教育儿童,做到"尽力的教育,完全的解放"。第一,要正确地理解儿童。儿童不是"成人的准备",也不是"缩小的成人",儿童的世界与成人的世界不同。"往昔的欧洲人对于孩子的误解,是以为成人的预备;中国人的误解,是以为缩小的成人。直到近来,经过许多学者的研究,才知道孩子的世界,与成人截然不同;倘不先行理解,一味蛮做,便碍于孩子的发达"。理解孩子,是教育他们的前提。第二,要正确地指导儿童。成人需以与孩子平等的思想,作孩子的指导者、协商者而不是命令者,以养成儿童"纯洁高尚的品德,合乎新潮流的精神,以及切实的知识和健康的体魄"。第三,解放儿童。"子女是即我非我的人……因为即我,所以更应该尽教育的义务,交给他自立的能力;因为非我,所以也应同时解放,全部为他们自己所有,成为一个独立的人",②给他们创造一个美好、有趣、健康、活泼的世界,给予他们自主的能力。当然,解放并不是放手不管,而是要给予儿童良好的条件,富有意义的环境,使他们能自由活动,自由成长,成为"新人的幼芽"。

第二节 学前教育制度的发展

在这一时期,近代学前教育制度化理念开始兴起,主要体现在对学前教育共同价值观念的确立与对学前教育事业的规范化;学前教育师资培训机构的具体制度建构;学前教育实行机构的组织制度化及课程设计制度等方面,为民国学前教育事业的发展提供了一定程度上的制度保障。③

一、蒙养园制度的确立

1912年,中华民国南京临时政府成立,蔡元培任教育总长,着手进行了一系列资产阶级性质的教育改革。1912年9月,颁布了《学校系统令》,确定了民国学制系统的结构框架,因当年为中国农历的壬子年,故该系统框架被称为"壬子学制"。1913年,中国农历的癸丑年,教育部又陆续公布了各级各类学校的法令法规,使得"壬子学制"得以充实和具体化。这些综合起来,形成了一个全面完整的学制系统,被称为"壬子癸丑学制"。

按照"壬子癸丑学制",学前教育机构名称由清末的蒙养院改称蒙养园。蒙养园和大学本科之后的教育机构大学院(类似于现在的研究生院)一样,不占学制年限,而是作为正式学

---

① 高平叔. 蔡元培教育文集[M]. 北京:人民教育出版社,1980:48.
② 中央教育科学研究所. 鲁迅论教育[M]. 北京:教育科学出版社,1986:17.
③ 朱季康,孔祥德. 近代学前教育制度化理念在民国社会的兴起与反映[J]. 兰州学刊,2014(9):80—87.

校教育机构的附属部分。"女子师范学院于附属小学校外应设蒙养园,女子高等师范学校于附属小学校外应设附属女子中学校,并设蒙养园"①,"地方长官遇有特别情形,……或以公立私立之蒙养园代附属蒙养园"②。

与清末《奏定学堂章程》中所规定的蒙养院相比较,"壬子癸丑学制"中所规定的蒙养园,仍然没有摆脱附属的地位,缺乏独立性,只是在"特别情形"下可单独设立。但不同的是,这时期的蒙养园已不再附设于育婴堂和敬节堂等慈善机构中了,而是附属于正规的学校教育机构之中,这是一种历史的发展进步。

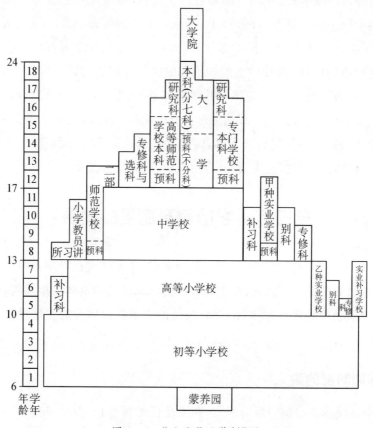

图 4-4 "壬子癸丑学制"图

南京临时政府成立后不久,袁世凯篡夺了革命的果实,成立了北洋军阀政府。1915—1916 年,教育部颁布了《国民教育令》和《国民学校实施细则》。其中,《国民教育令》规定,"国民学校得附设蒙养园",如此,蒙养园的设立突破了前一阶段主要设立于女子师范学院和女子师范高等学校的限制,使得普遍设立成了一种可能。而《国民学校实施细则》则相应规定了蒙养园办理的具体细则,主要内容如下:

---

① 舒新城. 中国近代教育史资料(上册)[M]. 北京:人民教育出版社,1961:710.
② 舒新城. 中国近代教育史资料(上册)[M]. 北京:人民教育出版社,1961:733.

（1）关于蒙养园的宗旨："蒙养园以保育满三周岁至入国民学校年龄之幼儿为目的。"

（2）关于保育的目标："保育幼儿，务令其身心健全发达，得善良之习惯，以辅助家庭教育。"

（3）关于保育的方法："幼儿之保育，须与其身心发达之度相副，不得授以难解事项及令操过度之业务。幼儿之心情容止，宜常注意使之端正，并示以善良之事例，令其则效。"

（4）关于保育的项目："保育之项目，为游戏、唱歌、谈话、手艺。"

（5）关于保育的时间："保育之时数，由管理人或设立人定之，报经县知事之认可。"

（6）关于蒙养园的师资："蒙养园得置园长……蒙养园保育幼儿者为保姆。保姆须女子有国民学校正教员或助教员之资格，或经检定合格者充之。"

（7）关于蒙养园招生人数及师幼比："蒙养园之幼儿数，须在百人以下；但有特别情事者得增至百六十人……保姆一人所保育之幼儿数，须在三十人以下。"

（8）关于蒙养园的设施："蒙养园应设游戏园、保育室、游戏室及其他必要诸室，室以平屋为宜。恩物、绘画、游戏用具、乐器、黑板、桌椅、钟表、寒暑表、暖房器及其他必要器具。"①

以上这些规定，在办园宗旨、保育内容、设施等方面，都与《奏定蒙养院及家庭教育法章程》中的规定相似，如强调蒙养园辅助家庭教育，保育内容和方法许多仍沿袭了清末效法的日本模式，但对于师资的规定有所进步，提高了蒙养园保姆的资格要求，这对蒙养园教育质量和地位的改善有所帮助。

二、幼稚园制度的确立

1919年五四运动所出现的教育新思潮，为学前教育的发展奠定了新的基础，再加上壬子癸丑学制"仿自日本，数年以来，不胜其弊"②这促成了学前教育制度的进一步发展。1922年11月，北洋政府出台了《学校系统改革令》，这一年为中国农历的壬戌年，故又称为"壬戌学制"。同时，又因这一学制借鉴了美国小学六年、初中三年、高中三年的学段年限，因此，又被称为"六三三学制"。它是对此前学制的全面更新，因此有时也称之为"新学制"。

该学制提出了七项标准：①适应社会进化之需要；②发扬平民教育精神；③谋个性之发展；④注意国民经济力；⑤注意生活教育；⑥使教育易于普及；⑦多留各地伸缩余地。从这七项标准中，可以明显看出，它较好地体现出新文化运动所倡导的"民主"与"科学"的精神，尤其是实用主义的教育思想。

该学制规定，初等教育阶段包括幼稚园、初级小学、高级小学，从而使得幼稚园被正式纳入初等教育范围，摆脱了此前一直所处的附属地位。同时，正式使用"幼稚园"作为学前教育机构的法定名称，而弃用以前的"蒙养院"和"蒙养园"的称呼。但是，该学制并没有对学前教育的实施细则作出详细说明。

---

① 中国学前教育史编写组.中国学前教育史资料选[M].北京：人民教育出版社，1989：205—206.
② 田正平.中国近代学制比较研究[M].广州：广东教育出版社，1996：230.

三、幼稚园制度的发展

1927年南京国民政府成立,此后在一批著名教育家的推动下和一批教育工作者的不懈努力下,学前教育有了较大发展。

(一)《幼稚园课程标准》的颁布

自清末颁布《奏定蒙养院及家庭教育法章程》以来,一直没有关于学前教育机构课程标准的规定,最多在相关章程中略举学前教育机构可以开设的科目,但此外就没有更为具体的课程开设方面的规定了,因此,导致各类的学前教育机构在课程设置和实施上往往各行其是。

为此,在1928年5月在南京召开的全国第一次教育会议上,讨论通过了陶行知和陈鹤琴提出的《注重幼稚教育案》,其中一个重要的项目就是"审查编辑幼稚园课程及教材案"。会后,陈鹤琴被聘为起草委员会委员,由教育部聘请有关专家11人,开始着手进行幼稚园课程标准的研制工作,拟定了《幼稚园课程暂行标准》,并于1929年8月通过审查并颁发全国,在各地试验推行。之后,在汇集各方面试验意见的基础上进行修改,并于1932年10月与《小学课程标准》一起正式颁布了《幼稚园小学课程标准》。自此,中国开始有了历史上第一部国家层面上的幼稚园课程标准。1936年又进行了一次修订,除增添了极少量的内容和做了极少数的文字修改外,基本上没有什么大的变动。

图4-5 1936年修订后的《幼稚园小学课程标准》片段

《幼稚园课程标准》共分幼稚教育总目标、课程范围、教育方法要点三部分,分别作简单介绍。

1. 第一部分:幼稚园教育总目标

这部分非常概括地列出了四个基本方面:"(一)增进幼稚儿童身心的健康;(二)力谋幼稚儿童应有的快乐和幸福;(三)培养人生基本的优良习惯(包括身体、行为等各方面的习惯);(四)协助家庭教育幼稚儿童,并谋家庭教育的改进。"[①]从这四个方面来看,明显地体现出了"儿童本位"的价值取向,更为关注儿童的健康、快乐和习惯的养成,而非知识的灌输和技能的训练。

---

① 中国学前教育史编写组.中国学前教育史资料选[M].北京:人民教育出版社,1989:230.

2. 第二部分：课程范围

这部分是本课程标准的主体内容。列出了幼稚园可以开设的课程，包括音乐、故事和儿歌、游戏、社会和常识、工作、静息、餐点等科目。每个科目分别从目标、内容大纲、最低限度三个方面做了具体规定。下面以"工作"这一科目为例，来看其目标、内容大纲及工作要求的最低限度。

（1）工作的目标是：①满足对于工作的自然需要。②培养操作习惯，增进工作技能，并锻炼感觉能力。包括：发展粗大的基本动作，以为日后精细动作发育的基础；使关于身心的各种动作，常常有表演的机会。③训练关于群体的活动力。例如：自信、自重、坚忍、专心、勤奋、互助、热心、服务等精神；自动的能力，领袖才能和服从领袖的精神；批评能力和接受批评的度量；不浪费时间和材料的习惯；遵守秩序的习惯；爱护公共的用具。④发展智力。包括：锻炼思想；培养发表、创造、建设的能力；发展欣赏能力。

（2）工作的内容大纲包括：①沙箱装排。在沙盘或沙箱中，利用各种玩具、物品，堆装观察研究过的许多立体的东西，如村舍、城市、山景、园景、江河、动物场、植物园或其他模型等。②恩物装置。用大小积木等装置成房屋和其他建筑物等。③画图。自由单色画或彩色画，彩色画可用各种现成图物，使儿童自己设色；或用自己所制的图物，施以彩色。④纸工。用剪刀剪各种图形或以纸折各种物体（如桌椅之类）；或将剪的、折的、撕的图形用浆粘在纸上；或用纸条织成各种花纹，或用纸做成各种玩具（如动物模型、家具模型等）。⑤泥工及纸浆工。用泥或纸浆做成模型，如鸡、狗、桃、李、杯、盘、饼、舟、车等类，并研究泥的性质。⑥缝纫。缝纫的动机，大概由玩弄玩偶而来，如装饰玩偶的房屋，或为玩偶做小衣服、小被、小窗帘等。这种工作，应由年龄稍大的儿童担任，年龄较小的儿童，可把硬纸刺孔成为苹果、萝卜或猫狗之类，让他们用颜色线穿编。⑦木工。用简单木工器具，如锥、锯之类。并能计划做成几种简单的玩具模型（如床、桌、椅、秋千架等），而且知道做的方法和顺序（例如做一桌子，知道四脚应一样长；桌面和脚的比例应相当；四角应钉在桌面之下等）。⑧织工。能用最粗的梭、织线带等。⑨园艺。种菜、种豆、种普通花卉等。⑩其他。利用各种自然物及废旧物做成玩具、装饰品等。

（3）工作所要求的最低限度包括：①能独做简单的工作而不求助于人。②能爱惜工具和材料。③能整理工具、材料、作品和安置工具、材料、作品的地方。④能保持地上的清洁。⑤能不弄脏身体和衣服。⑥能用铅笔或粉笔。⑦能用剪刀。⑧能选择颜色。⑨能排列图形。⑩能种活一两种蔬菜或花卉。①

从以上课程的内容大纲，一方面，我们可以看出它主要是以儿童的活动为中心来组织课程内容的，而不是按学科的分类来组织的，学科知识服从于活动的主题。但另一方面，我们也可以看出，在纵向上，它没有体现出儿童年龄阶段或小、中、大不同班级的层次性和发展性。

3. 第三部分：教育方法要点

教育方法要点共列出了十七条，主要包括：在课程实施时，将课程范围中所列七种活动

---

① 中国学前教育史编写组. 中国学前教育史资料选[M]. 北京：人民教育出版社，1989：230.

打成一片，以一个中心或主题，如三月的植树节、十月的国庆、秋天的红叶、冬天的白雪等，把学科内容贯穿渗透到这些主题活动中来；儿童每天在园的时间，全日约六小时，在都市有特殊情形的幼稚园，可用半日制，每日上午约三小时；各种作业，可由儿童各从所好，自由活动；故事、游戏、音乐、社会和自然，大部分都可由教师引导，施行团体作业，工作则大部分应该由儿童个别活动，教师个别指导；教师应有充分的预备，所使用引导儿童的材料，和指导儿童活动的方法，须体察儿童的心理和经验；幼稚教育所使用材料，应是日常可见可接触到的，至少可想象的实物；教师是儿童活动的"把舵者"和"裁判者"；以奖励为主，但不可滥用；园中事务凡儿童能做的，如扫地、擦桌子、拔草等，应充分由儿童去做；每半年体格检查一次，每月体高体重检查一次，每日健康并清洁检查一次；教师对于儿童的身体、性情、好尚以及家庭环境，都应注意，最好备一本小册子，将观察所得记录下来；教师应常到儿童家去，或请家长到园中来等。此外，还提到幼稚教育要合乎我国的民族性，合乎当地社会情形和儿童需要等。

《幼稚园课程标准》是我国第一个全国性的学前课程标准，是我国学前教育专家在吸收西方先进学前教育理念与探索、总结本土实践研究的基础上，根据我国国情而编订的。在这一课程标准中，较好地体现了教师主导与儿童主体的统一，体现了计划性和灵活性的统一，比较符合儿童的学习特点和教育要求，具有较强的科学性。同时，它也较好地显示了对幼稚教育本土化和民族化的追求。

（二）《幼稚园设置办法》的颁布

《幼稚园设置办法》是关于幼稚园开设及管理进行具体规定的法规。1916年北洋军阀政府颁布的《国民学校实施细则》对蒙养园的设立有过简要规定，但过于笼统。随着时代的发展，南京国民政府成立后，为了加强对幼稚园的管理，1939年12月，公布《幼稚园规程》，在1943年12月经修订后，改为《幼稚园设置办法》，并公布实施。全文共三十二条，主要内容概述如下：

（1）幼稚园的招收对象和设置：幼稚园主要招收四足岁以上至六足岁以下儿童。幼稚园附设于国民学校中心学校或小学，并得单独设置。

（2）幼稚园可以由市县政府设立，也可由师资训练机构或私人设立。设立时应呈请主管机关核准。报批时需开具幼稚园的名称、支持人姓名及资历、园址、园则、设备、经费及维持方法、开办日期等项目。停办时，亦应呈请核准，讲清停办的理由和日期，以及对于儿童安置办法。

（3）幼稚园的儿童总数原则上以120人为限。师幼比不得低于1：20。可按儿童的年龄智力分组。视儿童的多寡，可以合并或分别保育。

（4）幼稚园的活动项目，应遵照课程标准的规定，充分应用乡土材料，顺应儿童个性，依照其身心发展程序，施以恰当之保育，不得授以读书写字等类于小学的功课，不得施行体罚。幼稚园应联络并协助家庭，对儿童作一致的保育。

（5）幼稚园的选址、建筑式样和大小，以及各种设备应符合规定要求。

(6) 幼稚园可酌收入园费及保育费,并为贫寒优秀儿童设置免费额。

(7) 单独设置的幼稚园设主任一人,统管园务,附设于国民学校中心学校及小学之幼稚园设主任一人,秉承校长管理园务,必要时可由校长兼任。

(8) 幼稚园主任和教员应以幼稚师范学校毕业或具有小学教员资格,并应以女性为原则。主任和教员,均应参加当地对于国民教育之研究会及讲习会等。

《幼稚园设置办法》是一份独立的关于幼稚园教育的管理法规,它对幼稚园办理的各项具体事宜从招生对象、类型类别、管理措施、组织编制与规模、课程与教学、设施设备、管理人员与教师资格等方面,都做了明文规定。它还对规范当时的幼稚园设置与促进幼稚教育的发展起到了一定的作用。

第三节 学前教育实践的发展

民国时期的教育家及教育工作者们,在广泛借鉴西方学前教育理论与实践的基础上,亲自试验,试图探索出中国本土化的学前教育科学体系。民国时期的学前教育从其兴起以来,走过了相当长的历程,在这个过程中,学前教育所历经的是一系列的探索和改革。

一、学前教育实践发展概况

从民国初年到五四运动前,学前教育实践较清末有了进一步的发展,正规学前教育在规模和数量上都有所提升,如,据江苏教育会幼稚教育研究会的调查,1918年仅上海一地就新建幼稚园12所,幼儿约389人,教师约42人。[①] 此外,也出现了一批学前师资培养机构,如1916年北京女子师范学校开设了保姆传习所,1917年,江苏省立第一女子师范学校也成立了保姆传习所等。但总体来看,这一时期的学前教育实践发展比较缓慢,虽然也出台了发展学前教育的政策条文,但由于政局动荡、战乱不断,这些政策条文并没有得到认真落实,一些资产阶级的教育主张也并未得到充分体现,没有有效转化为促进实践发展的推动力。

五四运动之后,随着如陶行知、陈鹤琴等一批留美回国学者投身到教育事业,积极关注学前教育发展,学前教育法规制度的进一步细化完善,我国的学前教育实践开始迎来了一个较为快速发展的时期,先后创建了一大批各种不同类型的幼稚园。如根据当时教育部编的《全国初等教育统计》可知,1930年全国共有幼稚园630所,在园幼儿26 675人,教职员1 376人。到1936年,全国有幼稚园1 283所,在园幼儿79 827人,教职员2 607人。从这些数据上看,虽然当时幼稚园数和在园幼儿数的绝对量不是太多,但其发展速度还是比较快的。

但是,1937年随着抗日战争的全面爆发,很多幼稚园因战火而停办,学前教育事业发展

---

① 唐淑.学前教育史[M].北京:人民教育出版社,2009:67.

遭到严重破坏,全国幼稚园数量急剧下降。在这种极端困难的条件下,许多关心儿童成长的社会人士和幼儿教育工作者采取了很多措施恢复和发展学前教育事业,国民政府也通过制定相关政策,提供一定的物质条件来支持学前教育发展,才使得学前教育实践得到了缓慢恢复和发展。①

二、学前教育实践模式

(一) 三种学前教育实践模式

民国时期,尤其是在民国前期,学前教育的实践模式主要有三种类型:宗教式幼稚园、日本式幼稚园、普通式幼稚园。这三种类型是1926年学前教育家张雪门在参观了三十所幼稚园后,概括归纳而来的。②

1. 宗教式幼稚园

宗教式幼稚园,主要为教会所办的私立幼稚园。在这样的幼稚园中,其教育实践带有浓厚的宗教色彩。张雪门指出,在这样的幼稚园,一定可以见到美丽的教室,小巧的桌椅,精致的恩物;在一时自由活动以后、工作之前,孩子们一定要闭一忽儿眼睛,他们的小嘴一定还要唱一支祷告的诗曲;早晨相见,放学话别,诗一样的调子,全从他们的舌端,跳到恬静的空中,弥漫到这边那边。他们的心灵是甜美的,精神是活泼的,他们对人确实会像爱自己一样地去爱他,他们真是天国的种子,他们真是上帝的儿女。在这种幼稚园中,教师拿的是教会的钱,吃的是教会的饭,哪里可以不给教会尽职,因而这个职务,是教会的职务而不是教育的职务。他们愿意给教会造成功一批教徒的心比替社会造成一批健全分子的心热烈,所以他们是为自己的教会尽责,是为宗教而不是为教育服务,也不是为了孩子的发展服务。

2. 日本式幼稚园

日本式幼稚园,又可以叫作小学式的幼稚园。这类幼稚园的教育实践,深受清末以来引进日本模式的影响,比较强调幼稚园与小学的衔接。将游戏、谈话、手工、唱歌、识字、算术、图画、排版、检查身体、习字、积木分作一个时间一个时间的功课,明明白白地规定在逐天的功课表里,不会混杂也不允许混杂。保姆高高地坐在上面,孩子一排一排地坐在下面。他们所注意的是去衔接小学,却疏忽了幼稚园的本身;他们所顾及的是成人的主观,却忘记了孩子的身心。他们只接受了成人的一片主观的意见,却拒绝了孩子的跳跃的生命和烂漫的天真。五四运动后,随着这类师资培养的式微与新教育思潮的发展,此类幼稚园的规模也日益缩减。

3. 普通式幼稚园

普通式幼稚园,基本采用蒙台梭利教育法或参照福禄贝尔教育法,是当时被认为比较有

---

① 廖其发. 中国幼儿教育史[M]. 太原:山西教育出版社,2006:274.
② 中国学前教育史编写组. 中国学前教育史资料选[M]. 北京:人民教育出版社,1989:230.

希望的幼稚园。它对孩子有训练,却无宗教的束缚;既注重团体的活动,也注重个人的活动;既注重给予孩子一定的知识,又注重培养他们的能力和天真的个性。在教具的配备上,普通式幼稚园虽然常因经费不足,而不得不把福禄贝尔的恩物和蒙台梭利的教具割裂拼凑,但它是真正为孩子着想的,也是真正为幼稚教育着想的。

(二) 学前教育实践中的弊端

对于当时的学前教育实践,张雪门也指出了其中不同程度地存在着三种弊端:

第一种弊端为保姆的急功近利。保姆总想在顶短的时间里,有较好的成绩,所以将孩子当成机械去输灌;凡顶爱听的歌曲,顶细繁的书本,顶复杂的恩物,顶细腻的舞蹈……不管孩子可能不可能,只管以"顶好的"做标准,全搬过来教给孩子。她们只感到了形式的美丽,而忽略了原理的重要;她们只感到了知识的有味,而忽略了精神的基础。她们眼睛只顾到孩子巧妙的成绩,可是她们内心却不明白游戏谈话唱歌手工只是活动的工具,而忽视了这些活动背后孩子真正的实质性发展。

第二种弊端为保姆没有责任心。保姆只知道有保育室,而不知道保育室外的活动更为重要,只肯担任上课一段时间的教育任务,而排斥课外活动对孩子的发展价值。她们的态度大半是消极的,喜保守而厌进取,只图时间上的敷衍,什么孩子的光阴、什么创造性,全不在她们的心上。

第三种弊端为保姆太注重自己的成见和教学方法。这种教育实践就好像一张方方的格子,叫孩子只在这格子内活动。走来走去全在这张方格的中间,便以为是教育的成功。否则,强迫地拉,也要拉他进去。可惜她们只以为这样是好的,而想不到实现"这个好"的手段是愚笨、高压的。

除张雪门外,陶行知和陈鹤琴等也都从不同的角度,一针见血地指出了当时学前教育实践中的弊端。依据陶行知先生的分析,当时国内幼稚园害了三大病:"一种是外国病。他们弹的是外国钢琴,唱的是外国歌,讲的是外国故事,玩的是外国玩具,甚至于吃的是外国点心。中国的幼稚园几乎成了外国货的贩卖场,先生做了外国货的贩子,可怜的儿童做了外国货的主顾。二是花钱病。国内幼稚园花钱太多,有时超过小学好几倍。这固然难怪,外国货哪有便宜的!既然样样都给于外国,自然费钱很多;费钱既多,自然不易推广。三是富贵病。幼稚园既是多花钱,就得多弄钱,学费于是不得不高,学费高,只有富贵子弟可以享受他的幸福,所以幼稚园只是富贵家子弟的专用品,平民是没有份的。"[①]陈鹤琴则批评当时的幼稚园教育:"与环境的接触太少,在游戏室的时间不多;功课太简单;团体动作太多;没有具体的目标。"[②]

---

① 戴自俺,龚思雪.陶行知幼儿教育的理论与实践[M].成都:四川教育出版社,1987:33.
② 中国学前教育史编写组.中国学前教育史资料选[M].北京:人民教育出版社,1989:145—147.

三、幼稚教育试验的开展

为了革除学前教育实践发展中的种种弊端,五四运动前后,尤其是在20世纪二三十年代以陈鹤琴、陶行知、张雪门、张宗麟为代表的一批学前教育家在学习借鉴杜威等西方教育家思想和实验精神的基础上,立足中国本土国情,开始了幼稚教育的试验改革,探寻学前教育发展的中国化、本土化之路,为我国学前教育迈向现代化打下了良好基础。这一时期的幼稚教育试验主要侧重在以下几方面:

(一)在课程上,积极探索以儿童为中心、以主题活动的形式来建构课程

受杜威实用主义教育思想的影响,这一时期的教育试验大多体现出这一特征倾向,如从当时南京高等师范附属小学的幼稚园(现南京师范大学附属幼儿园)的成立,我们就可窥一斑。该园创办于1919年,正值杜威来华讲学。1920年迁到一座名为"杜威院"的新式建筑里。该建筑是专门为纪念杜威来南京参观了南京高等师范附属小学而命名的。因此,从创办时间和园舍的名称我们已可猜测出其办园的基本指导思想。在课程的设置上,该园也体现了杜威的经验主义、活动主义的课程思想,认为幼稚园的作业都要从儿童直接兴味和活动上发生出来,儿童个体的经验在和同学、老师的交接中扩展开来。儿童的生活本来和他们周围的自然界和社会联系在一起。在幼稚教育过程中,要利用儿童的已有经验,引导对自己的经验进行改造,获得提升。

再比如,由陈鹤琴自1923年开始创办的南京鼓楼幼稚园,可以说是当时中国学前教育试验改革的一面旗帜。恰如他所言:"最近的教育思潮是注重实验,这是从美国实用主义派的哲学来的,杜威等人的主张最有力,这个思潮影响到了各种教育……幼稚教育是各种教育中之一种,当然也应该依着实验精神去研究。"①在这块实验基地上,深入而有序地探索着学前课程的有效模式。当实验一开始,他就提出了课程应是儿童自己的课程,而不应当成为教师、父母或社会上其他需要的装饰品;一切课程都应服从儿童当时当地自发的活动等四条原则。随着实验的进展,虽然适当增加了课程的计划性和组织性,但以儿童为中心,课程要切合儿童经验的理念并没改变。教师围绕一个或多个活动单元,事先编订一周的课程计划。每个活动单元围绕一个中心主题,而主题则是根据当时和当地的时令、节气、自然现象和社会风俗习惯来拟定。在实验的后期,这种课程组织与实施,则提升为"中心制"的形式,在活动中尽管也要求体现如常识、音乐、图画、故事等不同的学科知识和经验,但如果活动的展开是以中心主题为线索展开的,当活动的中心主题不能包含那些学科知识时,就不做硬性的安排。这充分体现了课程设计与实施中活动中心与儿童中心之间的统一。

---

① 北京市教育科学研究所.陈鹤琴教育文集(下卷)[M].北京:北京出版社,1985:43.

(二) 在服务对象上,积极实验幼稚教育的平民化

恰如前文所述陶行知先生指出的当时幼稚园害了"富贵病",除了一些具有慈善救济性质的学前教育机构外,大都以招收富裕人家的子女为主。因此,如何让幼稚园教育惠及普通的平民百姓,成了当时教育有识之士努力探索实验的一个基本课题。《在幼稚园的新大陆——工厂与农村》一文中,陶行知明确指出:"(一)女工区域是需要幼稚园的。妇女去工厂做工,小孩子留在家里,无人照应……倘使工厂附近有相当之幼稚园,必能增进儿童之幸福而减少为母者精神上之痛苦,同时也能提高做工效率。(二)农村也是需要幼稚园的。农忙的时候,田家妇女们忙个不了,小孩子跟前跟后,真是麻烦……农忙一到,乡村小孩子就要缺乏照料。倘使农村里有了幼稚园,就能给这些孩子一种相当的教育,并能给农民一种最切要的帮助。"①

陈鹤琴也本着幼稚教育的平民化思想,提出要试验最能普遍设立的幼稚园,试验怎样能最经济,怎样可以用极少的金钱,办极好的幼稚园。他提出要试验花 200 元开办费就可以办的幼稚园,一个极小的村庄里,只要有一位妇女能做幼稚教师,与邻居合作,就可以举办一座家庭幼稚园。

在这种思想的推动下,相关的学前教育试验也开展起来。如陶行知自 1927 至 1934 年,先后在南京晓庄、江苏淮安、上海等地创办了一批工农幼稚园,探索向工厂、农村普及幼稚园教育的试验。这批幼稚园包括燕子矶幼稚园、晓庄幼稚园、和平门幼稚园、迈皋桥幼稚园、新安小学附设幼稚园。这些幼稚园在办学模式上,充分考虑到了平民的生活环境,都贯穿了陶行知"社会即学校""生活即教育""教学做合一"的理念。虽然这些幼稚园的园舍是简陋的,但儿童不是整天被关在室内,而是经常被带到公园里去,到马路上,或者到山坡上,到大自然中去,以儿童所能达到的地方作为教室的范围。在教学内容和材料上,充分挖掘本土文化和物质资源的教育价值,把儿童歌谣、儿童故事、儿童游戏、儿童语言搜集起来,加以编制,作为幼儿教育的教材,或者从周围自然环境及四季新鲜的花草农产品中选择课程的材料,或者以儿童熟悉的生活现象来设计活动主题。总之,他力图从平民的实际生活出发,用最经济的手段,寻求贫民的、省钱的、中国化的幼稚园教育方式。

(三) 在具体教法上,也展开了系统而深入的试验研究

在具体教法上,如陈鹤琴展开了对学前故事教学的试验研究、对学前图画教学的试验研究、对学前读法教学的试验研究等。这里以学前读法教学试验研究为例,这一研究其实主要就是对学前儿童的识字教学所做的系统探讨。在当时要不要教儿童识字是一个有争议的问题,但却缺乏可供借鉴的研究成果。为此,陈鹤琴、张宗麟等展开了深入的试验研究。结果证明,幼稚园可以进行读法(识字)教学,但须适应幼儿的兴趣和需要,不能强求幼儿死记硬

---

① 戴自俺,龚思雪.陶行知幼儿教育的理论与实践[M].成都:四川教育出版社,1987:36.

背文字符号,须采用游戏的方式。在试验的基础上,他曾编订了一份 254 个字的《幼儿读法字汇表》,同时总结出七种教学方法,具体如下:

(1) 方块字法。将汉字写在骨牌或厚纸方块上,让儿童在玩骨牌、玩纸牌的游戏过程中随机地认识汉字。

(2) 圆球字法。把汉字写在小圆球上,分别放入两个布袋子里,然后叫儿童做传袋摸球,组词联句。可以把儿童分成两组,进行比赛游戏。

(3) 游戏歌谣法。先激发儿童唱歌的兴趣,在游戏中教儿童歌谣的词句,然后教师再和儿童用图画配文字的方式表示出来,最后把印成的歌词分给儿童。

(4) 故事法。教师或儿童讲一个故事,然后教师把故事的主要东西,画成一张轮廓图,分发给儿童,对轮廓图着色。接着,教师再分给儿童一张油印纸,上面写着故事中主要东西的名字,最后让儿童把自己着了色的轮廓图剪下来,贴在有相应名称的油印纸上。

(5) 随时施教。随时随地,碰着机会就教儿童识字,如在座位上写自己的名字,在门上写"门"字,在风琴上写"风琴",在车子上写"车子",在饼干上写"饼干"。要让儿童站起来,教师就出示"起"字,要儿童坐下,就出示"坐"字等。

(6) 自述法。即把儿童要表达的话,经过教师的调整通顺,写在小本子上,让儿童顺着句子读下去。

(7) 拼句子。即在一个盘子里放置写上儿童经验范围内的各种字的纸条,然后教师根据盘子中的字词,说一句话,让儿童逐字在盘子中找出相应的字词,并拼出教师刚才所说的话。①

(四) 在幼儿保育方面,也有较为具体而细致的试验研究

在幼儿保育方面,如陆秀以成都实验幼稚园为基地所做的试验探索。陆秀(1896—1982),女,江苏无锡人,1919 年入北京女子高等师范学校保姆讲习所学习,1932 年作为公费留学生,到美国加利福尼亚大学保育系学习,并到欧洲考察,拜访了蒙台梭利。回国后,她被委派为成都实验幼稚园的主任。在陆秀的主持下,该院也进行了一系列的试验研究。其中一个重要方面就是幼儿保育问题。比如,在幼儿营养上,制定了 2—5 岁幼儿最低限度膳食表、3—5 岁幼儿标准膳食表以及 5—8 岁幼儿标准膳食表。再比如,在幼儿的服装穿戴上,则对幼儿服装的样式和用料上,指出样式要随年龄和性别有所不同,但不可过于复杂,要简单朴素,方便幼儿自己穿脱。在用料上,最好用棉织品,内衣的颜色最好为白色,白色衣服无染料,没有毒,穿脏了也容易看见。同时在穿衣习惯方面,以少穿为宜,并适当随温度而增减。还比如,在睡眠上,研制了 0—7 岁各年龄幼儿的平均入睡时间,提出了五条睡眠规则:①幼儿上床睡觉的时间未到之前,应该预先通告儿童;②规定的时间应严格遵守;③睡前睡后的脱衣穿衣,应利用游戏鼓励幼儿自己尝试;④父母应注意幼儿的睡眠,可讲些睡前故事,但不宜

---

① 李定开.中国学前教育史[M].重庆:西南师范大学出版社,1990:347.

过长,更不能答应幼儿多讲一个;⑤起床时间要遵守。

除此之外,还有陈鹤琴对学前图画教学的试验研究、玩具的研究等,这些学前教育试验研究为探索适合中国社会文化背景的学前教育实践积累了丰富的经验,奠定了扎实的理论基础。

四、几所典型幼稚园介绍

(一) 厦门集美幼稚园

厦门集美幼稚园是爱国华侨陈嘉庚先生(1874—1961)所创办的教育事业的一部分。陈嘉庚,泉州府同安县集美社人(现厦门市集美区),1890年到新加坡随父经商,1910年加入同盟会。1913年开始,在爱国兴学思想的推动下,陈嘉庚先后在厦门创办了集美小学、集美师范、集美中学、集美水产航海学校、集美商校、集美幼师、集美幼稚园、厦门大学等院校。

图4-6 陈嘉庚

集美幼稚园成立于1919年2月21日,最初是一个独立的私立幼稚园,有1名主任、2名教员,借民房为园舍,招收幼儿102人。1920年该园并入集美学校,改称集美学校附属幼稚园。1925年,陈嘉庚为该园建立新园舍,建筑面积达6 100平方米。1926年秋落成后,扩大招生规模至4个班,招收幼儿184人,又增加教员4人。1927年,集美幼稚师范成立,集美幼稚园便改为集美幼稚师范的附属幼稚园,兼办蒙养班(即小学一年级),成为集美幼师的实习基地。

在办园的指导思想上,该园提出了六条信条:①深信教育是立国的根本大计,幼稚教育是教育的基础,是造就良好国民的根本教育。②深信教养儿童成为健康的儿童,才能有健全的国民。③深信教育应以儿童为中心,教育的基础是建立在儿童的需要与生活的经验上。④深信教育是儿童的伴侣,教育儿童应把全部精力贯注在儿童身上。幼稚教育是爱的教育,教师要发现儿童、领导儿童,应走向儿童的队伍里去。⑤深信幼稚园应成为"儿童的乐园",幼稚教育是求儿童的解放和幸福。⑥深信幼稚园教育有改造家庭教育的责任。

在办园的目标定位上,该园提出了四条基本目标:①增进儿童身心的健康,使儿童幸福地成长。②培养儿童人生的基本品德和良好的行为习惯。③启发儿童的智能,陶冶儿童的心情。④协助家庭教育儿童,以谋求家庭教育的改进。

以上这些指导思想和办园目标,即使以今天的学前教育发展水平来看,也依然是非常先进的,它充分认识到了幼稚教育在整个教育发展,乃至国民素质培养中的重要作用,较好地体现了以儿童为本的教育理念。

(二) 北京香山慈幼院

图 4-7　熊希龄

北京香山慈幼院的主办者是熊希龄(1870—1937),他曾担任民国初期的财政部部长和国务总理等职。该机构的成立,还要追溯到发生在1917年8月的一场大水灾。洪水使京畿、直隶地区(今北京郊区、河北地区)的100多个县、近2万个村庄、650多万民众受灾。当时,熊希龄奉命督办水灾善后事宜,听说各地方的灾民,因为没有吃的,不得不把孩子遗弃路旁或者卖掉,因此就在北京设立了慈幼局,收养灾民的儿女1000多人。水灾平定之后,大部分孩子被父母领回家。然而,仍有200多名孩子无人认领。为了能让这些孩子有一个永久性的教养机构,熊希龄请示当时的大总统徐世昌和前清皇室内务府商量,将前清皇帝的行宫香山静宜园拨发建立慈幼院。同时考虑到当时京城内外很多贫穷的家庭,因生活困苦而走上绝路,或全家投河,或全家自杀,熊希龄深感痛惜,认为孩子生下来并无罪恶,为何要遭此惨累呢?因此,他决定将香山慈幼院的规模扩大,可容得下千余人,索性把京城内外贫苦家庭的孩子都招来一同接受教育,免得他们受苦。1920年9月3日该院正式开学。

香山慈幼院起初重在济贫收孤,属于慈善性质。开办一年后,熊希龄深感贫苦儿童中不乏天资聪颖者,于是更加注重教育造就人才。全院共分五部分:①婴儿教保园和幼稚园,前者收0—4岁幼儿,后者收5—6岁幼儿。②小学,儿童半天上课、半天从事各种手工艺训练。③中等教育,包括男中、女中、男子师范、女子师范,1930年男中和男子师范停办,设立了幼稚师范,招收相当于初中毕业的学生。④供小学手工艺训练的各种小作坊和农场。⑤职工学校,因招收的都是贫苦孩子,因此实行公费教育,学费、杂费、住宿、膳食、服装、书籍等具由慈幼园供给,儿童可从教保园升入幼稚园,再升入小学,小学毕业后,女生多半入幼稚园,男生可考任何中学。

在慈幼院中儿童的生活照管、卫生保健是非常好的。在教保园,孩子们的生活远远超过一般水平。比如一岁以内的孩子,每人住一间房,由一位保姆专门照管;孩子睡的是白色小钢丝床;穿的是非常干净的衣服;吃的是奶粉、水果或果汁、鱼肝油,分量由医生确定。他们的生活极有规律,天气好的时候,婴儿都被放在户外的纱罩小床上,使他们获得充分的阳光和新鲜的空气。一岁半以上的孩子,由保姆带他们游戏、唱歌,在香山各处散步。对孩子们的卫生保健制度也极严格,每天上午下午都要给孩子们测体温,一发现有病,立刻隔离,以免传染。当时凡到香山游览的人们,往往被这些面似小苹果的孩子们所吸引。相当多的人要求自费送孩子来此入托而不得。[①] 从一定程度上来说,香山慈幼院的儿童是当时旧中国苦难

[①] 中国学前教育史编写组.中国学前教育史资料选[M].北京:人民教育出版社,1989:274.

儿童中的幸运者。

(三) 南京鼓楼幼稚园

南京鼓楼幼稚园由陈鹤琴先生创立。1923年春,陈鹤琴先生提出了创办幼稚园的设想,以试验幼稚教育思想。同年秋天,在东南大学教育科的帮助下,陈鹤琴用其家庭住房一处为校舍,创办了一所家庭幼稚园。该园聘请东南大学幼稚教育讲师、美国人卢爱林(Helence M. Rawlings)女士为指导员,并聘留美回国在东南大学附中教音乐的甘梦丹女士为教师,当年入园儿童为12人。此即鼓楼幼稚园的前身。1925年,通过募捐筹得款项,购地三亩,建成了新的更大规模的园舍,正式命名为鼓楼幼稚园,并被定为东南大学教育科的实验幼稚园,成为我国第一处学前教育实验基地。陈鹤琴担任园长,指导各项试验工作。是时,东南大学教育科毕业生张宗麟等先后来园担任研究员,协助陈鹤琴从事各项试验研究工作。

图4-8　南京鼓楼幼稚园的儿童活动

该园的主旨,在于试验中国化的幼稚教育,利用幼稚园以辅助家庭,并以试验所得最优良最经济之方法,供全国教育界之采用。具体来说,根据儿童心理、教育原理与社会现状,确定了以下十五条基本主张:

(1) 幼稚园是要适应国情的。
(2) 儿童教育是幼稚园与家庭共同的责任。
(3) 凡儿童能够学的而又应当学习的,我们都应当教他。
(4) 幼稚园的课程可以自然、社会为中心。
(5) 幼稚园的课程需预先拟定,但临时得以变更。
(6) 我们主张幼稚园第一要注意的是儿童的健康。
(7) 我们主张幼稚园要使儿童养成良好的习惯。
(8) 我们主张幼稚园应当特别注重音乐。
(9) 我们主张幼稚园应当有充分而适当的设备。
(10) 我们主张幼稚园应当采用游戏式的教学法去教导儿童。

(11) 我们主张幼稚生的户外生活要多。
(12) 我们主张幼稚园多采用小团体的教学法。
(13) 我们主张幼稚园的教师应当是儿童的朋友。
(14) 我们主张幼稚园的教师应当有充分的训练。
(15) 我们主张幼稚园应当有种种标准可以随时考查儿童的成绩。①

该园的课程包括：音乐；游戏；手工有图画、纸工、泥工、木工、积木、沙箱、缝纫、织工、园艺以及烹饪洗涤等；常识；故事；读法；数法；餐点；静息等。

此外，该园也特别强调儿童良好习惯的培养和相关技能的练习。该园认为幼稚园教师的责任，不重在注入知识，而重在矫正恶劣的习惯，培养优秀的品性，这些习惯如不用手指挖鼻子、嘴、耳朵，天天刷牙，能准时到幼儿园，不扰乱他人的工作等。而对于技能训练的内容也做了规定，如会戴帽子、擤鼻涕等 12 种自助技能；会拉鸭子推兔子，会做团体游戏等 8 种游戏技能；会轮廓涂色、会布置小宝宝的家庭等 20 种作业技能；会唱歌、会明白和运用计算经验用到的名词和符号等 20 种课业技能。

图 4-9　南京鼓楼幼儿园师生合照

1937 年该园因抗日战争而停办，1945 年底重新恢复，1952 年，应陈鹤琴要求，由南京市教育局接管，改名为南京市鼓楼幼儿园，现在为江苏省和南京市的示范幼儿园。

（四）南京燕子矶幼稚园

南京燕子矶幼稚园是在 1927 年由陶行知领导下创办的中国第一所乡村幼稚园。当时在农村办幼稚园，是一件崭新的事业，很难得到社会的认同和理解。因此，陶行知在筹办之初，克服了种种困难，选园址、筹经费、找人才等。在当时的社会环境下，没有好的园舍，并不是

---

① 陈鹤琴.陈鹤琴全集(第二卷)[M].南京：江苏教育出版社，2008：75—84.

什么了不得的问题，最初只是借燕子矶小学的一间房子来用，用板壁隔成一大间和一小间，大间是工作室，小间是储藏室。后来又从南京鼓楼幼稚园请来三位艺友（边工作边学的幼儿园老师），招收了三十名农村儿童，便开园了。

第二年春，新园舍落成，虽是茅舍泥墙，但既实用又美观，全屋分一大间，为活动室，放着积木玩具风琴等；一中间，分两部分，分别为小图书馆和指导员卧室；两小间，分别为导师研究室和清洁室。门前一片绿草地，装了一架极质朴的秋千和滑梯。这时候儿童已增加到四十名，有四位艺友任教。

南京燕子矶幼稚园的宗旨在于研究和试验如何办好农村幼稚园的具体方法，以便向全国农村普及。它的核心教育理念和当时所提倡的理念是一致的，也是强调"以儿童为本"，以主题的形式来建构课程，如把全年的活动计划，分为节气、气候、动物、植物、农事、儿童玩耍、风俗、儿童卫生等八个项目，来设计每月、每周、每日的活动。而在一些具体问题的探索上，该园的各种试验不仅对当时的农村学前教育，就是对今天农村学前教育的发展都有着积极的启发价值。

首先，在活动材料的选取上，充分地发掘乡土资源的教育价值，燕子矶周围四季新鲜的花草农产，都是极好的材料。如可用番薯、蚕豆、豌豆、大豆、红豆、面粉、玉蜀黍、萝卜、芋头、藕、菜头等做成香甜的带有泥土气息的点心；利用麦秆、豆秆、荷叶、花片、果核、栗壳、旧报纸、鸡毛等废材料作为手工材料，制成各种玩具；而各种可爱的自然物，溪河、石子、松果、野菊花、小雀子、河蚌、蝴蝶、蜂蜜等都是很好的自然教材。

其次，在教学与管理方式上，充分考虑到乡村儿童的生活特点。这些儿童来自农家，乡村自然环境对他们来说就是很好的陶冶，如果把他们关在屋子里，儿童是不乐意的。因此，南京燕子矶幼稚园在活动的展开上，更多的是户外活动，而不是把儿童囚在室内。另外，这些儿童往往都有照看自己弟弟妹妹的责任，他们往往是一只手牵着初学步的小弟弟、小妹妹，一只手拉着自己没有扣好的衣服，就来幼稚园了，因此，南京燕子矶幼稚园就还得将这些小小孩也一齐照管，帮这些幼稚生看护好他们。

再次，在教学内容上，特别注意读法教学。乡村的儿童，一般到了七八岁就要辍学了，在家里照看小弟妹、放牛、烧饭等，不但受不了完全的小学教育，甚至连一、二年级都无法上。所以，南京燕子矶幼稚园特别珍惜儿童在幼稚园的这段时光，注意读法的教学，希望能够使这些将来无机会升学的儿童多得些益处。在行为习惯上，由于农村生活水平低下，乡村儿童是无卫生可言的。针对这种情况，南京燕子矶幼稚园也比较强调卫生习惯的引导，替每个儿童准备一条毛巾，同时备一面大镜子，叫儿童自行检查清洁情况。

在那个年代，南京燕子矶幼稚园在农村探索着为贫苦农民子弟办学前教育的途径。美国教育家、杜威的学生克伯屈曾在访问中国期间，参观了南京燕子矶幼稚园后，赞叹说："啊！这些我在外国还没有看见过，这是很好的一种办法。"[①]但非常可惜的是，1930年因陶行知受

---

① 戴自俺,龚思雪.陶行知幼儿教育的理论与实践[M].成都:四川教育出版社,1987:60.

到国民党政府的通缉,南京燕子矶幼稚园也被迫停办。

除了上述几所幼稚园外,在当时还有一些幼稚园也非常典型。如 1930 年 3 月由中国共产党地下组织领导的中国互济会(原名中国济难会)创办的上海大同幼稚园,这是一所专为收容和抚育革命同志子女而设立的幼稚园。1931 冬,因情报泄露,出于安全考虑,该园于 1932 年 1 月解散,并将在园儿童安全转移。在其存在近两年的时间里,这个红色摇篮,收容并抚育了一批革命后代,其中有毛泽东、彭湃、恽代英、李立三等老一辈革命家的子女。

再如上海劳动幼儿团。这是 1934 年在陶行知领导下,由其学生孙铭勋等人创办的,专为女工服务,对其子女实施教育的幼稚园。它是真正以劳动工人的幼儿为主体,不是劳动工人的幼儿概不接收。凡劳动工人的幼儿自断乳到 8 岁,则毫无条件地接收。该劳动幼儿团具有混龄教育的特点,年龄和能力大一点的孩子可以照料年纪小一点的孩子,它把重点放在健康教育上,经常带孩子到附近公园散步、观察,以增长知识,开拓视野。但是,创办后不久就被迫解散了。

思考与练习

一、填空

1. 张雪门总结的三种学前教育模式是_____、_____、_____。
2. 1927 年陶行知创办的乡村幼稚园是_____。
3. 南京鼓楼幼稚园的创立者是_____。
4. 幼稚教育试验,在课程上,是以_____的形式来建构课程的。

二、简答

1. 简述 1932 年《幼稚园课程标准》的基本内容。
2. 简述五四运动时期对新儿童观的倡导。

三、论述

谈谈你对陶行知幼稚教育平民化思想的理解,及其对今天我国农村学前教育发展的启示。

拓展阅读

1. 陈秀云,陈一飞.陈鹤琴文集[M].南京:江苏教育出版社,2007.
2. 戴自俺.陶行知的幼儿教育理论及其实践[J].教育研究与实验,1983(01):16—23.
3. 舒新城.中国近代教育史资料[M].北京:人民教育出版社,1961.
4. 唐淑.我国第一个幼稚园课程标准简介[J].学前教育研究,1995(02):18—19.
5. 中国学前教育史编写组.中国学前教育史资料[M].北京:人民教育出版社,1989.
6. 中央教育科学研究所.鲁迅论教育[M].北京:教育科学出版社,1986.

第五章　近现代学前教育家的教育思想

 学习目标

1. 理解并掌握陈鹤琴的家庭教育思想及"活教育"理论。
2. 理解张宗麟的民族化、平民化教育思想。
3. 了解张雪门的"行为课程"及张宗麟的"社会化课程"。
4. 树立以儿童为中心的教育观,学习并感悟教师在做中教、做中学的精髓。

 本章导览

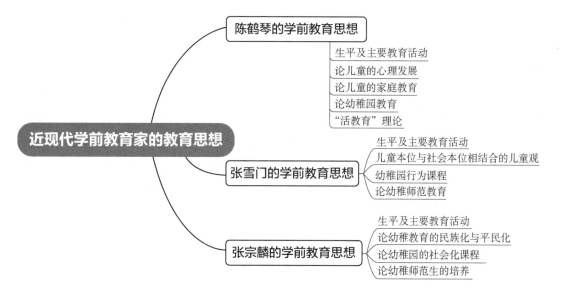

问题提出

"'幼稚园'这个名词的意思是一个花园,让孩子在里面自由活动,随意游玩,吸收新鲜的空气,享受天然的美景,不是像大学生聚集在一间教室里,但是中国的幼稚园并不是一座花园,简直只是几间房子,小孩子从早到晚差不多都是在那里生活,有的幼稚园只有一间房子,没有什么空地,以供孩子自由娱乐。这种幼稚园简直是一个监狱,把一般活泼的小孩子,关在里面,过一种机械式的生活。像这样的幼稚园,真是还不如不办来得好。"这是1924年我国著名教育家陈鹤琴先生对当时幼儿园教育的一种批判,非常尖锐,对当今学前教育依然具有警醒作用。本章选取了我国近现代教育史上在幼儿教育方面作出过突出贡献的、最具代表性的三位人物——陈鹤琴、张雪门、张宗麟,并对他们的幼儿教育实践进行了介绍。其中,详细介绍了陈鹤琴在幼儿教育心理、家庭教育、幼稚园教育方面的观点,张雪门的幼稚园行为课程,以及张宗麟的社会化课程。

第一节 陈鹤琴的学前教育思想

图 5-1 陈鹤琴

陈鹤琴是我国近代最早将幼儿心理与幼儿教育相结合的教育家之一,其教育思想奠定了我国现代幼儿教育的基础。他对幼儿家庭教育的研究影响了几代中国人的家庭教育观念,也为我国现代家庭教育的理论与实践提供了参考。他的幼稚园教育活动与"活教育"基本理论,为我国幼儿园课程改革指明了方向。他不仅仅为我国的学前教育事业作出了不可磨灭的贡献,还是一位具有赤诚之心的爱国主义者,为我国的学前教育事业作出了不可磨灭的贡献。

一、生平及主要教育活动

陈鹤琴(1892—1982),浙江上虞人。父亲为经营杂货店的商人,家中共有6个孩子,陈鹤琴是最小的一个。陈鹤琴6岁时,父亲去世,家境贫困;8岁时入私塾,勤奋刻苦,成绩优异;15岁时在姐夫的资助下进入了由美国基督教浸礼会创办的杭州蕙兰中学。在此期间,他十分珍惜这来之不易的学习机会,每天坚持读书十几个小时,时刻把"勤学"和"钻研"装在心里,并取得了优异的成绩。

1911年2月,陈鹤琴以优异的成绩考入了上海圣约翰大学,同年秋转入清华学堂高等科。当知道清华学堂是由美国退还的庚子赔款创建起来的时候,他深刻意识到国家贫弱的事实,由此萌发了一定要回报祖国的感恩之心。在清华学堂学习期间,陈鹤琴不仅刻苦学习,还积极参加学校活动,在校期间先后创办了一所校役补习学校和一所义务小学。这些办学经验是陈鹤琴办学活动的开端,也是我国在校青年学生通过义务办学来回报社会的起点。

1914年8月,陈鹤琴从清华学堂毕业。同年,他与陶行知一起赴美留学。他在美国留学五年,先在霍普金斯大学攻读文学学士学位,后又就读于哥伦比亚大学师范学院,获教育学硕士学位后转入心理系学习心理学。在哥伦比亚大学学习期间,陈鹤琴有幸接触了杜威、孟禄、克伯屈、桑代克等世界著名的教育和心理学家,并主动向他们学习。1919年8月,陈鹤琴赴美的五年留学期满,于是他接受了南京高等师范学校(后改为东南大学)的聘请,带着在国外学到的先进经验,开始了他以积极投身教育事业来回报祖国的生涯。

图5-2　陈鹤琴在清华学习时期

陈鹤琴回国后,担任了南京高等师范学校的教育学、心理学教授。任教期间,他开设了一门"儿童心理学"课程,系统介绍西方的儿童心理学、儿童教育学成果。与此同时,他响应新文化运动和五四运动的改革浪潮,积极投身于教育改革活动,通过观察、记录、调查、实践等方式探寻我国幼儿教育发展的科学道路。

1920年起,他以自己的长子陈一鸣为个案,对其进行了长达808天的观察和实验,通过记录陈一鸣的行为反应和成长细节,并与西方儿童心理学家的先进成果进行对比,最终写成了《儿童心理之研究》一书。该书用科学的方法总结和概括了儿童心理发展的特点和规律,在我国幼教史上具有开创性意义。1921年,陈鹤琴开始撰写《儿童心理及教育儿童的方法》,旨在将儿童的心理发展规律正确运用到教育儿童的方法上。1925年,他以儿子陈一鸣、女儿陈秀霞为研究对象所撰写而成的《家庭教育》一书正式出版。

1923年春,陈鹤琴在南京创办了南京鼓楼幼稚园,作为推行适合我国国情的、科学化的幼儿教育实验基地。不久又建立了我国第一个幼儿教育研究中心,他亲自从事并领导幼稚园的课程、设备等方面的研究工作。他对当时国外幼儿教育课程充斥中国幼稚园的状况十分不满,1924年在《新教育》杂志中公开提出了幼稚教育的四点弊病,并与张宗麟等人一起进行了幼稚园课程中国化和科学化探索,极大地推动了中国幼稚园课程的发展。他是我国幼儿园课程改革的先驱。

1927年,陈鹤琴担任了南京晓庄试验乡村师范学校的指导员及第二院(幼稚师范院)院长,开始了乡村幼稚教育的实践。为了更好地对幼稚教育进行研究,他还发起并组织幼

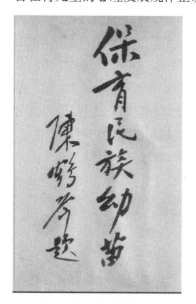

图5-3　陈鹤琴题字

稚教育研究会,创办了《幼稚教育》,这是我国最早的幼稚教育研究刊物。1928年,陈鹤琴受大学院(后改为教育部)之邀,协助制定了我国历史上第一个《幼稚园课程标准》。

1928—1939年期间,陈鹤琴担任上海公共租界工部局华人教育处处长。在此期间,他先后创办了6所小学(附设幼儿园),并在4所华童学校中增设了中国校长,同时为学校争取了升国旗权,其爱国之心赤诚可见。

1934年,陈鹤琴赴英国、法国等欧洲11国进行访问和考察,将国外的先进经验带到中国,借鉴苏联推行普及教育和儿童教育的经验,根据中国国情进行改良,将国外先进理念真正应用于我国幼儿教育实践中。

1937年,抗战全面爆发之后,陈鹤琴积极投入到抗战救亡运动中来,担任上海国际红十字会、上海国际救济会及上海慈善团体联合会等组织负责人,安顿难民的生活,并在难民收容所中为他们办起了学校。同时,他还创办了儿童保育院、报童学校和成人义务教育学校,即使在救亡运动中也不忘教育问题。由于陈鹤琴一直从事抗日救亡活动,被汪精卫伪政府列入暗杀名单,于1939年10月被迫转移离沪。

1940年,陈鹤琴本着"要做事,不做官"的原则,婉拒了国民教育司司长一职,在江西省泰和县创办了江西省立实验幼稚师范学校,这是我国第一所公立的幼稚师范学校。1943年,江西省立实验幼稚师范学校更名为国立实验幼稚师范学校,包括专科部、师范部、小学部、幼稚园、婴儿园五部分,形成了比较完整的幼稚师范教育体系。在该学校任教期间,陈鹤琴提出了"活教育"的思想,还创办了《活教育》月刊,推行"活教育"的基本理念。经过几年的教育实践,他于1947年整理出"活教育"思想体系的三大纲领:目的论、课程论、方法论。

中华人民共和国成立后,陈鹤琴以极大的热情投入社会主义建设之中。他先后担任南京大学师范学院和南京师范学院院长兼幼儿教育系主任。在这期间,他继续研究幼儿教育,整理他以前有关幼儿教育方面的研究,建立了一套完整的教学和科研体系,完成了他在20世纪20—40年代一直未能实现的理想。然而,从50年代初起,由于"左"倾思潮的影响,他的"活教育"思想受到错误批判。而他本人,在1958年也遭到错误批判,他的儿童教育思想被全盘否定。1959年,他不得不离开了自己长期从事而又深为热爱的幼儿教育工作。"文化大革命"结束之后,陈鹤琴先生得到平反昭雪。除了担任社会和政府的一些要职之外,他当选为全国幼儿教育研究会名誉理事长。1981年在六一儿童节时,他虽然身患重病,但仍然不忘儿童,并为儿童题词"一切为儿童,一切为教育,一切为四化"。1982年,他在连说话都非常困难的情况下,还写下了"我爱儿童,儿童也爱我"的肺腑之言。陈鹤琴先生把毕生的精力全部献给了祖国的儿童教育事业,不愧为我国著名的幼儿教育家。

二、论儿童的心理发展

陈鹤琴在其幼儿教育实践的过程中十分重视儿童的心理发展,他认为,好的教育要想发挥作用,必须建立在了解幼儿身心发展规律的基础上。他指出:"儿童不是'小人',儿童的心理与成人的心理不同,儿童的时期不仅作为成人之预备,亦具有他本身的价值,我们应当尊重他们的人格,爱护他们的天真烂漫。"① 他在美国留学期间,深受杜威、孟禄、克伯屈、桑代克等世界著名的教育学家和心理学家的影响,将西方心理学家关于儿童心理的研究引入中国,并在大学任教期间向学生传播儿童心理的研究成果。同时,陈鹤琴又是一个将理论付诸实践的实践家,他根据我国儿童的实际状况,潜心研究儿童心理,还以其子女为研究对象,观察并记录儿童的身心发展过程,总结出了一系列儿童心理发展的特点与规律,这些研究成果在其书《儿童心理之研究》《儿童心理及教育儿童的方法》《家庭教育》以及《陈鹤琴文集》中都有提及,为我国儿童心理与教育的研究提供了宝贵的理论参考。

(一) 儿童发展的分期问题

陈鹤琴认为,儿童的身心处在一个连续不断的发展过程中,不同的年龄阶段表现出不同的心理特征,正确合理地对儿童的身心发展阶段进行分期十分有必要,因为只有充分了解每个阶段儿童的身心发展特点,才能够对儿童施加合理有效的教育,真正做到因材施教。在儿童的分期问题上,陈鹤琴借鉴了华特尔、克伯屈、桑代克以及柏曼等人的儿童分期主张,并根据自己的观察和研究总结出了适合我国儿童的独特的分期理论。他将儿童时期分为四个阶段:①新生婴儿期——新生;②乳儿时期——新生到 1 岁左右;③步儿时期——1 岁左右到 3 岁半左右;④幼儿时期——3 岁半左右到 6 岁左右。

陈鹤琴对于儿童发展的分期主要是依据儿童的"四种生活内容"而制定的。陈鹤琴认为人类独立人格的生活方式主要包括:反射活动、感觉运动生活、情绪生活、智慧生活和社会生活。这四种生活方式在人的发展过程中,其发展也表现出先后的顺序,其中,反射活动是伴随着儿童出生就存在的。感觉运动生活发展较早(约出生 1 个月就有所发展),随着感觉运动生活的发展,对于儿童的教育便有了可能性。情绪生活则在新生 1 月后至 1 年左右才有发展的雏形,"儿童情绪的发展,在乳儿时期可谓占重要的地位。成人所表现的情绪反应,其基础,皆在乳儿时期中即已开始奠立"②。而社会性的发展则集中在 3 岁左右,儿童开始有了"思想的活动",即"智慧生活"的蓬勃兴起。因此,陈鹤琴认为 3 岁是儿童进入幼稚园的恰当年龄。

(二) 儿童的心理特点

陈鹤琴十分重视儿童的心理发展特点,在他的大部分著作中都论及了"儿童心理"。他通过观察儿童时期的一些行为表现,概括出了儿童的几大整体特征。

好游戏——"小孩子可以说是生来好动的。两三个月大的婴儿就能在床上不停地敲手踢脚,独自玩耍。到了五六个月大的时候,看见东西就要来抓,抓住了就要放进嘴里去。到了再大一点,他就要这里推推,那里拉拉,不停地运动了。"③

---

① 陈秀云,陈一飞.陈鹤琴文集[M].南京:江苏教育出版社,2007:8.
② 陈鹤琴.陈鹤琴全集(第一卷)[M].南京:江苏教育出版社,2008:606.
③ 陈鹤琴.家庭教育(第二版)[M].上海:华东师范大学出版社,2013:1—7.

好模仿——"小孩子未到1岁大的时候,就能模仿简单的声音和动作了……到了三四岁,他的模仿能力发展得更大了。什么娶亲,什么出殡,他都要模仿了。"①

好奇心——小孩子生来具有好奇心。"五六个月大的婴儿一听见声音就要转头去寻,一看见东西就伸手去拿"②,随着年龄的增长,其好奇的事物也越来越多,"一个5岁的小孩子,天天把园里的红萝卜掘起来,看它是怎样生长的"。陈鹤琴肯定好奇心的重要性,"好奇动作是小孩子得着知识的一个最紧要的门径"③。

喜欢成功——小孩子喜欢动作,更喜欢动作有成就,得到认可。因此,我们教小孩子做的事情不能太难,要多给孩子创造成功的机会,增强他的自信心。

喜欢野外生活——"小孩子不论年纪大的小的,不论男的女的,大都喜欢野外生活","学问不仅仅在书本中求得,也应在自然界中获得"。④ 因此,陈鹤琴十分重视在大自然中培养儿童。

喜欢合群——陈鹤琴在对儿子陈一鸣的观察中发现,"孩子很小(47天)的时候就产生乐群的心理了……到3个月的时候,喜欢别人同他玩讲"。

喜欢称赞——"两三岁的孩子就喜欢'听好话',喜欢旁人称赞他"⑤,陈鹤琴认为,儿童喜欢被夸赞的心理是普遍存在的,但是我们也要合理利用夸赞语言,不可滥用,否则将会适得其反。

总体来说,儿童的心理发展既具有整体性的一般规律,又具有阶段性。陈鹤琴要求幼稚教师在教育小孩子时,要充分了解儿童的心理,根据儿童心理实施教育。

三、论儿童的家庭教育

陈鹤琴的家庭教育思想主要集中在其著作《家庭教育》一书中,该书是陈鹤琴研究儿童心理及从事家庭教育实践经验所得,自出版以来,受到广泛好评,陶行知赞誉这本书是"儿童幸福的源泉,也是父母幸福的源泉"⑥。该书为父母、教师以及儿童教育工作者在教育孩子、处理和解决孩子疑问等方面提供了理论参考。

(一) 要重视家庭教育对儿童身心发展的作用

陈鹤琴十分重视家庭教育对儿童身心发展的作用。他认为,父母是儿童的第一任老师,儿童习得的知识是否丰富、习惯是否良好、思想是否健全都与家庭教育密切相关。他指出:"因为小孩子年龄幼稚,意志薄弱,很容易受教育的影响。施以良好的教育,则将来成为良好的国民,倘施以恶劣的教育,那么将来要成为恶劣的青年了。"⑦

---

① 陈鹤琴.家庭教育(第二版)[M].上海:华东师范大学出版社,2013:1—7.
② 陈鹤琴.家庭教育(第二版)[M].上海:华东师范大学出版社,2013:1—7.
③ 陈鹤琴.家庭教育(第二版)[M].上海:华东师范大学出版社,2013:1—7.
④ 陈鹤琴.家庭教育(第二版)[M].上海:华东师范大学出版社,2013:1—7.
⑤ 陈鹤琴.家庭教育(第二版)[M].上海:华东师范大学出版社,2013:1—7.
⑥ 陈鹤琴.家庭教育(第二版)[M].上海:华东师范大学出版社,2013:序.
⑦ 陈秀云,陈一飞.陈鹤琴文集[M].南京:江苏教育出版社,2007:587.

陈鹤琴还强调了良好的家庭环境对儿童的影响。"小孩子生来大概都是好的,但是到了后来,或者是好,或者是坏,都是因为环境的关系"。① 他指出,家长要为孩子创设良好的教育环境,包括:①游戏的环境。小孩子生来是好游戏的,良好的游戏环境能够帮助儿童保持天真烂漫、好动活泼。②劳动的环境。让儿童自己动手做些力所能及的事情,既可以培养儿童劳动的能力,又能培养他们独立的习惯。③科学的环境。给儿童营造科学的

图 5-4　1920 年陈鹤琴在妻子的协助下研究家庭教育

环境,可以帮助他们培养科学探索的兴趣,发展其科学技能。④艺术的环境。主要包括音乐、图画和审美的环境,儿童在一种充满艺术氛围的环境下成长,可以培养对艺术的感知,陶冶美好的情操。⑤阅读的环境。良好的阅读环境能够帮助儿童养成读书的习惯,父母应好好指导,培养孩子阅读的兴趣。

儿童之所以易受家庭环境的影响,是基于其特定的身心发展特点的。陈鹤琴认为:"小孩子生来一点没有什么观念的,但是他有几种基本的能力:①接受外界的刺激。②这种刺激在脑肌肉里或者可以保留着。③他受到那种刺激到相当时期,会有相当的反应。"②刺激都是从环境中来的,如儿童看到大人骂人,他虽不知道骂人是好是坏,但也会不知不觉学会骂人;如果儿童感受的是优雅的环境,那么他的谈吐行为也会不自觉地变得优雅。

(二) 家庭教育应是保育与教育相结合

陈鹤琴认为家庭教育应贯穿于儿童生活的方方面面,家长既要在儿童的保育方面帮助其养成良好的健康卫生习惯,又应在品德、智育、行为习惯等方面学会利用正确的教育方法合理引导儿童。

在保育方面,陈鹤琴提出了家长在儿童卫生养成方面的 25 条原则,这 25 条原则包含了饮食、睡觉、如厕等儿童日常生活的方方面面,如吃东西后必须洗手,每天早晨大便一次,保持身体、头脸、服装的整洁等。他认为卫生习惯与身体健康有着密切的联系,父母应该帮助孩子养成良好的卫生习惯,做好保育工作。

在教育方面,主要包括智力教育和品德教育两方面。在智育方面,陈鹤琴不赞成过早地教给儿童读书写字,而应该在游戏中培养和开发儿童智力,他认为游戏就是工作,工作就是游戏。小孩子不应该只是为了习得知识而学习,还应该有画图、看图、剪图、剪纸、着色、穿珠、锤击、浇花、泥塑、玩沙等玩耍和动手操作的机会。当然,给儿童提供这些机会也是建立

---

① 陈鹤琴.家庭教育(第二版)[M].上海:华东师范大学出版社,2013:157.
② 陈鹤琴.家庭教育(第二版)[M].上海:华东师范大学出版社,2013:157—158.

在儿童身心发展的基础之上的,倘若儿童实在对这些没有兴趣,做父母的也不应该强加给他。在品德教育方面,父母应教育儿童心中有他人,懂得照顾别人的安宁,对人要有礼貌,富有同情心,不撒谎、不作伪、不打人、不怀偏颇之心看人,要学会爱人、尊重人,同时还要养成爱劳动、孝敬父母、爱护亲友的良好品行。

(三)父母在家庭教育中的责任

首先,父母在教育儿童时要以身作则。小孩子由于其身心发展还不完善,缺乏独立生存和独立生活的技能,在生活行为习惯上对父母的依赖很强,有很强的模仿心。父母是给予孩子刺激最直接的对象,也是孩子最容易模仿的人。不管是在行为习惯还是思想品行上,父母的一举一动都在不自觉地影响着子女,因此,做父母的必须时刻以身作则,身正为范。

其次,父母要充分了解儿童的身心发展规律。家庭教育必须依据儿童的心理才能实施得当。儿童在不同的发展时期表现出不同的心理特征,例如,在涂鸦期儿童喜欢各种颜料的涂抹,在模仿期喜欢不同的角色扮演。父母既应是教育者,还应该是儿童心理的观察与研究者。有时候儿童一个动作的背后隐藏的是一颗积极探索的心,父母只有充分了解儿童的身心发展特点,才能更好地做到因势利导,保护儿童的好奇心与探索之心,帮助儿童实现更好的发展。

再次,父母在教育儿童时要多采用积极的暗示。儿童都是喜欢被称赞、被鼓励的,因此在教育中应多采用积极的暗示和正面的鼓励,当儿童取得了一点成就之时,父母积极的鼓励会给儿童信心和成就感,也因此会激发儿童继续努力的兴趣;当儿童犯了错误时,父母与其严厉地批评与斥责,不如晓之以理、动之以情,以暗示代替惩罚,既不姑息也不过分严厉,既能使儿童意识到自己的错误,还能保护他的自尊,帮助其形成自尊、自爱的人格。

最后,父母要与儿童树立平等意识,抛却传统意义上的等级观念,做儿童的朋友。父母与儿童的关系不应该只是长辈与晚辈的关系,教导儿童时也不应只是命令和要求服从,父母更应该是儿童的伴侣。陈鹤琴指出:"做父母的应当忘记年龄,来和儿童游戏,做他的伴侣。这样一方面儿童对父母的感情可以格外浓厚,一方面父母对于儿童的性情、习惯、能力等等,亦可以格外明了。"[1]

陈鹤琴的家庭教育思想,既有原则要求,又有方法指导。它改变了我国传统家庭教育中一味苛责和严厉的状态,树立了平等的家长观、子女观,对提升家庭教育水平,提高民族素质具有重要的现实意义。

四、论幼稚园教育

(一)论幼稚园教育的目的

陈鹤琴指出,办幼稚教育的目的主要是为了儿童,并进一步从道德、身体、智力和情感四

---

[1] 陈鹤琴.陈鹤琴全集(第一卷)[M].南京:江苏教育出版社,2008:172.

个方面展开分析。

1. 幼稚园教育应教会儿童做人

这主要是从道德和群育的角度来定义的。他认为,教育目标首先要解决"做怎样的人"的问题。通过幼稚教育,培养出的人应该具有协作精神、同情心和服务他人的精神。

2. 幼稚园教育应培养儿童健康的身体

身体是儿童发展的基础,幼稚园教育应当帮助儿童养成达到强健体格的习惯。幼稚园应通过玩具等各种设备引发儿童好动的心理,帮助他们养成健康的体格,形成良好的卫生习惯并提高运动的技能。

3. 幼稚园教育应合理开发儿童的智力

陈鹤琴指出:"旧教育是注重于知识的注入,弄得儿童成了装物件的器皿,把知识一件一件地装进去。新教育就是要在教授知识以外加上智力的开发。"[①]为此,幼稚园培养出的儿童应有研究的态度、充分的知识和表达个人意志的能力。

4. 幼稚园教育应培养儿童积极的情绪

情绪也可以通过后天养成。幼稚园应注重培养儿童的欣赏能力,让儿童感觉快乐并打消儿童惧怕的情绪,以形成积极、乐观、开朗的性格。

(二)幼稚园教育的课程

陈鹤琴认为旧式的幼稚园课程不符合儿童的发展需要,因此幼稚园课程应改变原有的照本宣科的理念,从儿童生活实践出发,适应儿童的各种发展需要。为此,幼稚园课程应符合一定的原则,并具备合理的结构。

1. 幼稚园课程的原则

首先,课程的目的最重要的是帮助儿童适应目前的生活。幼稚教育不可过多地强调"未来主义",使儿童将来成为怎样的人,应着眼于当前,用适应目前生活需要的方法,去培养应对将来生活中必会出现的事情的能力。其次,课程应来源于生活。大自然中的一草一木都是好教材,课程应从最贴近儿童生活经验的地方出发,将学校生活与课外生活紧密结合。再次,课程应富有弹性。课程的设置应适应儿童不同的兴趣与能力。课程虽然是事先拟定的,但也要能够根据儿童的个性进行修改和重编,不能墨守成规。最后,课程不仅要适应儿童目前的需要,还要适应其他的新需要。儿童在接受外界刺激之后会衍生出许多新需要,而教育就是要给儿童施加以刺激,用新奇和特别的事物吸引儿童,使儿童生出种种新需要,教师再设法来适应他们的新需要。

2. 幼稚园课程的结构

陈鹤琴强调幼稚园课程结构的整体性。为此,他以人的五根手指作比喻,创造性地提出了课程结构的"五指活动"理论。五指活动包括以下五个方面。

---

① 陈秀云,陈一飞.陈鹤琴文集[M].南京:江苏教育出版社,2007:24.

(1) 健康活动：饮食、睡眠、早操、游戏、户外活动、散步等。
(2) 社会活动：朝夕会、周会、纪念日、集会、每天的谈话、政治常识等。
(3) 科学活动：栽培植物、饲养动物、研究自然、认识环境等。
(4) 艺术活动：音乐（唱歌、节奏、欣赏）、图画、手工等。
(5) 语文活动：故事、儿歌、谜语、读法等。

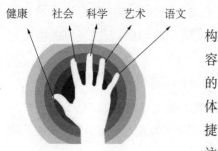

图5-5 "五指活动"理论

这五个方面是相互联系的，就像人的五个手指，共同构成了具有整体功能的手掌。幼稚园教育课程的全部内容包括在这五指活动之中，但是这五个方面是有主次之分的。陈鹤琴认为，儿童健康是幼稚园课程中最重要的。身体是儿童成长的基础，身体强健的儿童，性格活泼、反应敏捷、做事容易。为了儿童的现在和将来，幼稚园的教育应注重儿童的健康。为了培养儿童健壮的身体，幼稚园应十分注意培养儿童良好的行为习惯。幼稚园也应特别注重对儿童音乐能力的培养，因为音乐可以陶冶儿童的性情，提升儿童的艺术感知能力。此外，幼稚园还应为儿童创设科学探索的环境以及社会活动场所。

（三）幼稚园的教学方法

1. 整个教学法

陈鹤琴反对当时幼稚园各科教学相互孤立、相互脱节的现象，如把唱歌、故事、游戏等活动的界限划分得清清楚楚，为此他提出了"整个教学法"，该教学法是五指活动课程内容在实际中的具体化。儿童的生活是整个的，他们往往通过多种途径和形式来体验世界，如果把他们所学习的东西孤立开来，势必很难让儿童理解和接受。整个教学法就是把儿童所应该学习的东西整个地、有系统地教儿童去学，具有整合性；所学的功课无规定的时间，具有相当大的弹性空间；所选用的教材来源于儿童生活并以儿童心理为依据，具有自然性和科学性。例如，在讲授《龟兔赛跑》时，可以从多个不同的方面来对儿童进行教育：研究龟兔的生理特点，实际是引导儿童进行科学活动；讲《龟兔赛跑》的故事，实际是引导儿童进行语言活动；剪切、拼图、描画、着色、表演等活动则是儿童的艺术活动。各个活动围绕着一个中心进行衔接，通过中心事件整合各种教育资源，促进儿童整体全面发展。

2. 小团体教学法

小团体教学法是相对于单一的集体教学法的又一改进。集体教学虽然具有一定的优势，但是由于学前儿童都是具有差异的不同个体，每个儿童都是相对独立的，他们的智力发展水平不一、兴趣不同，集体教学法很难照顾到儿童的个别差异。小团体教学法有效地解决了这一困境，它可以按照儿童的能力和兴趣进行分组教学，使儿童在各自水平上得到充分发展。此外，小团体教学法不仅进行分组，还要在小组内部以及全班内进行讨论，这种合作式的共同研究可以使儿童互相学习、互相帮助、相互激励，不仅提升了其学习质量，还有助于培养儿童合作、交流的优良品质。

3. 游戏化教学法

游戏化教学法是整个教学法的具体化。游戏可以使儿童的身体获得充分锻炼,还能帮助儿童展开丰富的想象,缓解紧张的情绪,体验活动的愉悦。教育者应当为儿童准备适宜的、丰富的、具有支持性的游戏材料和游戏活动。陈鹤琴还讨论了游戏化教学的原则:第一,教师要注意方法与目的的配合,合理引导儿童游戏,避免"为了游戏而游戏";第二,游戏应当以多数人的接受程度为标准,给多数儿童提供活动的机会;第三,教学游戏应注重儿童自己的行为,并非教师教给儿童,而是儿童自己摸索。总之,游戏是学前儿童的重要生活,儿童在游戏中学习,能收到事半功倍的效果。

总之,在教学方法方面,陈鹤琴还提出了图画教学法、读书教学法、比较教学法、激励法、比赛法等多种教学方法。除此之外,他还提出了有关幼稚园课程评价、课程实验等方面的主张和观点,也值得我们认真研究并加以汲取。

五、"活教育"理论

"活教育"理论是陈鹤琴在1941年针对旧中国旧教育传统的弊病提出的。他认为旧中国的教育制度空谈理论,教学脱节,死读书、读死书,书本至上,不求进步,学生缺乏创造性,没有动手的能力。因此,他提出了"活教育"的思想体系。这一思想体系包括目的论、课程论、方法论三个方面。

(一) 在目的论方面

陈鹤琴认为教育的目的在于培养儿童学会做人,做中国人,做现代中国人。这就要求儿童具备健全的身体、建设的能力、创造的能力、合作的态度以及服务的精神。

(二) 在课程论方面

陈鹤琴强调课程来源于生活,来源于社会。他说,"大自然、大社会,都是活教材","活教育的课程是把大自然、大社会作出发点,让学生直接对它们去学习"。① 他认为

图 5-6 《活教育》

"大自然、大社会"才是活的书、直接的书,而学校的书本却是死的书、间接的书。活的书比死的书要好,直接的书比间接的书要好。间接的书本知识只能当作学习的副工具,国语、常识、算术都是副工具,它们只能作为"活的书"的一种补充。

---

① 陈秀云,陈一飞.陈鹤琴文集[M].南京:江苏教育出版社,2007:24.

(三) 在方法论方面

陈鹤琴强调儿童的主体地位,并重视教学中的直观性和感性经验。陈鹤琴提出做中教、做中学、做中求进步的基本原则。"做"是"活教育"方法论的出发点,课程改革应注重对儿童主体地位的强调。教学中儿童的参与程度,直接影响着他对知识技能的掌握和理解程度。"活教育"十分重视的就是儿童的参与程度,"凡是儿童自己能够做的,应当让他自己做,凡是儿童自己能够想的,应当让他自己想","你要儿童怎样做,就应当教儿童怎样学"。①"活教育"的教学不重视班级授课制,而重视室外活动,着重于生活的体验,以实物为研究对象,以书籍为辅佐的参考,即注重直接经验。"活教育"的教学过程分为四个步骤:第一是实验观察,第二是阅读参考,第三是发表创作,第四是批评研讨。要求每个儿童备一工作簿,在工作簿上编他自己的教材。在教学中,教师的责任是:引发、供给、指导、欣赏。

表5-1 "活教育"与"死教育"的对比②

	"活教育"	"死教育"
一	一切设施、一切活动,以儿童作为中心的主体。学校里一切活动差不多都是儿童的活动	一切设施、一切活动,教师(包括校长)是中心、是主体,学校里一切活动差不多都是教师的活动
二	教育的目的在于培养做人的态度,养成优良的习惯,发现内在的兴趣	教育的目的在于灌输许多无意义的零星知识,养成许多无关紧要的零星技能
三	一切教学集中在"做",做中学、做中教、做中求进步	一切教学集中在"听",教师口里讲,儿童用耳听
四	分组学习、共同研讨	个人学习,班级教授
五	以爱以德来感化儿童	以威以畏来约束儿童
六	儿童自定法则来管理自己	教师以个人主见来管理儿童
七	课程是根据儿童心理和社会需求来编订的,教材也是根据儿童心理和社会需求来编订的,所以课程是有伸缩性的,教材是有活动性并可随时更改的	固定的课程,呆板的教材,不问儿童是否能够了解,不管与时令是否合适,只是一节一节地上,一课一课地教
八	儿童天真烂漫,活泼可爱,工作时很忙很静,游戏时很起劲很高兴	儿童呆呆板板,暮气沉沉,不好动,不好问,俨然是个小老人
九	师生共同生活,教学相长	师生界限分明,隔膜很深
十	学校是社会的中心,师生集中力量,改造环境,服务社会	校墙高筑,学校与社会毫无联系

以上是陈鹤琴学前教育思想中的一些主要内容。陈鹤琴在长期的实践研究和理论学习的基础上,提出了许多适合我国国情和儿童心理发展的教育主张和课程思想,写出了近400

---

① 陈秀云,陈一飞.陈鹤琴文集[M].南京:江苏教育出版社,2007:373—374.
② 陈鹤琴.陈鹤琴全集(第五卷)[M].南京:江苏教育出版社,2008:30—32.

万字幼儿教育著作,影响巨大。他的著作被先后汇集出版,《陈鹤琴教育文集》和《陈鹤琴全集》全面反映了他的幼儿教育思想。研究、学习和继承他的学前教育思想的合理内容,对于我们今天的学前教育课程思想改革与发展具有重要的借鉴价值。

第二节　张雪门的学前教育思想

张雪门是我国现代教育史上另一位影响深远的幼儿教育专家,早在20世纪三四十年代,他就与陈鹤琴有"南陈北张"的称号。他对我国学前教育的贡献主要体现在研究幼稚园教育以及幼稚师范生的培养上,不仅开办了一系列幼稚园,制定出符合时代发展要求的幼稚园课程,还强调优质师范生的学习、见习与实习,开办师范学校,为我国培养了一批具有幼教专业素质的师范生。

一、生平及主要教育活动

图 5-7　张雪门

张雪门(1891—1973),浙江鄞县人,自幼习读四书五经,青年时便对幼儿教育萌生了强烈的热爱之情。张雪门1912年从浙江省立第四中学毕业后便担任了鄞县私立星萌小学校长,并于1918年创办了我国第一家完全自主办学的私立星萌幼儿园,亲任园长。1920年,他与人合开了一所二年制的幼稚师范院校——星萌幼稚师范学校,以此培养幼稚师范生。在此期间,他在我国南方各地对幼稚教育进行了考察。同年,他应邀到北平孔德学校任小学部主任,并在我国北方各地幼稚园进行考察,通过观察比较我国南北幼稚园教育的差别,萌发了一系列对幼稚教育发展的新思考。

1924年,张雪门进入北平大学担任注册科职员,并有机会向北大教育系主任高仁山先生学习。借着在北大学习的机会,他于1925年公开在校报上刊登启事,寻求志同道合的幼儿教育爱好者,收效甚好。在一次偶然的机会中,张雪门接触到了福禄贝尔和蒙台梭利的学前教育思想,并萌生了研究国外幼儿教育思想的想法。他曾立志"一年研究福氏,一年研究蒙氏,更一年研究世界各国,然后以毕生功夫来研究我国的幼稚教育"。不久,他的译注《福禄贝尔母亲游戏辑要》和《蒙台梭利及其教育》相继问世。同时,他在观察了解我国北方各地的时令和风土人情,比较我国和国外的学前教育思想的基础上,于1926年编制了一套适合我国北方儿童教育特色的课程——"幼稚园第一季度课程",并公开发表在《新教育评论》上,引起了强烈的反响。

张雪门不仅重视幼稚园教育的实践,还非常重视研究活动。为了更好地研究幼儿教育,他于1928年在北平成立了北平教育研究会。同年秋,孔德学校开办了幼稚师范学校,由张雪门专门负责。他受"骑马者应从马背上学"的启示,采取半日授课半日实习的措施。实习场所除孔德幼师办的幼稚园外,还借了一个蒙养园。不久他又创办了艺文幼稚园,也作为实习场所。1930年,张雪门应邀编辑幼稚师范丛书,并撰写幼稚园研究集,对幼稚园教育中的种种问题展开探讨。同年,他在香山见心斋开办了北平幼稚师范学校,任校长。该校第一期毕业生当即被各处幼稚园聘为园长或教师,颇受欢迎。后来为了方便师范生见习、实习,他将幼师迁到中华教育改进社所在地帝王庙。

1931年的"九一八"事变对张雪门来说是一个转折点,他从之前的注重儿童本位转向了开始关注社会本位。他认为,如果只片面地强调以儿童为中心,而不考虑儿童所处的社会环境,那么培养出来的儿童对于国家、对于社会将无十分大的意义。此时,他从幼稚园行为课程入手,展开了对幼稚园教育的研究,并在多所大学中讲授"幼稚教育"课程。

随着抗日战争的全面爆发,张雪门迫于形势不得不多次转移地点,但他的办园、办学活动从未停止。其间,他先后辗转上海、长沙、桂林开展幼儿教育实践,并于1938年在桂林东华门大街成立幼稚师范学院,为广西幼儿教育事业培养了大批人才。在此期间,他还曾到陕西城固西北师范学院讲授"儿童保育"课程,并编著了《幼稚园行政》《儿童保育》等书。

抗战胜利之后,张雪门重返北平,立志恢复北平的幼教工作,但由于当时的教育部不肯回应其还原旧校的呼应,复校计划以失败告终。1946年,张雪门受邀赴我国台湾办理儿童保育院,于是开始了他在台湾办园的活动,建立了台北育幼院,后来经过完善,形成了从婴儿部、幼稚园到小学为一体的儿童教育机构。在办学过程中,张雪门十分强调对儿童的爱国主义教育,其办学思想对我国台湾地区的幼儿教育发展起到了不可忽视的作用。

1952年,张雪门因眼疾加重不得不离开台北育幼院,但仍然热心参加幼教工作,出席幼教会议并担任多方的幼儿教育顾问等。1960年他突患脑病,半身不遂,在眼睛几乎失明、手脚失灵、耳朵失聪的情况下,他先后写下了《幼稚教育》《幼稚园课程活动中心》《幼稚园行为课程》等十几本专著。直到1973年,他因脑病复发而病逝,享年83岁。

张雪门一生潜心研究幼儿教育,他的幼儿教育著述共计200多万字,其中既有实践经验的总结,又有理论思想的探究;既有关于幼稚园课程和教法的探索,又有对师范生培养的建议;既有对儿童发展的重视,又有为民族发展的担忧。张雪门真可谓为了幼教事业鞠躬尽瘁,死而后已。

二、儿童本位与社会本位相结合的儿童观

在20世纪二三十年代,我国的幼稚园教学兴起了一场学习和效仿西方的改革浪潮,该时期内杜威的实用主义教育理论中的"儿童中心主义"备受国内外学者们认可,张雪门也是其中一位。张雪门在概括不同教育目的下的幼稚教育时,其中就有一条"以发展儿童个性为目的的幼稚教育",强调儿童的个人价值和尊严,重视儿童个体权利的实现即"儿童本位"。张雪门在书中指出,儿童本位主要起源于意大利和美国。意大利的儿童本位幼稚教育以蒙台梭利的教育为标志,重视教具的使用,通过教玩具来训练和发展儿童的多种感官,丰富其日常生活经验;美国的儿童本位则通过让儿童自己动手动脑,解决生活实际问题,以训练其创新力和思考力,课程的设计和组织都要依据儿童的兴趣和动机,联系儿童生活实践及已有经验。总体来说,儿童本位就是强调幼稚教育要以儿童为中心,教学目的是实现儿童的全面发

展,实现个人价值;教学内容要符合儿童兴趣和需要,联系儿童生活实际;教学方法要强调儿童亲身参与,让儿童在动手操作和亲身体验中得到发展。

当时张雪门十分赞同儿童本位这一幼稚教育观点,他在《幼稚园教育论》一书中明确指出:"幼稚教育的目的,应完全以儿童为本位;成就儿童在该时期内身心的发展,并培养其获得经验的根本习惯,以适应环境。"①他强调幼稚教育的根本目的是帮助儿童适应当下的环境,教育的着重点应关注儿童当下发展而不是"为未来生活做准备",教学活动和材料应从儿童的身心发展特点以及实际经验出发,给他们以直接的刺激,实现个体发展的需求。

但是到了20世纪30年代后期,随着我国内忧外患的形势更为恶劣,张雪门的教育观点发生了转变。他意识到儿童本位的幼稚教育已经无法适应当时中国的实际情况,教育如果只考虑到儿童自身的发展,而不考虑社会的需求,那么国家形势堪忧,个人如何得以发展,因此,幼稚园的教育应和社会的现实需要联系在一起,在民族危难关头,每一个中国人包括儿童都应该意识到民族现状,树立民族意识和爱国意识,并愿意承担保家卫国的重任。而这种意识是要从小培养起来的,幼稚教育就是要通过对儿童进行民族教育,帮助儿童树立民族意识,培养其明辨是非、爱憎分明的意识和能力。他还根据当时的国情,拟定了幼稚教育的四项目标:①铲除我民族的劣根性;②唤起我民族的自信心;③养成劳动与客观的习惯态度;④锻炼我民族为争中华之自由平等而向帝国主义作奋斗之决心与实力。②此时的他认为社会本位的幼稚教育比儿童本位重要,并且率先在香山和艺文幼稚园试验他以改造民族为目的的幼稚教育。后来,北平幼稚园迁至桂林,他仍把教育的重点放在加强幼儿民族意识和爱国观点上,为唤醒民族觉醒作出了巨大贡献。

三、幼稚园行为课程

张雪门对我国幼稚园教育的贡献,主要体现在对课程的研究与改革上。他从一开始就非常重视对课程的研究,于1926年拟定了"幼稚园第一季度课程"。20世纪30年代初,行为主义开始在我国传播,原高等师范学院的教授董坚率先翻译了《行为课程》一书。张雪门也在此时将行为课程理论的观念引入我国。但他前期并未用"行为课程"一词来概括其课程理论,直到1966年,在《增订幼稚园行为课程》一书中,他才明确提出:"生活就是教育,五六岁的孩子们在幼稚园的生活实践,就是行为课程。"③张雪门的课程理论和实践,可总结为"行为课程"。总的来说,行为课程有以下几个特点。

(一) 课程内容源于生活经验又高于生活经验

课程是教学内容的整体反映,张雪门所倡导的课程不光是知识的传授,而是把"技能、知识、兴趣、道德、体力、风俗、礼节种种经验,都包含在课程里。换句话说,课程是适应生长的

---

① 戴自俺.张雪门幼儿教育文集[M].北京:北京少年儿童出版社,1994:337.
② 张雪门.幼稚教育新论[M].上海:中华书局,1936:65.
③ 张雪门.增订幼稚园行为课程[M].台北:台湾书店,1966:1.

有价值的材料;儿童课程应该完全根据于生活,它从生活而来,从生活而开展,也从生活而结束,不像一般的完全限于教材的活动"①。可见,张雪门十分强调课程与儿童经验的关系,所有一切发生在儿童与环境之间的相互作用。例如,儿童在上学途中经过的小路、遇见的野花、玩耍过的小河流等生活经验都可以被教育者加以利用,改良后应用到课程中来。

儿童的生活经验可以来源于多个方面,既可以通过个体本身所得,也可以通过与环境相接触所得,这里的环境既包括自然环境又包括社会环境。基于这一认识,张雪门将课程内容具体分为三个方面,即"儿童自发的诸般活动"、"儿童的自然环境"以及"儿童的社会环境"。其中,儿童自发的诸般活动包括儿童的呼吸、跳跃、奔跑等活动;儿童的自然环境包括儿童所接触的各种动植物和自然现象等;儿童的社会环境包括与同伴、家人、教师等人之间的相互交往活动。

课程虽来源于儿童的生活经验,但又高于生活经验。儿童在生活中的经验多种多样,如果不加筛选直接拿到课程中来,那么幼稚园就无法发挥其教育的意义,走入放养式的歧途。因此,张雪门强调,课程是教育者根据儿童实际生活经验所筛选出来的有组织、有计划、适应儿童生长,并且对人的发展有价值和作用的有序的经验。为此,他提出了实施幼儿园课程的三个原则:①课程固由于自然的行为,却须经过人工的精选;②课程固由于劳动的行为,却须得在劳动上劳心;③课程固由于儿童生活中取材,却须有远大的客观标准。②

总的来说,幼儿园课程就是给三到六岁的儿童提供有计划、有目的、有组织,对其发展有促进意义的人类经验。因此,在教材的选择上,就需要幼稚园教师按照一定的科学发展规律,对儿童的日常生活经验进行有效判断,将有用的经验有效地组织到课程中来。例如,如果按照每月节气的变化,通过考察儿童环境中事物的变迁来组织课程内容,如动植物、节令、纪念日、风俗、儿童日常游戏等,以此来找出的事物可能有几十种。但是,张雪门指出,教师要按照"其与儿童接触较多、范围较广,而且更适合于国情及时代的要求,只可以选出四个或五个,作为逐月课程之中心。按照每个的中心再来收集和这些中心有关系的文学上、游戏上、音乐上、工作上的材料,编成预定的教材,而且这些教材也都要经过儿童和社会两个方面所需要的标准去考核"③。精心挑选出来的课程内容,才是对儿童最有用的、也最能够发挥教育功效的课程。

(二) 课程目标既重视儿童个体身心发展又关注社会需求

张雪门是一个非常关注儿童身心发展规律的幼儿教育家,他的课程理论也十分重视适应儿童个体发展。但是,"九一八"事变之后,张雪门逐渐意识到幼稚教育培养的应该是一批既实现自身发展价值,又符合社会要求的人。幼稚园课程的目标既要重视儿童个体的发展,又要满足社会的需要,因此他强调课程的制定要符合以下几个标准:

---

① 张雪门.增订幼稚园行为课程[M].台北:台湾书店,1966:1.
② 戴自俺.张雪门幼儿教育文集(下卷)[M].北京:北京少年儿童出版社,1994:1090—1092.
③ 戴自俺.张雪门幼儿教育文集(上卷)[M].北京:北京少年儿童出版社,1994:475.

第一,课程应适合于儿童的需要。课程的适用对象是儿童,因此判断一门课程是否有意义,首先要看它是否符合儿童的身心发展特点、是不是儿童所需要的。他认为,儿童具有强烈的好奇心,好动、爱模仿,基于此特点,课程应当是能够引起儿童兴趣并为儿童所需要的。例如,儿童对大自然中的花鸟鱼虫和各种自然现象感兴趣,那么就可以把自然科学中的有趣事例编入教材,既满足儿童的好奇心,又教给儿童科学知识。

第二,课程要顾及现实社会生活的意义。儿童存在于这个世界上,就免不了要接触现实社会生活,课程不仅仅是满足儿童自身的需要,还应该帮助儿童更好地适应社会生活,养成生活的基本技能。例如穿衣技能、运动技能、算数技能、与人交往的技能等。

第三,课程应根据儿童的直接经验。张雪门指出:"幼童一定是先有了直接经验。然后才可以补充想象。"[①]儿童通过与自然环境或社会环境发生互动而产生经验,他所能够反应和理解的,是自己环境里已有过的直接经验,课程就是要唤醒那些对儿童身心发展有帮助的直接经验。例如,在游戏中,教师要尽可能地利用儿童已有的生活经验来创设玩法,让儿童在新的刺激下回顾以往经验并引起共鸣。

第四,课程要照顾儿童的团体生活。人是群居的生物,儿童在幼年就开始产生团体的概念,例如,小孩子喜欢有玩伴、喜欢跟同龄人游戏玩耍。课程在设置和实施中都不应只关心儿童个体生活,更应顾及其团体生活,使儿童有更多的团队交往活动,锻炼其人际交往能力并提升团队合作意识。具体到课程实施中,就是教师可以在教学活动中安排分组活动或设计需要整个班级共同努力才能完成的任务等。

(三)课程应综合而不分科

张雪门指出:"幼稚生对于自然界和人事界没有分明的界限,他看宇宙间的一切,都是整个儿的。"[②]儿童的身心发展特点决定了他对事物的理解不能孤立开来,而是置于一定的环境背景下,因此,课程各科之间没有太过清楚的界限,自然、科学、故事、游戏、文字、语言各科应相互渗透,共同整合为一个整体,以方便儿童学习和理解。例如,在手工活动中,教师可以让儿童用语言介绍自己的作品并向同伴展示,或者还可以先把图样画一画,再进行制作,如此一来,既锻炼了儿童的动手能力,又增强了其绘画和语言技巧。

行为课程既注重儿童个体的生理和心理发展,又关注个体发展在社会中的作用,旨在把儿童培养为发展完善、社会适应良好并对社会有所作用的适合生存的人。

(四)课程实施强调儿童在"做中学"

行为课程还有一个最重要的特点就是强调儿童的动手体验,"做"意即"实践",张雪门也把它称为"行动"。他认为,"从行动中所得的知识,才是真实的知识;从行动中所发生的困

---

① 戴自俺.张雪门幼儿教育文集(下卷)[M].北京:北京少年儿童出版社,1994:1089.
② 戴自俺.张雪门幼儿教育文集(上卷)[M].北京:北京少年儿童出版社,1994:342.

难,才是真实的问题;从行动中所获得的胜利,才是真实的制驭环境的能力"①。

张雪门所倡导的在行动中学习的课程理论有其独特的科学意义:首先,在"做中学"是对儿童直接经验获得的一种保障。传统的照本宣科、死记硬背并不能满足儿童直接经验的获得,只有亲身参与活动、亲自试验过的东西,才能够在儿童的脑海里形成深刻印象并产生同化或者顺应等一系列反应。其次,在"做中学"能够满足儿童行动和表现的欲望。儿童生性好动、好表现,例如,看到别人在做一个东西他也要去弄一弄、做一做。教育者应给儿童提供动手实践的机会,这样不仅能够满足儿童的这种天性欲望,还能充分发挥儿童的力量和才能,创造出意想不到的效果。再次,在"做中学"是儿童的真正兴趣之所在。兴趣是儿童行动的基础,只有愿意动手去做、去体验的东西才是儿童感兴趣的事物,儿童只有在自己感兴趣的事物中学习才是快乐的、幸福的、充满动力的。

"做中学"需要教师的极大支持。一方面,教师要为儿童提供"做中学"的机会。儿童的生活中蕴含着大量的教育契机,教师要学会从生活中选材,关注和重视儿童在生活中感兴趣的问题,从儿童身边选择可供操作的事物,并把它们作为教学内容的来源。另一方面,教师要引导儿童主动探究、亲历发现过程。"做中学"的核心是让儿童充分体验科学探究、科学发现的全过程,在动手操作过程中儿童应该学会提出问题、猜想预测、动手操作、交流质疑等能力,以发展儿童初步探究和解决问题的能力。

因此,张雪门提出了教师应在课程实施前做好准备工作,这些工作包括:知识的补充,技术的准备,作业次序的分析,教学工具、材料的预备。② 在课程实施的指导方面,教师要做到以下几点:计划上的指导、知识上的指导、技术上的指导、兴趣上的指导、习惯上的指导以及态度上的指导。③

总之,行为课程的基本理念是"行为即课程""教学做合一",它与杜威的实用主义理论以及陶行知的"生活即教育"不谋而合。行为课程不仅体现了以儿童为中心的教育观,而且强调了教育对现实生活的意义,具有科学的意义。

四、论幼稚师范教育

张雪门十分重视幼稚师范生的培养,他提出"骑马者应从马背上学",强调幼稚师范生应加强实习和见习,在实践中夯实专业知识,强化专业素养。张雪门不仅开办幼稚师范学校,作为培养幼稚教师的平台,还将多所幼稚园与师范学校相连接,为幼稚师范生提供了大量的实习机会。同时,他还对师范生的培养进行研究,撰写了《实习三年》等著作,专门论述幼稚师范生实习的意义和培养的着重点。

关于幼稚师范生实习的意义,张雪门主要概括为以下几点:①解决实际教学业务上的困

---

① 戴自俺.张雪门幼儿教育文集(下卷)[M].北京:北京少年儿童出版社,1994:1089.
② 戴自俺.张雪门幼儿教育文集(下卷)[M].北京:北京少年儿童出版社,1994:1095—1097.
③ 戴自俺.张雪门幼儿教育文集(下卷)[M].北京:北京少年儿童出版社,1994:1098—1099.

难;②将理论应用于实践;③更加关注儿童;④培养对儿童教育的兴趣;⑤锻炼认真负责、勇敢果断、谨慎有恒、详于计划的能力。①

关于幼稚师范生实习的过程,主要包括参观、见习、试教、辅导四个步骤。在三年制的幼稚师范教育期间,第一学期主要是去幼儿园参观,包括参观园址、园内设施、教具、教学活动等,并就感兴趣或有疑问的问题向园内教师请教,使师范生对幼稚园教育有初步了解。第二学期为见习期,"见习是把师范生从参观中所得的经验,再经过一次行为的表演,使得他们的认识更清楚,观念更坚定,而且促醒他们对于教育的看法,不应当仅仅以为是一种知识,并应有相当的热忱与技能"②。第三、四学期为

图5-8 张雪门和孩子们在一起

试教,试教主要在"平民幼稚园"③中进行,幼稚师范生主要负责幼稚园的招生、编班、选材、组织课程、指导活动以及一切教师教学业务。其中,在第四学期还会有第二次的参观,此次参观的内容较第一学期的参观更为丰富,不仅包含对幼稚园的各项事务的参观,还包括去小学参观、到地方教育部门参观等。第五、六学期为辅导,辅导包括家庭访问、与小学进行交流沟通、深入社区和卫生站进行调查等,辅导的对象既包括城区幼稚园,也包括乡村幼稚园和小学。

总的来说,张雪门所倡导的幼稚师范生的学习和实习活动是在系统的安排计划中有条不紊地进行的,其教育实践的四个步骤既逐层深入又相互包含,在后一阶段的实习中会对前一阶段遇到的问题进行回访和解答。张雪门的师范教学观,不仅重知识的学习,更注重实践出真知,真正实现了教学做合一。

第三节 张宗麟的学前教育思想

一、生平及主要教育活动

张宗麟(1899—1976),浙江绍兴人,他四岁便开始识字读诗,1915年小学毕业,并顺利考取了绍兴的浙江第五师范学校,两年后转入位于宁波的浙江第四师范学校。毕业后,他回自己的母校——绍兴敏勇小学任教。1921年秋,张宗麟考入南京高等师范学校(1922年经扩建后更名为东南大学)教育系,四年后以优异成绩毕业。由于在校期间表现优异,张宗麟获

---

① 张雪门.实习三年[M].台北:台湾书店,1961:9—10.
② 戴自俺.张雪门幼儿教育文集[M].北京:北京少年儿童出版社,1994:1016.
③ "平民幼稚园"是指免费招收平民子弟的幼稚园,由于当时城区中大多幼稚园都属于半日制,所以师范生可以利用空出的园舍在下午办理平民幼稚园。

图 5-9 张宗麟

得留校任教的机会,他利用这段时间追随陈鹤琴先生研究幼稚园教育。张宗麟在南京鼓楼幼稚园教育试验中给了陈鹤琴很大的帮助和支持,在试验的设计、进行和成果的整理中投入了很多精力。

1927 年,张宗麟担任南京市教育局学校教育课幼儿教育指导员。受到当时革命思潮的影响,他深刻体会到此时的幼稚园教育只是为富人的孩子服务,而没有考虑到占人口多数的工农大众,因此他辞去了南京市教育局的工作,加入陶行知发起的幼稚教育平民化运动,并协助陶行知办理乡村教育。1927 年 9 月,张宗麟担任晓庄试验乡村师范学校第二院(又称幼稚师范)的指导员。1928 年上半年,他在晓庄学校从事指导员和指导员主任的工作,通过两年半的努力,他协助陶行知培养了一批愿意为乡村教育奉献的教师。1931 年初,张宗麟受聘于福建厦门集美学校,任幼稚师范教员,又于 1932 年上半年兼任集美乡村师范校长,并于同年夏天任集美乡村师范学校校长一职。在此期间,他主编《初等教育界》杂志,并发表了关于闽南地区初等教育的调查及有关乡村教育、幼稚教育的论文。

1936 年 2 月,张宗麟来到上海,参加抗日救亡活动,协助陶行知创办生活教育社、困难教育社,出任光华大学教授、鲁迅全集出版社秘书长。"七七"事变后,张宗麟成为上海文化界救亡诗会的理事并兼任训练委员会训练委员,积极兴办救亡训练班,主编抗战读物,对宣传幼稚教育起着极大的作用。上海沦陷后,他通过地下党的帮助继续开展抗日救亡活动,积极复社,编辑出版了《西行漫记》《鲁迅全集》《列宁选集》等书。由于张宗麟积极参加抗日救亡活动,被国民党特务列入暗杀黑名单。1941 年 9 月,张宗麟接到上海地下党的通知,不得不离开上海,来到新四军淮南二师驻地工作,在江淮大学任秘书长。1943 年 8 月,张宗麟辗转到达革命圣地延安。他曾担任延安大学教育系主任、北方大学文教学院院长和华北大学教育研究室主任。

中华人民共和国成立后,张宗麟曾任北京军管会教育部接管部副部长、高等教育委员会秘书长。中央教育部成立后,他担任高等教育部副部长。直到 1976 年,他因脑中风病逝,享年 77 岁。张宗麟的一生基本上都奉献给了我国的幼儿教育事业。

二、论幼稚教育的民族化与平民化

20 世纪 20 年代,我国幼稚教育制度开始由封建时代向近代跨越,幼稚园刚刚兴起,一些教育家们发起了一场向西方学习的改革浪潮,但是由于盲目地借鉴西方,导致幼稚园弥漫着宗教化和西洋化的气氛。同时,由于当时的幼稚园非常少,其服务的对象大多是达官显贵的子女,劳苦平民的孩子几乎没有机会接受幼稚教育。在此背景下,张宗麟站在时代的前沿,强调要办符合我国民族特色的幼稚园,并为劳苦大众子女提供接受幼稚教育的机会。

1925 年,张宗麟协助陈鹤琴在南京鼓楼幼稚园进行试验,并在此期间对江浙等地幼稚园进行参观调研。通过调查研究,他指出,我国的幼稚教育存在着盲目效仿国外的弊端:"幼稚教育之来华,尤为近十数年间事,故一切设备教法抄袭西洋成法,亦势所难免。于是所有幼稚教师,非宗法福禄贝尔必传述蒙台梭利。两派虽时有人主出奴之争,然而其不切中华民族性,不合中国国情,而不能使中国儿童适应则一也。"①

这种盲目媚外、不合国情的幼稚教育时弊,使张宗麟深感教育改革之必要,因此他率先主张幼稚教育应该具有民族化特色,在幼稚园教育中,应从我国实际国情出发,充分考虑我国幼儿的身心发展特点和实际生活经验。为此,他提出了建设民族化幼稚教育的四个办法:①收回办园主权,停止外国人设立幼稚园及幼稚师范;②创设独立国家教育精神,严定幼稚师范之标准;③设立幼稚师范并考核幼稚师范教师;④呼吁社会行动,引起对幼稚教育的关注。② 同时,他做了许多努力,兴办了具有自主权的民族化幼稚园。

另一个让张宗麟忧心的问题是,当时幼稚园教育的贵族化倾向——"中国幼稚教育的兴起,都是从都市发生的,幼稚生的来源当然也是比较富裕的家庭。这个现象,倘若专门从儿童本位上来说,倒也没有什么说不过去,但幼稚教育倘若长此从这个道路中去发展,那么,幼稚园将变成富贵孩子的乐园,幼稚教师也不过是有钱人的'干妈妈',对于社会的意义太少,这种幼稚教育必定渐归消灭。"③他认为,相比于那些富有人家的孩子,劳苦人家苦于为生计奔波,没有时间照顾和教育子女,这部分儿童是更加迫切需要接受幼稚教育的。

为使幼稚教育平民化,张宗麟进行了一系列的试验,这些试验的对象既包括农村家庭的子女,也还包括城市贫困家庭子女,以及需要外出工作的妈妈的子女。关于乡村幼稚教育的开展,张宗麟提出了五点必要性:①乡村儿童非常多,父母劳作无人照顾;②乡村有适合办园的自然环境;③乡村幼稚园追求实用,不求华丽;④乡村人民朴实,幼稚教师更易受到尊重;⑤乡村人民以聚居为主,儿童往返十分方便。④ 除了乡村孩子教育问题,张宗麟还关注到城市中那些失业者、小商贩、车夫等贫民子女的教育。他认为,这些生活在社会底端的劳苦大众,为了生计不得不夜以继日地卖命工作,其子女则无人照看,因此有必要关注该部分大众子女的教育问题。此外,即便是城市中那些有较好职业的妇女,她们的收入虽然较为可观,生活条件较好,但是由于工作繁忙,无心照顾子女,其子女也该作为被关注的对象。针对上述几种状况下的儿童,张宗麟开展了大量的幼稚教育活动,并因地制宜地制定出一系列幼稚园教育规则、教学法等。但是,由于我国当时动荡的社会背景以及经济条件的限制,他在平民化教育思想上尽管做了很多努力,但收效并不十分明显。

三、论幼稚园的社会化课程

关于幼稚园课程的设置,张宗麟深受杜威实用主义思想的影响,认为"生活便是教育,

---

① 张沪.张宗麟幼儿教育论集[M].长沙:湖南教育出版社,1985:425.
② 张沪.张宗麟幼儿教育论集[M].长沙:湖南教育出版社,1985:12.
③ 张沪.张宗麟幼儿教育论集[M].长沙:湖南教育出版社,1985:680.
④ 张沪.张宗麟幼儿教育论集[M].长沙:湖南教育出版社,1985:75.

图 5-10 《幼稚园的社会》

社会即学校"。他自1925年秋开始研究幼稚园课程,历时一年完成了课程编制方案,并在南京鼓楼幼稚园中参与了陈鹤琴所倡导的一系列的课程试验。之后他也做了多方面的课程研究,其最突出的特色即强调儿童的"社会化课程"。

1929年,张宗麟与陈鹤琴等人拟定的《幼稚园暂行课程标准》中,就设置了"社会与自然"一科。他们强调儿童的社会交往能力及社会性发展,并把"社会"率先列入幼稚园课程中。1931年,张宗麟出版了《幼稚园的社会》一书,提出了社会化的幼稚园课程思想,具体阐述了幼儿社会化课程的依据及社会化对幼儿发展的主要意义。概括起来主要有以下几个方面。

(一)幼稚园社会课程应既包括幼儿的生活又包括发展变化着的社会

社会活动是公民必须了解和掌握的内容,熟悉各项社会活动是儿童发展为一个合格公民的必备条件。张宗麟认为,"任何学校的课程皆为满足学生之需求及社会上之希望,幼稚园课程大体如是"[①]。教育的课程都应有两个依据:一个是成人的生活经验,一个是儿童的生活经验,他们共同的生活即构成了社会。但是,成人的生活经验和儿童的生活经验又是不尽相同的:"成人认为极重要的,儿童并不把它当作金科玉律;儿童感兴趣的,成人又反以为他是儿戏;成人以为儿童时代应当学的,未必真是儿童所需要学的。所以正确的做法是让儿童到自己的社会里去,不要拉儿童到成人的社会里来,幼稚教师最大的工作,正如园丁对于花木只能提供肥料、水和调节温度。"[②]尽管成人和儿童的社会有很大差别,但是二者都是儿童发展所必不可少的组成部分。因此,幼稚园应格外重视儿童对于社会活动的认识,教给他们懂礼貌、会与他人相处,了解各种节日和纪念日,有基本的生活技能,如买卖物品、整理物件、打扫房间等。

(二)课程内容应是以培养幼儿良好行为习惯为核心的生活教育

张宗麟与陈鹤琴共同编制的"单元制"幼稚园课程,集中体现了利用社会及自然活动形式,促进幼儿各类社会化能力发展的目的。诸如根据当时社会情况,他主张开展以下几方面的活动:①关于生活卫生、家庭邻里、商店邮局以及其他社会公共设施和名胜古迹等方面;②日常礼仪的学习;③节日和纪念日活动;④身体的认识活动和基本卫生习惯;⑤健康和清洁活动;⑥认识党旗、国旗等形象;⑦各种集会和社团活动。在此基础上,张宗麟强调的是从幼儿的家庭生活入手引发幼儿对社会的理解。例如,使幼儿了解生活必需品的供给来源,可

---

① 张沪.张宗麟幼儿教育论集[M].长沙:湖南教育出版社,1985:前言.
② 张沪.张宗麟幼儿教育论集[M].长沙:湖南教育出版社,1985:261.

以由此知道各种职业的性质,还可以引申出与生活必需品出产相连的地理、交通等知识。

(三) 幼儿教育者应注重培养幼儿的人格意识

张宗麟在提出社会化幼稚园课程时,更具体地阐述了幼儿教育者应有对幼儿培养重要人格素质的意识及相应的指导原则。其主要内容包括:①互助与合作的精神。他认为这两方面十分重要,人类就是靠互助合作方能生存到现在。在幼儿之间经常会发生互助和合作,成人应给予关注并助其发展,让他们在各种团体活动如搭积木、玩沙泥、做手工等活动中学会与他人相处,培养合作意识和互助精神。②爱与怜。张宗麟强调的是家长和教师应注意对孩子的教育方式。如父母为孩子代做一切,那么家长实际上是把孩子放在了一个弱者的位置,这是怜;教师能温和地引导孩子做事并帮助其养成种种习惯,使之与同伴共同做事、快乐互助,这是爱。③顾到别人。张宗麟强调我们可以培养孩子有独立自由的精神,但是决不可养成孩子有骄傲和唯我独尊的习气。他认为,幼稚教育要培养孩子为他人着想、愿意与他人共同分享的好习惯。

张宗麟的幼稚园社会化课程理论,既强调幼稚园课程活动的社会性来源,也阐明了社会化课程对幼儿个人生活及社会化生活中良好习惯和品行养成方面的重要意义。同时,他还强调幼儿教师要注重对幼儿进行理性思维的引导,并在此基础上说明顺应幼儿身心发展规律,发展幼儿社会化行为习惯及相应技能和良好的社会认知对幼儿发展的重要意义,进而强调了幼儿阶段的基础教育目的。

四、论幼稚师范生的培养

20世纪20年代开始,以陈鹤琴为代表的幼儿教育思想家们开始了创办我国本土化的幼稚园的试验。随着幼稚园数量的迅速增加,相应地,对幼稚园教师的需求也日益增多。在幼稚教师亟须的状况下,张宗麟意识到我国幼稚师范生的培养力度还远远不够:"在社会上普通小学校,凡经济稍宽裕的小学、师范附小,都设幼稚班,同时独立的幼稚园也日渐增多,所以各处需要良好的幼稚教师很急,但是幼稚师范毕业生很少。"[①]因此,他呼吁加大对幼稚师范生的培养,并严格制定幼稚师范生培养标准;同时他还提倡增加男性幼稚教师的配比,鼓励男性报读幼稚师范院校。

(一) 严格制定幼稚师范生的培养标准

张宗麟认为,幼儿时期是人身心发展的重要阶段,这个阶段的儿童应该由具有专业素质的专门人才来培养,普通师范专业的毕业生虽然学习了一些教育原理和基本教学技能,但是其教学大都针对中小学,而对于幼儿这一特殊群体,往往较难适应。因此,幼稚教师要由专门的幼稚师范培养。

---

① 张沪.张宗麟幼儿教育论集[M].长沙:湖南教育出版社,1985:754.

1. 幼稚师范的准入资格应该得到提升

张宗麟通过调查发现,当时我国各地的幼稚师范并没有统一的入学标准:有的院校接收的对象必须从中等师范院校毕业,有的院校要求学生要有初中毕业证书,也有的只要求小学毕业即可。如此宽松的入学标准使得幼稚师范生的质量参差不齐,有很多在毕业后并不能胜任幼稚教师的工作。针对此现象,张宗麟指出:"入学资格的高下,虽然不能判断将来学业的优劣,但是各种求学工具还未完全的学生,恐怕读了几年幼稚师范,希望她独立研究教育,也着实不容易的。"① 因此,他将幼稚师范生的准入资格限定在初中以上,同时大力欢迎高中及以上学历的毕业生加入幼稚师范的队伍。

2. 幼稚师范的课程应该以提高幼稚师范生教育素养、提升其教育教学能力为目标

张宗麟对当时散漫的幼稚师范课程提出了批判,他认为旧式的师范课程设置不能满足培养幼稚教师的目的,通过死记硬背、照本宣科培养出来的幼稚教师很少有能够根据幼儿的实际情况来改进教育教学方法,其专业素养难以得到提升。因此,张宗麟重置了幼稚师范院校的课程,将课程分为六组:①公民训练组,旨在培养具有民族精神的合格公民,科目主要包含历史学、社会学以及当前世界概况等,占总学时的15%;②普通科学组,注重培养师范生的科学素养,主要包括科学、生物学、数学等科目,占总学时的15%;③语文组,重在培养师范生的语言能力,包括必修的语文以及选修的英文,占总学时的10%;④艺术组,旨在提升幼稚教师的艺术素养和审美能力,包括音乐、美术、手工等科目,占总学时的15%;⑤普通教育组,旨在帮助师范生掌握教育学、心理学的相关理论,内容涉及教育学、教育心理学、教育史、普通教学法,占总学时的10%;⑥专门教育组,重在培养具有专业素养和专业技能的幼稚园教师,科目包含幼稚教育概论、儿童心理、儿童保育法、幼稚园各科教学法、幼稚园各科教材概论、幼稚园实习、幼稚教育之历史等,占总学时的35%。②

与此同时,张宗麟还提出,并不是所有的师范生都有资格成为一名合格的幼稚园教师。一名合格的幼稚教师需要具备多方面的素养,这些素养包括:①有踏实的工作态度和吃苦耐劳的意志;②有忠于幼稚教育事业的崇高理想;③有全面的知识和经验;④有研究儿童及教育现象的决心。③ 为此,他还在幼稚师范的第一学年安排了一段时间的试读期,有意愿并且适合做幼稚园教师的同学可以留下。

(二)招收男性幼稚师范生,加大男性幼稚教师配比

传统的幼稚教师多为女性,张宗麟作为我国近代教育制度下的第一批男性幼稚教师,对幼稚教师师资的性别问题提出了自己独到的见解。他认为幼稚教师应增加男性的配比,因为男性教师身上有女性所没有的性格品质,这些品质对于儿童身心发展同等重要。

张宗麟认为我国幼稚教师多为女性主要是受传统观念的影响:传统观念普遍认为女性

---

① 张沪.张宗麟幼儿教育论集[M].长沙:湖南教育出版社,1985:755.
② 张沪.张宗麟幼儿教育论集[M].长沙:湖南教育出版社,1985:56—57.
③ 张沪.张宗麟幼儿教育论集[M].长沙:湖南教育出版社,1985:778—780.

是温柔、耐心的象征,而男性则多粗暴;男性即使爱儿童,却也少有耐心帮助儿童做事;女子的音频、音高与儿童相似;女子多活泼、能歌善舞,比较适合教育儿童。传统观念中幼稚教师是女性做的行当,男性若做了幼稚教师会被人嘲笑。①

张宗麟开历史之先河,躬行实践,不仅自己做了历史上第一批男性幼稚教师,还呼吁广大男性同胞共同加入幼稚教育的行列。他认为,幼稚园中增加男性教师的配比,是有其科学依据的:"温柔固为教师人格条件之一,而刚毅勇敢亦为人师者所不可缺。若儿童长养于温柔女子之手者,则异日成人亦将偏于温柔而缺乏刚毅勇敢。故为调剂儿童模范起见,幼稚园中亦须有男教师。"②此外,幼稚园中需要增加男性教师,还因为男子身强力壮,幼稚园中的一些综合活动需要由男性教师来承担,因此,增加幼稚园男教师的比例既有其科学性又有其必要性。

总之,张宗麟一生致力于我国的幼儿教育。他的教育思想主要突出了民族性和平民化的特点。他学习和借鉴国外的先进理论,同时与我国实际国情相结合,真正做到了"洋为中用";他强调儿童的社会性发展,提倡儿童个体与社会相互渗透;他对幼稚师范生的培养有独到的见解,提升了当时幼稚教师的整体素质,为我国近代学前教育事业作出了不可磨灭的贡献。

思考与练习

一、填空

1. 1927 年,陈鹤琴协助制定了我国历史上第一个课程标准_____。
2. "五指活动"理论包括_____、_____、_____、_____、_____五个方面。
3. "活教育"教学过程的四个步骤是:_____、_____、_____、_____。
4. 张宗麟提出的社会化课程强调,幼儿教育者应培养幼儿的人格素质,主要包括_____、_____、_____三个方面。

二、简答

1. "活教育"的目的论、课程论与方法论分别指什么?
2. 陈鹤琴提出的幼稚园教育的根本目的是什么?
3. 张雪门的幼稚师范教育主要有哪些内容?
4. 张宗麟提出的社会化课程主要有哪些内容?
5. 张宗麟在幼稚师范生的培养方面有哪些要求?

---

① 张沪.张宗麟幼儿教育论集[M].长沙:湖南教育出版社,1985:436.
② 张沪.张宗麟幼儿教育论集[M].长沙:湖南教育出版社,1985:437.

三、论述

1. 评述陈鹤琴家庭教育的基本思想、主要原则及其对当今家庭教育的启示。
2. 概述张雪门"儿童本位"与"社会本位"的儿童观,结合时代背景加以评析。

 拓展阅读

1. 陈鹤琴.陈鹤琴全集[M].南京:江苏教育出版社,2008.
2. 陈鹤琴.家庭教育(第二版)[M].上海:华东师范大学出版社,2013.
3. 陈秀云,陈一飞.陈鹤琴文集[M].南京:江苏教育出版社,2007.
4. 戴自俺.张雪门幼儿教育文集[M].北京:北京少年儿童出版社,1994.
5. 张沪.张宗麟幼儿教育论集[M].长沙:湖南教育出版社,1985.

第六章　中国共产党领导下的革命根据地学前教育

学习目标

1. 了解苏区学前教育政策和实践的发展。
2. 掌握抗日根据地学前教育机构的基本类型。
3. 了解陕甘宁边区第一保育院的特点。
4. 了解解放战争时期解放区学前教育的发展。

本章导览

- 中国共产党领导下的革命根据地学前教育
  - 苏区的学前教育
    - 苏区关于学前教育的方针政策
    - 苏区托幼教育实践发展
  - 抗日民主根据地的学前教育
    - 抗日民主根据地的学前教育方针政策
    - 抗日民主根据地的托幼教育实践发展
    - 陕甘宁边区第一保育院的教育实践
  - 解放战争时期解放区的学前教育
    - 解放区学前教育的基本政策
    - 学前教育实践的发展

问题提出

在晋冀鲁豫革命根据地,有一种特殊的托幼组织形式,被称为游击式托幼组织,它招收的对象主要是在这类地区从事对敌斗争人员的子女。这种托幼组织流动性大,经常搬家转移。在局势较为稳定时,将孩子集中起来教养;在敌人扫荡时,则把孩子三三两两分成几组,分住在老百姓或干部家属中,或说是他们收养的孩子,或说是亲戚家的孩子。而保教人员则经常化装成货郎和亲戚,到老百姓家中去探望孩子,检查工作,送保育费和伙食费。这种托幼形式谈不上系统规范,也带有很大的危险性,是战争环境下不得已的一种措施。

前面一章主要讲了国统区的学前教育发展,那么,在那个战争年代,中国共产党领导下的革命根据地的学前教育整体情况如何呢?本章将围绕这个问题展开。

从1927年国共两党合作破裂,到1949年新中国成立,中国共产党先后开辟了农村革命根据地、抗日战争根据地和范围广泛的解放区。在这些中国共产党领导的红色政权下,除了进行革命武装斗争外,还积极进行文化教育改革与建设,学前教育也是被积极关注的一个领域。

第一节 苏区的学前教育

中央苏区时期,党和苏维埃政府十分重视儿童教育工作,并把儿童教育工作放在重要的位置。党和苏维埃政府率领根据地的教育工作者对学前教育进行了有效的教育实践。从方针政策、机构设置、教育方法和教育内容等方面,探索了适合苏区儿童教育的新模式,也留给了当代一些可以借鉴的经验。

一、苏区关于学前教育的方针政策

(一) 基本方针

苏区是第二次国内革命战争时期中国共产党创立的农村根据地的简称。当时根据地主要模仿苏俄采取苏维埃(俄语的译音,意即"代表会议"或"会议")政府形式,因此,当时的根据地简称苏区。从1927年毛泽东率领秋收起义部队在井冈山创立第一个农村革命根据地开始,到抗日战争爆发,中国共产党先后创建了中央苏区、湘鄂赣苏区等十几个革命根据地。在苏区的学前教育方针政策的制定上,总的指向是为了妇女的解放,为了革命事业的成功,为了促进儿童的全面发展。

1927年9月,在革命根据地建立前夕,当时的《江西省革命委员会行动纲领》中,便将建立学前教育机构作为解放妇女的措施提出来。解放妇女,废除对女子的束缚,真正实现男女平等,可以充分调动广大妇女的革命热情和生产积极性。为此,要让妇女从繁重的育儿负担中解脱出来,将年幼的儿童组织到社会性的学前教育机构中去。该纲领明文规定:"建立一般未达到入学年龄的机关(如儿童养育院、幼稚园等),以利增进社会教育和为解放妇女的目的。"①1932年5月,湘鄂赣省苏维埃政府在其颁布的普通学制中,还把幼稚园列为普通教育学制的第一类,规定三至七岁的儿童入幼稚园,并为三岁以前的婴儿设立保育院。

除了把开展学前教育作为解放妇女、解放生产力的手段,同时,在革命根据地发展学前教育也是培养革命后代、促进儿童健康成长的重要途径。1931年湘鄂赣省工农兵苏维埃第一次代表大会在要求把学龄前儿童教育作为苏区文化工作的方针时,就曾提出了学前教育的四个目标:注意看护小儿的教育;注意小儿听觉、视觉及器官的充分发展;三岁以上的儿童暂时由儿童的家庭以及共产主义儿童团施行幼稚教育;注意儿童的记忆力、模仿力和联想力等智慧的发展。②

为此,湘鄂赣省苏维埃政府制定了过渡时期的学制,规定普通学制中设立幼稚园,自三岁至七岁的儿童入幼稚园。另外,为使三岁以下的婴儿获得有专门知识的保姆保护下的生活,为使妇女可以白天参加劳动,特设立保育院。

(二) 具体制度

为了更好地规范学前教育实践,促进儿童健康成长,1934年2月,中央人民内务委员部颁布了《托儿所组织条例》。这是革命根据地第一部关于幼儿教育的专门文件。《托儿所组织条例》首先规定组织托儿所的基本目的:为着要改善家庭的生活,使托儿所来代替妇女担负婴儿的一部分教养责任,使每个劳动妇女可以尽可能地来参加生产及苏维埃各方面的工作,并且使小孩子能够得到更好的教育与照顾,在集体生活中养成共产儿童的生活习惯。③ 在明确这一总目的的前提下,进而具体规定了其他各个方面。

(1) 小孩进托儿所的条件。凡是有选举权的人生下来的一个月至五岁的小孩都可以进托儿所,但是有传染病(疥疮、梅毒、肺病、瘟疫等)的小孩都不收。

(2) 托儿所的基本规模。以大屋子或附近几个屋子为单位来组织,每个托儿所收容小孩至多不能超过二十个,同时最少须有六个小孩以上才能建立托儿所。

(3) 托儿所的师资。指定一些能脱离家庭生活的妇女专门来做看护,负责管理小孩的事情,每人至少要管理三个小孩。托儿所的看护人对待幼儿要耐心照顾,注意饭食、着衣,特别是小孩的卫生。小孩进托儿所时,看护人必须给他洗脸或洗身,饭前要洗手。托儿所的工作人员享受优待,除了代他耕种土地外,在群众自愿的原则下,每年可给他一些谷子。

(4) 托儿所的环境。托儿所的房子要选择建在比较清洁、光线充足及空气好的地方。托儿所的用具,由群众的力量设法购置,在特殊情形之下,苏维埃政府可提供一部分津贴。

---

① 中国学前教育史编写组.中国学前教育史资料选[M].北京:人民教育出版社,1989:479.
② 中国学前教育史编写组.中国学前教育史资料选[M].北京:人民教育出版社,1989:363.
③ 中国学前教育史编写组.中国学前教育史资料选[M].北京:人民教育出版社,1989:364.

(5) 托儿所的作息。托儿所只白天寄托小孩,每天上午八点开始上班,母亲把小孩送到托儿所来,下午五时停止工作,母亲必须把孩子领回家。小孩子的饭食由父母供给。早饭在家里吃完,在托儿所吃中饭,回家吃晚饭。在特别情形下,小孩的母亲出外,不能当天回家的,应事先通知托儿所看护人,由看护人照顾。

(6) 托儿所的管理。当地政府与妇女代表须经常检查托儿所工作,每月召集小孩的母亲会议一到两次。责成卫生机关经常派人检查托儿所的卫生和小孩身体的健康。托儿所的主任管理所内一切事务,计划全所工作,管理小孩日常必需品和器具。

《托儿所组织条例》是当时根据地学前教育的指导性、纲领性文件,为当时学前教育的发展指明了具体的方向,促进了革命根据地学前教育实践的发展。

二、苏区托幼教育实践发展

在《托儿所组织条例》颁布不久,地方组织开始积极行动起来,展开工作动员,组织托儿所。如瑞金南郊乡,组织召开了党团会议以及女工农妇代表会,充分宣传托儿所的重要意义,取得了良好效果。

当时在苏区成立最早的托儿所是瑞金下州村组织的两个托儿所:上屋子托儿所和下屋子托儿所。上屋子托儿所有 20 个孩子,其中 14 个是红军家属的孩子;下屋子托儿所有 23 个孩子,其中 19 个是红军家属的孩子,这些小孩子大多数还要吃奶。

到 1934 年 4 月,《托儿所组织条例》颁布后的两个月时间里,仅江西省兴国县就组织了托儿所 227 所。到当年 7 月,瑞金县在几个月内办起了 920 所,每个乡都建立了托儿所组织。

这些托儿所组织,基本上可以分为两类。一类是长期托儿所,大多是收红军家属子女,也有少部分劳动群众的子女。另一类是季节性托儿所,一般在春耕、夏收夏种、秋收等农忙季节开办,为广大妇女参加生产创造条件,很受广大群众的欢迎。当时《红色中华》曾刊载了一首《托儿曲》,赞扬托儿所为革命斗争服务,为解放妇女参加生产劳动服务,为培养革命的下一代服务:

> 劳动妇女真热心,
> 拿起锄头去春耕,
> 儿女送给托儿所,
> 集中力量为了革命战争。
> 托儿所,革命的家庭,
> 在这里,创造着新生的人类,
> 在这里,养育着将来的主人。
> 从集体的生活中锻炼红色的童婴,
> 为了新的文化新的世界而斗争。①

---

① 中国学前教育史编写组.中国学前教育史资料选[M].北京:人民教育出版社,1989:369.

第二节　抗日民主根据地的学前教育

1937年7月7日,日本帝国主义发动了卢沟桥事变,抗日战争全面爆发。中国共产党领导的人民武装建立了陕甘宁、晋绥、晋察冀、晋冀鲁豫等抗日民主根据地,开展敌后游击战争。为了全力支援前线抗战、发展生产,解除前方将士、后方干部和广大劳动妇女的后顾之忧,为了抚育烈士遗孤,培养革命的新一代,学前教育面临着新的发展任务和需求。

一、抗日民主根据地的学前教育方针政策

(一) 基本方针

为适应全面抗战的需要,中国共产党明确提出以"抗战救国"为指导思想的教育方针政策,"实行抗战教育政策,使教育为长期战争服务"。这也成为这一时期学前教育发展总的指导方针。

1938年成立的战时儿童保育会陕甘宁边区分会,在其宣言中就阐述了儿童保育工作和抗战救国的关系:"我国要建设新的中国,就得培植这新中国的嫩芽,我们为新的中国而浴血抗战,我们也得保护这新中国的嫩芽。保育我们广大的儿童吧!然后我们的战士才会安心作战,我们的工人才会安心作工,我们的农民才会安心种田,我们广大的妇女才会更多的参加抗战工作,全中国人民一定更能紧紧团结起来,为中华民族的解放胜利而奋斗!"[①]同年10月5日,延安《新中华报》发表了《保育我们后代的战士》社论,指出:"要坚持长期抗战建立新中国,必须爱护、保育和救济未来新中国的主人。儿童保育工作是整个抗战建国工作的一环,是全国人民的责任。""保育工作,除了保养之外,必须给儿童(当然是指幼稚生)以抗战的教育与训练,灌输以民族意识,以造就未来一代的民族解放战士。"[②]

(二) 具体制度

在以上基本方针的指导下,以陕甘宁边区政府为代表的抗日根据地,制定了具体的学前教育制度。

如1941年发布的《陕甘宁边区政府关于保育儿童的决定》,从儿童保育的角度,作了具体规定,包括产妇的卫生教育、保育产母以及婴儿的健康检查和保护。其中,也提到托儿所的建立:各机关团体学校有婴儿五人以上,应设立托儿所;五人以下,可和其他单位共同设立托儿所;如没有合作单位,就要设立窑洞安置婴儿,由婴儿母亲轮流照顾。其中,也要求在边区

---

① 中国学前教育史编写组.中国学前教育史资料选[M].北京:人民教育出版社,1989:387—388.
② 中国学前教育史编写组.中国学前教育史资料选[M].北京:人民教育出版社,1989:378.

民政厅设立保育科,各县市政府第一科内添设保育科员一人,区乡政府内添设保育员一人。

1942年,陕甘宁边区民政厅发布了边区参议会关于保育儿童问题的各项规定,又具体规定了管理保育行政组织系统的建立、保姆的待遇、各项保育费用等。

1945年,抗日战争后期,随着形势的发展,边区政府提出了新的保育制度:第一,建立公育制度,凡抗战将士及一切机关工作人员的子女,一概由政府抚养,以便使家长都能专心致力于抗战救国事业。第二,全国推进保育工作,使这个工作能普遍地渗入到民间去,为全区儿童谋福利。同时,再次具体规定了孕妇、产妇、保姆、儿童的待遇。另外,鼓励将抗战将士及机关工作人员的子女集中起来,实行公育制度,成立保育院、托儿所等机构。

二、抗日民主革命根据地的托幼教育实践发展

尽管这一时期战火纷飞、物资短缺,但在党和根据地政府的关怀和支持下,学前教育实践仍然得到了很大发展。据陕甘宁边区政府1945年的统计,学前教育机构有90多个,儿童有2110多名。当时比较著名的托幼机构有1938年成立的陕甘宁边区第一保育院(也称延安第一保育院)、1940年的洛杉矶托儿所等。

适应当时抗战需要,学前教育机构主要有以下几种类型。

(一) 寄宿制托幼机构

寄宿制托幼机构一般设立在边区政府的所在地或比较稳定的后方根据地。由边区政府主办,费用由政府承担,也接受中国福利会基金会资助。一般条件比较优越,设备比较完全,教师的专业化水平较高。主要招收前方将士的子女、烈士遗孤和后方干部子女,也有部分难童。如陕甘宁边区第一保育院、第二保育院、洛杉矶托儿所等,都属于此类。

(二) 单位日间托儿所

单位日间托儿所一般由机关、学校、工厂、部队等单位自办,规模相对较小,设备简单。一般设在本单位内部,招收本单位员工的子女。非特殊情况只招收三岁以下的儿童,儿童随母亲上班入托,下班接回家。经费主要由单位自理。托儿所内的工作人员一般都是专职的。如当时鲁迅艺术学院、中央组织部等,都曾设立过类似托儿机构。

(三) 变工托儿所

变工托儿所是在延安保育委员会的建议下,延安等地各机关、学校、工厂的母亲们通过商量自发组织起来的托幼机构,设备简陋,目的在于解决母亲们工作和照顾孩子的矛盾。所谓变工,是指所内保育人员由入托儿童的母亲轮流担任,一般没有专职保育人员。

(四) 小学附设幼稚园(班)

小学附设的幼稚园(班)是专为5—6岁学龄前儿童举办的,附设于小学,作为学前班,可

受半年或一年的学前教育,然后进入小学一年级学习。经费主要由家长负担。在这样的幼稚园中,因为哥哥、姐姐上学时可以顺带他们进入幼稚园,省去大人的每天接送。

(五) 游击式的托幼组织

游击式的托幼组织主要存在于不稳定的根据地中。它招收的主要是在这类地区从事对敌斗争人员的子女,且流动性大,经常搬家转移。在局势较为稳定时,将孩子集中起来教养;在敌人扫荡时,则把孩子三三两两分成几组,分住在老百姓或干部家中,或当作他们收养的孩子,或说是亲戚家的孩子。而保教人员则经常化装成货郎和亲戚,到老百姓家中去探望孩子,检查工作,送保育费和伙食费。

三、陕甘宁边区第一保育院的教育实践

陕甘宁边区第一保育院成立于1938年,又被称为延安第一保育院(以下简称第一保育院)。它坐落在延安城北。全院分为乳儿部、婴儿部、幼稚部、小学部。教职员中受过高等教育和师范教育的达到了三分之二以上,专业层次比较高。

"孩子第一"是第一保育院的工作总方针。1943年曾提出的教育目的为:增进孩子的身心健康和快乐,培养其优良的习惯和行动,使其成为抗战建国中优良的小国民。

(一) 保育实践

在饮食方面,第一保育院不仅保证儿童能吃饱,而且还特别注意营养,其营养标准在当时是特别高的。每个儿童每月的伙食标准是鸡1只,肉4斤,油1.5斤,鸡蛋30个,菜30斤,还有梨、苹果、桃子、西瓜、西红柿等。对营养不良的儿童,甚至提供当时稀缺的鱼肝油、维生素C、铁剂等。下面是幼稚班孩子的食谱:

表6-1 陕甘宁边区第一保育院的食谱

时间 星期	早饭 早八点	点心 十点半	午饭 十二点	点心 二点	晚饭 六点
一 二 三 四 五 六 日	肉丝炒萝卜丝 炒肝子白菜 萝卜炒鸡块 回锅肉白菜 大葱炒豆腐 萝卜煮饭 回锅肉	水果	菠菜汆丸子 羊肉胡萝卜 糖包绿豆稀饭 菜花卷鸡蛋粉条汤 红焖肉加白菜 肉包子豆稀饭 西红柿炒鸡蛋	点心	面片 面条 豆稀饭 挂面 和和饭 面条 挂面

在穿着方面,力求做到保暖、清洁。保育生每年都能穿上新的棉衣、棉鞋,戴上新棉帽,在严寒的时候也不至于生冻疮。

在疾病的预防和治疗方面,坚持"预防第一",所有新入院的儿童均需经过严格的体检,患有传染病的不可接收。为了避免儿童疾病的传染,院中设有隔离室和病房,地点在僻静

处,挑选负责耐心的保姆,儿童如有病者,便立即进行隔离。

在健康检查方面,每半个月进行五官检查一次,每季度进行儿童全身健康检查一次,量身高、称体重、查五官、听心肺等。

(二) 教育实践

1. 重视对儿童思想品德的教育

第一保育院提出的思想品德教育的基本目标是:教导儿童了解父母参加革命的苦心,并继承其艰苦奋斗的精神;教育儿童认识中国革命的敌人,并培养其对敌人仇恨的心理;教育儿童热爱劳动,敬爱劳动人民,并特别关心、帮助劳苦群众;培养吃苦耐劳、勇于自我批评的精神;启发儿童养成自己管理自己的能力,并关心团体的利益;启发儿童养成团结友爱、互助互让之优良作风,诱导儿童好问、爱想问题等,使心智发展全面、健康。

2. 在课程的组织上,采用单元教学法

第一保育院的课程涉及自然、社会常识,开设有常识、唱游、讲故事、儿歌、手工、看画报、玩玩具、数数、识字等。教学主要采用单元教学法。如以"模范儿童"作为一个单元,内容有讲模范儿童的故事、唱模范儿童的歌曲,并进行选举模范儿童和奖励模范儿童的活动。又如以"棉花"为单元主题,可领着儿童去观察棉花的形状,农民种棉花的情形,弹花、纺线、织布和缝衣服的过程,并互相比赛"谁的衣服最耐穿、最干净"。

3. 在教学方法上,提出了三种基本方法

(1) 直观教学法。这是以实际事物教育儿童,使儿童获得明确观念的一种教学法。一般多看重触觉,但是听觉、味觉、视觉、嗅觉等,也是直观中的重要部分。

(2) 比较教学法。这种教学方法,能使儿童对所学的东西,认识得格外正确,感受得格外亲切、记忆得格外持久。如某周的"中心活动"——教学单元是"鸭子",就可以用鸡和鸭来进行比较。

(3) "三化"教学。"三化"教学即教学故事化、教学游戏化、教学歌曲化。故事是适合儿童学习心理的。该园根据教学单元,通过故事形式编成教材进行教育,很能调动儿童的情感,引起学习的兴趣。游戏在幼儿期,占有重要的地位,不但可以锻炼筋骨,健全肌肉,还可以培养儿童自治互助、友爱团结等,并可启发他们的创造性、培养他们敢说敢做的勇气。歌曲则可以陶冶儿童的性情,调剂儿童的生活,歌词的内容可以是教育儿童的生活常识,如《为人民服务歌》:"吃的人民的米,穿的人民的衣,努力为人民做好事,才不负人民的意。"又如:"保育院,我的家……小兄弟,小姐妹,一同玩、一同耍,不骂人、不打架,相亲相爱如一家。"[①]

(三) 保育工作制度和保教人员培养

第一保育院实施保教合一的制度,保育员和教养员分工明确,紧密配合。在此基础上又

---

① 中国学前教育史编写组.中国学前教育史资料选[M].北京:人民教育出版社,1989:415.

进一步发展为"保、教、卫三位一体"的制度。要求保育员、教师和医生明确分工，各负其责。保育员的任务是从儿童生活管理上保证儿童健康，无论日夜，保育员均须值班。从儿童生活中去防止疾病，并了解其健康状况、生活习惯以及智力发展。幼稚教师的任务主要是从教育中养成儿童生活的良好习惯，并开发其心智，故应采取各种适当的方式去教育儿童。医生与护理员的任务，主要是积极预防并治疗疾病，所以他们必须常向保育工作人员提供预防儿童疾病的方法，并为儿童检查与治疗疾病，同时要经常关心厨房和饭食的卫生，定期进行检查。这三种工作者，各有专责，但也要密切配合和联系，共同完成保教儿童的任务。

保育院的工作能否做好，保姆起着重要的作用，所以第一保育院对保姆的教育也一时一刻不放松。对保姆的教育有个别的和集体的。集体的方式又有上课、开会等形式。在内容上，又分政治思想的、业务的、文化的。政治思想教育方面，每周上政治课一次，由指导员负责，讲中国革命的基本问题，促使保教人员树立为人民服务的人生观；组织读报，以坚定革命胜利的信心，并进行三查活动、土改学习、政策学习等。文化教育方面，每星期上课两次，主要学国语应用文、写日记、写黑板报告、读报纸及通俗读物，并加强自然科学之普通常识教育。保育业务教育方面，每周一次业务课，讲初步的保育卫生和儿童教育方法的问题，每半个月的班务会也是业务学习的机会。

第一保育院是在极端困难的战争条件下创办起来的，是抗日根据地学前教育的重要组成部分。它不仅有具体而明确的教育目标，而且有适合儿童年龄特点的教育内容和方法，体现了保教合一的基本原则。其中比如单元教学法，还体现了保教人员对当时国内外优秀学前教育思想的吸收、借鉴和运用，赋予了其适合抗日根据地政权性质和战争需要的内容。包括第一保育院在内的抗日根据地托幼机构，不仅培养了儿童健康的体魄，启迪了他们的聪明智慧，还在长期的实践中积累了宝贵的经验，如坚持为工农大众服务的方向、坚持革命斗争和发展生产的方针、因地制宜灵活办教的原则等，均为中华人民共和国成立后学前教育的兴办积累了经验。

第三节 解放战争时期解放区的学前教育

1946年，全面内战爆发，各解放区相继遭到国民党军队的进攻。根据新的形势变化，解放区的学前教育出现了新的调整和发展。

一、解放区学前教育的基本政策

1945年初抗日战争即将结束时，陕甘宁边区曾提出发展边区保育工作的基本方针，即大力发展公育事业，强调凡抗战将士及一切机关工作人员的子弟，一概都由政府抚育，以便使家长们都能专心致力于抗战建国的事业，提高他们的工作热忱和效率；全面推进保育工作，使这个工作真正能普遍地深入到民间去，为全边区的儿童谋福利。这其实也成为抗战胜利之初发展学前教育工作的政策。内战爆发后，学前教育的发展政策出现了新的调整。陕甘宁边区政府颁布了《战时教育方案》，号召"各级学校及一切社教组织，亦应立即行动起来，发挥教育上的有生力量，直接或间接地为自卫战争服务"。[1] 这一总的教育方针，自然也为学前教育的发展指出了方向，由此，学前教育的发展也转到这一轨道上来了。

1948年，随着解放战争的不断胜利，在新的形势下，提出了新的教育目的：锻炼儿童革命的观点和作风，培养儿童活泼愉快的心情、健康坚实的体格、陶冶勇敢老实的个性，增进儿童智力训练，手脑并用，使成为未来新中国健全的主人公。[2]

二、学前教育实践的发展

虽然内战的爆发极大地影响了学前教育事业的发展。但在中国共产党的领导下，对学前教育的重视却并没有中断。尤其是随着人民解放军进入反攻阶段后，各解放区的学前教育事业也随着形势的变化进入一个较快发展时期。

1946年11月，国民党20万军队包围陕甘宁边区，在延安的第一保育院、第二保育院、洛杉矶托儿所等被迫撤离延安而迁往他处。但随着人民解放军的反攻，各地区正规化的学前教育机构日渐增多。如晋冀鲁豫边区政府在1948年颁发了《太行区婴儿保育、产妇保健暂行办法草案》；1948年冀鲁豫保育院在山东菏泽成立，招收2—3岁儿童共41名。而随着东北全境的解放，更是参照延安经验办起了诸多保育院、幼儿园。据1948年9月统计，东北地区以延安经验为参照的托幼机构共有48个，收托幼儿5 494名。另外，在教育设备上也有了进一步完善，如1941年创办的太行托儿所，到1947年已有了幼稚舍5处，收托幼儿86名，其中有游戏场2个，内有摇篮、秋千、滑梯、积木、沙盘及木制工具，并设有盥洗室2处、浴室1处、隔离室12间。

由于战争的原因，保育员业务水平的提高主要是通过边干边学，在保育实践中不断反思、总结经验。比如成立于1945年的延安第二保育院，便是在"打退麻疹的侵袭""消灭齿龈炎""防止脑膜炎的蔓延"的工作实践基础上，建立起严格的工作责任制、卫生消毒制和防止传染病隔离的制度。此外，保育人员还从保育工作的正反两方面总结经验教训，提出了保教工作的三个原则：第一，"革命的观点"，即保育工作必须符合"革命"的政治原则，反对非革命的保育内容和方法，如禁止说看不起劳动群众的话语等。第二，"健康的观点"，即将保育孩子的身体健康作为保育院的首要任务。第三，"爱孩子的观点"，即认识到热爱孩子是做好保育工作的前提，强调用"无产阶级的阶级感情来爱孩子"，而不是溺爱或偏爱。[3]

中国共产党领导下的革命根据地学前教育事业，因地制宜、因时制宜，把促进儿童健康发展和革命斗争、生产劳动结合起来，从小到大地逐渐发展起来，为中华人民共和国成立后的学前教育事业奠定了良好的基础。

---

[1] 教育科学研究所筹备处. 老解放区教育资料选编[M]. 北京：人民教育出版社，1959：124.
[2] 中国学前教育史编写组. 中国学前教育史资料选[M]. 北京：人民教育出版社，1989：389.
[3] 胡金平，周采. 中外学前教育史[M]. 北京：高等教育出版社，2011：133.

思考与练习

一、填空

1. 苏区托儿所组织,基本上可以分为两类,一类是_____,另一类是_____。

2. 1934年2月,中央人民内务委员部颁布了_____,这是革命根据地第一部关于幼儿教育的专门文件。

3. 陕甘宁边区第一保育院在课程的组织上,采用_____。

4. 陕甘宁边区第一保育院对保姆的教育内容基本包括_____、_____、_____。

二、简答

1. 抗日战争时期,学前教育机构主要有哪几种类型?

2. 陕甘宁边区第一保育院的教学方法主要有哪几种?

 拓展阅读

1. 陈桂生.现代中国的教育魂——毛泽东与现代中国教育[M].沈阳:辽宁教育出版社,1993.

2. 陈元晖.老解放区教育简史[M].北京:教育科学出版社,1981.

3. 毛泽东.毛泽东选集(第一卷)[M].北京:人民出版社,2003.

4. 毛泽东.毛泽东选集(第二卷)[M].北京:人民出版社,2003.

5. 人民教育出版社编.毛泽东同志论教育工作[M].北京:人民教育出版社,1992.

6. 中国学前教育史编写组.中国学前教育史资料选[M].北京:人民教育出版社,1989.

第七章　外国古代学前教育实践

 学习目标

1. 比较古代东方国家学前教育的异同。
2. 理解古希腊的学前教育特色,尤其是斯巴达和雅典两种学前教育模式。
3. 了解古罗马的学前教育,尤其是王政时期和共和时期的学前教育。
4. 了解欧洲中世纪流行的儿童观和学前教育概况。

 本章导览

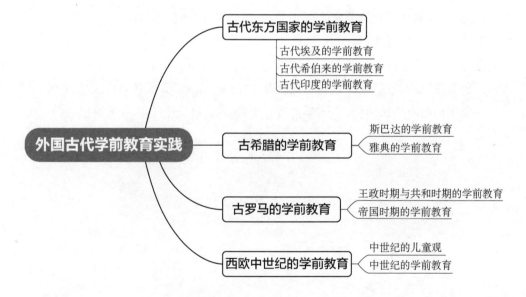

问题提出

我们今天对于"文字""学校""学前教育"这样的概念并不陌生,但是这些概念并不是凭空产生的,而是经历了漫长的历史发展过程。考古发现,最早的文字产生于公元前4000—前3500年的两河流域和尼罗河流域,最早的学校也随之产生,严格意义上的学前教育也在这一时期萌芽并获得发展。了解古代学前教育既可以给我们提供一个新奇的视野,也有利于我们反思今天的教育。那么,古代学前教育在教育目标、教育内容和教育方法等方面究竟呈现出哪些与今天学前教育迥然不同的特点,又是如何发展过来的呢?现在,就让我们走进这些古老神秘的王国,探寻学前教育的渊源。

第一节 古代东方国家的学前教育

大约在公元前3000年,亚洲和非洲的几个东方文明古国率先进入奴隶社会。① 这些国家和地区除中国外,主要包括埃及、希伯来、印度、巴比伦等,它们是人类文明的摇篮和发源地。随着文字和学校的产生,学前教育的概念也逐渐在这些地区出现,我们可以从古代埃及、古代希伯来、古代印度三国的学前教育发展状况来了解学前教育的雏形。

一、古代埃及的学前教育

古代埃及位于非洲北部的尼罗河流域,约在公元前3500年进入奴隶社会,先后经历了早期王国(前3100—前2668)、古王国(前2668—前2181)、中王国(前2133—前1567)、新王国(前1567—前1085)等历史时期。古代埃及自然环境优越,地理位置得天独厚,人们利用这一条件大力发展畜牧业和农业,这些行业的发展又促进了科学、文化、艺术等方面的发展。在这一背景下,教育得以发展,学前教育呈现出独有的特色。

(一)家庭教育

家庭是古代埃及的主要教育场所,学校出现后,家庭仍然是重要的教育园地。

皇族子弟年幼时由专门的保姆、奶娘等在家庭中精心喂养。古埃及的孩子死亡率很高,采用母乳喂养是保证孩子健康最好的办法,母乳既可以给孩子提供抗体,又可以避免由食物引起的疾病。

---

① 在历史学传统中,古代东方通常是对古代亚洲和非洲东北部各奴隶制国家的总称。这种划分体现了欧洲中心的立场,西亚北非属于近东,中国属远东,因此,在这种划分中埃及也属于东方文明。

图 7-1　古代埃及儿童的木制玩具

官吏子弟的学前教育也主要在家庭中进行,由母亲照管孩子的饮食起居,在生活中教导孩子,常让孩子通过玩具来做游戏。一些玩具保存至今,陈列在欧美各大博物馆中,包括带有毒牙的鳄鱼、双臂能动的木偶、两三木偶合作舂米的复杂玩物等。这些玩具构思奇妙、制作精湛,说明当时埃及对儿童教育的重视。男孩年长一些则由父亲进行教育,除了做游戏、锻炼身体和听故事外,男孩还要学习宗教歌曲、初步的社交礼仪以及舞蹈和读写。①

从事祭祀、医学、建筑、军事等职业的家庭的子弟几乎都要继承父业。他们在家庭中以父子相承的方式接受教育,逐渐了解和掌握父辈的职业技能。这种教育没有专门的教材、没有具体的时间,也没有严格的年龄限制,主要通过模仿和实际操作的方式进行,由父亲或其他长辈手把手教习,这种教习通常只局限在本家族之内。值得注意的是,他们只是学习职业技能或者手艺,并没有接受读写的教育。历史学家狄奥杜拉斯(Diodorus)在叙述古代埃及的幼儿教育时说:"他们从儿童期起就被父亲或亲属传授适合各种生活需要的实际知能;谈到阅读和书写,埃及人至多只对儿童进行肤浅的教授。"②

(二) 学校教育

约公元前 2500 年,古代埃及出现了有史记载的最早的学校。这种学校是专为年龄稍长(一般是年满 5 岁)的皇族子弟设置的宫廷学校。宫廷学校由国王(法老)在宫廷中专门开设,由僧侣、官吏、文人、学者任教,有时法老也亲自任教。儿童的学习内容除了初步知识外,还要被灌输敬畏日神、忠诚国君的观念,模仿成人试行宫廷的习俗和礼仪。宫廷学校对皇族子弟的教育相当严格。新王国时期阿赫摩斯王朝的皇子塔户提(Tahuti)在谈到自己所受的教育时,提到:"每日遭受鞭打犹如每天吃饭一样的经常。"③

中王国时期,古代埃及发展日益强盛,宫廷学校已经不能满足社会对培养人才的需求,国家兴办了一种具有职业教育性质的学校,一般称为职官学校。顺利完成家庭教育的官吏子弟可以进入政府机关开办的职官学校学习,接受严格正规的基础训练和业务训练,既要学习基础知识,又要进行与政务工作有密切联系的业务训练。

古代埃及是世界上最早的文明古国,对学前教育给予了最初的关注,为以后世界各国学前教育事业的产生和发展奠定了基础。但其学前教育只是处于萌芽阶段,教育带有明显的阶级性,且教育内容过于简单、教育方法体罚盛行。

---

① 杨汉麟. 外国幼儿教育史[M]. 北京:人民教育出版社,2011:24.
② 滕大春. 外国教育通史(第一卷)[M]. 济南:山东教育出版社,1989:62.
③ 曹孚,等. 外国古代教育史[M]. 北京:人民教育出版社,1981:21.

二、古代希伯来的学前教育

古代希伯来最初是游牧民族,活跃在幼发拉底河与底格里斯河流域,即我们通常所说的两河流域。公元前15世纪,为了躲避洪水灾难,他们迁入埃及,沦为埃及法老的奴隶。约在公元前13世纪,古代希伯来人在首领摩西(Moses)的率领下逃出埃及,返回故国,定居于西亚巴勒斯坦地区,即现代犹太人祖先的居住之地。历经战乱后,于公元1世纪被罗马帝国吞并。

(一)儿童观

古代希伯来早期的家庭中盛行以父权为主的家长制。犹太教《摩西十诫》中明确规定:妻子是丈夫的财产,受丈夫的严格约束,而在家庭生活中妻子需要协助丈夫承担教育子女的职责,子女必须听命于父母。父母必须殷勤教训儿女,无论你坐在家里还是出门在外,父母都需对子女进行严格的管教,并称这是出自上帝的"律例诫命"。同时,也要求子女要敬谨地接受父母的教导,子女应"聆听父亲的教诲,并且注意理解"。在人性观上,希伯来人最初认为儿童是粗野的、固执的、愚笨的,甚至是坏的,他们不仅生性愚昧,而且容易堕落,因此必须严加管教和约束,这样才能把儿童从邪恶的道路上拉回来。他们的父亲对子女的管教十分严格,儿童通常都是在棍棒下成长的。

摩西带领古代希伯来人返回故国后,被奉为"先知",并推行了一些改革,古代希伯来的家长制开始具有了一些民主色彩。犹太教经典《塔木德》规定:子女并非父母私有物,而是未来的天国公民,他们拥有独立的人格;家长要努力理解儿童,唤起他们的兴趣,赢得他们的积极同情,为儿童提供玩具,也可与儿童共同游戏娱乐。① 公元前8世纪起,古代希伯来兴起"先知运动",在这场运动的影响下,儿童的地位进一步提高。随着儿童地位的提高,家庭教育也逐渐开始注重父子间的亲密感情的培养和教育中的感化。

(二)学前教育

1. 育儿习俗

古代希伯来人将孩子看作是上帝的恩赐,非常盼望孩子的出生,并在孩子出生后进行精心的照顾。希伯来有用盐水擦洗婴儿的习俗,他们认为这样可以使孩子身强力壮;他们还习惯将孩子包裹在襁褓里细心照顾;男孩在出生后的第八天有举行割礼的习俗;孩子一般由母乳喂养,并且到三岁才断奶。

2. 宗教教育

古代希伯来人历经战乱,在长期动荡不定的生活中,他们始终以宗教信仰来维系生存与发展。他们信仰由摩西创立的犹太教,奉耶和华为最高主宰,信奉《圣经》(指《旧约》)②。古

---

① 伊丽莎白·劳伦斯. 现代教育的起源和发展[M]. 纪晓林,译. 北京:北京语言学院出版社,1992:25.
② 后由基督教继承,并称为《旧约圣经》,包括《律法书》《先知书》《圣录》三部分。

代希伯来人将教育视为实现宗教信仰的有效手段,非常重视宗教教育。在他们看来,人人都必须接受教育,这样才能成为上帝诚笃的信仰者。《圣经》不仅是每个犹太教徒必须诵记的宗教经典,同时也是古代希伯来人从小就学习的教育经典,学前教育以《圣经》为主要教育内容。

在古代希伯来人看来,宗教教育应从早期开始。《旧约》中所记载的最著名的先知以赛亚(Isaiah)主张,婴儿断奶时就应开始接受教育。犹太哲学家裴诺(Phino)甚至要求孩子在襁褓中就应该知道上帝是宇宙中唯一的神和创造者。儿童从小就要在家庭或学校接受严格的宗教教育。

古代希伯来的宗教教育主要在家庭中进行。父亲经常召集子女共同背诵经典《圣经》,通常是自己先念一句,子女们跟着念一句,并反复强调经典的条文是上帝意志的体现,子民无权更改一字一句,必须牢牢记住。这种经典的学习并不重视知识的传授,而是重视宗教感情的陶冶和宗教信仰的养成,是道德的而非理性的训练。

公元前6世纪,古代希伯来受巴比伦先进文化和实际需要的影响,在犹太会堂设置了融学前教育与小学教育为一体的学校,有专职教师拉比(Rabbi)负责教学。拉比教授的内容主要是"摩西五经"①,通常以口头传授的方式指导儿童朗读和背诵。在教学方法上,通常采用家长制加神谕,但也出现了一些生动灵活的方法,拉比有时引导儿童从多角度思考,并不给出定论。他们还组织孩子们互相竞赛、互帮互学,大孩子可以教小孩子,小孩子也可以教大孩子,就像古代希伯来谚语中提到的:"恰如一块小木可以燃烧一块大木……一个儿童也可使另一儿童变得敏慧。"②

古代希伯来人还利用名目繁多的宗教节日或活动,对子女进行宗教道德意识的教育。犹太人至今保存着这种传统,每年最重要的三个节日——逾越节、收割节和住棚节都带有浓厚的宗教意味。在古代希伯来,孩子生活的环境也有明显的教育意义,用石头和其他材料制成的纪念碑遍布各地,这些纪念碑带有明显的宗教色彩。

3. 其他教育

古代希伯来人的儿童教育也教授简单的文化知识、民族传说和祖先的训诫,但通常只是作为宗教教育的附带,帮助儿童理解宗教教义。儿童稍长,家庭还对男孩进行职业技能的传授。女孩则基本上由母亲管教,经典中明确强调女孩的教育应操持在母亲之手,母亲有责任在敬仰上帝、遵守律规、勤劳持家等方面作出榜样。在女孩教育中,如何成为贤妻良母是重要的教育内容之一。

总之,古代希伯来人十分重视宗教教育,同时也伴有一定的文化知识教育。在他们看来,儿童应该从小就接受这种教育。虽然古代希伯来人的宗教教育内容比较狭窄,但它使这种根深蒂固的宗教观念贯穿在希伯来整个民族当中,后来的犹太民族虽屡遭战祸而散居各

---

① "摩西五经"指希伯来圣经最初的五部经典:《创世纪》《出埃及记》《利未记》《民数记》《申命记》。
② 滕大春. 外国教育近史[M]. 济南:山东教育出版社,1989:119.

地,仍然能紧紧地团结在一起,也有赖于这种鲜明的民族传统。

三、古代印度的学前教育

古代印度位于亚洲南部的印度半岛上,印度河与恒河流经其大部分地区。约在公元前 2500 年,印度河流域产生了"哈拉巴文明"。约公元前 1500 年,中亚的雅利安人侵入南亚,征服了土著居民,建立了原始形态的国家,公元前 1500 年到公元前 600 年被称为古代印度的"吠陀时代"。公元前 6 世纪到公元前 5 世纪,印度进入"列国时代",婆罗门教势力衰落,佛教应运而生。

古代印度的学前教育主要是两种:婆罗门学前教育和佛教学前教育。婆罗门学前教育建立在婆罗门教义和种姓制度的基础之上,学前教育的核心任务是维持种姓制度和培养宗教意识。而佛教学前教育主张众生平等,注重道德规范的培养。总的来说,这两种学前教育都带有明显的宗教色彩。

(一) 婆罗门学前教育

公元前 1000 年到公元前 600 年,古代印度逐渐形成了一套严格的等级压迫制度,古代印度的典籍《吠陀》记载了这种制度。这种制度也称为种姓制度,是古代印度特有的一种阶级压迫制度,它把当时从事不同社会分工的人群划分为四个种姓:婆罗门,即掌握宗教事务的僧侣贵族;刹帝利,即执掌行政与军事大权的世袭贵族;吠舍,即农民和从事工商业的平民;首陀罗,即奴隶与处于奴隶地位的穷人。前两种为高级种姓,后两种为低级种姓,前两个种姓与后两个种姓之间尊卑悬殊极大。在各个种姓中,婆罗门是最高级的种姓。

公元前 6 世纪以前,古代印度的教育事业掌握在婆罗门手中,能接受教育的主要人群也是婆罗门等高级种姓,因此这一时期的教育通常被称为婆罗门教育。婆罗门教育中贯穿着婆罗门教义,以维持种姓压迫和培养宗教意识为核心任务,带有明显的等级性和宗教色彩。

婆罗门教是古代印度的早期宗教,源于公元前 2000 年的吠陀教,把梵天看作是宇宙的主宰和创造者,信奉梵天、毗湿奴和湿婆三大主神,主张吠陀天启、祭祀万能、婆罗门至上,赞成种姓制度。

婆罗门作为最高级的种姓,所受教育的体系比较完备。在婆罗门家庭中,儿童约在三到五岁经过剃度礼,开始接受家庭教育。这种学习从儿童幼年便开始,直到成年并取得僧侣资格才结束。古代印度盛行家长制,父亲是全家之主,父亲不仅掌握子女生死、买卖大权,也有教诲、培养子女的义务,因此在教育问题上,父亲承担着最大的职责。母亲也承担一些教育职责,通常是帮助孩子养成合规矩的日常生活习惯。此外,这种教学有时请被称为"赖西斯"的圣游唱诗人担任,但父亲也必须在家指导。公元前 8 世纪后,古代印度逐渐出现一种在家庭中开办的婆罗门学校,通常被称为"古儒学校",年幼的儿童均可进入,但是要接受古儒的检验,检验过关后进入古儒的家中学习。

在教育内容上,儿童最主要的任务是记诵《吠陀》。《吠陀》意为"明",即知识,是雅利安人用梵文写成,记载印度在公元前2000年前后历史的古籍,有广义和狭义之分。广义的《吠陀》除了本集外,还包括《梵书》《森林书》《天启经》《法经》等;狭义的《吠陀》包括本集四部,即《梨俱吠陀》《娑摩吠陀》《耶柔吠陀》《阿闼婆吠陀》,汇集了祭祀的吟唱诗1000多首。《吠陀》是统治阶级信奉的经典,为教育提供了主导思想。在教育方法上,完全靠死记硬背。教师读一句,儿童读一句,这样循环往复,直至儿童记得滚瓜烂熟。当时人们把《吠陀》视为神灵的话,不能抄写笔录,否则有渎神的嫌疑,所以教学全部都是口耳相传,而《吠陀》又由梵文写成,晦涩难懂,因此,儿童的学习任务十分艰巨。

然而,刹帝利、吠舍的子弟所受的教育水平比较低。他们虽然也有学习《吠陀》的任务,但由于此事过于耗费精力和时间,因此他们往往减少学习《吠陀》的内容,而把大多时间放到学习父辈行业的知识技能方面。

首陀罗子弟则完全被剥夺受教育的权利,奴隶主纯粹把他们当作牲畜,可以随意打骂、使用、交换和出售,认为他们只是会说话的工具。

(二) 佛教学前教育

古代印度列国时代的学前教育主要是佛教教育。佛教为迦毗罗卫国王子悉达多·乔达摩即释迦牟尼创立,根植于婆罗门教,讲究因果轮回,但它反对种姓制度,主张众生平等。众生平等的观念迎合了当时被压迫种姓的心理,吸引了大批信徒。由此发展起来的佛教教育影响着这一时期的学前教育。

佛教学前教育通常在家庭中进行,信仰佛教的父母通过言传身教的方式在行为习惯、公德和信仰等方面教导子女。在行为习惯上,要求子女勤奋早起、打坐沉思、慷慨施舍、生活简朴;在公德上,要求子女慈悲为怀、悲天悯人、普度众生;在信仰上,要求子女虔敬佛祖、定期朝拜、吟诵经文。对于大一点的孩子,还要引导他们皈依佛法。这些在家修行的僧尼被称为优婆塞或优婆夷。

愿意终生为僧尼的儿童可以在五岁到八岁进入寺院或者尼庵专心修行,儿童入寺会在长老的主持下举行专门的仪式,包括剃发、净身、换衣、行礼等。仪式结束后,儿童即可在寺院接受更为正规的佛教教育,学习12年并检验合格者,可以留下当比丘(即和尚)或比丘尼(即尼姑)。

总之,古代印度的学前教育主要包括婆罗门教育和佛教教育,婆罗门教育主张维系种族压迫,强调宗教意识;佛教教育主张吃苦修行、追求来世。虽然教学内容简单、方法单调,但是古代印度的学前教育是古代东方的典型代表。

总的来说,古代东方国家的学前教育具有鲜明的阶级性和等级性。父权制在整个社会中盛行,儿童教育主要是在家庭中进行,贵族子弟接受的教育逐渐与生活脱节。

第二节 古希腊的学前教育

古希腊位于希腊半岛和地中海东北部沿岸地区,是西方文明的起点,也是西方教育的源头。黑格尔曾说,一提到古希腊这个名字,在有教养的欧洲人心中,自然会引起一种家园之感。古希腊在公元前8世纪开始进入奴隶社会,先后经历三个历史时期:古风时代,即公元前8—前6世纪;古典时代,即公元前5—前4世纪;希腊化时代,即公元前4—前1世纪。古希腊在古典时代进入繁荣昌盛时期,政治、经济和文化得到高度发展。在古希腊奴隶制形成的过程中,出现了数以百计的城邦国家,其中最发达、最有代表性的当属斯巴达和雅典。这两个城邦在地理环境、经济发展水平和政治状况等方面有明显的区别,文化和教育上也表现出不同的特征,相应地,两个城邦的学前教育也表现出各自的特色。总的来说,古希腊孕育了灿烂的西方文明,其学前教育也是西方古代教育的典型代表。

一、斯巴达的学前教育

斯巴达地处伯罗奔尼撒半岛南端的拉哥尼亚平原,三面环山,一面临水,交通阻塞,但土地肥沃,农业发达,是古希腊最大的农业城邦。早期斯巴达社会分为三个等级:奴隶主阶级,即斯巴达全体公民(Spartiates),人口约4万;自由民(Perioeci)[①],人口约10万;奴隶阶级,即希洛人(Helots),人口约20万—30万。其中,斯巴达人虽然仅有4万,但是他们骁勇善战,迅速统治了30多万土著希洛人和自由民。斯巴达人对内进行残酷统治,镇压奴隶和平民的反抗与暴动,对外进行扩张,侵略别国领土,常年处于战乱状态或军事戒备状态。

(一) 教育基本特点——军事体育教育

对内平息暴动、对外侵略扩张的需求与斯巴达人尚武的民族传统共同作用,使这个城邦在教育方面表现出特殊的目标和任务。斯巴达的整个教育都为战争服务,统治者希望把全体奴隶主后代培养成性格坚定、身体健壮、英勇善战的军人。斯巴达的教育权归国家所有,国家十分重视军事和体育教育,并且认为应该从婴儿时期就开始为培养军人做准备。他们按照等级对儿童进行严格的体育和军事训练。斯巴达的体育训练主要有赛跑、跳跃、摔跤、掷铁饼和投标枪,这五项通常称为"五项竞技"。此外,体育训练还有骑马、游泳、射箭和各种军事游戏等。

(二) 婴儿教育

在斯巴达,儿童不是父母的私有物品,而为国家公有。为了确保新生一代体质的强健,

[①] 自由民又译皮里阿西人,希腊语中Perioeci意为"居住在周边的人"(dwellers around)。他们虽然不是奴隶,但受斯巴达统治,政治和社会地位低下。

斯巴达国家实行严格的婚配制度和婴儿筛选制度。在婚配方面，秉承好男配好女的原则，国家只准许身体和情绪正常的成年男女结婚和生育。在婴儿筛选方面，国家长老在婴儿一出生就检视其身体状况，畸形或孱弱的婴儿会被抛弃到泰格塔斯山峡墓地的弃婴场，检视合格的婴儿才能由父母代替国家进行抚养。因此，在斯巴达，只有强健的、可能成长为良好战士的婴儿才被允许养育成人，如果自一开始没有赋予婴儿健康的好体质，其生命对于他本人和社会都是没有益处的。①

婴儿最初接受的斯巴达式教育由母亲进行。斯巴达的妇女实际上是国家的保姆，她们以善于抚养和调教孩子而著称。妇女对婴儿的训练从出生便要开始，她们通常把新生儿放在酒中洗浴，认为这种洗浴能够祛除软弱，强身健体。在衣着方面，斯巴达的母亲从不用衣物包裹婴儿，以便让婴儿的四肢能够自由运动，并增强其适应力；长大后也不允许孩子挑剔衣服的颜色和样式。在饮食方面，孩子们不能计较食物的品种和好坏。在品德和性格方面，孩子要经受艰苦生活和身体锻炼的种种考验，要不怕黑暗、不怕独处，始终保持宁静和知足。总之，斯巴达人从小就培养孩子坚毅的性格。

（三）男童教育

男孩在五六岁时，要由父亲带到斯巴达成年男子用膳和聚会的场所，即法伊迪塔（Pheiditia）。② 孩子们或坐在父亲身边或在地板上玩耍，他们在这里观察成年人的活动，听成年男人讨论政治问题，接受斯巴达生活方式的初步熏陶。此外，男孩还要观赏和聆听关于英雄事迹的演出和讲解，学习英雄们的伟大言行，培养战斗精神和爱国思想，为他们七岁以后接受正规的军事训练奠定坚实的基础。

七岁以后，男孩要被送到国家公共机关，即"教育场"（Barracks）去过军旅生活。在军营中，男孩们一起学习和游戏，遵守统一的纪律，接受整齐划一的训练。

教育场的主要任务是对男孩进行严格的军事训练，培养他们坚毅的性格。在这里，男孩们终年赤脚，无论冬夏只穿单衣，用石板当枕头、芦苇当垫子，头发剪得很短，只饮清汤，还要常年做苦工。他们常常以敬神之名遭受鞭笞，忍受鞭笞时不允许呼喊，能经受鞭笞被视为胜利。他们还以流血为荣，而不能忍受鞭笞或随意哀嚎呻吟则被视为耻辱，可能会因渎神之嫌招来杀身之祸。

在这个时期，国家还会对儿童进行特殊的政治教育。斯巴达的领导人会经常到教育场与儿童谈话，谈话内容常常涉及政治问题，如"谁是好公民和谁是坏公民""谁是国内的优秀人物"等都是常问到的问题。儿童需要对这些问题迅速作出回答，答案要简短有内容，以此锻炼儿童的敏捷头脑。此外，教育场的"儿童督导"（Paidonomus）还会向儿童讲述国家的政

---

① E. P. 克伯雷. 外国教育史料[M]. 任宝祥，任钟印，译. 武汉：华中师范大学出版社，1991：2.
② 法伊迪塔是成年男子用餐和聚会的地方，大约由 50 人组成，每个男子成员每月要缴纳一定量的食物以供伙伴们用餐，这种共餐称为"俭朴餐"。据说，斯巴达男子如果太穷不能向法伊迪塔缴纳食物，那么他就失去了做公民的权利，他的孩子也将不能接受斯巴达教育。

治法律、生活规范和行为准则等,并让他们参加一些祭神、竞技类活动,以使儿童成为城邦忠实的统治者和保卫者。

(四) 女子教育

重视女子教育是斯巴达教育的一个显著特点。斯巴达女性是唯一由城邦进行公共教育的希腊女性。① 女子虽然没有资格进入教育场,但在出嫁前都要在体育馆和日常生活中接受严格的军事训练。这样做,一方面是为了像男子一样承担保家卫国的职责,另一方面是为了将女孩训练成身体强壮的母亲以生育强健的下一代。

斯巴达女孩的训练内容和男孩一样,主要也是"五项竞技",其中赛跑、摔跤等活动被放在很重要的位置。他们认为女性的身体训练不能比男性少,只有经常进行体育锻炼,才能具有健壮的体魄。古希腊戏剧作家阿里斯托芬在戏剧《吕西斯特拉忒》中描述一位斯巴达女子的身体时,说她健壮得能够勒死一头牛。

除了常规的体育锻炼之外,斯巴达女子也参加一些具有宗教仪式意义的比赛,以表达对神的敬意。斯巴达女孩还接受一定的文化教育,她们常常参加合唱队和合唱颂诗活动,不仅知道如何唱歌、跳舞,还能背诵诗歌中的神话故事。

二、雅典的学前教育

雅典位于希腊半岛南端的阿提斯半岛,这个国家于公元前8世纪形成。雅典的地理条件得天独厚,拥有优良的港口和丰富的自然资源。在经济上,采矿和冶炼技术普及,航海和工商业非常发达。在文化上,因与埃及、非利士等古代文化中心接触频繁,东方先进文化可以源源不断地涌入,使雅典的科学文化得到很大程度的发展。在政治上,雅典城邦中通过经商发迹的新兴工商贵族战胜了保守的农业贵族,于公元前6世纪末确立了奴隶制度下的民主政体。在民主政治制度下,雅典全体公民都有权参加公民大会,决定国家重大事务。

(一) 教育基本特点——和谐教育

希腊人有两个词表示教育,一个是 agoge,一个是 paideia。agoge 意为约束和管教,类似于斯巴达式的训练;而 paideia 意为儿童运动和游戏,儿童在活动中享有更多的自由,包含身心自然而和谐的发展之意。雅典人理解的教育正是这样。

雅典的社会状况尤其是民主政体使其教育与斯巴达的教育具有明显的差异。雅典要培养"身心美且善"的合格公民,要求公民具有全面的知识和才能。

雅典的教育目标是多方面的:不再是培养单一的军人,而是既要培养英勇善战的兵士,更要把年轻一代培养成有文化知识的政治家、能说善辩的思想家、精明能干的商人和善于出谋划策的国家上层统治人才。因此,雅典教育在内容、方法和组织形式上,都比斯巴达的教

---

① 李立国. 古代希腊教育[M]. 北京:教育科学出版社,2010:41.

育更具有广泛性、灵活性和多样性。

雅典人在具体的教育过程中,非常重视儿童身心的和谐教育。在儿童时期,就从德、智、体、美等方面对他们进行全面的训练。对青年一代,雅典人不仅强调体育和道德教育,还十分重视智育和美育。在雅典,专攻一门技艺,如专业音乐家、专业运动员、专业演员等,都会受到人们的鄙视。身心和谐发展与德、智、体、美全面发展的教育是雅典教育的特色,也奠定了西方教育发展的基础。

(二) 7岁以前的教育

雅典的儿童属于家庭和父母所有。7岁以前,儿童通常在家庭中接受严格的养护和教育,这期间,男女儿童接受的教育没有明显差别。儿童一出生,马上要受到严格的检查,由父母尤其是父亲决定是否可以留在家中养育。雅典人会为准备养育的儿童举行庆典仪式,向神灵表示敬意,他们将儿童的出生看作是一件值得庆贺的事情。襁褓中的婴儿通常由母亲或者奶妈进行抚育,对他们进行合理的喂养,创造适宜的生活环境,富裕人家有时也会挑选身体健康、奶水充足、善于调教婴儿的斯巴达妇女来照看他们。当婴儿断奶后,则由家庭女教师进行教导,家庭教师一般由年纪稍长、经验丰富的奴隶担任,负责照顾儿童的饮食起居、陪儿童散步与玩耍。

雅典家庭幼儿教育的内容非常丰富。首先是音乐教育,雅典人非常重视音乐教育,将音乐教育视为心的教育,他们通过听摇篮曲、唱歌等方式陶冶儿童的性情,雅典的儿童时常听到母亲和女仆们做针线活时在乐器伴奏之下吟唱歌曲。其次是文化知识,在文化知识的获得过程中,讲故事是必不可少的手段,这些故事包括寓言、童话和神话故事。成人经常给幼儿讲述《伊索寓言》、简单的神话以及荷马史诗中古老的英雄故事等,其中将《伊索寓言》作为主要的儿童教育的教材,深受儿童的喜爱并且传播久远。此外,雅典人还非常重视儿童礼貌行为习惯的培养,要求儿童无论站、立、行都要优雅得体,使人赏心悦目。

雅典人常常在游戏中教育儿童,据说在雅典和其他希腊城市流行的游戏达五十余种,掷骰子、猜单双、玩球、与小动物嬉戏都是常见的游戏。雅典人对玩具的教育作用也较为重视,雅典儿童有许多玩具,如彩陶娃娃、泥制动物、铁环、陀螺、玩具车、拨浪鼓等。此外,雅典人还喜欢喂养小动物。

(三) 7岁以后的教育

7岁以后,雅典人对男女儿童进行有差别的教育。女孩仍在家中继续接受家庭教育,学习纺织、缝纫、烹饪、刺绣等技术;男孩则要进入专门的文法学校、弦琴学校、体操学校等学校学习,以获得德、智、体、美的和谐发展。

第三节 古罗马的学前教育

公元前146年,古罗马帝国吞并了希腊,建立起了继古代埃及之后的第二个典型的奴隶制国家。古罗马的历史一般可以分为三个时期：王政时期，即公元前 8 世纪至公元前 6 世纪；共和时期，即公元前 6 世纪至公元前 1 世纪；帝国时期，即公元前 1 世纪到公元 5 世纪末。在此期间，古罗马通过军事战争，由意大利中部台伯河畔的一个小城邦迅速扩展为地跨亚、欧、非三大洲的大帝国。

古罗马在文化、科学、艺术、教育等领域远远落后于古希腊，当古罗马在军事上横扫古希腊的时候，在文化上却被古希腊完全征服了。在王政时期和共和时期，古罗马统治者几乎全盘接受了古希腊的文化和生活方式，教育方面也是沿袭希腊的语言、文字、学校和教育内容；到了帝国时期，才结合自己的实际情况发展出具有实用性特色的教育形态。在西方教育史上，古罗马的教育具有自己独特的地位。

一、王政时期与共和时期的学前教育

王政时期是古罗马从氏族公社向奴隶制国家过渡的时期，可寻觅的教育资料很少。共和前期的教育则主要沿袭了古希腊的教育传统。7 岁前的古罗马儿童普遍在家庭接受教育，当时的家庭教育中父权制盛行。古罗马以父权的家长制著称。古罗马第一部成文法《十二铜表法》的第四条"父权法"中规定：子女乃父母的私有财产，父亲对子女（包括除婚嫁外的成年儿女）有生杀予夺之权。尤其对残疾儿童，出生后应"立即灭绝"。[①] 儿童生下后要放到父亲脚下，由父亲决定是留养或抛弃，弃婴最后一般都夭折了。

在古罗马的家庭中尽管父权制盛行，但是父亲无需事必躬亲。常常是由母亲顺从父亲的意志，承担抚育子女的义务。如罗马学者塔西佗（Tacitus，约 55—120）曾提到，每个家庭的男儿都是贤惠母亲的合法后裔。婴儿一出生就在母亲的怀抱中抚育成长，而不是交给雇佣的保姆养育。对母亲的最高颂扬就是她管理家务、照顾孩子。依照风俗习惯，每个家族都要选出一位品行端正的女性长辈主管儿童教育。在孩子们面前不说下流的话，不做有损礼仪的事。在她的指导下，给孩子们安排了学习和认真工作的时间，不仅如此，甚至对孩子们的娱乐都有适当的安排，并要求严肃进行。在古罗马，即使是最显赫的家庭，母亲也会自己待在家里抚养孩子，认为这是自己的职责与荣耀，不愿假手他人，这一点不同于雅典贵族中用奴隶和仆从教导子女的传统。由于妇女在家庭教育中居于中心地位，一些男子在择偶上非常谨慎，希望能够娶到一位贤妻良母，未来可更好地关心和教育自己的子女。

虽然古罗马的幼儿教育一般由母亲负责，但一些有责任感和教育见解的男子也会亲自承担教子之责，如古罗马的监督官加图（Cato, the Elder，前 243—前 149）就从小亲自教育自己的儿子，在历史上留下了千古佳话。加图之子出生时，他正在元老院任职，终日公务缠身。但处理完公务，他即迅速返家，亲自为儿子洗澡，照顾其食寝。儿子稍长，加图教他读书，讲授罗马历史故事，以使其子熟悉本国的古老传统。加图还以诗的形式写成言简意赅、易于诵记的《格言集》，供儿子学习。当儿子继续长大，加图还教他游泳、骑马、拳击、使用武器。入

---

① E. P. 克伯雷. 外国教育史料[M]. 任宝祥，任钟印，译. 武汉：华中师范大学出版社，1991：29.

夜,加图则在油灯下教儿子学习罗马法的基本文献。加图不厌其烦地回答儿子的提问,努力将自己丰富的人生阅历、知识传授给他。在老加图的精心教育下,小加图后来成为一位杰出的法官。①

孩子7岁后,由母亲承担主角的教育结束,父亲开始成为孩子真正的教师。男孩随同父亲从事农业生产,学习农事耕作和军事本领,也接受精神方面的教诲,养成敬畏神明、孝敬父母、忠勇爱国的品性,有些儿童还进入学校学习文化知识;女孩则在家里协助母亲管理家务,学习持家的本领。

在古罗马,祖父母等长辈也承担着教养孩子的义务。古罗马有早婚习俗,女孩子14岁即可嫁人、生育后代,此时孩子的父母有些不够成熟而祖父母一般都健在,因此孩子的教养也会由祖父母来承担。著名皇帝奥古斯都(Augustus,前63—14)就曾教育过5个小外孙。此外,古罗马人有时还会在家族中选出一位德高望重的长辈,在学习、生活和娱乐方面教导年轻一代。

共和时期的古罗马幼儿教育主要是传授宗教知识和培养孩子的礼仪习惯,把孩子培养成农夫和军人。《十二铜表法》是主要的教育内容,古罗马人常在闹市中展示铜表上的法律条文,教导孩子敬畏神明、爱国守法。共和后期的教育,还增加了希腊语和拉丁语等初步知识的教学,并重视体育、骑马、游泳和使用武器的教授。在教学方法上,古罗马人重视观察与实践,常以格言或歌谣的形式进行;在具体的教学过程中,古罗马人也会运用玩具和游戏来帮助孩子获得知识和技能。总的来说,这一时期的学前教育带有明显的古希腊学前教育印记。

二、帝国时期的学前教育

公元前30年起,古罗马进入了帝国时期。公元395年,古罗马帝国分裂为西罗马帝国和东罗马帝国,我们这里谈到的帝国时期的教育是指古罗马帝国分裂前的教育,即公元前30年到公元395年间古罗马的教育。古罗马帝国时期,财产大量增加,经济繁荣,古罗马统治的领土也越来越大。为了控制这些领土和领土上的人民,统治者改变了教育政策,加强了国家对教育的控制,并对不同阶级的儿童进行完全不同的教育。

奴隶主贵族子弟从小就被培养成自命不凡、好逸恶劳、贪图享乐、道德堕落的未来统治者。到了1世纪末,古罗马帝国的政治统治越来越腐败,达官贵人醉生梦死,贵妇们也沉溺于个人享乐,不再关心子女的教育问题,只是将孩子交给奴隶或侍从照看,贵族子弟越来越多地沾染了各种恶习。如古罗马著名教育家昆体良(Quintilianus,约35—约95)曾批判这一现象:"他们在轿椅里长大,一旦两脚着地,就得两边有侍者搀扶着。他们说了下流话,我们也为之高兴,他们说的话即使是出自我们的僮仆亚历山大里亚少年之口,也不是不能容忍的,

---

① Stanley Bonner. *Education in Ancient Rome-From the Elder Cato to the Younger Pliny* [M]. Berkeley and Los Angeles: University of California Press, 1977:10—11.

而我们对这些话也报以微笑和亲吻。他们这样满嘴污秽是不足为奇的,这是我们教的,因为他们是在听我们说话时学会的。他们所看到的是情妇和娈童。每次宴会时室内充斥着靡靡之音,人们羞于出口的事却触目皆是。正是从这样的实践中养成了习惯,以后就变成了天性。可怜的孩子在还不知道这些事是邪恶时就学会了这些邪恶,于是,他们变得放纵、娇气。"①

帝国政府为了加强在教育上的控制权,逐渐将教育置于国家的监督下,在帝国宫廷开设专门教育皇族的宫廷学校,并要求地方当局开设一定数量的初等学校。帝国后期,统治者更是将基督教②视为自己的精神支柱,并利用基督教义进行思想意识控制。

帝国后期随着基督教的兴起和传播,对古罗马的学前教育产生了重大影响。一方面,早期基督哲学家谴责杀婴或弃婴的邪恶行为,有力地改变了以往杀婴或弃婴的陋习。公元318年,古罗马皇帝君士坦丁(Constantinus,274—337)发布文件,严禁杀婴。公元400年,古罗马尼森宗教会议(Council of Nicene)建立了收养孤儿的"乡村之家",据说是历史上最早的收养孤儿的福利机构。另一方面,基督教的某些教义如原罪论、赎罪论、禁欲主义等对儿童的发展极为不利。基督教教父、哲学家奥古斯丁声称人性本恶,即使刚刚出生的婴儿也是邪恶的,这种人性本恶的观点为体罚儿童提供了理论依据。他创建的一整套神学理论体系对整个西方中世纪产生了极深的消极影响,造成了在相当长的历史时期内对儿童的摧残。

第四节　西欧中世纪的学前教育

公元476年,日耳曼人和奴隶揭竿而起,西罗马帝国灭亡,西欧由此进入封建社会。从西罗马帝国灭亡到文艺复兴运动兴起之间的历史,我们通常称为欧洲中世纪。恩格斯曾指出:"中世纪是从粗野的原始状态发展而来的。它把古代文明、古代哲学、政治和法律一扫而光,以便一切从头做起。它从没落了的古代世界承受下来的唯一事物就是基督教和一些残破不全而且失掉文明的城市。其结果正如一切原始发展阶段中的情形一样,僧侣们获得了知识教育的垄断地位,因而教育本身也渗透了神学的性质。"③欧洲中世纪基督教会垄断政治、经济和社会生活的方方面面。基督教会提倡的原罪说、赎罪论和禁欲主义更是对学前教育产生了深刻影响:基督教教育的目的是培养教会的僧侣、封建官吏和骑士,因此他们向儿童灌输宗教思想,使儿童虔信上帝,成为服从上帝的"圣童"。

---

① 任钟印.昆体良教育论著选[M].北京:人民教育出版社,2001:45.
② 基督教于公元1世纪产生于巴勒斯坦地区,并迅速流传到罗马帝国全境。基督教声称为解救人间的苦难而创立,早期的基督教徒多是奴隶和贫民,反抗罗马帝国的统治,受到了残酷的迫害。后来,不少贵族势力渗入教会并逐步取得领导权,改而主张效忠统治者。公元313年,罗马皇帝颁布《米兰敕令》,基督教在罗马帝国取得合法地位,公元393年又被确立为国教,逐渐成为统治者进行思想意识控制的工具。
③ 马克思,恩格斯.马克思恩格斯全集(第十卷)[M].中共中央马克思恩格斯列宁斯大林著作编译局,译.北京:人民出版社,1998:482.

一、中世纪的儿童观

日耳曼民族虽然推翻了西罗马帝国的统治,但在当时还是一个非常愚昧和落后的民族,文化和科学的发展非常缓慢。宗教在这个时候趁机侵入,获得了政治、经济、文化等方面的控制权,并逐渐形成垄断。中世纪的儿童观在很大程度上受到基督教义的影响。

(一) 性恶论的儿童观

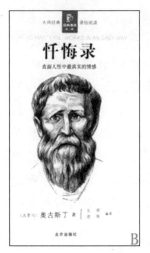

图 7-2 《忏悔录》

西欧中世纪的性恶论儿童观,深受奥古斯丁(A. Augustinus,354—430)学说的影响。奥古斯丁是罗马著名的神学理论家、中世纪基督教教育理论的奠基人。他构建了一整套基督教神学理论体系,主要包括:①原罪论,认为人类的祖先亚当和夏娃禁不住蛇的诱惑,在伊甸园偷吃了禁果,犯罪祸及子孙,因此人类生而有罪;②赎罪论,认为人是带着原罪来到世间的,需要不断用自己的血和汗洗涤罪恶,最终皈依上帝才能得救;③禁欲论,认为人性本恶,有原罪,应当压制人的欲望、摧残人的身体,这样灵魂才能得到救赎;④教权至上论,认为教权至高无上,神权高于王权;⑤灵魂不死说,认为灵魂与肉体是分离的,人死后,肉体消失,灵魂则可以升天。这一套理论体系后来成为基督教的重要教义,并成为罗马教会的官方学说,在整个中世纪居于主导地位,控制了人们的思想意识。在奥古斯丁的名著《忏悔录》中,充斥着诸如"人生来便带着罪恶,人的最终归宿也必将是死亡","在你面前没有一个人是纯洁无罪的,即使是出生仅一天的婴孩","婴儿的纯洁不过是肢体的稚弱,而不是本心的无辜。我见过也体验到孩子的妒忌:还不会说话,就会面如死灰,眼光狠狠盯着一同吃奶的孩子"。①

在这一套理论体系的影响下,性恶论的儿童观获得广泛认可。教会鼓吹儿童是带着"原罪"来到人世的,故儿童生来性恶,要想使儿童摆脱邪恶的本性成为高尚的人,就必须惩罚他们的肉体,压制他们的欲望。以性恶论为依据,教会要求摧残儿童的肉体以使灵魂得到救赎,从幼年起就抑制儿童嬉笑打闹、游戏娱乐的愿望,并采取严厉的措施来制止这类表现。在教育中体罚盛行,戒尺、棍棒都是中世纪学校不可缺少的工具。16世纪德国的宗教改革家马丁·路德(Martin Luther,1483—1546)将中世纪的学校比作"驴子的厩房",认为"课堂如同囚室,老师如同狱卒"②。

(二) 预成论的儿童观

普遍受到认可的性恶论主张压制和打击儿童的欲望,认为成人不需要关注儿童自身的

---

① 奥古斯丁.忏悔录[M].周士良,译.北京:商务印书馆,2010:9—10.
② H. Good, J. Teller. *A History of Western Education* [M]. London:McMillan Company,1959:153.

需求。在此背景下,预成论的儿童观广泛传播开来。除受性恶论儿童观的影响外,预成论儿童观的形成还与以下因素有关:中世纪的欧洲处在宗教的蒙昧统治之下,古代自然科学知识落后,生物学、生理学、心理学、医学等学科都尚未起步或发展缓慢,人们缺乏对儿童身心的了解;古代儿童死亡率也非常高,成人对儿童的生死都不甚关心,更不会去关注儿童的身心发展特点;对儿童区别于成人的独特性,成人也还没有意识等。

预成论最少可以追溯到公元前5世纪,一般认为来自古希腊名医希波克拉底(Hippocrates,前460—前370)的胚胎预成论。在希波克拉底看来,身体的各个部位都会产生小的物质点,这些物质点凝结起来会形成下一代的生命的胚胎,之后各个小物质点逐渐散开,发展成为身体的各个部位。预成论的儿童观认为:当妇女受孕时,一个极小的、完全成形的人就被植于精子或卵子中,人在创造的一瞬间就形成了。新生婴儿是作为一个已经制造好了的小型成年人降生到世界上来的,随后的发展仅仅是一个简单的生长和放大的过程;儿童与成人的区别仅仅是身体大小不同和知识多少不同。在社会上,儿童被看成小大人,一旦能行走和说话,就需要加入成人社会,与成人穿同样的服饰、有同样的行为举止。

按照预成论的观点,儿童与成人之间并没有明显的区别,从婴儿时期开始,儿童的身体和个性就已经成人化了。这种观念影响着人们在学前教育方面的态度,人们无论是在学校教育还是家庭教育中,都忽视儿童的身心发展特点,不顾及儿童的爱好与需要,否认儿童身心发展的规律性和阶段性,对儿童的教育整齐划一,方法简单粗暴。预成论的观念一直影响到近代,18世纪法国的贵族家庭中仍然保留着这样一种习惯:小男孩即被要求穿骑士服,佩带宝剑,犹如成年男子的装束;小女孩则要求浓妆艳抹,穿拖地长裙,打扮得像贵妇人。有人称这样的小孩为"小大人"或"6岁小妇人"。自然教育的代表人物卢梭,在其著作《爱弥儿》中极力反对这种"将儿童当作小大人"的观念和做法。

二、中世纪的学前教育

(一) 基督教会的学前教育

基督教会的学前教育是欧洲中世纪学前教育的最重要形式。这种教育从幼儿开始,从小要把他们训练成为一个个笃信上帝、熟读《圣经》、服从教会的"圣童",为培养一个真正的基督徒奠定坚实的基础。

基督教会的学前教育通常包括两个方面:基督教徒教儿童阅读和背诵《圣经》,对儿童进行宗教意识的启蒙;家长带儿童参加众多的圣事礼仪和节日活动,使儿童受到宗教的熏陶,虔诚地信仰上帝。

对儿童的宗教启蒙通常包括以下内容:儿童生来就是个犯有"原罪"的人,人生来要准备经受苦难,学会忍耐服从,逆来顺受等。这些思想通常采取强制灌输的手段教给儿童,并且在儿童稍一懂事时就要开始进行。

欧洲中世纪的儿童常常由父母带领,参加教会规定的各种各样的宗教仪式和圣事活动。

对儿童来说,出生后第一件事就是要参加由神父主持的"洗礼"或"浸礼"。儿童长大一些,要跟随家长到教堂或在家里欢度各种宗教节日,从中接受宗教的熏陶。此外,儿童还要被带着去参加教会组织的圣事活动,欣赏教会音乐,以陶冶其宗教情感。这类活动人人必须参加,并且伴随终生。

中世纪的基督教教育一度形成垄断。教育权掌握在教会手中,教堂成为唯一珍藏知识的场所,《圣经》被视为一切真理的来源,只有教士才能掌握知识。教会禁止文化教育的传播,禁绝独立思考,宣扬蒙昧主义,推行愚民政策,鼓吹一切认识都来自"神启"。对于多神教徒创建的古代文化和教育,尤其是雅典的和谐教育,教会持有明显的敌对态度。科学和哲学在这一时期都成为教会恭顺的"奴仆"。

(二) 世俗封建主的学前教育

西欧中世纪既是基督教神学垄断的时代,又是世俗贵族进行封建统治的时代。一方面,基督教会的教义为封建统治者提供了精神支柱,他们利用基督教义控制人们思想意识,实行思想专制。另一方面,封建贵族对民众的政治控制、经济掠夺,又为基督教提供了社会保障。它们是一对互为依存、结伴而行的"畸形儿"。

欧洲中世纪奉行等级森严的世俗爵位制,按照爵位划分为公、侯、伯、子、男爵士和骑士。封建贵族垄断世俗教育,只有贵族子弟才有机会接受正规、系统的学前教育。封建贵族的学前教育,根据等级一般可以分为宫廷教育和骑士教育。

1. 宫廷教育

西欧第一所世俗宫廷学校出现在7世纪上半叶,是由查理·马特(Chales Martel,715—741)在位期间在宫廷中设立的学校,这种学校专门教授王室和贵族子弟。后来,查理曼大帝(Charlemagne,742—814)更是大力发展宫廷教育,广揽知名学者教导皇室子弟,宫廷学校在此基础上发展成为欧洲重要的世俗教育形式。

宫廷教育的教育对象比较狭窄,只有皇室中的王子、王孙、公主和少数机要大臣的子弟才有机会进入宫廷学校学习。由于专门培育王室后代,宫廷教育的内容多为未来统治者所必需的自然、社会和哲学知识。宫廷教育教授的学科一般包括文法、修辞学、辩术、算术、天文学和神学等。其中,文法中含有一些拉丁诗和教父著作研究,对希腊学问和亚氏著作则基本只是翻译,很少深入研究。宫廷教师吸收苏格拉底和智者们的教育教学经验,并从实际中摸索,多采用问答法对儿童进行教学。从著名的宫廷学校校长阿尔琴(Alcuin,735—804)为查理曼的儿子编写的问答教材中我们可以感受到这种教学方法。

> 问:太阳是什么?
> 答:宇宙的光辉,天空的美丽,白昼的光荣,时间的分配人。
> 问:月亮是什么?
> 答:夜的眼,露的施者,风暴的先知。

问:星是什么?

答:天顶的图画,水手的导航者,夜的装饰。

问:雨是什么?

答:地球之库,果实之母。

问:雾是什么?

答:白昼的夜,视力的劳作。

问:风是什么?

答:空气的骚动,水的动乱,土的干涸。

问:霜是什么?

答:植物的迫害者,树叶的毁灭者,土的羁绊。

——阿尔琴与查理曼大帝儿子的对话[1]

2. 骑士教育

西欧的封建统治者为了巩固其统治,需要对被压迫阶级进行武力镇压。在当时,战争的胜负多取决于武士的质量,封建贵族中最低一级的骑士在战斗中起着关键作用。为了保卫封建国家的安全,骑士需要训练骑马冲杀和战斗等技能,骑士教育由此发展起来并逐渐成为贵族子弟获得荣耀和保持身份的有效手段。

骑士教育是欧洲中世纪一种特殊形式的家庭教育。骑士教育的实施需要经历三个阶段:0—7岁为第一阶段;7—14岁为第二阶段;14—21岁为第三阶段。其中,骑士培养的第一个阶段即学前教育阶段,是在家庭中度过的,由父母进行教育,教育的主要任务是熏陶宗教意识,培养道德品质和养护身体。男孩到了一定年龄,需要进入教会学校或按照自己的出身等级到高一级封建主的城堡中接受骑士教育。

骑士教育的首要任务就是对儿童进行宗教意识的熏陶。在骑士早期教育中,家长需要教导儿童虔敬上帝,听命于教会,甘为宗教而献身。这些观念需要从小灌输,母亲从儿童懂事起就应该教给他有关宗教神学的初步知识。当儿童年龄大一些时,父母需要带他们参加一些宗教仪式和节日活动,让儿童在其中接受宗教的熏陶而加深对上帝的信仰,为日后成为一名虔诚的基督教徒打下坚实的基础。

道德品质的培养是由父母共同完成的,父母需要帮助儿童从小树立忠君爱国之心,仿效要人或贵妇,注重礼节,培养文雅高贵的言行举止。这样做,一方面便于成年后坚定地效命于国王和上一级封建主,另一方面利于保持自己的贵族传统和地位。

身体养护是骑士教育的另一个重要任务。为了保卫国家,骑士应该培养横枪立马、纵横厮杀、英勇顽强和克敌制胜的技能,这些技能都需要骑士有健壮的体魄,因此从小对骑士进行身体养护至关重要。骑士需要从小合理饮食,勤加锻炼,遵守作息制度,养成好的生活习

---

[1] E. P. 克伯雷. 外国教育史料[M]. 任宝祥,任钟印,译. 武汉:华中师范大学出版社,1991:101.

惯。骑士身体的养护主要由母亲负责完成。

总之,西欧中世纪的学前教育还不是一个独立划分的阶段,它根据儿童的社会阶级实施完全不同的教育,神学性和等级性贯穿其中。在此时期,学前教育既没有专门的理论著述,也没有系统的教育机构,教育对象比较狭窄,教育任务比较单一,教育内容和方式则比较粗浅和简单。

 思考与练习

一、选择

1. 婆罗门教育是(　　)特有的教育形式。
　A．古埃及　　　　　B．古印度　　　　　C．古巴比伦　　　　D．古希腊
2. 斯巴达学前教育奉行(　　)。
　A．军事体育教育　　B．博雅教育　　　　C．宗教教育　　　　D．和谐教育
3. 原罪论的儿童观念盛行于(　　)时期。
　A．古希腊　　　　　B．古罗马　　　　　C．欧洲中世纪　　　D．文艺复兴时期

二、简答

1. 比较古代三个东方国家学前教育的异同。
2. 试分析奴隶社会相对于原始社会在学前教育方面的新特点。
3. 简述古罗马学前教育的特点并予以评价。
4. 简要介绍欧洲中世纪流行的两种儿童观,并分析其产生的原因。
5. 简要介绍欧洲中世纪的骑士教育。

三、论述

1. 论述斯巴达和雅典学前教育的异同、特点和形成原因,并对这两种模式进行评价。
2. 论述奥古斯丁的基督教神学理论及其与中世纪儿童教育的关系。

 拓展阅读

1. 爱德华·麦克诺尔·伯恩斯,菲利普·李·拉尔夫.世界文明史[M].罗经国,等,译.北京:商务印书馆,1987.
2. 汉密尔顿.希腊精神——西方文明的起源[M].葛海滨,译.沈阳:辽宁教育出版社,2004.
3. E.P.克伯雷.外国教育史料[M].任宝祥,任钟印,译.武汉:华中师范大学出版社,1991.
4. 伊丽莎白·劳伦斯.现代教育的起源和发展[M].纪晓林,译.北京:北京语言学院出

版社,1992.

5. 李立国.古代希腊教育[M].北京:教育科学出版社,2010.

6. 普鲁塔克.希腊罗马名人传(上册)[M].黄宏煦,主编.陆永庭,等,译.北京:商务印书馆,1990.

7. 让-皮埃尔·内罗杜.古罗马的儿童[M].张鸿,向征,译.桂林:广西师范大学出版社,2005.

第八章　古代西方学前教育思想

学习目标

1. 掌握柏拉图的学前教育思想。
2. 理解亚里士多德的学前教育思想,并能够合理应用。
3. 了解昆体良在幼儿教学法上的贡献,并能分析其现实意义。

本章导览

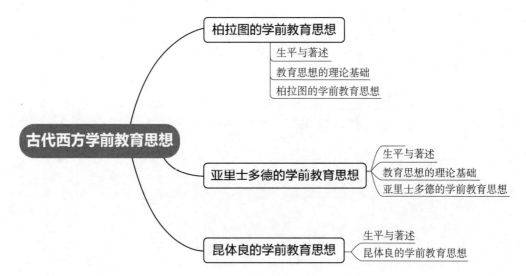

问题提出

婚姻的目的是生育优秀的后代,婚姻是庄严神圣的事情。任何人都没有婚姻自主权,而由当政者来选择配偶。婚姻的目的是生育优秀的后代。国家应该只允许身体健壮的男女结婚。对于优秀人物,结婚的机会应该多多益善,以便他们尽可能多生孩子。凡是不符合健康标准和婚龄规定的婚姻,其所生子女不能享受公民的一切权利。合法生育的婴儿在出生后要接受国家官员的检查,只允许养育健壮的婴儿,生下来就有先天缺陷的婴儿应被抛弃。所有婴儿都归国家所有,由国家统一设立育儿院,负责婴幼儿的抚育。

看到以上观点,你是不是觉得很难理解。但这确实是古希腊著名的思想家柏拉图关于婚姻、儿童及其早期教养的基本观点。柏拉图为何持有这种观点?古代西方社会的其他人又是如何看待儿童及其早期教育的呢?本章将围绕这一基本问题展开。

作为西方文明的摇篮,古希腊和古罗马时期涌现了众多的哲学家和思想家,也孕育了最初的学前教育思想。"古希腊三哲"——苏格拉底、柏拉图和亚里士多德的相关论述为后人留下了宝贵的文化遗产,这一时期的希腊正处于世界文明史上的"轴心时代",理性主义哲学发展到高峰。柏拉图的《理想国》更是被誉为西方教育史上的三大经典著作[①]之首而流传后世;亚里士多德的《政治学》《伦理学》和《论灵魂》启发了有关早期教育的思考;古罗马则出现了伟大的教师和律师昆体良,其著作《雄辩术原理》被誉为西方教育史上第一本教育学专著。他们的学前教育思想在千年后的今天依然闪耀着光芒。

第一节 柏拉图的学前教育思想

一、生平与著述

柏拉图(Plato,前 427—前 347)是古希腊著名的哲学家和教育家,苏格拉底的学生,亚里士多德的老师。他出身于雅典的名门望族,父亲的家系可以追溯到雅典的帝系,母亲是政治家梭伦的后裔,所以柏拉图从小就在一个政治氛围浓厚的家庭中长大,受到了良好的教育。从 20 岁开始,他开始师从苏格拉底。早年的柏拉图曾有投身政治的抱负,但在自己的朋友和老师苏格拉底被寡头统治者们以渎神罪判处死刑之后,他对政治越来越失望,最终转向了哲学研究。40 岁

图 8-1 柏拉图

[①] 另外两本是《爱弥儿》与《民主主义与教育》。

时,他在雅典创办了阿卡德米学园(Academy),授徒讲学,直至 81 岁逝世。阿卡德米学园是古典时期希腊著名的高等学府,吸引了亚里士多德等一大批学生前来求学,学园直到 529 年被罗马皇帝查士丁尼查封为止,存在了 900 多年。

"柏拉图是古典时代著作丰富而作品似乎完整齐全留传下来的唯一作家。"[①]在青年时期,他曾创作大量的文学作品,后来则把思考的重点放在了政治学、伦理学和教育学等领域。留存至今的柏拉图对话录共 36 篇,其中《理想国》和《法律篇》最集中地反映了他的教育理论。《理想国》是柏拉图 40 岁左右完成的作品,其主题是讨论正义。其中,为实现城邦正义和个人正义,他设计了一个以"哲学王"为培养目标的教育计划,其重要组成部分便是学前教育。《法律篇》则是柏拉图晚年未完成的作品,这不仅是他最长的一篇著作,而且包含了他毕生最萦绕于心的题目——伦理学、教育学和法学的最新和最成熟的思想。与《理想国》中的理想主义不同,《法律篇》中描写的是柏拉图生活城邦的日常生活,是严格地注重实际的,其中第二卷和第七卷着重探讨了教育立法和儿童培育问题,突出体现了他的学前教育思想。

二、教育思想的理论基础

柏拉图的教育理论是建立在他的哲学观和社会政治观之上的。在本体论上,他提出了著名的"理念论",认为世界是由现象世界(可见世界)和理念世界(可知世界)组成的。现象世界就是可以感知的物质世界,它是不可靠、不真实、变动不居的,因而是相对的;理念世界即精神世界,它是真实、永恒、不变的,因而是绝对的。现象世界是理念世界的映像,理念才是万物的本原。在所有理念中,最高的理念是善,其次是智慧、勇敢、正义、节制等道德和艺术方面的理念,再次是数学和科学方面的理念,最底层的是具体事物的理念。在认识论上,他提出了"回忆说",认为人由身体和灵魂两个部分组成,人的灵魂是不死的,它先于肉体存在于理念世界之中,一个人"投胎"后,由于肉体的干扰就暂时丧失了对原来理念的记忆,当受到现象世界万物的刺激后,又再次回忆了起来。所以,一切学习都只不过是回忆,而教育就是促使灵魂转向。

在社会政治观上,以斯巴达的社会模式为基础,柏拉图在《理想国》中为我们设想了一个"天上的乌托邦"。他认为,一个最好的城邦最像一个人,而人的灵魂由理性、意志和欲望三个部分组成,所以一个城邦由三种人组成:治国者、护卫者和劳动者。其中,治国者是城邦的统治阶级,他们是神用金子做成的,拥有智慧和理性;护卫者即军人,他们是神用银子做成的,拥有勇敢的美德;劳动者是社会的最低阶级,他们是神用铜铁做成的,具有节制的品质。这三种人各司其职、各守其分,每个人都按照正义的要求生活,共同实现正义的城邦。教育的作用就是培养治国者和护卫者养成各自应有的美德,从而实现最有可能实现的正义。为此,柏拉图提出了一个从胎教到哲学王的教育计划。

---

① A. E. 泰勒. 柏拉图——生平及其著作[M]. 谢随知,等,译. 济南:山东人民出版社,1991:21.

三、柏拉图的学前教育思想

(一) 早期教育的重要性

柏拉图十分重视儿童的早期教育。他认为教育应从幼年开始,"凡事开头最为重要。特别是生物,在幼小柔嫩的阶段,最容易接受陶冶,你要把他塑成什么型式,就能塑成什么型式"①。他认为早年接受的见解总是根深蒂固、不容易改变的。因此,他提出在婴幼儿时期,要十分注重儿童习惯的培养,为儿童性格和美德的养成打好基础。

(二) 优生优育与胎教

柏拉图是西方教育史上最早论述优生优育问题的哲学家和思想家。他对这一问题的见解深受斯巴达教育的影响。从实现理想国的目的出发,柏拉图认为婚姻的目的是生育优秀的后代,婚姻是庄严神圣的事情;任何人都没有婚姻自主权,配偶由当政者来选择。国家应该只允许身体健壮的男女结婚。男子结婚的年龄为 25—55 岁,女子为 20—40 岁。对于优秀人物,结婚的机会应该多多益善,以便他们尽可能多生孩子。凡是不符合健康标准和婚龄规定的婚姻,其所生子女不能享受公民的一切权利。合法结婚生育的婴儿在出生后要接受官员的检查,只允许养育健壮的婴儿,生下来就有先天缺陷的婴儿应被抛弃。所有婴儿都归国家所有,国家统一设立育儿院,负责所有婴幼儿的抚育。

同时,柏拉图认为,一个人在其一生的头五年身体发育最快,身体和精神都有极大的可塑性,而这时候也最需要锻炼,如果错误对待则会造成最持久的伤害,所以"新生婴儿和小孩在母腹中发育时,就应开始"锻炼②。为此,一个孕妇要在整个怀孕期间保持平静、愉快的心情和温和的态度,她必须经常散散步,使婴儿得到锻炼。

(三) 学前教育的管理

柏拉图认为,所有的成年人和小孩,在可能的情况下都必须接受教育,因为他们与其说是属于他们的父母,不如说属于城邦。因此,为了获得城邦需要的精神和品质,儿童的教养不能听任父母任性行事,而应该由国家来负责,即实行儿童公育。

作为教育的监督者,"教育部长"是理想国中最重要的公职,因为"如果他受到一种良好的教育并碰到合适的自然环境,他易于成为一种最神圣和有礼貌的生物。但对他的养育只要是不适当的或者作了误导,那么他将成为世界上最野蛮的动物"③。"教育部长"应当是社会中最杰出的人物,同时"他必须是一个 50 多岁的有子女的人,并且应该被其余的行政官员

---

① 柏拉图. 理想国[M]. 张竹明,译. 南京:译林出版社,2009:63.
② 柏拉图. 法律篇[M]. 张智仁,何勤华,译. 上海:上海人民出版社,2001:204.
③ 柏拉图. 法律篇[M]. 张智仁,何勤华,译. 上海:上海人民出版社,2001:178.

投票从维护法律的团体里选举产生,任期五年"①。

这样,孩子生下来就会被带到托儿所,由国家保姆(护士)抚养。在母亲们有乳汁的时候,由保姆引导她们给孩子喂奶,同时尽量不让她们认清自己的孩子;如果母亲乳汁不够,则由保姆找奶妈。孩子稍大一些的时候,保姆要经常带孩子到农村、庙宇或亲戚家,直到他们茁壮成长到足以用自己的两条腿站立起来;即使那时,保姆仍该坚持带着孩子到处跑,直到孩子3岁,使孩子避免由于经受太大的压力以致幼嫩的四肢弯曲。此外,保姆必须尽可能地身强力壮,而且人数要多。

除了保姆和奶妈之外,法律维护者还设置了监督员对儿童的教育进行监督。监督员由12名妇女组成,她们由负责监督已婚夫妇的妇女们②选出,一个部落选出一人,一次任职一年,负责一个群体。其主要职责是监督那些集合在村庄神庙里的所有3—6岁的儿童以及他们的保姆。这些儿童由保姆看管,要保持良好的秩序,不得干坏事。如果儿童出现破坏规则的行为,会被施以有文字规定的刑罚。

(四)学前教育的分期及其原则

在柏拉图以"哲学王"为目的的整个教育计划中,他把0—6岁作为学前教育时期,并进一步细分为两个阶段,即0—3岁为第一个阶段,3—6岁为第二个阶段。

0—3岁,是学前教育的第一个阶段,也是新生儿最初生长发育的阶段。这个阶段最主要的任务是身体的锻炼,要用习惯培养他的性格,利用不成文的法则培养他的美德。要"给他有益的运动和空气,尤其不许他由于过早走路而伤害自己;尽可能使婴儿像在大海上生活那样上下摆动,给他唱歌以使他免受惊吓,这是为发展勇敢和坚定性格的首要准备工作;必须注意使婴孩保持心平气和,允许他变得躁动不安或者容易发怒,乃是不良道德的开端"③。在这个阶段,笑声、眼泪和大哭大叫是孩子表示他喜欢和不喜欢的方法,这种情况至少持续三年,直到他学会语言。

3—6岁,是学前教育的第二个阶段。在这个阶段,游戏和适度的惩罚是教育必须遵循的两个原则。柏拉图十分重视儿童游戏,他认为应该学习埃及人的做法,让所有的儿童每天在各种神庙里玩耍,"一个孩子在4岁、5岁、6岁,甚至7岁时,他的性格应该在玩耍的时候形成起来"④。依靠他们的天性,孩子发明自己的游戏是最好的。同时,他又强调儿童要参加符合法律精神的正当游戏,而拒绝游戏上的改变,要求立法者对游戏进行监督。他认为儿童游戏的改变是可能影响国家的最大的邪恶因素,因为这样会把儿童变成完全不同于上一代的人,从而使他们要求建立不同的政制和法律。这种自相矛盾的论述是与他的理念论息息相关的。在儿

---

① A. E. 泰勒. 柏拉图——生平及其著作[M]. 谢随知,等,译. 济南:山东人民出版社,1996:681.
② 在柏拉图的城邦里,养育好的后代献给城邦是每对已婚夫妇应尽的义务。据此,当局应设置"妇女委员会"来监督和规劝已婚夫妇在这方面的行为。
③ A. E. 泰勒. 柏拉图——生平及其著作[M]. 谢随知,等,译. 济南:山东人民出版社,1996:683.
④ 柏拉图. 法律篇[M]. 张智仁,何勤华,译. 上海:上海人民出版社,2001:211.

童惩罚问题上,柏拉图认为,为了使他们尽快成熟起来,而不是让他们在败坏中长大,要对他们进行"非侮辱性的惩罚",需要将他们与奴隶区别开来。也就是说,"不该对他们进行过度的惩罚,因为过度的惩罚会在这些已经受到惩罚的孩子身上引起愤怒;而纵容则会让他们变坏"①。

6岁之后,儿童离开了保姆和母亲,管教他们的责任就转给了各门课程的教员。

(五) 文艺教育和体操训练

柏拉图认为,儿童的教育要"用体操锻炼身体,用音乐陶冶心灵",前者服务于人的激情部分,后者服务于人的爱智部分,两者配合得好才能达到和谐的状态。在两种教育的顺序上,他主张先进行音乐②教育,再进行体操训练。

柏拉图认为幼年时期文艺教育至关重要,一个儿童从小受到好的教育,音乐的节奏和声调在他的心灵深处牢牢地生了根,他就会变得温文有礼;如果受了坏的教育,结果就会相反。在实施途径上,儿童可以聆听和学习儿歌、童话和有美德的故事。但是,这些儿歌和故事必须经过国家的审查和甄选,才能教给儿童。之所以如此,是因为在古希腊的诗歌、神话作品中,神人同性同形,他们有许多凡人的缺点,如相互残杀、嫉妒等,而这些与柏拉图要塑造的正义之邦相悖,必须加以剔除。只有故事给儿童以毫无道德瑕疵的榜样,儿童才能养成最优秀高尚的品质,毕竟,"先入为主,早年接受的见解总是根深蒂固不容易更改的"③。此外,他还鼓励母亲和保姆给孩子们讲那些经过审定的故事。在音乐的选择上,也要遵循类似的法律,音乐不可以与社会的正义、德行和美的概念相冲突,要选择伟大而古老的吉祥音乐。

由于受到斯巴达教育的影响,柏拉图人认为,护卫者必须从童年起就接受严格的训练以至一生。最好的体育是那种简单而灵活的体育,尤其指为了备战而进行的那种体育锻炼,其主要目的在于锻炼心灵的激情部分,而不仅仅是为了增加体力。为此,学前期的儿童要饮食得当、生活规律、有充足但不过分多的睡眠,从而能为以后忍受各种艰苦条件打好基础。

(六) 重视游戏对儿童的发展作用

柏拉图是西方教育发展史上第一个对儿童游戏进行理论阐述的人。英国教育史学家拉斯克(R. R. Rusk)和斯科特兰(James Scotland)就曾指出:"儿童对游戏的兴趣和游戏作为教育的一个指导原则在柏拉图那里就已有所阐述。"④柏拉图认为儿童的天性就是需要游戏的,儿童总是爱动,忽而呼喊、忽而跳跃,喜欢尽情欢乐。游戏对儿童的发展有着重要作用,"长大成人后要擅长于做某事的人,必须在幼儿时期就通过游戏认真地进行练习……因此,如果一个男孩想要成为优秀的建筑师,他就应在3到6岁时做建造玩具房屋的游戏"⑤。游戏不

---

① 卡斯代尔·布舒奇.《法义》导读[M].谭立铸,译.北京:华夏出版社,2006:117.
② 在古希腊,听民间艺人弹竖琴、演说史诗故事是民众文化生活的重要组成部分。这里"音乐"一词包括现代意义上的音乐、文学等意,相当于现代的"文化"一词。
③ 卡斯代尔·布舒奇.《法义》导读[M].谭立铸,译.北京:华夏出版社,2006:138.
④ R. R. Rusk. *Doctrines of the Great Educators* [M]. New York: Macmillan Press Ltd, 1979:20.
⑤ 杜成宪,单中惠.幼儿教育思想史[M].北京:人民教育出版社,2010:200.

仅仅是涉及儿童玩耍和娱乐的小事情,还与儿童道德的养成和国家秩序的稳定有着密切联系。在柏拉图看来,如果给儿童安排同样的游戏,采用同样的游戏方式,使其爱好相同的玩具,那么儿童就会形成固定的行为习惯,养成节制、顺从、公道的美德,使国家庄严的制度和稳定的秩序也会巩固并保持下去。但如果游戏方式常有新的变化,就会对国家产生大的危害。

柏拉图是西方教育史上最伟大的教育家之一,西方学前教育思想的奠基人,他对教育问题的诸多思考成为后世教育思想发展的滥觞。他主张优生优育和胎教;提出了公共学前教育的思想,并对学前教育的管理提出了相应的设想;强调游戏对儿童和国家的重要意义;重视儿童的音乐文艺教育,并特别提出了故事的审查和甄选问题。这些思想是教育性教学思想的萌芽。这些开创性的观点在西方学前教育史乃至世界学前教育史上都具有重要意义。

第二节 亚里士多德的学前教育思想

一、生平与著述

图 8-2 亚里士多德

亚里士多德(Aristotéles,前384—前322)是古希腊伟大的哲学家、科学家、思想家,西方学问的第一位集大成者,柏拉图的学生,亚历山大大帝的老师。他生于马其顿边区色雷斯的斯塔基拉城,父亲是一名医生,曾经做过马其顿国王阿敏塔斯二世(亚历山大的祖父)的御医,母亲法伊斯提斯来自优卑亚岛的哈尔基斯,是爱奥尼亚的土著。亚里士多德从小生活在对科学和哲学感兴趣的家庭,接受了良好的早期教育。公元前367年,17岁的亚里士多德来到雅典,先进入伊索克拉底的雄辩术学校学习,后又转入柏拉图的学园,进入科学组学习。此后20年间,他都在柏拉图的阿卡德米学园学习和研究,这一时期对他产生了决定性的影响。柏拉图去世后,由于雅典与马其顿之间的政治纷争,雅典境内反马其顿情绪高涨,作为马其顿人,亚里士多德面临多方压力,于是他离开了阿卡德米学园到小亚细亚一带游历。公元前343年,应马其顿国王菲利普二世的邀请,亚里士多德来到米耶萨,担任亚历山大大帝的老师,前后历时7年。公元前336年,亚里士多德返回雅典,创办了吕克昂(Lyceum)学园,讲授诸学,使这所学园成为当时希腊的哲学和科学中心。公元前322年,亚里士多德因病逝世。

亚里士多德一生著述颇丰,据统计有146部之多,其涉及的领域也极为广泛,包括物理学、形而上学、植物学、动物学、逻辑学、政治学、伦理学及美学等,其中流传下来的主要是一些讲稿和材料,正是这些讲稿和材料奠定了西方学术的基本形态。由于亚里士多德在西方文明史上的卓越贡献,马克思称之为"古代最伟大的思想家",恩格斯称之为古希腊"最博学的人",具有"百科全书式的兴趣"。在教育理论上,他主张国家负责全体公民的教育;儿童教育的课程包括读写、音乐和体育;用习惯养成美德并加以强化是德育的方法;天性、环境和教育的相互作用共同塑造一个人。其教育理论主要体现在《政治学》《伦理学》《论灵魂》等著作当中。

二、教育思想的理论基础

在对世界本原的认识上,亚里士多德反对柏拉图的"理念论",承认物质世界的客观存在,认为理念并不能解释物质世界,事物是理念的摹本。他认为,任何事物都是质料和形式的统一,质料含有发展的可能性,只是由于形式的作用它才转化为现实,发展即是质料形式化的过程。这些都体现出唯物主义的一面,也为教育上的"内发论"提供了理论源泉。在认识论上,他认为认识来源于经验和感觉,而经验和感觉是理性思维的源泉,但同时他认为,真理只有通过理性活动才能获得,这体现了他在认识论上的矛盾之处。

在社会政治观上,亚里士多德认为"人天生是一种政治动物",每个人都只有在一定的社会中才能生存。一个城邦的最高职责在于公民的幸福生活,为此,城邦要保持一定疆域和适量的人口数,维持社会等级制度,并给全体公民以合适的教育。在亚里士多德看来,最好的政治社会是由中等阶级的公民组成的,太富的人既不愿意也不会服从政府的法令,太穷的人又太下贱了,唯有中产阶级最能体现正义和智慧,中产阶级占多数的社会才最为稳定,在政体上即体现为共和制。他不赞成柏拉图提出的儿童公育的观念,提出从出生到7岁的学前儿童要在家庭里接受父母的养育,7岁之后儿童再接受集体教育,但他赞同柏拉图所说为儿童选择的故事材料要接受审查的观点。

在灵魂论上,亚里士多德接受并发展了古希腊关于灵肉二分的思想,认为灵魂与肉体就像形式与质料一样不可分割,其中灵魂尤为重要。他进一步把人的灵魂分为三个部分,即植物灵魂、动物灵魂和理性灵魂。植物灵魂即身体的生理部分,动物灵魂指人的感觉、欲望和运动能力,而理性灵魂指人的理性和思维能力。人类的灵魂是三种灵魂的统一。为此,教育也要从三个方面进行,即体育、德育和智育,这三个方面配合一致才能达到教育的目的。

三、亚里士多德的学前教育思想

(一) 婚姻生育、胎教和儿童政策

亚里士多德认为,既然立法者开始考虑如何使他所教养的儿童的体格充分强健,他首先要注意的便是有关婚姻的问题。他认为,女子应在18岁左右结婚,而男子则应在37岁结婚。如此,则他们都在壮年,且双方体力之衰退亦将在同时。结婚的季节宜选在冬季。早婚容易造成婴儿身体的软弱和少女的死亡,因此,应避免过早结婚。到54或55岁时,男女便应停止生育,因为太老的人和太年轻的人所生的儿童身心都有缺陷。另外,父母与子女的年龄不能相距太近,也不能相距太远,太近则不利于子女形成对父母的尊重感,且容易发展争端;太远则会造成亲子关系的淡漠,且父母对子女也帮不上什么忙。[①]

---

① 亚里士多德.政治学[M].颜一,秦典华,译.北京:中国人民大学出版社,2003:261.

为保证儿童体格的强健,父母的体格应介于运动家的体格和虚弱或精力衰弱的人的体格之间;应能习惯于劳力,但也不能过度,且不应限于一种,他们应当能做自由民的一切操作。对于孕妇而言,她们应自己保重,多注意运动,要摄取富于营养的食物。立法者要用法律条文来要求孕妇每日步行到神庙礼拜生育之神。同时,她们的心理,不像她们的身体,应能保证安静,"因为子息的天性多得之于其母,有如植物得之于土壤"[①]。已婚的夫妇要向医生和自然哲学家学习生育方面的知识。

在儿童的抚养和遗弃问题上,亚里士多德认为畸形残疾儿童应被抛弃,除非适龄儿童人数过少。但是,当国家公认的习俗禁止这种措施时,就不应遗弃任何儿童。他还提出了堕胎的问题,认为如果一对夫妇孩子过多,可以在胎儿未有感觉与生命之前堕胎,这样做是否合法,就在于胎儿有无感觉与生命。

(二) 适应自然和儿童教育的年龄分期

在西方教育史上,亚里士多德首次提出教育适应自然的主张。他认为,"教育的目的及其作用有如一般的艺术,原来就在效法自然,并对自然的任何缺漏加以殷勤的补缀而已"[②]。在灵魂论的基础上,他根据儿童的生理和心理上的自然差异划分了教育阶段,并制定各个阶段的教育任务。他把人从出生到21岁的教育,以7年为期划分了三个阶段:0—7岁为学前教育期,教育在家庭里进行,主要施行身体的锻炼;7—14岁为青春期,孩子被送往学校就读;14—21岁为第三个时期,孩子仍在学校学习。

在学前教育期中,亚里士多德又进一步细分为两个时期,0—5岁为第一个时期,5—7岁为第二个时期,并对每个时期儿童的保育和教养提了具体的建议。

(三) 婴幼儿的保育和教养

初生婴儿的抚育方式对其体力发展有很大的影响,为此,父母要在饮食、运动方面多加注意。在食物上,要给儿童吃含乳分最多的食物,因为它最适于人类;为了避免生病,儿童食物中含酒精愈少愈好。在运动方面,为保护脆弱肢体免于骨骼弯曲,可以借助器械使其身体正直;让儿童在幼年习于寒冷,可以使儿童变得坚强,适于兵役;要用充分的活动来避免肢体不灵,方法之一就是游戏,但游戏不应是鄙俗的、易使人疲倦的或无男子气概的。在智力开发上,亚里士多德认为在此期间,"不应要求儿童学习课业或工作,以免妨碍其发育"[③]。但是,儿童可以听一些神话和故事,这些故事大部分应是对他们以后要认真从事的事业的模仿,且必须经过教育官员的细心遴选。在这一时期,儿童大哭大叫是不可避免的,那些试图阻止儿童哭喊大叫的人是错误的,因为放声号哭有助于扩张他们的肺部,也就促进了其发育,锻炼了他们的身体。总之,这一时期儿童的身体锻炼是最为重要的,不管是游戏、故事还

---

① 张法琨. 古希腊教育论著选[M]. 北京:人民教育出版社,2007:281.
② 张法琨. 古希腊教育论著选[M]. 北京:人民教育出版社,2007:283.
③ 张法琨. 古希腊教育论著选[M]. 北京:人民教育出版社,2007:282.

是饮食都要以不妨碍儿童身体的强健为鹄的,课业的学习不在儿童教养的范围之内。

当儿童过了五岁,在六七岁时,则应把课业的学习提上日程,必须注意此后所要学习的东西。此时,儿童可以旁观人们正在做的那些他们将来要从事的工作。这一时期还要十分注意儿童良好道德习惯的养成。他认为人的道德品质由天性、习惯和理智三部分组成,而习惯的形成主要通过行动,而且"所有能够通过习惯适应的事物,都以及早开始培养这一习惯为宜"①。为了培养儿童的道德品质,亚里士多德还十分注意环境对儿童的耳濡目染的作用。为此,他认为,要使儿童尽可能少地与奴隶接触,以免"近墨者黑",形成下贱的品性。他提出,为避免儿童沾染下流习气,需要取缔不洁语言,甚至舞台上的下流形象和语言也不准儿童观看和听闻。

(四) 体育和音乐教育

亚里士多德非常重视体育,与柏拉图提出的先进行音乐教育再进行体育教育的施教顺序不同,他认为人的身体是先于灵魂出现的,心灵和理智依赖于健全的、健康的、充分发展的身体,故而身体的锻炼要放在音乐教育之前。"当儿童生下来后,就开始体格训练,贯穿一生",②这种操练应该是比较柔和的,要避免粗劣的膳食和痛苦的劳作,以免因过度训练而损害儿童的身体。

音乐教育也十分重要,亚里士多德认为音乐教育是一种包含善与美的自由教育。它具有塑造性格的力量,可以发展儿童的欣赏力和理解力,还能提高他们的鉴别力和适应力。因此,儿童应该从幼年就开始练习音乐,从而达到不仅能够评判乐曲和节奏的优劣,还能成为演奏者的程度。在音乐的选择上,为了实现教育的目的,他认为应该选择伦理性的曲调和旋律。他不赞成为参加竞赛而刻苦进行技术训练,也不赞成追求惊奇和高超的表演,相反,他认为应以儿童能够达到欣赏高雅的旋律和节奏的水平为限。

亚里士多德的学前教育思想在很多方面承袭了柏拉图的观念,如重视胎教、重视儿童游戏和故事选择、重视音乐教育等。与此同时,他也注意了灵魂的非理性部分在教育中的意义,即强调感觉、情感等在儿童的发展中的作用;强调习惯和环境对儿童道德品质养成的重要作用;强调教育要适应自然并对自然的缺漏进行弥补。这些都对后世学前教育思想和实践的发展产生了重要影响,尤其是教育适应自然原则成为后世自然教育理论的思想来源。

第三节 昆体良的学前教育思想

昆体良的学前教育思想表现出鲜明的古罗马特色,他不注重哲学家的培养,而注重雄辩家的养成;他不从形而上的角度思考问题,而从社会的实际需求出发培养有用人才;他详细

---

① 亚里士多德.政治学[M].颜一,秦典华,译.北京:中国人民大学出版社,2003:264.
② S.E.佛罗斯特.西方教育的历史和哲学基础[M].吴元训,等,译.北京:华夏出版社,1987:76.

论证了教学的原则及其基础,而不仅仅是提出教育理论和理想。

一、生平与著述

图 8-3　昆体良

昆体良(Quintilianus,35—100)是古罗马帝国时期最著名的教育家兼律师。他出生于时为罗马帝国海外行省的西班牙,故乡位于卡拉格雷斯(Calagurris)的一个小镇。他的父亲在罗马教授雄辩术,颇负盛名。少年时期的昆体良曾在罗马著名文法教师缪斯·帕利门处求学,文法学习结束后曾给罗马的著名雄辩术教师兼律师多米提乌斯·阿弗尔(Domitius Afer)当助手。后来,为实习他的雄辩术和法学,昆体良回到西班牙,并在此从事律师业务。公元68年,由于受到总督加帕的赏识,他被再次带往罗马。他的事业从此开始,并成功地成为一名辩护律师,同时受命主持拉丁语雄辩术学校——古罗马历史上第一次开办的由国库支付薪金的两所高等学校之一(另一所是希腊语雄辩术学校)。此后,他一直担任这一公职,直至公元90年左右退休。他的学生中有著名的诗人尤维纳利斯和史学家塔西陀,小普林尼也可能是他的学生。退休后,他忍受丧妻失子之痛,接受好友的建议,着手撰写《雄辩术原理》。

公元94年前后,他完成了12卷本的巨著《雄辩术原理》(又译《论演说家的培养》),并于两年后发表。本书专门探讨了如何培养一个"善良的、精于雄辩的人"的问题,但其中对儿童的心理和生理的认识、对教学的一般原理,尤其是教学法的论述,已经远远超出了培养雄辩家的目标而具有更加普遍的意义。因而,《雄辩术原理》被称为古代西方第一本教学法论著。"昆体良是古代希腊、罗马教育经验的集大成者,是夸美纽斯以前西方最杰出的教学法学者"①,其学前教育思想主要体现在这本著作中。除了这部鸿篇巨制之外,昆体良还发表了《论罗马雄辩术衰落的原因》一文,但今已不可寻。此外,还有一篇在法庭上为诉讼当事人辩护的辩护词和两卷由学生记录的演说词。

二、昆体良的学前教育思想

在帝国时期,雄辩术虽然有衰落的迹象,但社会对雄辩术学校的需求依然十分强烈。昆体良在吸取古希腊教育思想和实践经验的前提下,基于自己20多年的从教生涯,提出了培养雄辩家的教育设想。在《雄辩术原理》第一卷第一章中,他专门讨论了儿童早期教育的重要意义,以及学前教育的内容和方法等问题,主张学前期儿童在家接受家庭教育。

(一)论学前教育的必要性与可能性

昆体良认为,早期教育对儿童影响很大,对未来雄辩家的教育应当从襁褓中就开始,而

---

① 李明德,金锵.教育名著评介(外国卷)[M].福州:福建教育出版社,2008:15.

且越早开始越好,"当儿子刚一出生的时候,但愿作父亲的首先对他寄以最大的希望,这样,才会一开始就精心地关怀他的成长"①。这种对早期教育的重视,源于他对儿童的天赋才能的极大信心。他高度评价儿童的学习能力,认为儿童是可教的,"大多数人既能敏捷地思考,又能灵敏地学习,因为此种灵敏是与生俱来的。正如鸟生而能飞,马生而能跑,野兽生而凶残,唯独人生而具有敏慧而聪颖的理解力"②。那些天生有缺陷的"下愚之人"只是少数,绝大部分儿童都可以通过教育而成长为人,接受了教育而一无所获的人是没有的。

(二) 家庭和环境在早期教育中的意义

昆体良十分重视儿童的生长环境的影响,"我们天生能历久不忘孩提时期的印象,如同新器皿已经染上气味,其味经久不变,纯白的羊毛一经染上颜色,其色久不能改",为此,他对围绕儿童周围的保姆、父母和教仆都提出了相应的要求。保姆是儿童首先要接触的人,最易成为他们模仿的对象,父母要慎重选择保姆,她应当谈吐有礼,道德上没有瑕疵,语言运用必须正确,最好是受过教育的妇女;父母尤其是母亲则要有尽可能高的教育水准,即使没有很高的教育水平,也要对孩子的教育多加注意。

教仆,顾名思义就是兼具教师和仆人身份的人。教仆的拉丁语表述是"paedagogi",它指的是"一名监督和陪同男孩上学的奴隶或随从",现代英语中的教育学(pedagogy)一词源于此。在古罗马,许多家庭尤其是贵族家庭以古希腊人充当教仆。他们通常是被俘虏的希腊奴隶或后来解除奴隶身份的自由民,地位十分卑微,但是凭借其文化优势,他们在古罗马的儿童教育中占有一席之地。通常,古罗马的儿童离开保姆和父母之后,教仆就成为教养儿童的重要人物,他们的职责包括监督儿童的道德培养、接送儿童上学、保护安全、携带学习用具以及辅导功课等,这在某些方面与我国古代贵族私塾中的"陪读"类似。教仆一般都应该受过良好的教育,有良好的道德品质,以防止他们影响儿童的道德发展。

(三) 论学前道德教育

昆体良十分重视雄辩家的道德养成,他认为完美的雄辩家的第一个特征就是善良,如果用雄辩才能去支持罪恶,那就无疑是为强盗提供武器。因此,从一开始就要注意儿童的道德品质的培养,"在幼稚无知的年龄,当他还不知道弄虚作假,最愿意听从教师的教育时,是最容易受到熏陶的"③。娇生惯养会败坏儿童的道德,造成身体上和精神上的堕落,因此在家庭中应该避免溺爱。儿童天性活泼,游戏是实施教育的一种方法,但是要注意游戏中的道德品质教育,要教导儿童决不能养成自私、无耻和失去自制的坏品性。

(四) 论学前双语教育

在古代西方教育史上,昆体良第一次提出了双语教育的问题。他要求儿童从小就要学

---

① 任钟印.昆体良教育论著选[M].北京:人民教育出版社,2001:9.
② 任钟印.昆体良教育论著选[M].北京:人民教育出版社,2001:9.
③ 任钟印.昆体良教育论著选[M].北京:人民教育出版社,2001:26.

习希腊语和拉丁语。在两种语言的学习顺序上,一方面,昆体良把希腊语放在拉丁语之前,主张最好一开始先学希腊语,因为拉丁语是古罗马的通用语言,儿童可以通过周围的环境习得。而且,因为古罗马的许多学问都是来自古希腊的遗产,因此他必须首先学习希腊的学问,而这就需要用到希腊语。另一方面,昆体良又认为,不必顽固地坚守这种规则,因为正在学习的语言与环境中应用的语言的不同会造成语言运用和发音上的许多错误,所以,紧接着就要学习拉丁语,然后很快地与希腊语同时并进。这样,在学习过程中,对两种语言予以同样的注意,就不会使一种语言对另一种语言造成干扰。

(五) 论学前教育中的知识学习

在"学前期儿童是否应该学习文化知识"这一问题上,昆体良反驳了7岁之前不能胜任学习的传统论断,认为7岁之前的儿童记忆力强,此时的学习能为青少年时代的学习打好基础。因此,"早期年龄阶段的光阴不要浪费","即令学习到的东西不太充分,也不要因此就根本不去学习"[1]。但是,这种学习不能使儿童负担过重,从而讨厌学习,相反,要使最初的教育成为一种娱乐,激发儿童的学习欲望,"要特别当心不要让儿童在还不能热爱学习的时候就厌恶学习,以至在儿童时代过去以后,还对初次尝过的苦艾心有余悸"[2]。

那么,儿童学习的内容有哪些呢?昆体良从儿童的识字、书写、发音、阅读等几个方面进行了论述。①所谓识字[3]主要是学习字母的形状、名称和顺序。昆体良认为,最好的方法是同时教他们认识字母的形状和名称,正如教他们同时认识人的相貌和名字一样。在具体方法上,他主张用儿童"能叫出其名称并可使他增加愉快感的任何东西给他玩",如带有字母的象牙人像,通过直观的接触来认识字母。②书写也可称为书法,这是雄辩家学习的内容之一,必须经常练习以致形成习惯。对于儿童来说,教师可将字母尽可能正确地刻写在木板上,指导儿童用铁笔沿着笔画的沟纹去写,如同在蜡版上写一样,这样可以防止出错。③在发音学习上,他认为要通过反复练习和记忆把所有音节都学会,并且保证每个字母的发音准确、吐音清晰。绕口令是练习发音的好方法。在此基础上,儿童可以阅读简单的句子或材料。④在阅读时,首要的要求是准确,其次是连贯,然后再是先慢后快。供练习的材料如格言、诗歌等应该包含道德教育价值。

(六) 论学前教学原则

教学法是昆体良教育理论的一大特色,他认为,在教学中"方法是最重要的,最有学识的人也懂得最好的教学方法"[4]。在学前儿童教学方法上,他提出了诸多在今天看来依然充满智慧的教学原则。

---

[1] 任钟印.昆体良教育论著选[M].北京:人民教育出版社,2001:14.
[2] 任钟印.昆体良教育论著选[M].北京:人民教育出版社,2001:14.
[3] 希腊语和拉丁语都属于印欧语系,属字母文字,昆体良所谓认字也就是认识字母组合,这与作为象形文字的汉字是不同的。
[4] 任钟印.昆体良教育论著选[M].北京:人民教育出版社,2001:69.

第一，适应自然原则。自然即天性，昆体良认为这是儿童能够接受教育的前提，如果顺应一个人的自然天性进行精心的培养，天性就能获得更大的力量；如果违背一个人的自然天性而教，他就不可能在学业中取得成就。同样地，每个儿童因其天性不同，所擅长的科目也不一样，教学要因势利导。

第二，量力而行原则。面对一个学生，教师首先要做的是弄清他的能力和天赋素质，如果一个学生头脑尚未成熟，就"不要使他负担过重，要节制自己的力量，俯就学生的能力"①。因为学生不理解的东西，是不能进入他们的头脑的。如同一个走路很快的人，如果他恰好和一个小孩走在一起，他就会用手牵着小孩，放慢自己的步伐，不能走得太快，免得他的小同伴跟不上。

第三，因材施教原则。昆体良充分注意到儿童之间的个体差异，认为"各个人的才能有着不可思议的差别，人心之不同，各如其面"②。有些儿童是懒惰的，除非你加紧督促；有的儿童不能忍受管束；恐吓能约束一些儿童，却使另一些儿童失去生气；有的儿童需要长期的用功才能塑造成人，而另一些儿童通过短期的努力却能取得更大进步。为此，教师就需要长善救失。

第四，劳逸结合原则。一方面，昆体良认为儿童不应以疲劳为苦，但是也主张应当允许儿童有些休息，儿童休息后会用更旺盛的精力和清晰的头脑来学习。在他看来，不管是成人还是儿童都经受不住持久的劳累，且只有儿童主动学习才能真正达到学习的目的，在需要休息的时候强迫他学习只会适得其反。另一方面，昆体良认为休息应是有限度的，过度则养成懒惰的习惯，不及则使他厌恶学习。所以，教师可以指导儿童把一天的时间加以划分，用于各种不同功课的学习，如阅读与书写可交替进行。

(七) 论体罚

针对古罗马社会普遍流行的鞭笞儿童的流俗，昆体良明确提出反对体罚儿童，"对于如此纤弱、如此无力抗拒虐待的幼年，任何人都不允许滥用权威"③。其一，在他看来，体罚是一种不光彩的惩罚，是对儿童的一种侮辱；其二，体罚会使儿童产生负面的情绪体验，如压抑、消沉、沮丧等，造成恐怖心理，不利于儿童心理的成长；其三，如果儿童的行为倾向卑劣到不能以斥责矫正，那他就会对鞭笞习以为常，从而无法起到惩罚的目的；其四，如果有人经常耳提面命，督促他学习，惩罚就完全没有必要；最后，幼年时期体罚他，等到年长的时候，他对体罚就会麻木不仁，当他又有更困难的功课要学习，做教师的就只能束手无策了。在"无体罚无教育"观念占支配地位的古代社会中，昆体良在公元1世纪就提出反对体罚，显得十分难能可贵。

昆体良的学前教育思想以培养雄辩家为目标，提出了许多符合教育规律的见解，具体而

---

① 任钟印.昆体良教育论著选[M].北京:人民教育出版社,2001:23.
② 任钟印.昆体良教育论著选[M].北京:人民教育出版社,2001:88.
③ 任钟印.昆体良教育论著选[M].北京:人民教育出版社,2001:27.

又实用。他对儿童学习能力的充分肯定打破了古罗马的传统偏见;他根据对儿童的心理和生理发展的观察提出了许多充满智慧的教学原则;他对儿童周围环境的强调表现出对当时家庭教育现状的不满;他反对体罚的观点在今天的学前教育中仍有警醒意义。1416年,他的《雄辩术原理》在遗失一千多年之后被人文主义者发现,该书一经出版就立即大放异彩,影响了19世纪之前的学前教育实践和教育思想。

思考与练习

一、填空

1. 在西方教育史上,_____最早提出了优生优育的幼儿教育体系。
2. 被称为古代西方第一本教学法论著的是_____的_____一书。
3. 亚里士多德提出的幼儿年龄分期是_____。

二、选择

1. (　　)是古代西方第一个提出学前教育思想的教育家。
   A. 亚里士多德　　　B. 柏拉图　　　C. 昆体良　　　D. 苏格拉底
2. 根据亚里士多德的意见,5—7岁儿童教育的主要任务是(　　)。
   A. 良好习惯的养成　　　　　　　B. 身体锻炼
   C. 做游戏　　　　　　　　　　　D. 身体发育
3. 在西方教育史上,第一个提出幼儿双语教育的教育家是(　　)。
   A. 古罗马的昆体良　　　　　　　B. 捷克的夸美纽斯
   C. 古希腊的昆体良　　　　　　　D. 古罗马的西塞罗

三、简答

1. 简述柏拉图有关儿童优生优育的思想。
2. 昆体良为体罚儿童列出了哪些罪状?
3. 简述亚里士多德学前教育分期的思想。

四、论述

1. 试论述柏拉图的学前教育思想及其影响。
2. 试分析昆体良学前教育思想的现实意义。

拓展阅读

1. 柏拉图.理想国[M].张竹明,译.南京:译林出版社,2009.
2. 昆体良.昆体良教育论著选[M].任钟印,选译.北京:人民教育出版社,1989.
3. N.帕帕斯.柏拉图与《理想国》[M].朱清华,译.桂林:广西师范大学出版社,2007.

4. 王卫华.论教育的实践性——来自亚里士多德实践哲学的视角[J].教育学报,2007(04):19—23.

5. 杨志.正义的教育——柏拉图《理想国》导读[J].教育科学研究,2012(1):77—79.

6. 张法琨.古希腊教育论著选[M].北京:人民教育出版社,2007.

第九章　近代欧美主要国家和日本的学前教育发展

 学习目标

1. 了解近代欧美主要国家——英、法、德、美、俄和日本的学前教育产生的背景及发展历程。
2. 掌握近代各国学前教育主要教育机构的名称及发展特点。
3. 从宏观上理解近代欧美主要国家学前教育发展的特点。

 本章导览

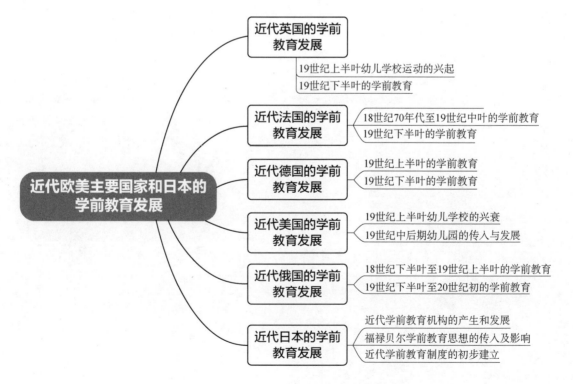

问题提出

在中国学前教育发展历史中,我们曾提到清末民初西方近代学前教育思想传入中国,尤其是福禄贝尔学前教育思想在中国的引入。那么在西方近代社会,各个主要国家的学前教育又是如何产生、发展的呢?和今天的学前教育相比,当时的学前教育实践和政策又是什么样的呢?本章将就此展开。

在资产阶级产业革命之前,西方学前教育的主要形式依然为家庭教育,专门的学前教育机构并未出现。近代产业革命以后,各国增设了不少孤儿院、育婴堂等收容幼儿的机构,多带有慈善救济的性质,无多少教育意义可言。18世纪下半叶到19世纪末是近代学前教育制度产生和发展的重要时期。19世纪上半叶,欧文(Robert Owen,1771—1858)及其弟子创立的幼儿学校独领风骚;19世纪下半叶,西方各国学前教育的发展则主要受福禄贝尔幼儿园的影响;到19世纪末,学前教育在西方各国教育制度中已初步确立了其基础地位。

第一节 近代英国的学前教育发展

1640年,英国发生了资产阶级革命,成为最早建立资本主义制度的国家。在英国19世纪上半叶的幼儿学校运动中,最著名的有欧文的幼儿学校和怀尔德斯平(Smuel Wilderspin,1792—1866)的幼儿学校,在世界范围内产生了重要影响。19世纪下半叶英国的学前教育则主要受福禄贝尔幼儿园的影响,并呈现一些新的特点。

一、19世纪上半叶幼儿学校运动的兴起

(一)背景

18世纪60年代,英国率先开始了以蒸汽机的诞生为标志的第一次工业革命。工业革命推动了生产力的巨大发展,但同时也带来巨大的社会变革。无产阶级登上了历史舞台,劳资关系拉开了帷幕。资产阶级依靠先进的生产技术大力发展生产,彼此展开激烈的竞争,从劳动人民身上榨取巨额财富。资产阶级贪得无厌地追求利润最大化,使得低工资的女工和童工的人数激增。这导致幼儿以及幼儿教育问题日趋严重,主要表现为三个方面:第一,幼儿的健康和保护问题凸显。这是当时存在的首要问题。劳动妇女早出晚归,无暇照顾孩子、哺育婴儿。当时生活贫困,居住环境恶劣,劳动阶级的幼小子女普遍缺乏基本的营养以及必要的保护。这些原因直接导致婴幼儿的大量死亡。恩格斯在《英国工人阶级状况》中曾运用大量详实的数字揭露了当时英国劳动阶级子女的悲惨遭遇。如"像曼彻斯特(Manchester)这个地方……工人的孩子有57%以上不到5岁就死亡","在其他工业城市,每万人死亡者中,5岁

以下者,利兹(Leeds)占 5 286 人,普雷斯顿(Preston)占 947 人","死亡数字之所以会这么高,主要因为工人阶级的孩子死亡率高"[①]。第二,让童工提前接受文化知识已经成为一种社会需要。工业技术的变革,迫切要求一批掌握一定的文化技术知识的劳动者。由于广泛使用童工,劳动阶级子女受教育机会很少,因此将初等教育的学习内容提前到学前阶段来学习,让童工提前接受一定的教育培训,这成为英国当时幼儿教育的基本特征。第三,幼儿道德堕落,成为社会问题。父母长时间工作,其幼小子女处于无人管教的状态。他们往往放任自流,甚至流落街头,极易受到坏人引诱,导致道德堕落。以上种种问题,使得幼儿教育日益受到关注。

(二) 幼儿学校运动的开展

近代英国幼儿教育是以欧文于 1802 年在苏格兰的纽兰纳克(New Lanark)创办的幼儿学校为起点的。欧文创办的幼儿学校,为训练工人阶级后代的幼儿教育进行了最早的尝试。此后,不少有识之士纷纷效仿,形成了英国幼儿学校运动。

1818 年,兰斯登(Lansdowne)侯爵以及布鲁汉姆(H. Brougham)勋爵等英国上流人士在伦敦威斯敏斯特(Westminster)开办了第二所幼儿学校,并邀请欧文幼儿学校的教师布坎南(James Buchanan)担任校长。1820 年,怀尔德斯平(Smuel Wilderspin)夫妇又在伦敦斯平脱场开办了第三所幼儿学校。这两所学校的开办,标志着教育上的一种新型机构从苏格兰工业小镇的个案迁移到了英国首都人口密集的劳工地区。

1825 年,在英国一批开明政治家、银行家及上层官吏的发起和组织下,成立了"伦敦幼儿学校协会"。这个协会试图在整个国家普及幼儿学校,并大力开展相关的普及宣传活动。虽然这个协会在 1829 年由于各种原因被解散,但其对英国幼儿学校的普及是具有相当大的历史意义的。1836 年,成立了"英国及殖民地幼儿学校协会",该协会致力于通过培养和供给幼儿学校教师来振兴学前教育事业,对于近代英国学前教育在数量和质量方面的发展都发挥过积极的作用。19 世纪 50 年代的英国,5 岁以下的幼儿约有 12.17% 进入幼儿学校,这充分显示了幼儿学校运动的巨大影响力。这一运动的影响持续了近 30 年之久,并波及欧美各国。

(三) 英国政府的幼儿学校政策

英国政府的幼儿学校政策,是围绕着国库补助金的发放和接受敕任督学官的检查而展开的。英国国会在 1833 年开始实行国库补助教育政策,承担劳动大众教育的幼儿学校本该成为其补助对象,但由于大多数幼儿学校都不属于补助金交付团体的两大协会(即全国贫民教育促进会和不列颠及海外学校协会),而且这两大协会都轻视学前教育,所以在 1839 年枢密院教育委员会成立之前,学前教育并未在国库补助政策中受益。1840 年,枢密院教育委员会宣布不通过两大协会也可以得到国库补助,这时,幼儿学校才成为国库补助的对象。同年

[①] 恩格斯.英国工人阶级状况[M].中共中央马克思恩格斯列宁斯大林著作编译局,译.北京:人民出版社,1956:150—151.

8月,枢密院教育委员会视学官首次发出关于幼儿学校检查项目的训令,包括学校设备、娱乐和身体锻炼、劳动、艺术模仿、学习音标、自然常识、阶梯教室的教学和纪律等34个项目。从视学官提出的这些项目,便可以看出官方对当时大多数幼儿学校的设施、设备以及教育内容和方法的态度。此外,为了确保幼儿学校教师的充分供给,枢密院教育委员会于1853年制定了"有资格的教师"和"注册教师"的等级和考核制度。英国政府通过教师资格的考试、考核规定来促进幼儿学校教师质量的提高。

综上所述,在19世纪中叶,英国政府通过国库补助政策、幼儿学校教师资格考试、考核规定以及对幼儿学校的多方面督查,开辟了近代英国学前教育管理制度的道路,并有力地影响了世界各国学前教育的发展。

二、19世纪下半叶的学前教育

19世纪下半叶英国学前教育的发展,主要表现为福禄贝尔幼儿园的引入、发展以及初等国民教育制度的形成。19世纪50年代为福禄贝尔幼儿园在英国的初步发展时期;60年代后,其发展受政府政策的影响一度受阻;70年代后才步入正轨。

(一) 幼儿园的引进与受阻

19世纪50年代初,德国流亡政治家伦吉(Johannes Ronge)夫妇将福禄贝尔幼儿园引入英国。1851年,伦吉夫妇在英国设立德语幼儿园。1854年又设立英语幼儿园,开始改用英语进行教学。1854年伦敦举办了一次教育博览会,伦吉夫人赴会发表演讲,引起巨大反响。为了解答来幼儿园参观的人的问题,他们出版了《英语幼儿园入园手册》一书。从19世纪50到90年代,这本书先后发行了十多版。1855年,伦吉夫妇开设了福禄贝尔初等学校。这所学校作为幼儿园的延伸,打破了传统的课程模式,提倡对儿童进行创造性和理想性的教育,强调发展儿童的个性。

1861年,伦吉夫妇回国。同年,英国政府公布经过修订的教育法规,宣布以读、写、算学力测验成绩来决定得到国库补助金额的多少。这是一个企图减少补助的政策,在这个政策的引导下,英国教育界一片混乱,各类学校都要通过加强知识教学来争取政府补助。因此,不注重读、写、算教学的幼儿园遭到打击,一度处于停滞状态。

(二) 幼儿园的复活与发展

英国于1870年颁布《初等教育法》,并宣布创办公立小学;19世纪80年代又出台了《义务教育法》,形成了儿童从5岁开始接受初等义务教育的规定。自此,英国初等国民教育体系初步形成,英国的学前教育被纳入初等教育国民教育体系中。《初等教育法》所倡导的自由主义精神使福禄贝尔教育再获生机,学力测验作为指挥棒的影响开始淡化,幼儿园重新获得发展动力。1874年,在伦敦成立了福禄贝尔协会。1875年,该协会开设幼儿园教师培训所和幼儿园。1876年,该协会开始实行幼儿园教师资格考试。考试分为预备考试和正式考试两部分，前者包括读、写、算、英语文法、文学、地理、历史等；后者除了这些基础课外，还要考教育学、教育史、体育法、福禄贝尔著作、几何学、生物学、物理学、幼儿园作业及教学等。伦敦福禄贝尔协会还积极争取与政府合作，获得政府的支持。英国1881年教育法和1892年修订后的教育法中规定：采用福禄贝尔幼儿园的恩物和作业；幼儿园女助教必须持有福禄贝尔协会的资格证明；不对幼儿进行读、写、算的学力考试等。

综上所述，福禄贝尔幼儿园的发展成为这一时期英国学前教育的主流，全面影响并渗透到英国学前教育中。自从引进福禄贝尔幼儿园以后，英国的学前教育呈现出双轨发展的局面：一轨是以贫民和工人子女为对象的幼儿学校，另一轨是以中上层阶级子女为对象的幼儿园。尽管如此，英国传统的幼儿学校实际上也逐渐受到了福禄贝尔运动的影响。

第二节　近代法国的学前教育发展

1789年，法国爆发的资产阶级革命推翻了波旁王朝。在随后的几次复辟与反复辟、前进与倒退的激烈政治斗争中，学前教育体系逐渐建立和成长起来。近代法国的学前教育可以分为两个阶段。18世纪70年代至19世纪中叶为第一阶段，在这一阶段出现的学前教育机构是具有慈善性质的贫民育儿院和幼教机构托儿所，在内容与教法方面深受英国幼儿学校运动思潮的影响。19世纪中期至19世纪末为第二阶段，在这一阶段，政府日益重视学前社会教育，将其纳入中央集权的教育行政管理体制，加强财政资助，把托儿所视为公共教育体系的有机组成部分，并确立了近代学前教育制度。在第二阶段，受福禄贝尔幼儿园教育理论的影响较大。

一、18世纪70年代至19世纪中叶的学前教育

（一）奥柏林与近代学前社会教育机构的产生

在法国教育史上最早有记录的学前教育机构是奥柏林的"编织学校"。一般的学前教育史将它视为近代学前教育设施历史开端的象征。奥柏林（J. F. Oberlin，1740—1826）是法国新教派的一名牧师，早年深受泛爱主义的影响。1767年开始，他长期在穷乡僻壤斯泰因达尔的沃尔德斯堡教区从事牧师工作。出于对贫苦人民的深切同情，他采取种种措施来改善当地居民的生活，如修桥、筑路等。其中，创设学前教育机构就是一项重要的措施。

1770年，奥柏林创设编织学校。学校招生对象为3—6岁的幼儿。学校有两位指导教师，分别负责文化、游戏和手工技术方面的指导。学校对5—6岁的儿童还教以历史、农村经济的常识以及缝纫、编织的方法。此外，学校还挑选了一些年龄较大的儿童当"助教"。由于该校对于年龄较大的儿童教以手工编织，故称"编织学校"。

编织学校每周只开放两次，主要是教育而非保育。编织学校的教学内容包括：标准法语、宗教赞美歌、格言和童话故事、采集和观察植物、绘画、地理等。编织学校重视良好习惯

的培养和方言的矫正。在教学方法方面,则重视直观教学和实物教学。

奥柏林的编织学校和当时普遍存在的教会学校有相同的性质,都是一种慈善机构。虽然它并没有得到政府的支持,但在当时却有一定的影响,在奥柏林去世以前,附近的5个村庄都办起了同类的学校。奥柏林创办的编织学校不仅对法国国内,而且对英、德等国的学前教育都产生了一定的影响。编织学校拉开了法国近代学前教育的序幕。

(二) 托儿所运动

帕斯特莱、柯夏和马尔波是法国19世纪上半叶的托儿所运动的代表人物,在推动这一时期学前教育的发展方面作出了重要贡献。

1. 帕斯特莱与托儿所

1801年,法国著名妇女社会活动家及慈善家帕斯特莱(Pastoret)侯爵夫人在巴黎创办慈善性质的收容贫民婴儿的育儿院。育儿院产生了一些影响,但是教育意味不浓。1826年,她又领导巴黎妇女会创办了法国最早的托儿所。

2. 柯夏与托儿所

柯夏(J. Cochin)是法国七月王朝时期巴黎第12区的区长。他曾多次到英国考察教育,对欧文创办的幼儿学校产生了浓厚兴趣。1828年,他在法国创办了与英国幼儿学校性质相似的托儿所,称为"模范托儿所"。同时,他积极协助帕斯特莱夫人领导的妇女会开展托儿所运动,并在理论方面提供重要帮助。他在所著的《托儿所纲要》中,对学前教育进行了论述。

柯夏在《托儿所纲要》中,说明了设立托儿所的必要性。他指出托儿所招收2岁以上幼儿,它是最有效的贫民救济设施和儿童教育设施,于国于民都有重要意义。同时,他讨论了托儿所的教育内容,强调把宗教和德育摆在首位。在教育方法上,他提倡人道主义态度,反对体罚。在智育方面,柯夏受到怀尔德斯平幼儿学校的影响,主张注重知识教育,教育内容包括读、写、算、几何、地理、历史、博物、图画等。这同当时的初等学校的教育内容是完全一样的,只是在教学程度上有所差别。尽管柯夏的托儿所具有偏重智育的倾向,但在道德教育方面和对待儿童的方法上,远比英国的怀尔德斯平幼儿学校更合理、更具人道主义的特点。

3. 马尔波与婴儿托儿所

马尔波(F. Marbeau)也是一位关心学前儿童保育和教育问题的巴黎政府官员。1844年,他创办了婴儿托儿所,以年龄较小的乳婴儿为对象,以解决当时法国乳婴儿无处可收的社会问题。他著有名为《关于婴儿托儿所》的小册子,其学前教育主张受到社会欢迎,各地陆续开设同类机构,其影响波及欧美各国。

二、19世纪下半叶的学前教育

(一) 法国政府的托儿所政策

从拿破仑时代开始,法国便建立了一套中央集权的教育领导体制。法国早于其他各国建立旨在保护、教育学前儿童的设施法令,并借助国家的权威普设了学前教育设施。

1833年,法国颁布了《初等教育法》(又称《基佐法案》)。此后,政府将注意力转向托儿所,称其为初等教育的基础。1835年,政府又颁布了《关于在各县设立初等教育的特别视学官的规定》,提出视学官对托儿所具有视察和监督的权力,这是国家正式管理托儿所的开端。1836年,教育大臣布雷发出传阅文件,明确了托儿所是公共教育部领导下的学校,因此应跟其他的初等学校一样,接受市镇村教育委员会和郡教育委员会的领导。

1837年,法国政府发布了最早的有关托儿所管理和监督体系的规定。主要内容如下:①托儿所是慈善设施,分公立和私立两种,教学内容包括宗教、读、写、算、唱歌、画线等;②托儿所所长称"监督",24岁以上的男女均可担任,但须有三种证书,包括考试委员会发的"能力证书"、地方自治体负责人发的"道德证书",以及大学总长授予的"住地证书";③市镇村郡乃至中央的各级教育委员会,对于托儿所具有一般的管理、监督和惩戒的权力;④建立托儿所女视学官制度,自上而下设有首席女视学官、特别女视学官和一般女视学官。这项规定将法国托儿所纳入了中央集权教育行政管理体制的轨道。

同时,法国还加强了对托儿所的财政资助。1835年,公共教育部给予托儿所的补助金达25 900法郎。1840年,政府还创设了由国库支付的托儿所基金。到1840年,除了四个县以外,法国所有的县都设立了托儿所。有效的行政管理和大量的财政资助,是法国托儿所得到迅速普及的主要动力。

(二) 福禄贝尔幼儿园的传入

1855年,福禄贝尔的忠实追随者别劳夫人(Marenholtz Buelow)到达法国。在三年期间,她向法国听众系统地介绍了福禄贝尔的教育思想及其幼儿园事业。此外,她还向法国领导人提出在法国托儿所引进福禄贝尔教育方法的请求。该请求获准后,别劳夫人以"国际托儿所保姆培训学校附属托儿所"为试点,通过法国中央集权的教育领导体制,自上而下顺利地把福禄贝尔的教育方法引进法国。在福禄贝尔思想的影响下,法国还出现了少量的幼儿园,并开展了以福禄贝尔教育思想为指导的幼儿师资培训工作。但那时法国的幼儿园为上流社会子女的专利品,平民子女只能进传统的托儿所。这种双轨制的现象与英国相似,直到19世纪80年代后才有所改变。

(三) 近代学前教育制度的确立

1. 托儿所敕令

1855年3月,法兰西第二帝国皇帝拿破仑三世颁布了托儿所敕令。敕令指出:"托儿所不论是公立或私立,都应当是2—7岁的男女儿童在道德和身体的成长中得到必要照顾的教育设施。"教育的内容包括:宗教教育、德育、读写算、常识、手工、体育。与此同时,政府还制定了具体的托儿所内部规章制度。

2. "母育学校"成为统一名称

1881年,法国颁布《费里教育法》,确立了国民教育"免费""义务""世俗化"的三大原则。同年8月,政府颁布的教育法令中宣布,将托儿所等学前教育机构统一改称为"母育学校",并将其纳入公共教育系统,以实施"母性养护及早期教育"为宗旨。在1881年颁布的文件里,还对母育学校作出了如下的界定:母育学校是初等教育的设施,那里的男、女儿童将共同接受体、德、智全面发展的教育;同时还规定,进入母育学校的儿童为2—6岁,并且根据儿童的年龄发展阶段分成男、女儿童混合编制的班级。母育学校的保育内容包括:①初步的道德教育,如向儿童灌输对家庭、祖国和上帝尽义务的观念;②日常生活中的实用知识;③唱歌、绘画、书法、初步阅读、语言练习、儿童故事、博物和地理的基础概念等;④手工作业的训练;⑤按年龄阶段进行的身体锻炼。母育学校偏重智育,学习范围较广,主张让儿童学习日常生活中的实用知识,根据儿童的身心发展水平进行教学,采取直观教学法,注意儿童的游戏活动。

1881年颁布的《费里教育法》及政令统一了各种学前教育机构的名称,将母育学校纳入公共教育系统;以道德教育取代宗教教育,以按年龄分班取代按性别分班。以上这些改变在法国近代学前教育史上具有重要意义,该政令的颁布意味着法国基本确立了近代学前教育制度,并对法国近代学前教育产生了深远的影响。

第三节 近代德国的学前教育发展

19世纪中叶以前,德国尚不统一。由于封建割据,德国资本主义发展相当缓慢。随着欧洲格局的演变,特别是近代化产业革命的兴起,有力地促进了德国经济、文化、政治的变革与发展,极大地影响了德国包括学前教育在内的教育的发展。德国教育家福禄贝尔创办的幼儿园,也逐渐成为各国纷纷效仿的学前教育模式。德国的学前教育实践可以分为两个阶段:19世纪上半叶主要受幼儿学校运动思潮的影响;19世纪下半叶则主要受福禄贝尔幼儿园运动思潮的影响。

一、19世纪上半叶的学前教育

19世纪上半叶,德国的学前教育大致分为两个时期。在19世纪的最初20年中,德国的学前教育主要是为了解决妇女劳动就业与幼儿无人看管的矛盾。那时各地纷纷建立了一些私立的学前教育机构,其目的是保证婴幼儿的安全和健康,且多为季节性教育机构。20年代中期以后,随着德国产业革命发展所带来的社会政治、经济的变化,以及英国的幼教政策的影响,德国政府对学前教育开始重视起来,学前教育也由此得到了快速的发展。但是,这一时期创办的学前教育机构,绝大部分仍属于慈善机构,各邦政府并未给予学前教育充足的财政支持。

（一）保育所、托儿所及幼儿保护机构

1. 保育所

在德国的学前教育设施中，最早也最应给予关注的是 1802 年巴乌利美侯爵夫人（Pauline）设立的保育所。这是一个为救济贫民而设立的教育机构，目的是让穷苦孩子的母亲们安心劳动，省却对幼小孩子的看护。巴乌利美保育所招收的对象是 1—4 岁半的农村孩子，是季节性的托儿所，从初夏开始，到晚秋结束。幼儿进入保育所后，能得到牛奶、面包、肉汤、土豆、胡萝卜和谷物等营养丰富的饮食；有干净的衬衣、羊毛外衣，有人给洗澡梳头；天气好时可在庭院里玩，天气不好时在保育所大厅里玩，每天都在游戏中度过。教育内容有语言训练、唱歌、社会道德训练和生活规律的培养。保育所的重点放在幼儿的健康上，有良好的卫生条件和营养丰富的饮食。但作为农忙时的保育所，教育只是处于附带和从属的地位。

巴乌利美保育所是巴乌利美夫人从人道主义立场出发，出于对贫穷的母亲们的深刻理解和对穷苦孩子们健康的关心而建立起来的，是德国最早出现的幼儿保育和教育设施。它的创立，掀开了德国学前教育史上光辉的一页。

2. 托儿所

1819 年，学前教育家瓦德切克（Friedrich Wadzeck）以城市劳动阶级为对象，设立柏林最早的托儿所。托儿所招收 9 个月到 2 岁的婴幼儿，后扩大到 13 岁，并实行 24 小时保育。与保育所不同的是，托儿所是常设的，而非季节性设置。19 世纪 30 年代后，德国各邦一度兴起托儿所运动。

3. 幼儿保护机构

此外，德国热心学前教育的，还有法兰克福大学教授威尔玛·格罗斯曼（Wilma Grossman），她著有《学前教育》一书。她在该书中指出，学前教育应该有专人负责，教育设施应该由民众团体筹措解决。1830 年，符合这一主张的第一所幼儿保护机构诞生。到 1845 年，在柏林共建立了 29 所同名机构，主要招收 2—6 岁的幼儿。

（二）弗利托那的幼儿学校运动

弗利托那（Theodor Fliedner）是德国阿尔萨斯州的一名新教派牧师。1835 年，他在自己的教区创办了奥柏林式的编织学校，一年后更名为幼儿学校。幼儿学校专为贫穷的工人子女而建。弗利托那幼儿学校的教学内容包括宗教、道德、读、写、算、图画、军事活动、直观练习、手工劳动等，这些正规课程多以游戏的方式教授给幼儿。幼儿学校还设有游乐场。幼儿学校力图使儿童养成礼貌、节制、服从命令、勤劳和卫生等习惯。

弗利托那的幼儿学校还附设了学前教育师资培训机构，通常需要学习 3—4 个月。经过培训的女教师能够承担德语、算术、地理等学科的教学。学前教育师资培训机构的建立提高了学前教育的教学水平，扩大了幼儿学校运动的影响。在弗利托那的影响下，以莱茵省为中心的学前教育迅速发展起来。

(三) 各邦的学前教育政策

19世纪上半叶，德国各邦的学前教育政策如下：①将幼教机构作为私人或团体的慈善设施而予以鼓励，并加强监督和管理；②在幼儿学校及托儿所中加强对贫民子女的宗教、道德教育，作为抵制当时革命运动以及维持社会秩序的一种手段；③学前教育设施不应像英、法等国的幼儿学校或托儿所那样进行读、写、算等正规学校课程的教学，而主要是给予幼儿家庭式的照料，并安排室外游戏，以保持其身体健康。

德国各邦的学前教育政策总体来说是"控制但不援助"，这与英、法等国"控制且援助"的政策形成鲜明对比。

(四) 福禄贝尔幼儿园的兴起

1837年，福禄贝尔创办了一所学前教育机构，并在1840年将其正式命名为"幼儿园"(Kindergarten)。随后，他开展了宣传幼儿园的运动并取得了实实在在的进步。福禄贝尔幼儿园的教育内容主要包括：①福禄贝尔为幼儿园儿童编创了多种游戏活动，并设计了一套称为"恩物"(Gift)的玩具；②为儿童安排多种作业活动，通过作业对儿童进行初步的教学；③重视儿童的语言发展，通过唱歌、讲故事、朗诵和游戏等方式来培养儿童的语言能力。

二、19世纪下半叶的学前教育

(一) 福禄贝尔幼儿园遭禁

1848年，欧洲革命失败后，德国政府趋向保守和反动，德国教育一度出现停滞甚至倒退的局面。而幼儿园由于曾获进步势力的支持直接导致当局的不满。1851年，普鲁士政府以"灌输无神论"及"政治上有破坏倾向"等莫须有的罪名，在全国查封福禄贝尔幼儿园，这给方兴未艾的福禄贝尔幼儿园运动以沉重打击。直到1860年，普鲁士政府解除了对幼儿园发展的禁令，各地的福禄贝尔幼儿园才纷纷复建并得以进一步发展。

(二) 福禄贝尔幼儿园协会的活动

在福禄贝尔幼儿园之前的学前教育机构，基本上都是贫民救济性机构，还不能算是正规的教育机构。直到福禄贝尔幼儿园成立，德国才算有了真正的学前教育机构。幼儿园禁令解除之后，各地相继出现了许多幼儿园协会。在这些协会的领导下，幼儿园运动全面展开。其中影响最大的有两个团体，一个团体是1860年成立的由别劳夫人担任名誉会长的"柏林福禄贝尔主义幼儿园促进妇女会"。1861年，该协会设有4所幼儿园和1个幼儿园师资培训机构。另一个团体也是由别劳夫人于1863年设立的"家庭教育和民众教育协会"，该协会致力于学前教育的全面改革，包括设立幼儿园及幼儿园培训机构，创办以福禄贝尔教育思想为指导的儿童游戏场等。1874年，这两个协会合并为"柏林福禄贝尔协会"。

别劳夫人在德国福禄贝尔幼儿园运动中是一个很有影响的人物,她作为运动的领袖,积极地创办福禄贝尔协会,大量设立幼儿园,并多次访问英国、法国、瑞士、比利时、荷兰和意大利等国,大力宣传福禄贝尔的学前教育思想。她还撰写了《回忆福禄贝尔》一书,成为后人研究福禄贝尔生平及思想的重要史料。别劳夫人为福禄贝尔幼儿园在德国的普及以及国外的推介作出了重要的历史贡献。

第四节　近代美国的学前教育发展

美国在1775年独立战争以后才成为一个独立的资本主义国家。19世纪以前,美国的学前教育是在家庭中进行的,父母重视儿童的精神及体能的发展。19世纪的美国学前教育经历了一个从无到有、由私立发展到公立、从局部扩展到全国的发展过程。19世纪上半叶,出现了学前公共教育,各类公立幼儿学校得到了普遍发展。19世纪中叶,出现了福禄贝尔幼儿园,这是美国幼儿园的初创时期。在19世纪70年代,幼儿园迅速发展,同时出现了慈善幼儿园运动和公立幼儿园运动。到20世纪初,美国的学前教育已由当初的以私立幼儿园为主转变为以公立为主、慈善幼儿园和私立幼儿园多种形式并存的格局,形成了比较完整的学前教育体系。

一、19世纪上半叶幼儿学校的兴衰

美国最早的学前教育机构是在欧文影响下建立的幼儿学校。1816年,英国空想社会主义者欧文创办的幼儿学校及英国的幼儿学校运动对欧美各国都产生了重要影响。1818年幼儿学校传入美国,欧文对幼儿学校的主张也迅速在美国传播开来。幼儿学校招收4—8岁的儿童,强调幼儿的健康保护和户外活动。后来,由于教育当局不愿承担相应的经费,教育对象也只是少数上层家庭的儿童,学校仅靠收费或慈善团体有限的捐款来维持。尤其是1837年爆发的经济危机,更使幼儿学校在美国的发展举步维艰。到19世纪中叶,美国的幼儿学校逐渐和初等学校合并为公立初等小学。从此,幼儿学校在美国各地逐渐衰微。

在欧文的幼儿学校传入之前,美国流行的是裴斯泰洛齐的家庭式教育。欧文幼儿学校影响的高潮过后,美国又出现了家庭学校的回归。家庭学校主张对幼儿的教育应在家庭中进行,强调运用直观教具和家庭式的爱的环境来影响幼儿,但这种家庭学校并不是严格意义上的学前教育机构,难以见到实效,在美国也没有产生大范围的影响。

二、19世纪中后期幼儿园的传入与发展

(一)福禄贝尔幼儿园的传入

幼儿学校在美国存在的时间虽然不长,但它却在民众中传播了重视幼儿教育的思想。19世纪下半叶,福禄贝尔幼儿园在美国出现并逐渐占据主导地位。

1. 福禄贝尔幼儿园传入的原因

福禄贝尔幼儿园传入美国有其深刻的经济和政治原因。在经济上，南北战争后黑奴制的废除，为资本主义的长足发展扫清了道路，美国的工业生产开始跃居世界前列。经济的发展，不仅对人的培养提出了要求，也从经济上为学前教育的发展创设了条件。在政治上，19世纪美国历史上的发展有两个特点：一是领土不断扩大，二是欧洲移民的纷纷涌入。为保证社会安定，缓和阶级和民族矛盾，美国政府对包括学前教育在内的公共教育事业日益重视。

2. 美国最早的幼儿园

1854年，美国联邦政府教育官员贝利·巴拿多（Bailey Barnardo）博士出席了在英国伦敦举办的一个教育博览会。他在仔细地参观福禄贝尔幼儿园后深受启发，回国后就在《美国教育杂志》上发表了一篇介绍福禄贝尔幼儿园的文章。这是美国历史上最早的一篇关于福禄贝尔幼儿园的文章，在美国产生了很大的影响，之后便出现了一批福禄贝尔式的幼儿园和一批决心投身于幼儿教育事业的有志之士。

图9-1 舒尔茨夫人创办的美国第一所幼儿园外观

1855年，德国移民舒尔茨夫人（Frau Karl Schurz）在威斯康星州瓦特镇创办了美国第一所幼儿园。舒尔茨夫人曾在德国受到福禄贝尔的亲自指导，后因遭受政治迫害移居美国。该幼儿园招收德裔移民的子女，按照福禄贝尔理论办学。

1860年，美国人皮博迪（Elizabeth Peabody）在波士顿创办了美国第一所英语幼儿园。她被公认为美国幼儿园的真正奠基者。皮博迪曾受到过舒尔茨夫人在教育方法上的详细指导。1863年，为了宣传福禄贝尔的幼儿园思想，皮博迪发表了《幼儿园指南》，着重阐述了幼儿园和小学的区别，指出幼儿园不同于原来的幼儿学校，也区别于初等学校，它是幼儿的乐园，鼓励幼儿进行自主的活动和游戏，并强调教师和幼儿一起做游戏。1867年，在创办幼儿园几年后，皮博迪深感自己教育理论的缺乏，于是，她关闭幼儿园赴欧洲各国参观访问，系统地学习了福禄贝尔的教育方法。回国后，皮博迪于1868年开办了幼儿园教师培训所，这是美国历史上第一个幼儿教师培训机构。该机构为美国社会输送了大批优秀的幼儿园教师。这些教师成为幼儿园教育普及运动的骨干力量，为美国初期学前教育的发展作出了很大贡献。

（二）慈善幼儿园的发展

美国早期幼儿教育发展的另一种表现形式，是教会和慈善团体主办的慈善幼儿园。这类幼儿园招收贫穷家庭的幼儿，它们虽属于私立幼儿园，但大都免收学费。虽然教会幼儿园教育质量低下，但它们的建立却推动了幼儿园事业在美国的发展，为公立幼儿园的发展奠定了基础，后来的很多公立幼儿园就是从这些慈善幼儿园转变而来的。

慈善幼儿园是在美国工业革命后贫富分化加剧,大量移民涌入城市从而形成城市贫民群体的背景下出现的。贫民儿童体弱多病、无人照料,还有的流落街头、沾染恶习、道德败坏。针对这些社会问题,社会各界人士及团体出于不同的动机争相兴建慈善幼儿园。

1870年,在纽约出现了美国的第一所慈善幼儿园。[①] 在波士顿,由昆西·肖夫人(Quincy Shaw)资助,于1878—1889年开展了免费幼儿园运动。1879年,昆西·肖夫人亲自创办幼儿园师范学校。在她的努力下,直到1883年,已经建立起包括30所免费幼儿园在内的"幼儿园网"。

美国教会出于人道主义精神,将学前教育作为教区内的一项事业,将幼儿园作为其进行宗教教育和传教活动的场所,因此纷纷兴办幼儿园。教会幼儿园的主要目的是济贫以及进行宗教教育。最早的教会幼儿园是由三位一体教会(Trinity Church)于1877在俄亥俄州托雷多市建立的。1878年,纽约的安东纪念教会也设立了幼儿园。到1912年,全美已经拥有教会幼儿园108所。

(三) 公立幼儿园运动及幼儿园协会的成立

1. 公立幼儿园的创办与发展

公立幼儿园的建立是以公立学校为基础的。19世纪30年代,在美国兴起了一场以新英格兰为中心、以发展初等教育为目标的公立学校运动。在这场运动的影响下,除南部以外,各州都建立了向所有儿童开放的免费公立小学。19世纪70年代,以中西部密苏里州的圣路易斯市为首,又兴起了公立幼儿园运动。

图9-2 德斯皮尔斯学校附设的第一所公立幼儿园旧址

美国第一所公立幼儿园是由哈里斯(Willian Harris)和布洛(Susan Blow)于1873年共同创建的。哈里斯曾任圣路易斯市的督学。他认真研读过福禄贝尔的著作,意识到早期教育和福禄贝尔方法的重要性。在皮博迪和布洛的支持下,哈里斯向圣路易斯市教育委员会提交了一份报告,要求把学前教育作为学校教育制度的组成部分,并获得批准。1873年,哈里斯和布洛在圣路易斯市的德斯皮尔斯学校创办了第一所公立幼儿园(附设在该校内),招收幼儿20名,布洛女士任第一任幼儿园教师。到1878年,该市已经有公立幼儿园53所。到1903年,公立幼儿园已达到125所。

圣路易斯公立幼儿园实验成功后,各州纷纷效仿。一些私立幼儿园和慈善幼儿园也逐渐被纳入到公立学校的教育系统中。到1901年,全美公立幼儿园达到2996所(同期私立幼

---

① Barbara Beatty. *American Pre-School Education* [M]. Jena: Jena University Press, 1995:73.

儿园为 2 111 所)。到 1914 年,几乎所有美国大中城市都建立了公立幼儿园系统。这类幼儿园附设于地方初等学校,作为初等教育的第一阶段。

公立幼儿园运动是美国学前教育发展史上具有里程碑意义的事件,在美国教育史上具有重要意义。其意义表现为:①幼儿园不再是民间的慈善护理机构,而是整个公立学制系统的有机组成部分;②它推动了学前教育在美国的普及;③它改变了幼儿园和小学脱节的状况,在一些幼儿园中开设了与小学相互衔接的课程,在一些小学也将幼儿园的某些教育方法(如游戏教学)应用到低年级。

2. 幼儿园协会的成立

随着幼儿园数量的骤增和各场幼儿园运动的发展,幼儿园协会应运而生,它的出现进一步促进了美国幼儿园事业的发展。1870 年,美国第一个幼儿园协会在密尔沃基成立。该协会在当地 3 所德法混合学校建立了幼儿园。在随后的二十多年里,美国的幼儿园协会数量已经超过 400 个。其中影响较大的是旧金山金门幼儿园协会。该协会最多时曾拥有 40 多所慈善幼儿园。到 1896 年,该协会已先后接收儿童达 18 000 名。

第五节　近代俄国的学前教育发展

在沙俄时代,俄国的经济和文化与西欧各国相比都比较落后。在十月革命之前,一般的学前教育还处于萌芽或起步状态。在俄国农奴制废除之前,学前教育的设施主要有两种:一种是沙皇政府为解决弃婴和孤儿的收容问题而办的教养院;另一种是社会慈善团体为外出谋生的母亲的幼儿而设立的收容所和孤儿院。19 世纪下半叶,由于强大的社会改革运动的推动与福禄贝尔幼儿园运动的影响,俄国学前教育有了明显的发展。20 世纪初至十月革命之前,沙俄政府依然不重视学前教育,但在大工业中心地区出现了一些社会团体,在宣传公共学前教育思想和训练学前教育教师等方面发挥了积极作用。

一、18 世纪下半叶至 19 世纪上半叶的学前教育

(一) 别茨科伊与莫斯科教养院

18 世纪下半叶,俄国女皇叶卡捷琳娜二世(1762—1796 年在位)执政期间,在教育上实行了一些开明政策,并任用进步教育家别茨科伊进行教育改革活动。别茨科伊曾旅居法国多年,对医院和慈善机构的事务较熟悉,也撰写过儿童教育方面的著作。1763 年,他向女皇上呈奏折,要求在莫斯科开办教养院,以收容弃婴和孤儿,同时要为贫穷的产妇开设一所妇产科医院,附设于教养院内,获得批准。同年,俄国的第一所教养院和妇产科医院在莫斯科开办。别茨科伊被任命为教养院的院长。1770 年,莫斯科教养院的分院在彼得堡建立,它后来成为独立的彼得堡教养院。此后,教养院在俄国各省市纷纷建立。

别茨科伊的教养院收容 2—14 岁的儿童,并分为 3 个年龄阶段来实施教育:①2—7 岁的

儿童,主要参加适龄的游戏和活动;②7—11岁的儿童,主要是学习识字和计算,除此之外,男童还要学习园艺和其他工艺,女童要学习编织、纺织和刺绣;③11—14岁的青少年,主要是学习算术、地理、图画等,男孩要加学菜园、花园里的工作,女孩要学习烹饪、缝纫、家政管理等工作。然而,教养院并未得到政府的财政资助,主要依靠慈善募捐来维持运作,经常入不敷出。由于物资极度匮乏,入院儿童死亡率极高,故此类教养院曾被称为"天使制造所"。

(二) 葛岑教养院

为降低儿童的死亡率,改善儿童的生活环境,彼得堡教养院于1802年在彼得堡近郊葛岑村开设了葛岑教养院。从1808年开始,葛岑教养院将7岁以下的儿童交给保护人寄养。鉴于这些儿童的教育无法保证,1832年,俄国进步教育家奥波多夫斯基、古里耶夫和古格里等人向教养院领导人提出建议,即在教养院内附设幼儿学校。凡是留在保护人家中的7岁以下的儿童,白天都应该到幼儿学校来上学。由于教养院主持未采纳此建议,古格里和古里耶夫便自筹资金,在葛岑教养院内设立了一所很小的实验幼儿学校,招收了10名在葛岑村居民家中寄养的儿童。

古格里根据在实验幼儿学校的工作经验,于1837年制定了新的葛岑村教养院的组织计划,其内容如下:①儿童4岁前交给保护人养育;②4—8岁的儿童住在寄宿舍内,每间房子住5—6人,男、女儿童分住;③儿童白天就读于幼儿学校,学校分为两个班,4—6岁的儿童在小班,6—8岁的儿童在大班;④儿童满8岁即可升入葛岑村教养院或彼得堡教养院。古格里分别为小班和大班规定了不同的教育任务:小班内没有严格的作业和上课时间表,主要任务是发展幼儿的感受性和观察力,使之获得初步的道德概念,培养良好的行为习惯;大班则按照课表进行学习,主要任务是直观地研究外部世界的物体,智力练习,掌握朗读、计算和书写方面的技巧。

(三) 收容所与孤儿院

19世纪上半叶,俄国农奴制危机日益加重,农民及城市劳动者的苦难有增无减。俄国一些进步知识分子试图组织社会力量来帮助贫苦人民。他们组成各种慈善团体,以帮助农民、乞丐和孤儿。1837年,彼得堡一所名为"劳动妇女救济院"的慈善机构开办了一个收容所,为在外谋生的母亲照管孩子,并教授儿童神学、阅读、书写、计算、唱歌、体操和手工等。因不久便人满为患,故在1838年于彼得堡郊区开设了4个分所。

此后,在首都和其他城市中也出现了名为"孤儿院"的类似机构。孤儿院事业最初的领导者是19世纪上半叶的一些进步教育家。其中,奥多耶夫斯基是孤儿院事业最初领导者中的著名代表。他为儿童编写了许多有趣并富有教育意义的读物,如《伊里涅爷爷的童话》等。此外,他还撰写了一些总结初等教育经验的作品。

二、19世纪下半叶至20世纪初的学前教育

19世纪60年代,俄国发生了以废除农奴制为核心的社会改革运动。各阶层人士要求沙

皇政府在政治、经济、文化、教育等方面进行全面改革。在废除农奴制后,俄国生产力发展较快,劳动妇女增多,幼儿的保育问题引起人们的重视。同时,福禄贝尔幼儿园运动也开始蔓延到俄国。这些因素共同推动了 19 世纪下半叶俄国学前教育的发展。

(一) 福禄贝尔幼儿园运动的发展

在福禄贝尔幼儿园运动的影响下,一批福禄贝尔教育思想的追随者于 1860 年在圣彼得堡、莫斯科等大城市建立了俄国第一批幼儿园。早期的幼儿园为收费幼儿园,主要招收中上阶层子女。免费的平民幼儿园到 19 世纪末才出现。1869 年,在彼得堡发行了俄国最早的学前教育月刊《幼儿园》。这份杂志的发行,对于促进学前教育学成为俄国教育学中的独立分支产生了积极的作用,也成为俄国学前教育史上的一件大事。1870 年,在彼得堡、基辅等地成立了"福禄贝尔协会",随即便开展了普及福禄贝尔学前教育理论和幼儿园的运动。1871 年,彼得堡福禄贝尔协会创立了福禄贝尔学院,各地纷纷建立类似机构。在十月革命之前,这些福禄贝尔学院是唯一培养有资格的学前教育人员的机构,为俄国学前教育培养了一批合格的幼儿教师,推动了俄国学前教育的发展。

(二) 19 世纪末到十月革命之前的学前教育

19 世纪,俄国资本主义得到迅速发展,尤其在 19 世纪 90 年代,大工业急剧发展,对劳动妇女的需求增多。与英国工业革命初期一样,俄国妇女的婴幼儿缺乏保育以及高死亡率的问题成为俄国学前教育面临的一大难题。面对这种形势,俄国政府继续推行孤儿院(包括农村孤儿院)措施。俄国东正教会也在各教区设立孤儿院,收容 3—10 岁的孤儿以及赤贫者子女。慈善团体在 19 世纪下半叶更活跃,它们开办了托儿所、孤儿院及平民幼儿园等多种类型的幼儿保育或收容机构。19 世纪末,俄国绝大多数收费幼儿园都变成了升入各种学校的预备机构。1900 年,在热心聋哑教育的学者的建议下,在莫斯科为聋哑儿童开办了第一所收费的寄宿幼儿园。1902 至 1904 年,彼得堡及基辅等地也分别设立了聋哑儿童幼儿园。

20 世纪初到十月革命前,沙皇政府依然认为没有必要将学前教育纳入国民教育系统,政府对学前教育的拨款甚微。但在大工业中心地区出现了一些社会团体,它们大张旗鼓地宣传学前公共教育思想,并努力将教育科学的要求贯彻到家庭教育中去。若干教育团体还开设了为数不多的学前教育机构,并进行训练幼儿教师的工作。如莫斯科教育社、莫斯科幼儿园委员会、彼得堡学前教育促进会、基辅平民幼儿园协会、福禄贝尔协会、平民大学协会等,都对推动学前教育的发展发挥了积极作用。1908 年,基辅福禄贝尔协会开设了三年制女子师范专科学校,这是当时规模最大的一所学前教育师范学校。1910 年后,意大利学前教育家蒙台梭利的思想传进俄国;1913 年,根据蒙台梭利教育思想创办的幼儿园在俄国问世。

总体来说,由于俄国政府未对学前教育予以重视,与同期西欧相比,俄国学前教育的发展明显较为落后。

第六节　近代日本的学前教育发展

　　日本是由封建主义弱国发展为资本主义强国的典型,是资本主义国家中的"后起之秀"。日本的教育和日本社会一样,在近代之前还处于落后野蛮的封建时代,即"幕府统治时期"。1868年,一批年轻的下层武士和一批研究"异端邪学"的学者们联合起来发动了明治维新,进行了具有资产阶级改良性质的改革。新生的明治政府推行"富国强兵""殖产兴业"和"文化开化"三大方针,在政治、经济、文化、军事等领域进行全面改革。同时,明治政府也进行各种教育改革试验,吸收欧美资本主义国家先进的教育思想和教育制度,从而开始了日本社会近代化以及教育近代化的进程。日本的学前教育也肇始于此。日本的学前教育较多地受到福禄贝尔幼儿园教育理论和美国幼儿园运动的影响。到19世纪末,日本的学前教育已经初具规模,并逐步趋向普及。

一、近代学前教育机构的产生和发展

（一）东京女子师范学校及附属幼儿园的创立

　　1876年（明治九年）,在曾考察过欧美教育设施的文部大辅田中不二麿的倡导下,东京女子师范学校附属幼儿园正式建立,这是日本第一所公共学前教育机构,直属于文部省。关于其设立的原因,正如田中不二麿所提到的,是要为今后的幼儿园树立样板,为女子师范学校的学生提供实践园地。这所幼儿园是以美国幼儿园为模板建立起来的。但是由于当时公共学前教育的必要性还没有得到广泛的认可,加上当时儿童入园费用昂贵,附属幼儿园仅仅为上层阶级的子女所享有,平民子弟则难以问津。因此,东京女子师范学校附属幼儿园并不能代表日本学前社会教育的真正方向。正由于此,该类幼儿园的发展速度缓慢。

（二）简易幼儿园、托儿所或保育所及基督教会幼儿园的创立

　　为了使幼儿园得到普及,日本文部省于1880年发表了关于幼儿园的新意见,指出幼儿园的办园方向应该以教育所有幼儿为本,且应该更多地考虑贫困家庭。为了使新意见得到落实,文部省于1882年发出建立简易幼儿园的"示谕",对简易幼儿园的规模、编制及内容作出了正规的指示。在此背景下,日本的简易幼儿园,即保育性质的学前教育机构逐渐发展起来。1892年（明治二十五年）,东京女子师范附属幼儿园增设一个分园。该园以社会低收入阶层子女为对象,延长保育时间。这是日本第一所为贫穷阶层幼儿服务的公立保育机构。

　　到19世纪末,日本的平民学前教育机构除了简易幼儿园外,还有托儿所和保育所。日本的第一个常设托儿所,是新潟市的赤泽钟美夫妇于1893年开设的"新潟静修学校幼儿保育

会",接受静修学校的学生所携的年幼弟妹,带有托管的性质。翌年,东京等地出现了工厂附属保育所,以照管职业妇女之年幼子女。到 20 世纪,日本已经逐渐形成了以幼儿园及托儿所或保育所为代表的双轨制的学前教育系统。

日本的基督教会幼儿园在 19 世纪下半叶也得到了一定的发展。日本第一所教会幼儿园是颂荣幼儿园,由美国传教士哈乌(Annie Howe)于 1878 年在神户创办。哈乌致力于福禄贝尔学前教育原理的宣传,将其著作《人的教育》引入日本,并于 1881 年撰写《保育学初步》一书,这对推动日本学前教育发展作出了重要贡献。从名称上看,"颂荣"即歌颂上帝之荣耀之意,因此颂荣幼儿园带有一定的宗教色彩。一般认为,日本的第一所基督教会幼儿园是北陆英和幼儿园,由美国人波特(F. B. Poter)于 1886 年在金泽市创办。

二、福禄贝尔学前教育思想的传入及影响

从幕府末年开始直到整个明治时期,随着欧美思潮的不断涌入,近代西方学前教育思想也影响到日本。其中对日本学前教育影响最大的是福禄贝尔的学前教育思想。福禄贝尔教育理论在日本受到高度评价,甚至被誉为"在保育学科中占有最高地位"。除了哈乌等外来学者,许多日本人也发表译著或著述介绍福禄贝尔的学前教育思想。1876 年,日本《新闻杂报》上刊登了时任东京师范学校协理的中村正直编译的《福禄贝尔幼儿园理论摘要》,产生了良好的影响。除中村正直以外,这一时期推崇并积极宣传福禄贝尔思想的,还有东京女子师范学校附属幼儿园的监事关信三。他曾留学英国,回国后从事女子教育和学前教育。1876 年,他发表译著《幼儿园记》,这本书被认为是日本有关幼儿园教育的第一本重要著作。1879 年,关信三编写了《幼儿园二十例游戏》,将福禄贝尔的 20 种"恩物"进行图解说明,并建议幼儿园每天花 3—4 小时将这 20 种游戏逐一教给儿童。他在书中指出,当儿童倦怠时,交替进行唱歌、表演、体操等活动,以免减弱对游戏的兴趣。福禄贝尔恩物受到日本学前教育界的高度评价,在实践中遂对恩物进行照搬并作为教学的重点。

从明治中期起,日本幼儿园的保育科目大大减少了恩物的比重,而增强了注重思想灌输的科目,出现这种情况主要有两个原因。一方面,这是日本根据本国国情有选择地取舍外国教育内容的必然结果;另一方面,这是保守教育思想复活的表现。1879 年,保守派以明治天皇的名义制定《教育大旨》,提出要加强传统道德教育。1882 年,日本颁发《幼学纲要》,指出儒家五伦道德乃教育之根本。革新派刚开始坚决抵制,最后向保守派妥协。1881 年,东京女子师范附属幼儿园修改了保育科目,开设"修身"一科,把保育科目引向了德育主义方向。

随着恩物地位降低,唱歌和游戏在幼儿保育科目中逐渐占据主要位置,而且在唱歌和游戏中道德灌输的成分日益增多。1899 年,幼儿园规程干脆将"涵养德性"的任务归于"唱歌"一类。1887 年,文部省音乐科编辑出版了一本《幼儿园歌曲集》,极力宣扬忠君报国的思想,其目的是培养"顺臣良民"。这是明治维新不彻底性在学前教育方面的表现。

三、近代学前教育制度的初步建立

(一) 明治初期教育法令中关于学前教育的规定

1871年,日本设立文部省主管全国的文化教育事业。1872年颁布的《学制令》是近代日本的第一个教育法令,具体规定了日本教育的领导体制和学校制度,它标志着日本教育进入一个新的历史时期。《学制令》第二十二章对日本学前教育机构的设立作了明确的规定,要求开设幼稚学校招收6岁以下的男女儿童,实施入小学之前的教育。虽然这项规定并未真正实施,但它却是日本近代有关学前教育设施方面的最早的一个规定。

1879年,明治政府废除了《学制令》,颁布了被称为新自由主义令的《教育令》。该令第一条规定"全国的教育行政由文部卿统辖,学校、幼儿园、图书馆等,不论公立还是私立,都要受文部卿的监督"。这说明,明治政府从一开始便将学前教育置于国家文部行政管理之下,是国家教育体制的一部分。

1880年,文部省又颁布了《修改学校令》,规定将公立幼儿园划分为府县立和镇村立两种。府县立的幼儿园的设置和废除由文部大臣批准,镇村立幼儿园的设置及废除由府县知事批准。

可见,明治初期,日本政界已经具有了较强的学前教育意识,独立而具体的学前教育法规呼之欲出。

(二) 第一个幼儿园规程的制定

1899年,在社会各界的关注和呼吁下,文部省颁布了《幼儿园保育及设备规程》。这是日本首次由政府颁布的有关幼儿园的正式法令。该规程的颁布,标志着日本近代学前教育进入了一个新的历史时期。

《幼儿园保育及设备规程》共有4条内容,具体包括:①幼儿园是为年满3岁至学龄前的儿童开设的保育场所;②保育内容包括游戏、唱歌、谈话、手工作业以及纠正幼儿的不良道德、仪表;③在保育方法上,强调要适应幼儿身心发展,难易得当,利用幼儿模仿力极强的特点,让他们多接触嘉言懿行;④规定了幼儿园所需的设备。

《幼儿园保育及设备规程》对幼儿园的设置标准、编制规模、保育的时间、内容、目的都做了明文规定,具有一定的合理性和可操作性,是日本学前教育走向制度化的重要开端,在日本教育史上具有重要意义。此后,该规程虽经多次修订,但长期以来基本上保持了第一个幼儿园规程的本来面貌。

思考与练习

一、选择

1. 1816年,英国慈善家( )创办了英国第一所幼儿学校。
   A. 怀尔德斯平　　　B. 奥柏林　　　　　C. 欧文　　　　　　D. 别劳夫人
2. 简易幼儿园是近代( )的一种学前教育机构。
   A. 英国　　　　　　B. 美国　　　　　　C. 德国　　　　　　D. 日本
3. 以下不属于德国各邦19世纪上半叶的学前教育政策的是( )。
   A. 将幼教机构作为私人或团体的慈善设施而予以鼓励
   B. 在幼儿学校及托儿所中加强对贫民子女的宗教、道德教育
   C. 学前教育设施主要是给予幼儿家庭式的照料,并安排室外游戏,以保持身体健康
   D. 学校教育应像英、法的幼儿学校或托儿所那样进行读、写、算等正规学校课程的教学
4. 19世纪下半叶西方各国学前教育的发展主要受( )思想的影响。
   A. 欧文　　　　　　B. 奥柏林　　　　　C. 福禄贝尔　　　　D. 皮博迪
5. 近代法国的学前教育中,( )成为幼教机构的统一名称。
   A. 母育学校　　　　B. 幼儿园　　　　　C. 幼儿学校　　　　D. 编织学校

二、简答

1. 简述奥柏林、别劳夫人对学前教育的历史贡献。
2. 近代学前教育发展大致分为几个阶段,各个阶段的特点是什么?
3. 简述近代美国不同类型的幼儿园名称及其对于学前教育发展的意义。

三、论述

1. 日本明治维新后,近代学前教育制度是如何确立的?
2. 分析俄国近代学前教育机构的发展历程。
3. 试述英国幼儿学校运动产生的原因和过程。

 拓展阅读

1. Evelyn Weber. *The Kindergarten: It's Encounter with Educational Thought in America*[M]. New York: Teachers College Press, 1969.
2. G.R.波特.新编剑桥世界近代史[M].张文华,等,译.北京:中国社会科学出版社,1988.
3. 刘传德.外国教育家评传精选[M].北京:北京师范大学出版社,1993.
4. 任钟印.世界教育名著通览[M].武汉:湖北教育出版社,1994.
5. 王保星.西方教育十二讲[M].重庆:重庆出版社,2008.
6. 杨汉麟.外国幼儿教育名著选读[M].武汉:华中师范大学出版社,2008.

第十章　近代西方学前教育思想

学习目标

1. 了解夸美纽斯、卢梭、欧文、福禄贝尔的学前教育思想。
2. 比较夸美纽斯、卢梭、欧文、福禄贝尔学前教育思想的异同。
3. 评价夸美纽斯、卢梭、欧文、福禄贝尔学前教育思想的历史贡献和局限性。

本章导览

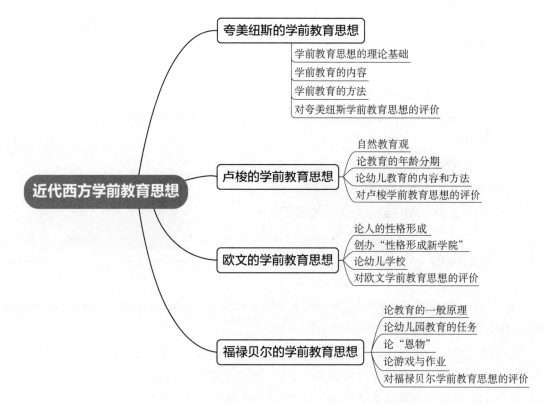

问题提出

当今的幼儿被看成"祖国的花朵""祖国的未来",关于幼儿的教育也成为今日的热点话题。很多家长非常重视孩子在幼儿期间的教育,并及早将孩子送到幼儿园,不愿输在起跑线上,甚至不乏家长为孩子报"小钢琴家"班、"神童"班等来提升孩子的综合能力。那么,这样的教育方式对孩子来说是不是合适的呢?是不是加强教育,对孩子的未来就是好的呢?近代以来,人们对儿童的观念发生了重大的转变,逐渐地将儿童视为"儿童"而不是"小大人",以夸美纽斯、卢梭、欧文、福禄贝尔为代表的教育家更是从自己的幼儿教育理论出发,为儿童设计了丰富多彩的幼儿教育活动,开启了对幼儿教育的探索。究竟该如何看待幼儿教育,如何对幼儿进行更符合其发展的教育呢?或许我们可以从近代前人的探索中找到一些答案。

第一节 夸美纽斯的学前教育思想

夸美纽斯(John Amos Comenius,1592—1670)是 17 世纪著名的教育改革家。他的《大教学论》(*Great Didactic*)是近代第一本教育学著作,次年面市的《母育学校》(*School of Infancy: An Essay on the Education of Youth During the First Six Years*)亦是世界学前教育史上第一部论述幼儿家庭教育的专著。《大教学论》与《母育学校》出版后不久,就被翻译成英文、德文、俄文、波兰文、瑞典文和意大利文等多种文字出版,受到了广泛的欢迎。

在《大教学论》的第 28 章中,夸美纽斯对《母育学校》进行了概要描述,提出"关于这种早期的教育,一切细节应由父母去斟酌办理"[①]。但鉴于父母难以像学校中专业的教师一样有系统地教育孩子,且有些儿童发展得较快,作

图 10-1 夸美纽斯

为教育家的夸美纽斯认为有必要为父母与保姆写一部手册,使其明确各自的责任。在夸美纽斯看来,每一个家庭都可以成为一所学校,孩子的父母,尤其是母亲,便是老师。他在教育史上第一次从普及教育、儿童心理发展的连续性和阶段性的角度,提出学前教育的重大意义。夸美纽斯认为,从儿童到成人可以分成 4 个阶段:婴儿期、童年期、少年期和青年期,每一个发展阶段都有各自的教育任务,每个阶段之间又有着密切的联系。在《母育学校》中,夸美

---

① 夸美纽斯.大教学论[M].傅任敢,译.北京:教育科学出版社,1999:211.

纽斯详细论述了他对儿童教育的性质、内容、方法等方面的见解。夸美纽斯在这本书中着重论述了以下几个问题:身体训练的价值;儿童对自然界的初步认识的重要性;对儿童进行道德训练和宗教教育的重要性;儿童进入国语学校学习前应做哪些准备等。可以说,《母育学校》的重大价值、意义是不容忽视的。

一、学前教育思想的理论基础

(一) 儿童的本质

与西欧中世纪时期基督教的教义所持有的"原罪论"(original sin)不同,夸美纽斯不认为婴儿是带着"原始的罪恶"来到世上、需要不断地赎罪的,反对儿童的个性受到压制、身体遭到摧残。夸美纽斯认为儿童不是"赎罪的羔羊",而是"由圣父、圣子、圣灵三位一体组成的,并且是上帝用他自己的指头创造的"。对父母来说,"儿童应当比金、银、珍珠和宝石还珍贵",因为"金、银和其他同类的东西都是无生命的……而儿童们却是上帝的生气勃勃的形象"[①]。他认为应严厉谴责、惩处那些虐待儿童的人,警告他们应像对待基督那样尊敬儿童。夸美纽斯反复强调儿童是"无价"的,是一颗纯洁的"种子",具有谦虚、善良、和睦、可亲的美德。对于国家来说,儿童是国家的未来。因此,父母应该爱护儿童,国家应该关心儿童。由此可见,夸美纽斯从人文主义思想出发,将实现新社会的理想寄予新一代的热切愿望。

(二) 幼儿教育的重要性

在吸收并继承古希腊、古罗马及文艺复兴中人文主义教育家关于儿童早期教育的理论的基础上,夸美纽斯深刻论述了幼儿教育的重要性。

在儿童个体的发展上,夸美纽斯通过列举自然界生物成长的例子,夸美纽斯认为早期的教育对儿童的健康发展起到重大的作用。他认为一切都有赖于人生的开端,细心、正确地组织儿童的早期教育,是防止儿童沾染不良恶习和堕落的重要手段。

夸美纽斯认为,儿童在母育学校中的前六年可以为以后的教育奠定基础。儿童在入学之前,父母必须认真做好入学准备工作,鼓励儿童上学是一件十分愉快的事情,学校里有一起学习、玩耍的同伴以及善良、博学的教师。儿童6岁之前,需要更多的关怀,所以最好在母育学校里接受父母,尤其是母亲的教育。在母亲呵护下,儿童不知不觉地运用游戏等调动感官的直观性方式进行学习。但儿童到了6岁之后,其骨骼和头脑日趋发育成熟,在家学会的东西已熟练掌握,因此应到学校中去学习。否则,儿童在家中学习会导致虚耗光阴,甚至会养成不好的习惯。当然,6岁入学也不是绝对的,要根据儿童的各自能力提早或推迟。依据的标准是:①儿童是否已经了解该在母育学校中知道的东西;②儿童是否已培养一定的注意力、思考力和判断力;③儿童是否具有继续学习的愿望。

[①] 任钟印.夸美纽斯教育论著选[M].任宝祥,等,译.北京:人民教育出版社,2005:14—15.

从国家的视角来看,整个国家的基础在于童年的正确教育。儿童必然会发育长大成为未来社会的主体——学者、哲学家、科学家以及领导者,因此国家的未来是建立在儿童发展基础上的。

基于儿童个体和社会、国家的视角,夸美纽斯在《母育学校》中指出"幼年儿童要求优良教育极为迫切",如果要使儿童成为有用的人,就必须在其最早阶段开始教育,因为"任何人在幼年时代播下什么样的种子,那他老年就要收获那样的果实"[①]。

夸美纽斯之所以突出强调幼儿教育的重要性,是与其所处的时代分不开的。当时欧洲正处于封建主义向资本主义的转型时期,夸美纽斯作为新教教派的领袖,不断地揭露、抨击封建社会的黑暗面,并寄希望于通过及早地教育改革来医治人心的败坏所导致的封建社会道德败坏,从而改革教会与国家。可以说,夸美纽斯力图以细心、正确的家庭幼儿教育来取代封建专制的贵族家庭教育,从而培养有知识、有能力的新人。此外,基于幼儿教育的重要性,夸美纽斯认为父母们都有责任教育孩子,不仅要注意孩子身体的养护,亦要注意孩子的灵魂和精神的养护。

二、学前教育的内容

母育学校作为夸美纽斯建构的一贯的、统一的学制系统中的首个阶段,其主要任务是发展儿童的身体、智慧和道德。

(一) 体育

夸美纽斯认为,只有在儿童身体健康的条件下,才能对他们进行教育。因此,夸美纽斯十分重视儿童的身体养育,要求每一个母亲应保障儿童的身体健康。他从以下多个方面阐述了如何保障儿童的身体健康。

首先,自怀孕之日起,孕妇应注意保持身心的健康,使胎儿免受任何伤害,从而保障胎儿健康地诞生到人间。为了保持孕妇和胎儿的健康,夸美纽斯提出了具体的、有益的建议和忠告:孕妇凡事小心、节制,适量健康饮食,避免碰撞和摔倒,因为这些东西都会伤害自己的身体而不利于胎儿的成长;孕妇还要严格控制情绪、保持平静而愉快的心情,以免产生惊吓、愁闷等情绪影响新生婴儿的气质,且骤然的恐惧和过度刺激还可能会造成流产或诞生孱弱的婴儿。

其次,婴儿出生后应合理喂养。做母亲的应哺乳婴儿;断乳后的饮食要是有营养的、天然的、易消化的食物,分量适中,不可以吃太烫或辛辣的东西;不能给婴儿随便用药,不然会造成对身体的伤害。由于幼小儿童的躯体、骨骼、血管等都十分稚嫩,因此父母和保姆都必须特别细心地照料他们。儿童比黄金更贵重,比玻璃更脆弱。成人很容易因一时疏忽而伤害其感官或四肢,造成终身的残疾,这是无法逆转的伤害。

---

① 杨汉麟. 外国幼儿教育名著选读[M]. 武汉:华中师范大学出版社,2008:72.

再次，儿童自幼应建立合理的生活习惯，以保障儿童的身体健康。有规律的饮食、衣着、睡眠和活动可以为儿童以后良好生活习惯的养成奠定基础。

最后，要保持愉快的心情。夸美纽斯十分赞同"愉快的情绪就是健康的一半"[①]，因此父母应设法为幼小儿童安排各种娱乐活动，如做游戏、唱歌、讲故事和看图画等，从而使他们生活在欢乐氛围中，以益于身体的健康成长。

可以明显看出，夸美纽斯对从胎儿孕育到婴儿健康养护上所提出的看法都是合乎科学的。此外，夸美纽斯严厉谴责那些宁愿去亲近小狗而不愿呵护婴儿的贵族妇女，批判其为了一己的外貌、体形和生活而不愿照料亲生儿女的不良风气。

（二）智育

在重视儿童体育的同时，夸美纽斯还特别强调儿童智力的发展。从"泛智"思想出发，夸美纽斯高度赞美人类的智慧，认为智慧胜过价值连城的珠宝。他强调，一个头脑充满智慧的人，才是真正幸福的人。因此，明智的父母不仅要使儿童健康地生活，还要使他们充满智慧，这样才能成为一个真正幸福的人。父母有责任应尽最大的努力去培养儿童的学习习惯，对其进行智力教育。

在智力教育内容上，夸美纽斯将它分为三个方面：帮助儿童通过感官初步积累起关于外部世界的观念；发展儿童的语言能力；初步训练儿童的手的技能。通过这三方面的训练和教育来启蒙儿童获得多方面知识。在《母育学校》中，夸美纽斯详细地列举了启蒙教育的学习科目——物理学、数学、天文学、地理学、光学、家务、政治学、辩证法、算术、几何学、音乐、语言、修辞学等，逐步地去了解，逐渐掌握初步的概念。他强调，"应当把一个人在人生的旅途中所当具备的一切知识的种子播植到他身上"[②]。虽然列出了许多看似复杂的科目，但就具体要求来说，夸美纽斯仅要求儿童学习所列学科中最普遍、最通俗、最粗浅的内容而已。如物理学，儿童仅学一些有关水、火、雨、雪，花草树木，动物等常见的小知识；光学上仅知道什么是光明和黑暗、区别几种常见的颜色等。另外，他还提倡学习教义问答和唱赞美诗，当然这是和西方社会传统紧密相连的。

智育作为夸美纽斯幼儿教育中比较有特色的一部分，是根据儿童的年龄特点提出的。他认为，要训练儿童的外部感觉、观察力，同时发展语言、思维，从而为以后在学校里的系统学习做准备。夸美纽斯相信，通过这种启蒙性质的教育，就可以为儿童初步奠定学习各门科学知识的基础。

（三）德育

从改良社会道德的目的出发，夸美纽斯十分重视良好德行的养成，并希望儿童的德行能够发展成为第二天性。他认为，儿童生下来是要成为一个有理性的人，而非牛、驴等动物，因

---

① 陈文华.中外学前教育史[M].北京：科学出版社，2007：190.
② 夸美纽斯.大教学论[M].傅任敢，译.北京：人民教育出版社，1984：218.

此必须在儿童生活的头几年,将德行"在邪恶未占据心灵之前早早就教给幼儿"[①]。

为了确保儿童道德教育取得良好的效果,夸美纽斯反对父母和保姆溺爱、放纵儿童,并指出若父母在儿童的心中播下任性的种子,却想收获纪律的果实,那不是非常奇怪吗?因此,儿童之所以任性不是因为儿童缺乏理智,而是由于成人的愚蠢造成的不良后果。所以,成人应通过温和的态度对儿童提出合理的要求从而培养其纪律观念。在道德教育的内容上,夸美纽斯认为儿童应学习节制、勤劳、整洁、尊敬长辈、诚实、不损害别人、不嫉妒、得体等有关德行的初步知识。其中,节俭和勤劳等优良品质是健康生活的基础,是其他一切品德的根本。

三、学前教育的方法

夸美纽斯认为,父母是儿童的教育者,有责任培育自己的子女成人,因此父母不仅要有耐心,还要下功夫去研究子女。父母和保姆要深思熟虑,采用适合儿童的方法去进行教育。

前文已论述其教育方法:在体育教育方面,最有效的方法是让儿童通过感官去认识外部世界;在德育方法上,夸美纽斯认为应充分发挥榜样示范、训练、奖惩等方法的作用。夸美纽斯在智育方面作了更为细致的阐述,具体如下:

第一,重视游戏。夸美纽斯认为,儿童的自然天性是好动的,因为他们血气旺盛,所以要多给儿童活动的机会。参与游戏不仅有助于儿童锻炼身体,而且有利于肢体灵活性和智力灵敏性的发展。夸美纽斯指出,儿童在游戏时,智力处在紧张的活动状态,在得到磨炼的过程中有利于促进其智力的发展。因此只要不伤害到身体或损坏东西,成人应支持、帮助儿童参加游戏。此外,夸美纽斯对玩具也提出了建议:要找一些玩具取代真的工具以免给儿童带来危险,儿童也可以用自己喜欢的泥土、木片等搭建玩耍。夸美纽斯关于游戏和玩具的观念在儿童游戏理论发展史上也具有重要的意义:游戏是符合儿童天性的;游戏可以使童年幸福快乐、是儿童不可或缺的;游戏是可以促进智力发展的重要活动;游戏是生活的预备;游戏时成人有必要指导和参与。

第二,运用故事和寓言。因为故事妙趣横生、寓言深入浅出,儿童不仅容易听懂,更可以在生动有趣的感觉中进行理解、记忆。

第三,注意语言发音。父母在儿童开始说话时就应教导、帮助他们清晰地读出字母、音节和词。为此,夸美纽斯编写了《语言初阶》等教科书以辅助儿童的语言教育。他认为,应把语言与具体事物联系起来。在夸美纽斯看来,幼儿阶段的教育手段是感知觉的运用,其中视觉是最主要的一种,因此应当把最重要的事物以图像形式传授给儿童。因此,《世界图解》和《母育学校》中的图片与提出的教学大纲一一对应,可以配套使用。《世界图解》共有150课,每课都有插图一幅,序言和结束语也各有一幅,共有187幅。图画内容有物理学、数学、光学、天文学、几何学、地理学等,体现了夸美纽斯所秉持的"直观性教学原则"在幼儿教育中的直

---

① 陈文华.中外学前教育史[M].北京:科学出版社,2007:190.

接运用。在夸美纽斯看来,图画书有三个好处:①帮助留下印象;②使孩子们养成从书本中得到快乐的观念;③帮助阅读、学习。夸美纽斯的《世界图解》对后世产生了深远的影响:众多国家、众多儿童接受类似的教育;适应儿童特点来编绘图画教材的思路。当今广为流行的幼儿识字卡片、看图识字、看图故事等都在一定程度上受其影响。

第四,以身作则。夸美纽斯认为,身教重于言教,这在幼儿教育中更为重要,因为本时期的儿童思维是以具体形象性为主要特征的。大人们的言行举止——善恶好坏的态度都是儿童直接模仿的对象。

四、对夸美纽斯学前教育思想的评价

夸美纽斯在继承发展的基础上,结合自己丰富的教育实践经验写出了历史上第一部学前教育专著《母育学校》,以及与之配套的第一本看图识字课本《世界图解》,从而奠定了他在教育史中的重要地位。在他之前及之后的近200年中,几乎没有人对学前教育做过系统研究,更未有人写过论述学前教育的专著。近代的著名教育家福禄贝尔、蒙台梭利,也都明显地受到了他的影响。

夸美纽斯在《母育学校》中论述的幼儿家庭教育思想,是其整个教育理论体系中的重要组成部分。其思想不仅打破封建教育旧传统,更是展现了新人文主义思想的进步性、探索了学前教育的新方法。他试图在已有的思想发展基础上,尝试建立符合科学发展水平的幼儿教育,是值得肯定的。当然,夸美纽斯的学前教育思想也有其局限性,如宗教的元素、有些论述过于片面或绝对化等。但是,这并不影响把夸美纽斯在《母育学校》中所阐述的幼儿教育理论作为世界教育史上的珍贵历史遗产。

第二节 卢梭的学前教育思想

卢梭(Jean J. Rousseau,1712—1778)是18世纪法国著名的启蒙思想家、教育家。卢梭"主权在民、天赋人权"的政治思想为18世纪法国启蒙运动的兴起提供了巨大的动力。1749年,卢梭以《论科学与艺术》一文摘得第戎学院论文比赛头奖的桂冠,在巴黎名声大噪。随后,卢梭又写下了许多著名的文章,如《论不平等的起源》等,其中半论文半小说体的《爱弥尔》可以说是他在教育史上的最有影响的作品。在《爱弥儿》中,卢梭通过叙述虚构的儿童爱弥儿从出生到成人的教育过程,详尽而生动地阐述了他的自然教育理论。

一、自然教育观

与西欧中世纪对人性所持的"性恶论"截然相反,卢梭认为,人的自然本性是善良的,由于上帝的恩赐,人生而具有自由、理性和良心。但是,在人类社会进入文明状态之后,文明人违背了自然法则,滥用自己的自由,产生了人与人之间的不平等现象。因此,人必须遵循自

然的原则,正确运用自己的自由。

卢梭眼中的儿童,"出自造物主之手的东西,都是好的,而一到了人的手里,就全变坏了","我们对儿童一点也不理解的:对他们的观念错了,所以愈走愈入迷途……总是把小孩子当大人看,却不想一想他还没有成人"。卢梭认为,"在万物的秩序中,人类有它的地位,在人生的秩序中,童年有它的地位",童年充满了美好,具有"迷人的魅力"。① 儿童具有自己的看法、感情,是有别于成人的,也是成人难以替代的。大自然希望儿童应有儿童的样子,如果打乱了秩序,就会培养不出成熟甜美的果实。所

图10-2　卢梭

以,要尊重儿童,要给予他们爱护和帮助。在卢梭看来,任性乖戾的儿童不是自然造成的,而是由于教育的不良导致的。教育应遵循自然的人性发展,脱离社会禁锢的牢笼。

卢梭指出,教育有三个来源:来自自然的教育,来自人的教育,以及来自事物的教育。"我们的才能和器官的内在的发展是自然的教育;别人教我们如何利用这种发展,是人的教育;我们对影响我们的事物获得良好的经验,是事物的教育"②。如果可以将这三种不同的教育协调一致的话,那儿童所接受的教育就是良好的教育。由于"在这三种不同的教育中,自然的教育完全是不能由我们决定的,事物的教育只是在有些方面才能够由我们决定。只有人的教育才是我们能够真正地加以控制的"③。所以,卢梭认为,教育应该以自然的教育为中心,事物的教育和人的教育应服从于自然的教育,从而使这三方面教育得以协调一致,并趋于自然的目标,从而使儿童受到良好的教育。

自然教育的目的是培养"自然人"。"自然人"不是原始社会之人,而是生活在实际社会生活中的"新人",即身体、头脑、个人能力都得到很好发展的自然人。"自然教育理论"的核心在于"自然主义"。"自然"一词在不同的语境下有不同的意义,卢梭的解释为"人类生存的周围世界","人类原始的与虚伪腐败的社会制度相对的自然状态","心理学上的自然——不依人的意志为转移的人的身心发展规律"。卢梭认为:"我们生来是有感觉的,而且我们一出生就通过各种方式受到我们周围事物的影响。可以说,我们一意识到我们的感觉,我们便希望去追求或者逃避产生这些感觉的事物。我们首先要看这些事物使我们感到愉快还是不愉快,其次要看它们对我们是不是方便适宜,最后则看它们是不是符合理性赋予我们的幸福和美满的观念。随着我们的感觉愈来愈敏锐,眼界愈来愈开阔,这些倾向就愈来愈明显;但是,由于受到了我们习惯的遏制,所以它们也就或多或少地因为我们的见解不同而有所变化。在产生这些变化以前,它们就是我所说的自在的自然。"④可以看出,自然教育就是以发展儿童的"内在自然"或"天性"为中心的教育,即尊重儿童身心发展。

---

① 卢梭.爱弥儿[M].李平沤,译.北京:商务印书馆,1978:5,2,74.
② 卢梭.爱弥儿[M].李平沤,译.北京:商务印书馆,1978:7.
③ 卢梭.爱弥儿[M].李平沤,译.北京:商务印书馆,1978:7.
④ 卢梭.爱弥儿[M].李平沤,译.北京:商务印书馆,1978:8—9.

卢梭之所以提出自然教育理论，有其特殊的历史情境。18世纪，法国及欧洲许多国家都被教会垄断。学校教育的内容延续了中世纪"七艺"、宗教和古典语文这些脱离当时社会发展的科目；教学方法保持了经院式的教条主义教学方法，不顾儿童的特点进行教义问答、咬文嚼字等。卢梭猛烈地抨击这样的封建教育，指出其不顾儿童天性发展、抹杀儿童天性，不根据儿童特点施教，忽略儿童与成人的区别，将对成人适用的教育用于儿童，使儿童成为教育的牺牲品。更严重的是，为了培养服从封建统治者的顺民，儿童的思想、行为受到严重的束缚。"欢乐的年岁是在哭泣、惩罚、恐吓和奴役中度过的"，而这样的教育是卢梭极为反对的。

二、论教育的年龄分期

从自然教育理论出发，卢梭依据每个阶段儿童的年龄和心理发展特点，将教育年龄发展划分为以下四个阶段：

（一）婴孩期

0—2岁为婴孩期。由于这个时期的婴儿身体柔弱，所以这一时期的教育应以婴儿身体的养护为主。通过合理的饮食、衣着、睡眠和游戏养成健康的体魄，从而可以为儿童一生的幸福奠定基础。这个阶段的教育，儿童的身体和四肢保持"绝对自由"，不沾染任何不良习惯，且要弥补身体和智慧方面的需要。

（二）儿童期

2—12岁为儿童期。由于本时期的儿童还没有真正的技艺和判断，是"理性的睡眠时期"，因此，发展和健全感官是主要任务，感觉教育应是教育的主要内容。卢梭认为，真正的老师是经验和感觉。因此，卢梭反对让本时期的儿童读书，而是应通过各种活动来发展儿童的嗅觉、触觉、听觉、视觉等。在他看来，读书是孩子们在儿童时期遇到的灾难，所以他假想的受教育者——爱弥尔——长到12岁还不知道什么叫书。另外，本时期还应继续培养受教育者的健康身体。

（三）少年期

12—15岁为少年期。本时期以道德教育和宗教教育为主。道德教育的任务在于培养善良的感情、良好的意志和判断能力。在道德教育方法方面，卢梭主张自然后果法，让儿童经受由于过失招致的后果，从而自知纠正错误行为。在宗教教育方面，卢梭反对宗教迷信，反对给儿童灌输教条等，认为要依据理性和良心来信仰上帝。

（四）青年期

15—20岁为青年期。由于这一时期受教育者在理性和判断力上逐渐发达，所以应该开始进行知识教育,即本时期应开展智育。卢梭主张以知识教育为主的青年期,应学习自然科学知识;而以道德教育为主的青春期,应以学习社会科学为主。卢梭认为,学到什么样的知识无所谓,但所学的知识要有用处。即卢梭反对古典主义,主张学以致用。此外,卢梭非常注重劳动,认为劳动不仅可以学到技术,还可以锻炼身体。他认为通过智育和劳动教育,爱弥尔将会成为一个手脑并用的人,不仅是一名工人,还可以是一名哲学家。

卢梭对学前教育的贡献主要集中在他所划分的第一个阶段和第二个阶段的前半部分。他从儿童身心特征出发,要求父母应关心子女而非溺爱子女,维持儿童自然的习惯,训练儿童的感官、语言和身体等,从而使其成长为"自然人"。

三、论幼儿教育的内容和方法

卢梭从自然教育理论出发,具体阐述了幼儿教育的基本内容及其相应的方法。

(一) 感觉教育

卢梭认为感觉经验是理性发达的基础,要发展人的理性能力,必须充实人的感觉经验。2—12岁的儿童,语言有所发展,但是理性能力还没有全面地发展起来。因此,教育的重点应放在对儿童的感觉能力发展方面。

锻炼儿童的感官,并非仅仅单纯地使用感官,更要通过感官学会如何进行正确地判断,学会怎样去感受、怎样去看、怎样去听,丰富儿童的感性经验。在感觉教育中,应该同时发展儿童的视觉、触觉、听觉、嗅觉、味觉等感官,尤其是触觉和视觉,这两种感官的用途是最经常和最重要的。比如,通过触觉,儿童可以获得关于事物的形状、硬度、温度、大小、轻重等准确的概念。通过锻炼儿童的感官,他们就会变得聪明起来。因此,感觉教育的重要作用在于它有助于儿童智力的开发,能激发儿童的智慧。

如何进行感觉教育呢?可以说,在西方教育史上,卢梭是第一位详细地论述如何训练儿童感官的教育家。比如,他主张在日常生活游戏中,应采用以触觉代替视觉和听觉的办法来锻炼儿童的触觉。在黑暗的夜间,即视觉完全不起作用的情况下开展游戏活动,可以在黑屋子里击掌,通过空气的回旋流动来感觉自己所在的位置;还可以夜晚在水中乘船,由吹到脸上的风来感觉行驶的方向和风势的缓急。另外,还可以用触觉代替听觉的方法来训练儿童的触觉,比如让儿童把手放在琴上,由琴木的震动来分辨声音的高低。除了触觉外,卢梭还主张通过图画、几何形体和制图来训练儿童的视觉,培养其观察力;通过唱歌和听有节奏、有旋律的声音来发展儿童的听觉。

(二) 身体的养护和锻炼

卢梭认为,0—2岁的婴儿期教育,应以身体的养护为主;2—12岁的儿童期教育,应以体育锻炼和感官训练为主。对于身体的养护和锻炼,卢梭提出了许多至今仍有很大启发价值的建议和主张。

在身体的养护上,卢梭主张应让婴儿穿戴宽松的衣服鞋帽,使他们的四肢能够自由地活动;不可将婴儿捆裹住,给他套上人为的枷锁;要让婴儿多在户外活动,呼吸清新的空气;要用母乳哺养婴儿;父母要亲自教育孩子,不要请乳母和家庭教师;要正确对待婴儿的啼哭,既要满足他的正常需要,又不能让他养成不良习惯,无理取闹。

除了身体的养护外,身体的锻炼也是婴儿期的一项重要内容。卢梭认为,身体与精神是相互联系的,健康的身体是健全的精神的基础;身体虚弱会滋生过多的欲望,而一切罪恶都是由虚弱而生的,儿童只要不虚弱,就无恶念,强健的儿童必然善良。为此,他建议儿童洗冷水浴,冬穿夏服,忍受严寒酷暑,适应各种环境和气候。

同时,卢梭坚决反对对儿童娇生惯养和溺爱。他指出,忍受痛苦是儿童应该学习的头一件事。他甚至认为父母不必以各种各样的方式预防孩子受到伤害。他说:"即使他从上面跌下来,他也不会摔断他的腿,即使他用棍子打自己一下,他也不会打断他的胳膊。"这体现了卢梭所谓教育要顺应自然的思想。在今天中国的家庭教育实践中,很多父母溺爱孩子,生怕孩子受一点伤,看见孩子跌倒赶紧去搀扶,殊不知儿童只有尝试过痛苦才能长大。卢梭的思想有着一定的启发意义。

(三)自然后果法

在道德教育上,卢梭还积极地提倡"自然后果法"。他指出,我们不能为了惩罚儿童而惩罚儿童,应该使他们觉得这些惩罚正是他们不良行为的自然后果。也就是说,对于儿童的过失,不必加以责备和处罚,而要利用儿童过失所造成的自然后果,使他们自食其果,从而认识到自己的过失而加以改正。卢梭举例说,如果儿童打破了房间的窗子,不要急着找人来修好,而是让他昼夜都受风吹,甚至着凉受寒,这样他就会很深刻地记住这个教训。这样做的目的是让儿童明白,这些惩罚正是他们不良行为的自然后果。他还举例说,当成人发现儿童撒谎时,不要去斥责他们,而是要让他们明白:如果撒谎,则谎言的种种不良后果都要落在他们的头上。例如,即使说真话,也没有人相信了;即使没有做什么事情,也会被别人不由分辩地指责干了坏事。

四、对卢梭学前教育思想的评价

卢梭的教育思想常被誉为是教育重心从成人向儿童转变的重大转折,更被冠以教育史上的"哥白尼革命"之名,成为教育史上的佳话。卢梭是否真正发动了"哥白尼革命"姑且搁置一旁,但其以培养自然人为目的、远离日常社会生活而将大自然作为教育环境等创举,对欧洲近代教育产生了重大影响。卢梭所构思的教育内容、方法等都启示着后辈们。

卢梭指出,"生活并不就是呼吸,而是活动,那就是要使用我们的器官,使用我们的感觉、我们的才能,以及一切使我们感到我们存在的本身的各部分"。通过让儿童在活动中获取知识来促进其身心发展。滥读书、读无用书反而是无益的,世界"这本书"才应真正地去读透,通过直接接触、观察生活和世界得以了解事物的意义。长期以来,幼儿教育普遍存在过分注重知识的传授、忽视尊重儿童身心发展的问题。许多家长和教师对儿童施加了过度的教育，以识字、计算等去衡量儿童教育水平，而儿童爱动、喜爱游戏的兴趣却被忽视。这种违背儿童身心发展规律的、拔苗助长式的教育无疑是对儿童成长的伤害。因此，卢梭所提倡的尊重儿童的天性，通过活动来促进儿童身心健康发展的理念是值得借鉴的。

将卢梭与近代教育学说奠基人夸美纽斯进行比较的话，可以看出二者在教育应顺应自然、顺应儿童身心发展规律的观点上不谋而合。当然，二者不同的地方也很多，如在自然教育目的上，夸美纽斯认为是使人为永生做准备，而卢梭培养自然人、自由的人；教育对象上，夸美纽斯提倡"把一切教育交给一切人"，而卢梭仅面向部分人。

诚然，卢梭的思想亦有不妥之处，如过分强调儿童从生活经验中学习知识，由于儿童能亲自参与的活动有限，因此获得的知识也只能是零散的。再如，德育、智育、体育于不同阶段单独实施的思想不免有机械割裂的嫌疑。因此，我们应注意在批判的基础上继承前人的思想。

第三节 欧文的学前教育思想

罗伯特·欧文（Robert Owen，1771—1858）出生于威尔士一家五金店商家，年少时很受父母的疼爱。欧文小时候酷爱读书，所住小镇上有学问者的书房大都可以出入读书。童年时期的广泛阅读使得他勤于思考。此外，欧文小时候多灾多难、体弱多病，甚至多次性命堪忧，这些遭遇导致他后来比较注意饮食起居，养成了注意细节的习惯。

欧文从小就有"家庭童工"的经历，使他较早地就步入了社会。欧文前后到伦敦、斯坦福德服装厂等尝试做过多种职业，积累了丰富的经验。欧文 20 岁时受雇为一家大工厂的经理，工厂管理的实践使得他观察到环境对人所产生的影响，并着力改善工人的工作环境。

图 10-3 欧文

作为英国第一个创立学前教育机构（托儿所、幼儿园）的教育理论家和实践家，欧文认为，要培养智育、德育、体育全面发展的一代新人，就必须把教育与生产劳动结合起来。作为空想社会主义著名的代表人物，欧文的教育思想是他的空想主义学说的重要组成部分，其学前教育思想在其整个教育思想中又占有很重要的地位。

一、论人的性格形成

人的"性格形成学说"是欧文从事社会改革和教育实验活动的出发点和理论基础。欧文认为，人的性格形成有两种影响因素，这就是"天赋的能力"和"出生后就对这些能力发生影响的环境"。但是，他从机械唯物主义的认识论出发，研究人的性格与环境（包括教育）的关系。他的"性格形成学说"继承并发展了18世纪法国的"人的性格是环境的产物"思想。他认为人的性格不是先天的,而主要是在后天所处的环境中形成的。因此,社会环境是形成人的性格的决定因素。

出于环境对人的发展具有重大作用的认识,欧文提出"用优良的环境代替不良的环境,是否可以使人由此洗心革面,清除邪恶,变成明智的、有理性的、善良的人;从出生到死亡,始终苦难重重,是否能够使其一生仅为善良和优良的环境所包围,从而把苦难变成幸福的优越生活"。基于这样一个充满希望和想象的伟大理念,欧文的社会改革形成了他超越当时现实生活的人性化管理思想。欧文指责当时很多资本家过分注重机器、轻视工人,同时欧文提出采用多种方法来改善工人的工作环境和生活环境、压缩工作时长,如由13—14小时缩短为10.5小时。在新拉纳克厂区,整齐的工人宿舍、优美的绿化环境,对工人的身心健康有着十分积极的效应。1820年,欧文在《致拉纳克郡报告》中提出消灭私有制,建立财产公有、权利平等的社会改革主张,标志着他的空想社会主义思想体系的形成。新拉纳克由此成为英国的模范社区,没有流浪汉、没有小偷小摸,是资本主义"罪恶"中冒出来的一方净土。欧文认为,对无生命的机器给予细心照顾尚能产生有利的效果,那么以同样的精力去关心有生命的"机器",则无往不利。1824年,欧文到美国创办了"新和谐"(New Harmony)公社,希望例证其改造社会的计划是可行的,但在特殊的历史环境下,欧文的这些想法最终变成幻想,以失败而告终。

在儿童发展上,欧文强调儿童的语言、习惯和情感在出生后就是由外界灌输的。若受到不良环境的影响,则身心就会受到损害;若在良好的环境中成长,则会健康发展。所以,儿童从小就应该在良好的环境中接受良好的教育,从而有利于良好德行的养成。由于儿童幼儿时期记忆对其影响很大,"惯于仔细观察儿童的人一定能清楚地看出,许多好事和坏事都是在他们很小的时候被教会或学会的,许多好的或坏的脾气和性情都是在两岁以前养成的,许多深刻难忘的印象,则是在一岁以前甚至在半岁以前获得的"[①]。故而儿童幼年时留下的深刻印象,很容易养成一种习惯,且影响深远。总之,儿童所生长的环境非常重要。"人们在幼儿时期和儿童时期被培养成什么样的人,成年后也就是什么样的人。现在如此,将来也是如此",在这一理念的指导下,欧文非常重视儿童教育。

欧文关于人是环境和教育的产物的学说固然对社会有其积极的历史意义,但同时也存在着很大的片面性。马克思批判性地指出欧文把人看作环境的消极产物是不正确的,因为人在革命实践的过程中改变着社会关系的同时,也改变着自己的本性。

二、创办"性格形成新学院"

受雇为大工厂经理的欧文在大抓管理工作的同时,发现所在工厂与当时世界其他地方一样存在着童工,和成人一样在恶劣的条件下进行繁重的工作。第一次工业革命在极大解

---

① 欧文.欧文选集(第一卷)[M].柯象峰,何光来,秦果显,译.北京:商务印书馆,1979:41—42.

放英国生产力的同时也引起了生产关系和社会阶级结构的大变动,无产阶级登上了历史舞台。因资产阶级极力要从劳动人民身上榨取财富,劳动阶级的家庭生活普遍贫困,儿童问题日趋严重——营养不良、居住环境恶劣,童工普遍少有受教育的机会。劳动人民长时间的工作也导致其无暇顾及子女,致使孩子易受到坏人引诱并导致道德堕落,从而引发严重的社会问题。

欧文深信人的性格自出生后主要是由外力影响形成的,若一个人自出生时就处于优良的环境中,并对他实施正确的教育,则受教育者能够形成抵抗不良影响的牢固品格。1816年,欧文耗资一万英镑在其工厂区建立了第一所相当接近现代标准的公共学校——"性格形成新学院",面向2—14岁的儿童、少年提供教育,另外还附设有成人教育班。该学院是欧文为工人及其子女创办的一系列学校的合并,其中包括为2—6岁儿童创办的学前教育机构——幼儿学校;为7—10岁儿童开办的初等学校;为11—17岁少年开设的夜校以及为成年工人及其家属建立的业余教育机构。[①]

该学院创办的宗旨是为了培养儿童的优良情操和实用技能,使他们能够成为有用的幸福的人。一方面学院可以改变幼小子女的悲惨处境,另一方面可以减轻妇女的负担。学校中的教学计划更是侧重于儿童性格的培养与职业能力的提高。欧文的教学思想、教学理念和教学计划取得了巨大的成功,同时也使学校成为对公众开放的社交和休闲中心。

三、论幼儿学校

1816年的"性格形成新学院"是欧文长期以来组织建立的一切教学、教育机构的整合。其中就包括此前欧文所创办的幼儿学校。为了使儿童获得完善的教育环境,欧文设计、建立了英国第一所免费的幼儿学校。欧文认为儿童具有德、智、体、美等多方面的天赋能力,若在良好的环境中成长则有发展可能性。基于该想法,欧文认为有必要建立一所幼儿学校,对儿童从小就施以品性方面的教育。他指出,"我们发明并顺利地实际采用的幼儿学校,是为了走向开创一种组织和管理人类的合理制度,把人类引入尘世生活真正太平繁荣的境地而至今迈出的踏踏实实的第一步……按照原来的设想,这种学校是培养儿童的聪明、善良、仁慈和理性,以及训练他们适应新的社会状态的第一个实际步骤"[②]。该学校涵盖托儿所、幼儿园和游戏场等,面向6岁以下的儿童,为儿童的成长发育创造了良好的环境和条件。欧文重视教育与生产劳动的结合,在培养儿童方面的教育观点取得广泛的认可。

(一)幼儿学校的目的

幼儿学校希冀改变儿童成长的环境,能把儿童培育成具有良好性格的新人。根据其"全面发展的新人"的教育思想,欧文强调幼儿学校应当通过德育、智育、体育、美育和劳动教育

[①] 欧文.欧文选集(第三卷)[M].马清槐,吴民荧,黄惟新,译.北京:商务印书馆,1984:119—198.
[②] 欧文.欧文选集(第三卷)[M].马清槐,吴民荧,黄惟新,译.北京:商务印书馆,1984:378.

来合理地培养每个儿童。作为学龄前教育机构,幼儿学校必须扩大儿童的知识范围,发展他们的同情心,然后发展经济的和社会的习惯与特性。欧文认为,培养儿童为社会服务的精神具有重要的意义,应向儿童解释其行为,教育其形成团结友爱的品德,注意培养其爱好劳动的兴趣,最终使他们成为"身体健壮,具有实用知识和仁慈精神,并能利用科学所提供的一切措施参加社会的一种或两种工作及工农业生产劳动的人,也就是体力劳动和脑力劳动、理论和实践相结合的全面发展的新人"①。

(二)幼儿学校的教学内容

学校拥有一间长 40 英尺②、宽 40 英尺、高 22 英尺的教室,教室中布置着以动物为主的图画和地图,还有从花园、田野和树林中采集来的自然界的实物。天气不好的时候,学校还提供一间长 16 英尺、宽 20 英尺、高 16 英尺的娱乐室供儿童娱乐。秉持"尽力使小朋友快乐"的原则,幼儿学校的儿童不应只待在教室里。幼儿学校规定,儿童在教室的时间约为 3 个小时,其余时间在室外的大草坪上玩耍,或由年轻女工负责照顾。

1. 德育

道德教育作为欧文全面教育思想的核心部分,在培养儿童集体主义精神上具有重要的地位。集体主义精神是新道德的基础,儿童应"从幼年起就受集体的道德教育"。欧文提倡在集体中培养儿童的仁慈、正义、诚实、礼貌、守秩序等好品格。在幼儿学校里,教师应把"尽力使小朋友快乐"③当作每个儿童必须学习的一条原则,并通过集体生活不断地强化这一原则,使之成为儿童的一种习惯、本能行为。"年纪大的儿童认识到根据这一原则行动所获得的无穷好处之后,就可以通过自己的榜样很快地驱使更小的儿童去遵守这一原则",因此,儿童就可以在乐趣无穷的集体生活中获得集体的道德教育。

在德育方法上,欧文认为应使用宽容、仁慈的方法教育儿童,禁止任何形式的惩罚。此外,欧文认为儿童与教师间的依恋是进行德育的最好方法——"幼儿学校一岁至三岁的第一部分。儿童们在那里产生了对教师的深厚感情;当他们有了这种感情以后,总愿意自动地尽量发挥他们固有的能力"④。

2. 智育

在智育上,欧文就儿童的知识获得和智力发展进行了阐述,这两个因素在智育过程中相互依存、不可分割。

在知识的获得上,欧文认为可以先用儿童熟悉的周围的事物引起儿童的学习兴趣;其次,通过实物、模型和图画等直观的方式帮助儿童获得正确的观点;教师可以通过友好的谈话等启发儿童思考,充分调动儿童学习的积极性,发展儿童的求知欲望。此外,欧文还强调

---

① 田本娜. 外国教学思想史[M]. 北京:人民教育出版社,1994:273.
② 英尺为英美制长度单位,1 英尺约为 0.3048 米。
③ 欧文. 欧文选集(第一卷)[M]. 柯象峰,何光来,秦果显,译. 北京:商务印书馆,1979:42.
④ 欧文. 欧文选集(第三卷)[M]. 马清槐,吴民萱,黄惟新,译. 北京:商务印书馆,1984:284.

推理能力在知识获得上的重要性,他认为,如果一个人的推理能力从婴儿时期开始就得到适当的训练,而且他在儿童的时期就受到合理的教育,知道要排除那些自己加以比较之后认为是自相矛盾的印象或观念,那么这个人就可以获得真实的知识。①

在智力发展上,欧文认为智育是发展儿童的想象力而非记忆力。因此,欧文非常排斥死记硬背的方法,指责那些理论脱离实际的教学方法严重损害了儿童的智力。此外,他还强调发展儿童的思维能力和独立意志。

3. 体育

为了使儿童拥有健壮的身体,欧文主张进行体育教育,包括儿童的保育、体操和军训等几个方面。

首先,在儿童的保育上,向儿童提供营养丰富的食品是儿童健康成长的重要保证;为儿童穿着的衣服也要宽松适宜,从而满足其生长发育要求和活动的需要。

其次,在儿童的体操上,通过体操的训练,儿童不仅可以锻炼身体,塑造良好的体形,还可以促进形成动作协调、集中精神和遵守纪律的好习惯。此外,体操的锻炼为儿童在下个阶段的军训做好了一定的准备。在对游戏场上管理儿童的人的要求上,欧文指出,"应当能够指导和训练儿童的体操"。

最后,在儿童的军训上,游戏场管理负责人还承担教导和训练儿童的任务。通过使用不同形状、大小的仿真武器,以及较为复杂的军事动作的训练,可以很好地为培养"祖国未来的保卫者"打下基础。②

4. 美育

欧文认为,幼儿学校的儿童,在学校主要学习唱歌、跳舞和体操,并参加一些户外活动。舞蹈、唱歌与体操一样,都具有使儿童身体健康、体态优美的作用。

在娱乐性课程的设置上,应将跳舞、唱歌、乐器等作为儿童的学习内容。欧文指出,无论男孩或女孩,都将在2岁学习舞蹈,4岁学习唱歌,若发现有音乐天赋的,还要学习演奏乐器。

5. 劳动

欧文认为,教育唯有与生产劳动相结合,才能培养出智育、德育、体育全面发展的一代新人。欧文曾说,完善的新人应该是在劳动之中和为了劳动而培养起来的。可以说,欧文的"培养全面发展的人的学说"为马克思的教育理论奠定了一定的基础。

欧文还特别地提出,不应当用充满宗教思想的教科书来教育儿童,且尽力地剔除当时所习见的宗教教条式教学方法。欧文认为,对儿童的教育方法应通过游戏、谈话以及亲密的互动。为了使教学更加生动,教师尽量用实物、着色的地图和动植物图片教授儿童日常知识和自然知识。

在幼儿学校的教师选拔上,由于当时的幼儿教师严重缺乏,欧文亲自在工厂中挑选了一

---

① 欧文. 欧文选集(第一卷)[M]. 柯象峰,何光来,秦果显,译. 北京:商务印书馆,1979:59.
② 杨汉麟. 外国幼儿教育史[M]. 北京:人民教育出版社,2010:224.

批德行兼优的青年男女工人从事幼儿教育工作。尽管这些工人可能缺少教育素养,但却具有很强的事业心,工作起来很称职。

欧文的幼儿学校取得巨大的成功,儿童从 2 岁起就进幼儿园,他们在那里生活得非常愉快,父母很难把他们领回去。

四、对欧文学前教育思想的评价

从性格形成学说出发,欧文认为儿童具有天赋的能力,且有发展的可能性,他大力提倡对儿童进行早期教育。他试图打破当时"把人当成机器"的观点,希冀通过幼儿学校来培养出智、德、体、美全面发展的新人。他在新拉纳克的"性格形成新学院"赢得了当时世界的广泛关注和尊重,成千上万的人前来参观其教育机构和工厂。虽然说欧文未能取得普遍的成功,但其思想却一直不断地被运用到幼儿学校的发展中去。如英国上流社会人士在 1818 年于威斯敏斯特开办英国第二所幼儿学校之时,邀请欧文幼儿学校教师布坎南(J. Buchanan)前去主持。欧文的幼儿学校及其学前教育思想紧密地将生活实践与教育实践联系起来,推动了 19 世纪上半期英国幼儿学校运动的兴起与发展,对英国学前教育的发展产生了深远的影响。

第四节　福禄贝尔的学前教育思想

图 10-4　福禄贝尔

福禄贝尔(Friedrich Wilhelm August Froebel,1782—1852)作为第一所命名为"幼儿园"的学前教育机构的创办者,是德国著名的教育家、现代学前教育的创始人。福禄贝尔从小深受宗教教育影响,后在耶拿大学学习了数学、物理学及博物学等,但不幸因家境贫寒而失学。1805 年、1808 年先后两次访问裴斯泰洛齐的伊佛东学院对福禄贝尔的一生产生巨大影响,奠定了他后来一生从事幼儿教育事业的志向。

1837 年,福禄贝尔在勃兰根堡开办了学前儿童教育机构,专门面向 3—7 岁的儿童。福禄贝尔曾想把这个机构取名为"婴儿职业所"或"育婴院",但都觉得不妥而没有确定下来。有一天,他和他的助手在树林中散步时,从所看到的花草树木的自然乐趣中受到启发,决定用"幼儿园"一词来命名自己创办的幼儿教育机构。因此,在 1840 年,世界上第一所以"幼儿园"为名称的学前教育机构诞生了。之后,福禄贝尔用毕生践行幼儿教育事业。福禄贝尔强调指出自己所创建的幼儿园的特殊性在于"它并不是一所学校,在其中的儿童不是受教育者,而是发展者"。他之所以把自己的学前教育机构称为"幼儿的花园"(幼儿园),就是把幼儿放在生长发芽的种子的地位上,把教师放在细心的有知识的园丁的地位上。

福禄贝尔先后在 1826 年出版了《人的教育》、1843 年出版了《慈母曲及唱歌游戏集》以及

1861 年出版了《幼儿园教育学》,较为全面地反映了他的学前教育思想。

一、论教育的一般原理

在构建学前理论体系的过程中,福禄贝尔既受到裴斯泰洛齐等教育思想影响,也深受德国的谢林、费希特等唯心主义哲学思想的影响。因此,他的理论体系既强调了人的发展和教育适应自然的观点,又体现了万物有神论,带有宗教神秘主义色彩。

福禄贝尔认为,人、自然与造物主这三者之间有密不可分的关系,因此教育要达到这三者的和谐一致。在其 1826 年出版的《人的教育》这一著作中,展现了福禄贝尔提倡神、自然与人类的关系,以及其设想的人性教育目标及教育原理。福禄贝尔认为,宇宙是一个协调的有机体,宇宙万物中有着永久不灭的法则,该法是万物赖以生存的基础,支配并统一万物,制定该法则的就是神。在人类社会中,"永久不灭法则"创造了人和自然。福禄贝尔还进一步论述了教育的基本原则,具体有以下几点。

(一) 自我活动的原则

教育通过引导儿童本身的活动,让儿童自己决定行动,成人不加干涉,从而启发儿童、让儿童认识自己的能力等。福禄贝尔强调,一切专断的、指示性的、绝对的和干预性的训练,必然起着毁灭的、阻碍的、破坏的作用,其危害在于丧失了"上帝的精神",即自由和自觉,而自由和自觉恰是全部教育和生活的目的和追求。

(二) 连续发展的原则

人类的成长是连续发展的。婴儿、幼儿、儿童、少年、青年、成年、老年等发展阶段是彼此相连、连续进行的,不应跨越某阶段进行教育,不应要求少年像青年,甚至成年人那样行动。福禄贝尔把人类初期的发展分为四个阶段——婴儿期、幼儿期、少年期和青年期,并指出前三个阶段的教育应该如何进行。①婴儿期是"吸收期",从外界吸收多样的事物印象,所以应注意发展儿童的感觉器官,扩大其对周围生活的认识,发展其创造力和语言,培养其集体生活的习惯。②幼儿期是"真正的人的教育"时期,更应注重心智的发展。幼儿期的教育对人的发展至关重要,如果本阶段受了伤害,在以后将要"付出更大的艰辛和努力"才能弥补。③少年期与婴儿期和幼儿期不同,要更多地运用思维去理解生活实际,可以说是从以儿童个体为重心向对周围生活环境关注的转变。福禄贝尔关注到这一转变,并讨论过幼儿园与普通学校间的衔接问题,从而帮助儿童顺利地实现从感觉到抽象思维的转变。

(三) 劳作和宗教的原则

人的劳动和生产活动是连续发展的关系,人的劳动生产,不仅要维持衣食,也要把隐藏在内部的精神、神性表现出来。其中,维持衣食是次要的,精神层面是主要的。如果每人都勤奋地用好自己的力量和神的力量,那么他一定能过上好的生活。

(四) 生产活动和勤劳教育

人性要求尽早开始勤劳的生活,因此福禄贝尔提倡不论哪个阶段,人每天都要有一两小时(依年龄来确定)用于从事生产活动,通过生产学习来体验、理解生活。为了培养劳动精神,福禄贝尔设计了教具"恩物",从而使儿童学会活动、思考、创造。

(五) 社会原则

儿童不仅是一个家庭的成员,也是国家、全人类的一员。儿童的教育,之所以能够符合并协调现在、过去和未来人类发展的需求,是由于人自身具备了神的素质、自然的素质和人的素质。儿童统合了神、自然与人的关系,因而教育恰是实现至高的神性、个体的独特性、人发展的多元性的过程。

福禄贝尔还强调宗教心、道德性的萌芽与发展。福禄贝尔认为,幼儿期的感情,尤其是"微笑"是共同感情的最初表现,而"共情"又是联结父母、兄弟、姐妹精神的基础。即由母亲培育的孩子的共情是宗教心的最初萌芽,在培育孩子时应注重共情的培养。

二、论幼儿园教育的任务

福禄贝尔特别强调幼儿期的重要性,他指出,"人的整个未来生活,直到他将要离开人间的时刻,其根源全在于这一生命阶段,不管这未来生活是纯洁的还是污浊的,是温和的还是粗暴的,是勤劳的还是怠惰的……他将来与父母、家庭和兄弟姐妹的关系,与社会和人类、自然和上帝的关系,按照儿童固有的和天然的禀赋,主要取决于他在这一年龄阶段的生活方式","假如儿童在这一年龄阶段遭到损害,假如存在他身上的他的未来生命之树的胚芽遭到损害,那么他必须付出最大的艰辛和努力才能成长为强健的人,必须克服最大的困难在其朝着这一方向发展和训练的道路上避免这种损害所造成的畸形"[①]。

因此,幼儿园教育的基本任务就是实现儿童在这一年龄段的良好发展。1843 年,福禄贝尔在《关于德意志幼儿园的报告书》中明确指出,幼儿园收容学龄前 3—6 岁的儿童,以家庭的方法主导儿童的身体发育与精神上诸能力的发展,养成良好的习惯。在他看来,幼儿园的具体任务是:通过直观的方法培养学前儿童,使他们参加各种必要的活动,发展他们自己的体格,锻炼他们的外部器官,使他们正确地认识人和自然以及增长知识,并在游戏、娱乐和天真活泼的活动中,锻炼做事或生产的技能和技巧,尤其是运用知识与实践的能力,做好升入小学的准备。幼儿园还担任起训练幼儿教师、推广幼儿教育经验的任务。福禄贝尔特别重视家庭,尤其是母亲在早期教育中的作用,他把幼儿园教育作为家庭教育的"补充"而非"代替",强调幼儿园是家庭生活的继续和扩展。他相信幼儿教育的改革必须从家庭教育开始,并主张给缺乏教育知识的父母提供内容和方法上的指导,他创办幼儿园的主要目的也在于此。

---

① 福禄培尔. 人的教育[M]. 孙祖复,译. 北京:人民教育出版社,1991:34.(此处福禄培尔即福禄贝尔)

三、论"恩物"

为了更好地实现幼儿园的教育任务，引导儿童认识自然、扩大知识和发展能力，促进儿童良好发展，福禄贝尔创制了一套供儿童游戏时使用的玩具——"恩物"，其基本形状是圆球、立方体和圆柱体。该套恩物仿照大自然物体的性质、形状和法则，遵循从简单到复杂、从统一到多样的原则，客观上有助于扩大儿童的知识，发展他们的创造力和想象力。之所以称为"恩物"，福禄贝尔意指，这是"上帝恩赐儿童之物"。

具体说，福禄贝尔创制的"恩物"主要有八种：

第一种"恩物"是六只用柔软的羊毛绒结成的彩色小球，一共有红、绿、青、黄、橙、紫六色。成人可以引导儿童观察、抓弄这些柔软的小圆球，让他们初步形成基本的颜色辨别能力，认识各种颜色和数目。随着儿童知觉和思维语言的发展，成人可以一边把球向各方甩动，一边说前后、上下、左右，以发展儿童的空间观念。成人还可把球放于掌心，表示"有"，然后收起来，空出掌心，表示"无"，借以发展儿童肯定和否定的观念。福禄倍尔从观察和实验中运用六个小球设想出五十种玩法，系统地训练了儿童的各种能力。

第二种"恩物"是木制的球体、立方体和圆柱体。球体代表动，立方体代表静，圆柱体则动、静兼备。通过这种"恩物"，可以使儿童认识物体的各种形状和彼此的关系，并且可以通过种种组合的方法，用它们拼成各种物体，来发展儿童的创造力和想象力。

第三种"恩物"可以分为八个小立方体，合起来成为一个大的正立方体。它可以更好地使儿童认识物体的各种形状，理解部分与整体的关系及其观念。通过各种形状的组合拼搭，锻炼儿童的创造性的组合能力、造型以及象征性联想的能力等。

第四至第八种"恩物"都是大小不同的一个大立方体，可以分割成大小和数目不等的小立方体、小长方体、小长方板以及小三角形。通过这些"恩物"，不仅可以帮助儿童理解整体是由部分组成、部分可以形成有序的整体，还可以帮助儿童明了算数的基本道理，掌握加减乘除的基本规则。

可见，福禄贝尔所设计的"恩物"以几何形状作为主体，是福禄贝尔在视"儿童是具有创造性和组织性的生命体"，考虑到游戏是儿童的本质需求和内心的自我表现的基础上，践行幼儿教育的具体表现。"恩物"作为儿童认识纷繁复杂的物体的初体验，不仅符合儿童的天性，也促进了儿童创造力、想象力的发展，在欧洲乃至世界各国得到了广泛的应用。在以后的福禄贝尔运动中，后继的福禄贝尔主义者把以上八种"恩物"又扩大到了二十种，并分为游戏"恩物"（第一到十种）和作业"恩物"（第十一到二十种）两类。在福禄贝尔主义者看来，游戏"恩物"是儿童游戏的用具，除了前述八种外，又增加了表现面、线、环、点的四种"恩物"；作业"恩物"是指儿童的作业材料，包括剪纸、贴纸、折纸、豆细工、黏土细工等十种。实际上，这已不符合福禄贝尔创制"恩物"的原意了。

四、论游戏与作业

（一）游戏

福禄贝尔指出，游戏既是儿童内在本质的自发表现，又是内在本质出于其本身的必要性和需要的向外表现。可以说，游戏是儿童内部需要和冲动的表现，是基于儿童的内心活动和内在发展需要的，就像鸟飞、鱼游一样自然。一个游戏着的儿童，一个全神贯注地投入于游戏中的儿童，正是幼儿期儿童生活最为美好的表现。从某种意义上说，幼儿园应当就是儿童游戏的乐园。

福禄贝尔强调，游戏对儿童的发展具有重要的意义。它不仅可以使儿童的内心冲动得以表现，使儿童感到兴奋、愉快和幸福，还能促使儿童身体和感官的发展，提高他们认识自然和社会的能力。他指出，"这一年龄段的各种游戏是整个未来生活的胚芽，因为整个人的最纯洁的素质和最内在的思想就是在游戏中得到发展和表现的"[①]。正因为如此，福禄贝尔呼吁：母亲啊，鼓励和支持儿童的游戏！父亲啊，保护和指导儿童的游戏！

福禄贝尔把游戏分为三类：第一类是身体的游戏，它主要是为了锻炼儿童的身体。这是儿童对自然界和周围生活中所观察到的动作的模仿，既是作为力量和灵活性的练习，也是内在的生活勇气和生活乐趣的表达。第二类是感官的游戏，它既可以是听觉的练习，如捉迷藏等，也可以是视觉的练习，如辨别色彩的游戏。第三类是精神的游戏，就是运用他设计的恩物玩具进行游戏，主要是为了训练儿童的思维和判断力。

（二）作业

福禄贝尔所谓的作业，主要是指给儿童设计的各种活动。在这样的活动中，儿童可以使用诸如纸、沙、黏土、竹、木、铅笔、颜色盒、剪刀、糨糊等，制作某种物体。作业的种类很多，有绘画、纸工（编纸、折纸、剪纸），用小木棒或小环拼图、串联小球、刺绣等。通过这些作业活动，不仅可以促进儿童对于多种图形的认识，还可以帮助儿童认识点、线和平面，并练习使用它们组成整体。因此，作业活动可以使儿童的"恩物"知识得以巩固。"恩物"的主要作用在于吸收和接受，作业的主要作用在于表现和建造。

在福禄贝尔看来，作业活动是儿童的体力、智力和道德和谐发展的一个主要方面。通过遵循从易入难的原则，福禄贝尔制定了一套详细的幼儿园作业大纲；要求教师在作业活动中对儿童及时地进行指导和帮助，培养儿童集中注意力和认真制作的习惯，促使表现能力和创造能力的发展。例如，绘画这个作业活动应当从画点开始，然后是画横线和竖线的组合，最后才是画一些物体。

[①] 福禄培尔.人的教育[M].孙祖复，译.北京：人民教育出版社，1991：34.（此处福禄培尔即福禄贝尔）

五、对福禄贝尔学前教育思想的评价

作为近代幼儿教育理论奠基人,福禄贝尔的幼儿教育理论和实践对世界幼儿教育理论体系的形成和发展,以及幼儿园的发展产生了广泛的影响。在19世纪末的美国,甚至还形成了福禄贝尔主义,对美国甚至是世界的幼儿教育理论和实践产生了深远的影响。福禄贝尔对幼儿教育的推广,对游戏、儿童自主活动、手工作业和园艺等教育形式的重视,迄今仍在学前教育界发挥着广泛的影响。其墓志铭"来吧,为我们的儿童生活吧!"正是"幼儿教育之父"福禄贝尔真实生活的写照,更是他向世界发出的召唤。

福禄贝尔在幼儿教育上有很多值得父母、教师借鉴学习的理论知识,如家庭教育的重要性和不可替代性等。他认为,"国民的命运,与其说是操纵在职权者手中,倒不如说掌握在母亲的手中。因此,我们必须努力启发母亲——人类的教育者"。

思考与练习

一、选择

1. 夸美纽斯在下列哪本著作中列举了智育的具体科目?( )
   A.《大教学论》　　B.《母育学校》　　C.《世界图解》　　D.《爱弥儿》
2. 卢梭的幼儿教育的目的是( )。
   A. 培养自然人　　B. 培养自主的人　　C. 培养有用的个体　　D. 培养社会人
3. 下列哪项不是欧文幼儿学校的特点?( )
   A. 其原则是"尽力使小朋友快乐"　　　　B. 禁止任何形式的惩罚
   C. 发展儿童的记忆力　　　　　　　　　D. 用儿童熟悉的事物引起其兴趣
4. 福禄贝尔为幼儿游戏和活动设计的教具,取名为( )。
   A. 积木　　　　B. 作业　　　　C. "恩物"　　　　D. 几何图形
5. 福禄贝尔认为儿童教育还要遵循哪些基本原则?( )(多选)
   A. 适应自然的原则　　　　　　　B. 发展的原则
   C. 自动的原则　　　　　　　　　D. 内外结合原则

二、简答

1. 在夸美纽斯看来,幼儿教育具有怎样的重要性?
2. 欧文创办的幼儿学校具有怎样的教育目的?

拓展阅读

1. 单中惠,等.福禄培尔幼儿教育著作精选[M].上海:华东师范大学出版社,2009.

2. 阿·阿·克腊斯诺夫斯基.夸美纽斯的生平和教育学说[M].杨岂深,等,译.北京:人民教育出版社,1957.

3. 李凤鸣.空想社会主义思想史[M].上海:上海人民出版社,1980.

4. 让-雅克·卢梭.卢梭评判让-雅克:对话录[M].袁树仁,译.上海:上海人民出版社,2007.

5. 卢梭.爱弥儿[M].李平沤,译.北京:商务印书馆,1978.

6. 赵祥麟.外国教育家评传(第二卷)[M].上海:上海教育出版社,2003.

第十一章 现代欧美主要国家和日本的学前教育发展

学习目标

1. 了解现代欧美主要国家和日本学前教育发展状况。
2. 明晰现代欧美主要国家和日本学前教育发展的特点。
3. 掌握对现代欧美主要国家和日本学前教育发展有重要作用的法案和政策。

本章导览

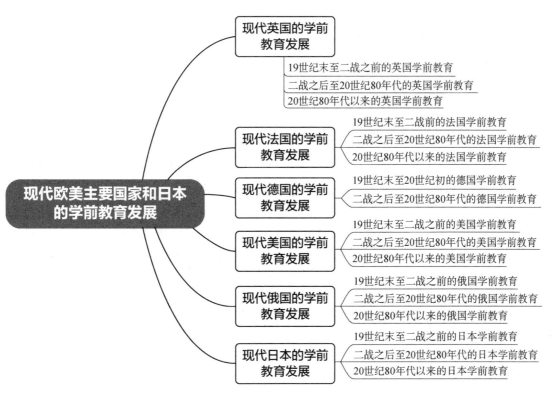

问题提出

进入20世纪,随着社会的发展和教育制度的日渐成熟,学前教育越来越受到重视。尤其是20世纪60年代以来,人们开始认识到学前教育不仅关系着幼儿的发展和家庭劳动力的解放,而且也与国家的教育水平息息相关。因此,一些主要的资本主义国家纷纷根据自己的需要和特点,对本国学前教育进行了一系列的改革措施,以促进学前教育的发展。那么,在过去一百多年的时间里,这些资本主义国家的学前教育走过了怎样的发展道路,在发展的过程中又有何特点,哪些法案对其学前教育的发展起到了关键性的作用。本章将围绕这些基本问题展开。

第一节 现代英国的学前教育发展

一、19世纪末至二战之前的英国学前教育

(一)《初等教育法》中的自由主义为幼儿教育界带来新风尚

1. 福禄贝尔幼儿教育在英国的复活与发展

在英国,19世纪上半期主要是欧文的幼儿学校占主导地位,19世纪下半期幼儿教育的发展主要是受福禄贝尔幼儿园的影响。

1870年的《初等教育法》(又称《福斯特法案》)中没有提及学前教育阶段,但是其中所倡导的自由主义为整个教育界带来了一些活力,也影响了学前教育阶段,使福禄贝尔的教育思想在英国得以复活。

1873年和1874年,分别在伦敦和曼彻斯特成立了福禄贝尔协会。1875年,该协会开始附设幼儿园。1876年,开始实行幼儿园教师资格考试制度,既注重读、写、算等基本素质,也注重教育学、卫生学、教学法等专业素养。该协会在幼儿教师的培养方面起到了很大的推动作用。同时,协会也推动了福禄贝尔教学法的普及。

自福禄贝尔幼儿园在英国建立之后,英国学前教育呈现"双轨制":一轨是以收容工人阶级和贫困家庭子女为主的,另一轨是以接收上层阶级子女对象为主的。虽然到此时,英国学前教育发展还是较为缓慢,但是能够看到自主、平等的教育思想也在缓慢渗透着。

2. 保育学校的创建与发展

英国1870年颁布的《初等教育法》确立了儿童从5岁起开始接受免费教育的制度。但是,由于5岁以下儿童没有人看管,也涌入了小学,致使小学无法承受。5岁以下儿童的保育问题的解决迫在眉睫,这一情况促使英国保育学校(nursery school)的产生。

这一开创之举是由麦克米伦姐妹(Margaret McMillan, Rachel McMillan)完成的。1908年麦氏姐妹在博乌(Bow)开设实验诊疗所;1910年改称德普特福特学校治疗中心(Deptford Clinic);1911年发展为野营学校(Camps School);1913年正式命名为"野外保育学校"(Open Air Nursery School),接收贫民和工人的孩子。该学校吸收福禄贝尔和蒙台梭利教育思想,其教育目标是为儿童提供适宜的环境,改善贫民区儿童的健康状况。其教育方法借鉴福禄贝尔和蒙台梭利教学法,注重儿童自由的游戏,强调对儿童个性的培养。

图11-1 麦克米伦

麦氏姐妹的保育学校产生了广泛而深远的影响,得到了社会的大力拥护和支持。截止到1919年,英国已有保育学校13所,并于1923年成立了"保育学校联盟"。

(二)《费舍法案》促进了保育制度的完善

第一次大战结束以后,由于政治、经济和文化的发展需要,英国再一次将改善国民教育的问题提上了议事日程,于1918年通过了新的初等教育法案——《费舍教育法》(*The Fisher Act*)(也称《费舍法案》),首次明确宣布教育立法的实施要"考虑到建立面向全体有能力受益的人的全国公共教育制度"[①]。它正式将保育纳入国民教育制度当中,并将保育学校的设立和援助问题委托给地方当局,规定地方当局应为2—5岁儿童设立保育学校;规定除伙食费和医疗费外,保育学校施行免费入学。它承认13所保育学校的资质并对其进行国库补助;将义务教育年限提高到5—14岁,并把小学分为5—7岁和7—11岁两个阶段,教学中重视施行"儿童中心"原则。

但是,由于受到战后经济危机的影响,英国政府将教育经费压缩至最低,致使保育学校的经费难以得到保证,从1919年至1929年这10年间,英国保育学校仅仅增加了15所。由此看来,这一时期保育学校的发展速度非常缓慢。

(三)《哈多报告》促进英国学前教育的科学发展

由工党政府任命的以哈多爵士(Sir W. H. Hadow)为主席的调查委员会对英国教育进行调查研究,并于1933年发布了《哈多报告》,这是英国学前教育史上一份重要的资料。该报告针对当时英国学前教育情况给出了如下建议:①良好的家庭是5岁以下儿童的最佳环境,但重视保育学校对于城市儿童的重要作用。②建议将保育学校作为国民教育制度中理想的附属机构,并指出5岁并不是区分儿童重要发展阶段的界限,7岁以上的初等学校才是,所以建议成立以7岁以下儿童为主体的独立幼儿学校。③幼儿学校的教师应遵循保育学校的教育原理,通过开展体育、游戏、会话、唱歌、手工图画等方式对儿童进行培养。

---

① 瞿葆奎,金含芬.教育学文集·英国教育改革[M].北京:人民教育出版社,1993:19.

《哈多报告》除了受到英国传统教育思想的影响外,还吸收了福禄贝尔、蒙台梭利以及麦氏姐妹的教育理念,是英国学前教育发展的标志之一。但由于受到经济危机的冲击,直至1936年,当教育委员会要求地方教育行政机构调查保育学校的情况时,《哈多报告》中所谈及的保育学校问题才得以解决并取得发展。

在这一时期,英国学前教育的特点主要表现为,受传统教育思想的影响和外来教育思想双重影响,5岁以下儿童的照料和教育开始受到重视,是英国学前教育纳入国家整体教育体系的开始。

二、二战之后至20世纪80年代的英国学前教育

在二战结束以后,作为老牌资本主义国家的英国很想恢复战前世界霸主的地位,所以在大批有识之士的呼吁下,英国政府特别重视教育事业的发展和人才的培养,为了打好人才发展的基础,更加关心学前教育的质量。在这期间,英国政府出台了一系列的法案来确保学前教育的质量和实施。

(一)《巴特勒法案》在法律层面保障保育学校的开办

以丘吉尔为代表的英国政府于1944年8月通过了《1944年教育法》,又称《巴特勒法案》(Butler Act)。这一法案的颁布,不仅加强了英国政府对于教育的控制,也在一定程度上完善了地方教育管理体制。

该法案规定:为2—5岁儿童设立保育学校;为5—7岁儿童设立幼儿学校;有的地方如果设立5—11岁的初等学校,则可在校内附设保育班,招收3—5岁的儿童。但法案规定为2—5岁儿童设立的保育学校不属于义务教育。

《巴特勒法案》在法律层面上保证了保育学校的设置,并将其视为地方当局不可推卸的责任和义务,较之1918年的《费舍法案》有很大的进步。但是,幼儿教育的连贯性还是被以5岁为分界的规定所打破,而且其对于幼儿教育的实际影响力并不理想,法案颁布后英国的学前教育并没有取得明显的进步。

(二)学前游戏班运动解决战后育儿难题

由于二战后英国经济衰退,英国政府不得不忽视学前教育。而此时城市中高楼大厦林立,剥夺了儿童的集体游戏的机会。学前游戏班(movement of preschool playground)就在这样的情况下应运而生。

学前游戏班由伦敦儿童救济基金会于20世纪60年代发起,它的目标是为儿童提供游戏场所。除了少数的由地方行政当局筹集资金开设游戏室供学前游戏班使用外,其余的都没有独立的场所和设施,都是免费借用成人俱乐部、教堂、福利院和学校等机构作为游戏场所的;游戏班一般是15—20人,每周活动2—3次,每次2—3个小时;其工作人员主要是中产阶级家庭妇女,轮流值班。

应时应景所产生的学前游戏班为当时的英国幼儿教育解决了难题,即便是到了现在,这种形式也没有消失,并且成了英国学前教育体系中重要的类型之一。到 2000 年,英国尚存学前游戏班 35.3 万个。直至最近,随着英国各地教育局扩大学前教育机构网,这一形式才开始衰退。

(三)《普洛登报告》保障保育设施建立,促使幼小衔接合理化

20 世纪 60 年代后期,英国政府开始向 5 岁以下儿童的教育投入经费以发展幼儿教育。1966 年教育咨询委员会会长普洛登(Ms. Plowden)发表"儿童与初级学校报告书",也被称为《普洛登报告》。该报告主要内容为:①大力发展幼儿教育,保证保育设施的数量,要在不发达地区尽快建立"教育优先地区"。②幼儿教育应以每 20 人为一组组成一个保育集体,1—3 个保育集体组成一个保育中心,它们可以与保育所或者儿童中心的诊所结合起来。③在保育集体中,每 60 人配备一名有资格的教师,每 10 人至少配备一名修完两年培训课程的保育组长,每周保育 5 天,分上午和下午。④在公立保育机构获得扩充前,地方教育当局有权对非营利私立保育团进行援助,最理想的状况则是将包括保育集体的一切幼儿保护、服务机构都统一在有关机构及小学的领导之下。同时,在计划新区和对老区的重新规划时也应考虑到幼儿教育。

《普洛登报告》是普洛登在经过对英国幼儿教育 4 年的考察后提出的,旨在发展保育设施,使幼小衔接工作更为合理地展开,为英国幼儿教育的发展作出了应有的贡献。

(四)《教育白皮书》提升学前教育在整个教育体系中的地位

1972 年英国教育科学大臣撒切尔(Margaret Hilda Thatcher)颁布《教育白皮书》,将扩大幼儿教育提高到内阁将要实行的四项教育政策之一的高度。《教育白皮书》首先肯定了《普洛登报告》对于幼儿教育发展的实践意义,预计在 10 年内实现全部免费的幼儿教育,扩大发展 5 岁以下幼儿教育。此外,它规定了要实现这一目标的具体要求:①调动各方面的积极性;②确保有数量的教师队伍;③政府要提供必要的经费援助。

《教育白皮书》中所涉及的问题,如经费、师资和来自各方面的支持,都是关系幼儿教育发展的基本要素,这些问题的解决给幼儿教育带来了新的生机。1974 年,英国政府在 1971—1972 年度拨出 4 200 万英镑支持幼儿教育的发展,到 1981—1982 年度这一数字增长为 1.2 亿英镑,这大大地促进了英国幼儿教育的发展。

三、20 世纪 80 年代以来的英国学前教育

20 世纪 80 年代以来,英国学前教育机构出现了多种形式并存的局面,其多样性的发展局势是这一时期的主要特点。特别是 1997 年以来,以布莱尔为首的英国政府颁布了很多重要的法案和计划,用以推行有利于弱势群体和落实教育公平的政策。

（一）多样化的学前教育机构的出现

到 20 世纪末，英国学前教育机构如雨后春笋般出现，形式多样，服务于不同人群的需要。

1. 幼儿学校

由教育部门负责，附设于小学，招收 3—5 岁的儿童，学期为 1—2 年，以半日制为主，全日制为辅的办学形式开展幼儿教育。

2. 日托中心

由社会福利部门负责，主要招收由社会救济部门送来的 5 岁以下的儿童或是由于父母工作而无人看管的儿童。

3. 联合托儿中心

主要招收 5 岁以下的儿童，采取全日制的办学形式，鼓励家长积极地参与中心的教育和保育工作。

4. 学前游戏小组

产生于 20 世纪 60 年代的学前游戏小组在八九十年代还生机勃勃。这一时期主要由卫生保健部门负责，主要设置在农村和没有幼儿班的地方，为儿童提供游戏的场所和设施，同时也为父母提供交流和学习的机会。与 60 年代相比，这一时期的学前游戏小组更加重视师资的培训和教育质量的提升。

5. 家庭保育

由社会服务部批准核实的家庭可以开设家庭保育，招收 3—5 岁的儿童，由家庭妇女承担教育责任（自己的孩子和其他人的孩子）。

除了上述学前教育机构以外，值得一提的还有游戏玩具馆。虽然它不能算作正规意义上的教育机构，但是它将不同的家庭组织起来，使儿童之间和家庭之间相互交流和学习，促进了儿童社会性的发展和认知水平的提高。因此，在一定意义上，游戏玩具馆也实现了学前教育机构的功能。

（二）幼儿凭证计划与学前教育目标提案为学前教育质量提升作出努力

1995 年由英国教育和就业大臣发布了幼儿凭证计划，规定发给有 4 岁儿童的家庭 1 100 英镑的凭证用以支付儿童在公立、私立或是民办学校的高质量的教育，教育期限为 3 个月。令人遗憾的是，由于财力等原因，4 岁以下儿童的教育并没有被涉及。

与此同时，英国学校课程和评定主席罗恩·迪林（Siry Ron Dearing）公布了关于 5 岁儿童在义务教育开始时所要达到目标的提案。这项提案与幼儿凭证计划息息相关，因为规定任何学前教育机构，如果想参加幼儿凭证计划，就要证明有能力为 5 岁儿童提供可以达到标准的教学能力。但可惜的是，提案因过于重视语言水平、识字量、数学和技能的培养而备受争议。

(三) 确保开端计划为弱势儿童群体接受学前教育提供保障

为建设全纳社会、适应知识经济发展要求,受美国开端计划的影响,1998年,英国政府开始投资一项以家庭为切入口、以社区为依托,面向学前儿童及其父母的综合服务项目,旨在通过医疗保健、免费学前教育、儿童保育以及家庭支持等措施,提升儿童接受学前教育的比例和质量,这一项目被称为确保开端计划。英国政府承诺在20年内彻底根除儿童贫穷现象,确保开端计划是实现这一承诺的中心环节,主要内容包括:一是为所有儿童提供早期教育;二是为儿童提供高质量的养护;三是开展有影响的地方计划;四是继续在条件不利的地区向儿童提供服务。

(四) 学前教育课程和教师培养

1. 学前教育课程

在英国,国家一级的教育和科学部只负责制定学前教育课程的基本方针,地方教育当局负责根据国家方针结合本地特点制定课程目标和纲要。但是,不对各学前教育机构做统一的规定,教师拥有很大程度上的教学自主权。学前教育旨在促进儿童语言发展,培养儿童社会交往能力以及倾听、观察和实验的综合能力。它主要通过一日活动、游览活动和家庭以及社区资源来实现。在2000年,由英国资格与课程委员会和教育部共同颁布面向3—5岁儿童的《基础阶段课程指南》使得学前教育机构的课程更加综合和以儿童为中心。

2. 学前教育师资培养

由于学前教育的发展,教育质量日益受到重视,从而师资培养也就备受关注。英国对学前教育师资培养很严格,学前教育师资主要分为两种:教师和托儿所保姆。对于教师的培养,主要有四种机构,分别是大学教育系和教育学院、师范学院、技术教育学院、艺术教育中心。学位模式分为两种,一是教育学士学位,二是大学后教育证书模式。其课程包括普通教育课程、职业教育课程和教育实习等内容。对于想从事托儿所保姆职业的人来说,只要年满18周岁,就有资格参加国家托儿所保姆考试局举行的考试。经过2年的课程培训(理论和实践,实践课程约占40%)之后,就可从事与0—8岁儿童教育保育相关的工作。

纵观这一时期的英国学前教育的发展,呈现出如下特点:①学前教育以5岁为界限,划分为2—5岁和5—7岁两个阶段,其中后一阶段属于义务教育;②学前教育机构中的课程主要分为来自麦氏姐妹以游戏为主的课程和其他一些以培养知识技能为主的课程;③家长可以积极地参加学前教育机构的教育和管理工作,以实现机构功能的最大化。

第二节 现代法国的学前教育发展

19世纪60年代,法国基本上完成了工业革命,教育也得到了很大程度上的发展,学前教育的近代制度也在这一时期确立,办学理念则深受福禄贝尔教育思想的影响。到 20 世纪时,由于受到新教育运动和教育民主化思潮的影响,法国政府日益重视学前教育,尤其是在二战以后,对学前教育进行了多次改革,但还是存在传统教育和现代教育并存的现象。20 世纪 70 年代以来,法国的公立学前教育的发展在世界上一直保持领先地位。

一、19 世纪末至二战前的法国学前教育

(一) 母育学校的发展

母育学校最早是 1840 年由法国教育部长卡尔诺提出的,他要求把托儿所改为母育学校。1881 年 6 月 16 日,由法国教育家凯果玛(Pauline Kergomard)负责的托幼教育方案起草委员会决定将托儿所改造为母育学校,成为国民教育体系中的一个部分。[①] 1881 年和 1882 年法国政府两次颁布的《费里教育法》,是法国历史上实施最长久的教育法案,它标志着法国近代资本主义制度的初步确定,其中规定的免费性原则也同样适用于母育学校,这也是官方文献中第一次出现"母育学校"这个表述。

法国"母育学校"主要招收 2—6 岁的儿童。根据年龄和理解力水平将儿童分为 2—4 岁和 5—6 岁两组。在课程设置方面主要有:①道德教育;②日常生活中的实用知识;③唱歌、绘画、书法、初步阅读、语言练习、儿童故事和地理基础概念等;④手工作业训练;⑤体育锻炼。

但从这些课程内容上来看,母育学校倾向于培养儿童的知识技能,对于养护和照料的成分不多。所以在 1905 年和 1908 年,法国政府两次批评母育学校过于小学化的倾向,强调母育学校的教育目的是要对儿童加以照料,满足其身体、道德和智力的发展要求,并规定母育学校是流浪儿童和处于不利家庭儿童的避难所。1927 年,法国政府还制定了母育学校中必须具备的校舍和设备标准。

由于政府的重视,母育学校的发展得到了有力的保障,同时,也为法国的学前教育发展打下了良好的基础。

(二) 比纳—西蒙智力量表的问世

1904 年,法国政府要求运用各种方法来鉴别低能儿童,以便为其开设特殊学校或特别班,避免其不断留级所带来的麻烦。因此,应政府要求,比纳和西蒙在 1905 年一起编写了第一份智力量表——比纳—西蒙智力量表。它主要以 3—13 岁的儿童为测量对象,建立在心理学的个性发展差异的基础之上,重视对于差异性的测量,以便在教育中施行因材施教。但是,1905 年的这份智力量表并不能简便地从年龄的角度来说明被试的情况,所以,在 1908 年,比纳和西蒙又发表了第二份量表,按年龄分组进行测试。1911 年,他们再次修订量表,使得量表更加科学化和系统化,这份量表也在世界各国被广泛使用。

---

① 杨敏.独具特色的法国母育学校[J].天津市教科院学报,2006(5):23.

二、二战之后至 20 世纪 80 年代的法国学前教育

(一) 母育学校的改革

法国政府一直非常重视幼小衔接,从 1957 年 10 月 1 日起,法国儿童的入学年龄由之前的 6 岁提前至 5 岁 9 个月。这一决定虽然受到学校和政府的肯定,但是否符合儿童发展还未知可否。

随着社会与教育的发展,公立母育学校的数量在增多,由原来 1949 年的 3 653 所,增加到 1959 年的 5 395 所,而私立母育学校的数量则由原来的 217 所减为 183 所。除了公立私立上比例的变化,母育学校的课程也发生了变革。1969 年,法国政府对于母育学校的课程做了改革,为了使儿童能够在德智体等方面得到全面发展,在母育学校中采取"三分制教学",课程分别为:①基础知识课,在上午进行,每周 15 个课时;②各种教育启蒙课程,在下午进行,每周 6 课时;③体育课,在下午进行,每周 6 课时。这套改革方案与初等教育改革类似,重视知识技能的培养,是当时重视智育的时代背景的反映。

(二) 20 世纪 70 年代的改革

1975 年,法国政府通过《哈比教育法》,其中规定所有儿童都有享有接受学校教育的权利,以弥补家庭教育之不足,协助家庭进行教育。

1976 年颁布的法令又指出母育学校在普通教育中的意义,提到母育学校可以帮助儿童全面发展,为小学的学习生活做准备。除此,母育学校还可以促进儿童的早期发展,并可通过教育来消除可能存在的障碍,为今后机会均等的教育奠定基础。该法令还明确规定全面发展城市和农村的学前教育,要求所有 5 岁儿童都要进入母育学校或是幼儿班,并在教学内容和方法等方面提出要求。

这一时期,法国对于幼儿教师的培养更加重视,已经形成了一套完整的制度。在 1972 年,实行法律规定的每个任教 5 年以上的幼儿教师可以在其今后任教生涯中享受 36 周在职教育的措施。1979 年,为了提高幼儿教师和小学教师的素质,法国将师范学校学制延长至 3 年,学生毕业后取得大学第一阶段文凭。

三、20 世纪 80 年代以来的法国学前教育

(一) 免费学前教育制度出台

法国从 1981 年开始,实施学前教育免费入学的制度。在偏远山区实行送教上门的服务,即使只有 3 个儿童,也会有流动车负责接送他们到学前机构进行学习。因此,法国成为目前世界上学前教育入学率最高的国家之一。

(二) 母育学校改革发展

1986年,法国国民教育部颁布《对母育学校的方向指导》,指出母育学校以教育为主,其具体目标是:①使儿童接受学校教育,以作为家庭教育的补充;②使儿童社会化,教会儿童与他人交往;③通过不同活动方式促进儿童的学习和练习。母育学校的环境和设施都要达到政府制定的严格标准。母育学校的活动一般分为体育、口头表达和书面表达、艺术和审美、科技等几大领域。母育学校的每个班,应依据儿童的年龄和水平相应开展活动。

(三)《教育法案》和《教育法案实施条例》的颁布促进法国学前教育发展

1989年7月颁布了《教育法案》,在其附加报告中指出学前教育的目标是通过对美感的启蒙,对身体意识的唤起,对灵巧动作的掌握和对集体生活的学习,发展儿童的语言实践能力和个性,同时还应注意儿童在感觉、运动和智力方面的障碍,并做及早诊治。这一目标凸显出法国学前教育的四个教育作用:启蒙教育作用、社会化作用、诊断和治疗作用和幼小衔接作用。

法国政府于1990年出台《教育法案实施条例》,决定将学前教育和小学合为一体,将2—11岁的儿童教育划分为三个连续的阶段;使学前和小学教师了解儿童学习的各个阶段;对学前和小学教师进行培训,对教育对象、教育内容和教育方法有更进一步的了解;倡导男教师加入学前教育教师队伍。

综上所述,法国学前教育重视学前教育的发展,重视幼小衔接;政府建立有效的教育行政和管理制度;重视个别化和差异化的教学。但是法国教育体制繁杂,而且官僚化严重,致使改革过于频繁,过于随意,并存在发展不平衡的问题。

第三节 现代德国的学前教育发展

德国是一个与宗教有着密切关系的国家,所以信仰主义和国家主义是德国教育的重要特征。又因为德国在传统上很注重家庭教育,所以学前教育一直都被视为社会福利教育,一直以来由教会、慈善团体和私人办理。由于深受福禄贝尔教育思想影响,德国的学前教育一直重视游戏,而不强调读、写、算等知识技能方面的教育。由于在二战期间受到严重打击,所以二战之后德国的教育一直处于恢复期,直至20世纪70年代以后,学前教育终于被纳入整个教育体制中。当国家统一后,德国的学前教育主要是在东西方不同的文化影响下发展。

一、19世纪末至20世纪初的德国学前教育

1848年的革命运动遭到镇压之后,德国政府走向了保守和反动,幼儿教育事业受到了重创。1860年幼儿园禁令解除后,各地的福禄贝尔幼儿园团体纷纷成立,将幼儿园运动推向深入。19世纪末,德国的学前教育机构还是继承了之前的传统,除了幼儿园以外,还有慈善机

构和幼儿学校等收容儿童的机构,学前教育机构呈多元化发展。

(一) 福禄贝尔幼儿园协会运动

1860年幼儿园禁令废除之后,柏林福禄贝尔主义幼儿园促进妇女协会成立,1861年该协会又建立了四所幼儿园和一个幼儿园教师培训机构。1863年,别劳夫人在柏林设立了家庭教育和民众教育协会,此协会对福禄贝尔的教育思想进行了改革,包括设立幼儿园、幼儿园女教养员养成所、免费培养保姆的学校,改造托儿所向民众幼儿园方向发展,设置以福禄贝尔方法指导的儿童游戏场等,这个协会至1869年为止,所设立的幼儿园增加到7所,其中包括私立幼儿园和地区幼儿园。1871年,以别劳夫人为核心成立了教育协会总会,运用福禄贝尔的教育原理,以求创造一种新教育,培养幼儿园女教师和进行女子继续教育,并设立了相应的实习机构。

(二) 魏玛共和国时期学前教育发展状况

一战以后,德国废除君主制,建立魏玛共和国。魏玛共和国采用民主的原则发展教育,规定每个儿童都有享受教育的权利,并设立公共儿童保护机构——儿童保护局。1922年德国政府颁布《儿童福利法》,规定了儿童受教育的权利,学前教育成为青少年社会福利的一部分,归青少年福利部管辖;建立"白天的幼儿之家",包括幼儿园、托儿所等机构,要求修女受训成为幼儿教师,强调要加强幼儿教师的培训工作。

在同一时期,德国政府还发布了幼儿园条例,提出建立多样化的学前教育机构;凡是招收2—5岁儿童的教育机构均可称为幼儿园;所有幼儿园均由教育部或卫生部门管辖;各地幼儿园具体由地方儿童局负责,机构教养儿童须得到儿童局的认可;一切幼儿园的监督都由教育和卫生两个部门负责。凡在家得不到正常教养的儿童,均应由儿童局送入学前机构接受教育。

(三) 纳粹统治时期学前教育发展状况

1933年,德国进入纳粹统治期,整个德国都笼罩在法西斯的阴影之下。教育被作为法西斯用来进行侵略的工具。在这一时期,先进的学前教育思想,例如福禄贝尔和蒙台梭利的教育思想都被抵制。到1939年,政府规定教师必须成为国家意志的执行者。这种由纳粹统治的黑暗时期,直至二战结束后才予以解除。

二、二战之后至20世纪80年代的德国学前教育

(一) 以福禄贝尔教育思想为代表的指导思想回归

二战结束之后,在1949年联邦德国成立。联邦德国的学前教育恢复到之前魏玛共和国时期的状况,实施以福禄贝尔和蒙台梭利为指导思想的学前教育。虽然各地区在实施上并

不完全一致，但是都认为幼儿园的指导方针是自由发展和自我教育；幼儿园是协助家庭对儿童进行教育的机构，应为儿童创造宽松自由的环境，通过游戏使儿童获得发展。

在这种思想的指导下，这一时期的德国学前教育内容注重培养儿童对于自然的观察和思考能力，包括一些科学小实验，日常生活中对于颜色、时间等概念的辨别力训练。同时，还开展音乐活动来发展儿童的音乐能力，也开展一些听、说、看图说话等活动来发展儿童的语言能力。在教学方法上，不仅多采用福禄贝尔和蒙台梭利教法，而且还吸收杜威的"做中学"思想，并采取小组活动和个别教学的方法来组织教学。

（二）多样的学前教育机构

1. 幼儿园和托儿所

这一时期幼儿园还不属于德国国家教育体系，主要由地方政府、教会、企业和私人开办。幼儿园主要招收3—5岁儿童，分为全日制和半日制两种类型，只有双职工家庭才能将儿童送入全日制幼儿园。教学活动主要是游戏。因为不是义务教育，所以并不强迫儿童入园，但对没有进入幼儿园的儿童的家庭教育有一定的要求。学费标准灵活，可根据家庭收入水平而定。

托儿所招收0—3岁儿童，目的是为双职工家庭的子女提供保育。到20世纪80年代初，德国有公立托儿所近900个，床位近2.5万个。

2. 学校幼儿园

学校幼儿园创办于1939年的汉堡，是附设在学校中的学前班。学校幼儿园主要招收那些已经到6岁但是心智发展还不成熟的儿童及还有半年才满6岁的儿童，目的是为他们提供为期一年的准备期。除了学校幼儿园，在不来梅、汉堡和下萨克森等地都开设有为残疾儿童服务的幼儿园，由政府行政机构管辖，儿童免费入园。这些幼儿园承担着治疗和教育的双重功能。

3. "白天的母亲"

"白天的母亲"是德国的一种辅助幼教机构。1974年，由联邦青年、家庭、健康部设立。在由政府提供少量经费，让一些年轻妇女在照管自己的孩子的同时，帮助临近的职业妇女照管一个或是一个以上的儿童。这些妇女可通过短期培训，获得育儿知识。这种做法既充分利用了社会资源，又解决了职业母亲的困难。

4. 店铺幼儿园

1968年产生于西柏林，致力于反对教育中的权威主义，实行自由解放式的教育。教育内容和方法由家长讨论决定，并轮流担当保育工作，聘请专家指导。

（三）学前教育管理政策

二战以后，德国所有公、私立幼儿园的督查工作均由州儿童局负责，学校幼儿园的入园制度大多由各州自行决定。对于幼儿园的具体活动也没有具体安排。公立园的比例很低，仅占总量的 1/3。这是因为自 19 世纪以来，政府控制幼儿园但并没有采取援助政策，学前教育长期是由市民自己和非政府机构负责，而德国的宗教活动非常活跃，所以也成为开办幼儿园的主要力量之一。直至 20 世纪 60 年代，这种情况才有所改善。

1966 年以后，由于受到美国开端计划等思想的影响，德国政府开始重视学前教育。1970 年，联邦教育审议会公布了包括幼儿教育在内的全国教育制度改革方案。这一方案将 3—4 岁的幼儿教育纳入了教育体系的基础部分，列入了初等教育；把 5—6 岁幼儿纳入义务教育。在这以后，5 岁儿童普遍入学，3—5 岁儿童入园率不断提高，入园率由 1960 年的 1/3 提高到 1977 年的 3/4，但各州之间仍存在着很大差异。

（四）学前教育师资培养

德国没有专门培训幼儿园教师的学校，主要由社会教育专科学校培养教师，招收初中毕业生、实科学校十年级毕业生或具有至少 2 年职业训练的同等学力者。学制 3 年，理论学习 2 年，实习 1 年，然后参加国家统一考试，即由州有关部门和学校共同组织的毕业考试，包括笔试、口试及教学法应用等内容。[1] 德国的大学也承担小部分的学前教育师资的培养。但是，由于德国的学前教育并不在义务教育范围之内，幼儿园教师不论是社会地位还是工资待遇都不如小学教师，这也导致了幼儿园教师严重缺乏以及素质不高，因此阻碍了学前教育的发展。

进入 20 世纪 80 年代，东德的学前教育思想向西德靠拢，而西德受到美国自由思想的影响，所以在教育上也实行自由解放式的教育。随着社会的发展，政府逐渐增加对学前教育的投资。2002 年，政府拨款 44 亿欧元给学前教育，占德国当年 GDP 的 0.2%。[2] 幼儿园的数量也随之大大增加。

总体看来，德国的学前教育有以下几个特点：由于受到传统的影响，德国学前教育重视家庭教育的作用；学前教育不属于国家体制内教育，而属于福利事业；在教学中实行混龄形式，采取自由的游戏式教学方式；东德与西德的学前教育发展差异很大。

第四节　现代美国的学前教育发展

美国的学前教育发展是伴随着美国的现代化、工业化和城市化的发展进行的。20 世纪初，美国工业总产值已经是世界第一，为了适应国家经济、政治和文化的发展，美国创立了地方教育制度和公立学校制度。19 世纪末到 20 世纪三四十年代的美国学前教育的进步主义运动，加强了教育与社会生活的联系。由于"做中学"的进步教育思想使得学生学到的知识不系统，加之二战的影响，美国在 20 世纪 50 年代以后开始进行教育改革。20 世纪 80 年代

---

[1] 苏真. 比较师范教育[M]. 北京：北京师范大学出版社，1991：97.
[2] 胡金平，周采. 中外学前教育史[M]. 北京：高等教育出版社，2011：268.

以后,美国学前教育进入了更加健康的发展状态。

一、19世纪末至二战之前的美国学前教育

(一)公立幼儿园的发展

19世纪20年代,美国开始了一场大规模的公立学校运动,直到19世纪末,各种有关学前教育的团体在美国成立,进一步促进了美国学前教育的普及。这些团体组织的主要功能是:为年轻父母提供解决有关学前教育实际问题的指导和建议;促进幼儿园的成立和幼儿园运动的发展;在社会上宣传学前教育的重要作用。它们不仅促进了学前教育的发展,同时也促进了家庭教育的发展。

(二)进步主义幼儿园运动

福禄贝尔学前教育思想一直占据美国学前教育思想的统治地位,但在19世纪后半期,福禄贝尔教法变成了一种形式,脱离儿童、脱离生活。为了改变这一情况,进步主义幼儿园运动应运而生。

以霍尔(Granville Stanley Hell)为代表的心理学家们,赞同福禄贝尔关于儿童发展的阶段划分和关于游戏的观点,但反对其忽视儿童生活和健康等问题,提出要以心理学研究成果来解决有关问题。美国哲学家与教育家杜威是进步主义幼儿园运动的领袖,更是提出了"教育即生长""教育即经验改造""教育即生活""做中学"的观点,强调教育要以儿童为中心,培养儿童的生活能力。

进步主义幼儿园运动的先驱是安娜·布莱恩(Anna Bryan)。1890年,她最先公开批评福禄贝尔幼儿园的缺陷,在自己的幼儿园率先开展改革,也培养出了幼儿园运动的另外两名代表人物爱丽丝·坦普尔(Alice Temple)和帕蒂·史密斯·希尔(Patty Smith Hill)。后来,坦普尔成为芝加哥幼儿师范学校和芝加哥幼儿园系主任,主要从事幼小衔接研究工作。希尔则先后师从于帕克和杜威,任教于路易斯维尔免费幼儿园协会和路易斯维尔师范学校,后又前往哥伦比亚大学师范学院任教。希尔的贡献还在于发明了"希尔积木",这套积木发展了霍尔关于优先发展大肌肉的主张,被各地幼儿园广泛采用。

进步主义幼儿园运动旨在批评福禄贝尔教法中的神秘主义色彩,主张尊重儿童的发展,使教育不要脱离社会生活,回到福禄贝尔教法最初的样子,使幼儿教育突破闭关自守的局面,逐渐与小学相结合。

(三)美国学前教育的"蒙台梭利热"现象

在美国开展进步教育运动的同时,蒙台梭利教学法也在罗马取得了成功。在1910年,蒙台梭利教育方法及教具传入美国,蒙台梭利本人也在1912年和1915年两度访美。蒙台梭利的《蒙台梭利方法》在1912年出版,不到四天,5 000本就被抢购一空。1913年,美国"蒙台梭

利教育协会"的成立标志着美国蒙台梭利热到达顶峰。但是这种现象并没有持续太久,1914年,美国进步主义代表人物之一克伯屈著书《蒙台梭利体系考察》,批评蒙台梭利的方法是落伍的,指责蒙台梭利教法脱离儿童的实际生活。除此之外,蒙台梭利教法还受到美国的机能主义、行为主义和精神分析等学派的批判。1915年左右,美国的蒙台梭利热迅速冷却,20世纪20年代以后,蒙台梭利教法在美国销声匿迹。然而,即便是这样,蒙台梭利教法还是产生了深远的影响,它促使人们更加重视早期教育,也使人们重新思索福禄贝尔关于儿童自主性原则以及作业等方法,并在一定程度上促进了美国残疾儿童教育的发展。

(四) 保育学校的传入和儿童看护的发展

受到英国麦克米伦姐妹开办保育学校的启发,芝加哥大学教授夫人团于1915年以集体经营的形式开设了美国第一所保育学校。在推动美国保育学校的运动中,有两个代表人物是伊利奥特和怀特。她们曾师从麦克米伦姐妹,回国后致力于将所学保育经验进行推广。1922年,伊利奥特在波士顿创办了拉格街保育学校;怀特创办了另一所附属保育学校,学校的一部分教师来自麦克米伦中心。

1919年,美国开办第一所公立保育学校,10年以后,"全国保育协会"成立。1933年,经济危机爆发,联邦紧急救助署配合罗斯福新政,为发展经济和发展儿童教育服务,大量设立公立保育学校。二战期间,为了使妇女更好地参加军事产业工作,联邦政府对保育学校施行经济援助,成立了战时紧急学校,保育学校得到了发展,但是也存在保育学校中教师素质不高等问题。

二、二战之后至20世纪80年代的美国学前教育

(一) 幼儿教育机会均等运动

1957年,苏联成功发射人造卫星,这一事件促使美国开始对教育进行反思,开始了从1957年到1965年的10年教育改革运动,力图改变教育止步的状态。另外,二战之后,美国贫富差距日益加大,种族歧视现象也日益恶化,黑人子女被排除在教育之外。在这种情况下,社会公众对此现象极为不满,要求改变现状,而且在教改后期,在布鲁姆关于良好环境促进智力发展学说的影响下,教育政策委员会提出了给所有儿童以均等教育机会的主张。1963年和1964年美国政府提出了一系列福利措施和计划来使贫困家庭儿童能够享受到与富裕家庭儿童同等的教育环境和同等的教育机会。1966年,全国教育协会和美国学校行政协会的联合组织教育政策委员会提出了对"所有5岁儿童和贫困而且没有文化教育条件的所有4岁儿童"扩大公共教育的提案,呼吁让儿童享受均衡的教育机会。

(二) 开端计划

开端计划是幼儿教育机会均等运动中的重要组成部分。1965年,美国联邦教育总署提

出开展开端计划,旨在对处境不利的儿童进行补偿教育,以缩小处境不利的儿童在入学后与其他儿童之间的差距。

1. 实施措施

由联邦政府拨款(当年国会计划拨款9 640万美元)将贫困而缺乏文化条件的家庭(包括贫穷的黑人、印第安人、爱斯基摩人及国外贫困移民家庭)的4—5岁的儿童免费收容到公立小学或者是特设的学前班,进行为期数月到一年的保育。其内容包括体检、治病、自由游戏、集体活动、户外锻炼、校外活动和文化活动等,来消除他们与其他儿童入学前形成的差异,实现"教育机会均等"。一般情况下,对5岁儿童进行为期8周的培训,对4岁儿童进行一年的长期教育课程。

2. 发展状况

伴随着时代的发展,1968年,美国有关部门制定"追随到底计划"(Project Follow-Through),它被认为是开端计划的延伸计划。其对象是在开端计划中受益的小学低年级学生,目的是帮助这些儿童在入小学之后还能得到长足的发展。1978年,时任美国总统将开端计划向所有儿童开放。

3. 评价反思

自1965年实行以来,开端计划在美国早期儿童教育中占有很重要的地位,但对于它的评价褒贬不一。一方面,有人认为,该计划使贫穷儿童的生活得到保障。在政府的资助下,社会科学研究者和心理学家都在早期教育领域中进行研究以使人们意识到早期教育的重要性。有研究表明参加过开端计划的儿童在之后会获得更高的学历,减少以后犯罪的概率。另一方面,也有人批评儿童早期获得的优势在入小学后就会消失殆尽,而且在早期教育所受的教育被认为是揠苗助长的行为。

(三) 幼儿智力开发运动

20世纪50年代,苏联人造卫星成功发射的刺激使得美国开始重视教育质量的提升。在教育学家布鲁姆的"三个任何"学说——任何学科都可以用某种方式有效地交给处在任何发展阶段的任何儿童——的影响下,大规模的幼儿智力开发运动应运而生。学前教育界日益重视儿童科学素养的培养,美国科学促进协会于1963年出版了适用于幼儿园和小学低年级的《科学教育见闻》。其目的是让儿童在时间、空间、观察、测量等概念和活动的操作中获得科学知识和技能。除此之外,各种促进儿童智力发展的研究和实验计划也不断涌现,其中以佩里学前教育研究计划和皮亚杰的实验研究为代表。

1. 佩里学前教育研究计划

佩里学前教育研究计划是由High Scope教育基金会组织、儿童心理学家魏卡特领导,探讨学前教育成效的一项长期跟踪研究计划。

1962—1967年,魏卡特领导的课题组在密歇根州一个黑人贫民区招收了123名3—4岁、智商为60—90的黑人儿童作为被试。这些儿童被随机分为实验组和对照组,实验组的儿童接受全面的学前教育,对照组的儿童则顺其自然。在年满 5 岁以后将两组儿童送入同一所小学,后进行长期跟踪至 40 岁,记录他们在各年龄阶段的发展及表现并进行比较。结果表明,实验组的儿童在之后的发展过程中均胜过对比组。

2. 皮亚杰学前教育实验方案

20 世纪 60 年代之后,皮亚杰理论的影响不断在美国日益扩大,其推崇者将皮亚杰的认知发展理论应用于学前教育实践,比较有代表性的有拉瓦特里儿童早期课程方案和威斯康星大学皮氏学前教育实验方案。

拉瓦特里儿童早期课程方案,是由美国伊利诺伊州的大学教授拉瓦特里领导。拉瓦特里曾与皮亚杰合作研究,回到美国后,设计出这套方案。该方案以 4—5 岁儿童为研究对象,系统地提供各种具体运算的内容,以帮助儿童获得逻辑思考的方式。它迎合了智力开发运动的潮流,但这一实验却遭到了正统皮亚杰教育家的批评,认为它试图加速儿童的认知发展,严重背离了皮亚杰的立场。

威斯康星大学皮氏学前教育实验方案,由威斯康星大学幼儿研究中心设计,以 3—5 岁儿童为研究对象,尊崇皮亚杰的原始理论,以检查、探讨皮亚杰理论设计的学前教育实验方案对儿童的智能与社会发展的影响。教师通过提供适当的环境,通过向儿童提出探索性的问题,鼓励与同伴、成人社会及物质环境的交互作用来发展儿童的智力以培养儿童的能力。

三、20 世纪 80 年代以来的美国学前教育

20 世纪 80 年代以来,美国存在着各类主办性质不同的学前教育机构,以满足不同人群需要,主要包括合作学校、教会学校、社区学校和私立学校等。其中,私立学校最受欢迎,但学费很高;合作学校收费低廉,要求家长参与,担任教师助手;教会学校会提供一般教育之外的宗教教育。

除了上述的学前教育机构外,美国不仅有传统的幼儿园、保育学校和其他各种类型的学前教育机构,而且还发展了颇具特色的以家庭为基础的学前教育计划,其目的是把家长培养成合格的家庭教师。其中,1981 年,美国密苏里州教育部创办的"父母作为教师"(PAT)最具代表性,目前这一项目已推广至全美 47 个州,培养了 8 000 名父母教师,工作人员每月定期对每一个家庭进行一个小时的家访。教育机构的开放时间依据所属主体不同而不同,但这一时期美国学前教育机构的接纳能力与其他发达国家相比还是有差距的。

美国在学前教育师资方面要求很高,从事学前教育事业的人员必须持有相应的资格证书。承担培训教师的机构主要有高中、职业技术学校、二年制社区学院、四年制学院和大学的早期教育系以及研究生院。其中,幼儿园和保育学校的教师主要由综合大学或是师范学院来培养,其培养模式均为四年制,前两年学习共同的课程,后两年学习教育课程和学前专业课程,并到幼儿园进行实习。幼儿园和保育学校的教师助理主要由二年制专科培训,或由职业训练机构来培养。美国培养幼儿教师的独到之处是要求每个学生必须经过幼儿园和小

学低年级两次实习,以利于幼小衔接。① 20 世纪 90 年代更要求幼儿园教师持有硕士学位证书,教师教育呈现出高学历、专业化的趋势。

综上所述,美国的学前教育呈现以下几个特点:政府不断加强对学前教育的重视,加强立法,不断增加投入;非政府组织为学前教育的发展作出了很多贡献;由于实行地方分权的领导体制,所以美国各州的学前教育存在很大差异;当代美国的学前教育更加重视教育质量,建立质量标准认定体系,旨在全面提高美国儿童的整体读写能力。

第五节　现代俄国的学前教育发展

俄国学前教育经历了一个比较复杂的发展过程。十月革命和苏联解体将俄国学前教育划分为三个阶段,从之前的学习福禄贝尔思想,到统一领导,再到苏联解体之后吸收西方先进的教育思想。在这三个阶段中,从之前缺少灵活性的学前教育变为受市场调节的学前教育,俄国学前教育也随之在经历着一步步地转变。

一、19 世纪末至二战之前的俄国学前教育

(一)十月革命之前的学前教育发展状况

早在 19 世纪中叶,福禄贝尔的教育思想就已传入俄国,并产生了一定的影响。在当时,俄国开办了运用福禄贝尔教学思想的幼儿园。但是,到了 19 世纪末期,俄国的大多数幼儿园则变成了儿童进入初等学校的预备教育机构,主要从事教授儿童识字和计算等工作。在这一时期,俄国也建立了一些培养学前教育师资的机构,比如福禄贝尔学院,之后又开办了三年制的学前教育专科学校,以培养高级幼儿教师。

在这一时期,俄国的学前教育还是相对来说比较落后的。据资料统计,到 1914 年为止,俄国的学前教育机构总数只有 177 所,儿童总数为 4 550 人,而且这些学前教育机构大部分是私立的②。

(二)十月革命之后的学前教育发展状况

俄国在十月革命之后进入了社会主义制度时期,在学前教育的改革上,一方面改造沙俄时期旧的教育制度,另一方面努力探索适合社会主义制度的学前教育,在建立幼儿教育机构和师资培养等方面进行改革。1917 年和 1918 年,分别颁布《关于学前教育的公告》《统一劳动学校规程》《统一劳动学校基本原则》。在《关于学前教育的公告》中提出学前教育是整个学校制度中的一个组成部分,学前教育的任务是使儿童的身心得到全面的发展。不仅如此,

---

① 胡金平,周采.中外学前教育史[M].北京:高等教育出版社,2011:274.
② 唐淑.学前教育史[M].北京:人民教育出版社,2009:305—306.

还强调是免费的、公共的学前教育。在《统一劳动学校规程》《统一劳动学校基本原则》中规定对所有 6—8 岁儿童实行统一的、免费的学前义务教育,在统一的劳动学校中应包括学前教育。

1919 年 3 月举行的第八次苏共代表大会规定公共学前教育是学校教育事业的基础之一,必须对全体儿童实施共产主义和全面发展的教育,为了使妇女能够参加劳动,应广泛设立学前教育机构。

为了培养学前教育师资,1918 年 9 月,在彼得堡设立了世界上第一所拥有学前教育专业的高等学府——学前教育学院,培养学前教育专业的干部和教师。1919—1928 年,在莫斯科举行了 4 次全俄学前教育代表大会和若干次临时代表大会,讨论有关学前教育发展的各方面内容。

进入到 20 世纪 30 年代,苏联在完成第一个五年计划之后,无论是工业还是农业都有了很大的发展,为公共学前教育的发展奠定了基础。在 1930 年 6 月召开的苏共第十六次代表大会中规定,拥有一定规模的工厂的地区有义务设置托儿所,招收 3 岁以下的儿童;幼儿园的经费采取国家拨款与吸收社会资金两条腿走路的方针。

1932 年,教育人民委员部颁布了第一部国家统一的《幼儿园教育大纲》草案,主要包括社会政治教育、劳动教育、认识自然、数学和识字等内容。这是苏联第一次明文规定幼儿园的工作任务与内容,提高了幼儿园的质量,使幼儿园管理更加地规范化。但是,它并没有考虑到儿童的年龄特征等问题。之后在 1934 年,教育人民委员部又颁布了经过修订的《幼儿园教育大纲》,更加全面地考虑了儿童的生活和需要。

1936 年,苏共中央颁布的《关于教育人民委员部系统中的儿童学曲解的决定》表明儿童学是"伪科学",予以取缔。福禄贝尔和蒙台梭利的教育思想也受到批判,苏共中央号召教育界建立真正的、马克思主义的儿童科学。

1938 年,教育人民委员部颁布第一个《幼儿园规程》,旨在规定幼儿园教育目的在于以共产主义精神教育儿童,使其全面发展。同年,根据《幼儿园规程》的内容还制定了《幼儿园教养员工作指南》,根据儿童的年龄特征,将幼儿园的工作细致化、具体化。1944 年,教育人民委员部颁布《幼儿园规则》,对幼儿园的教育对象、性质、任务、内容、方式、开设等问题作了规定,这个规则表明具有苏联特色的学前教育制度基本形成。具体内容有:不论幼儿园由何种团体或机构管理,必须根据《幼儿园规程》和《幼儿园教养员工作指南》开展工作;幼儿园是使 3—7 岁儿童受到苏维埃教育的国家机构,目的在于保证儿童的全面发展,同时有助于妇女参加生产劳动、参加社会政治文化生活;幼儿园应为儿童入学做准备,关心儿童的健康,发展儿童的智力,培养儿童独立和自我服务的习惯,培养儿童守秩序、自制、尊敬长者和父母的习惯,培养儿童爱祖国、爱人民、爱领袖和爱军队的情感;规定设立幼儿园的任务属于国民教育科、生产企业、苏维埃机构、合作社和集体经济组织,不允许私人染指。

二、二战之后至20世纪80年代的俄国学前教育

（一）托幼一体学前教育制度的创立

20世纪50年代末，苏联的幼教设施发展很快，但是托儿所和幼儿园分别隶属于卫生部和教育部两个部门，由此在管理上出现很多矛盾，使托儿所和幼儿园的工作受到影响。在这样的情况下，1959年5月21日，苏共中央和苏联部长会议颁布了《关于改革幼儿教育制度的决定》，将托儿所和幼儿园合并成统一的学前教育机构，并将其命名为托儿所—幼儿园，招收0—6岁的儿童，统一由教育部管理。

（二）托幼一体学前教育制度的巩固

为了适应学前教育的进一步发展，1962年世界上第一部综合婴幼儿教育大纲《托儿所—幼儿园统一大纲》诞生。该大纲有5个特点：①将原来婴幼儿（0—3岁）和学前儿童（3—7岁）互相分离的教育内容系统化、一元化；将2个月—6岁的儿童，按年龄阶段安排教学内容，分为7个班，一年为一个班。②更加注重游戏。③恢复了以前大纲里被取消的劳动部分，在大班和入学准备班增添了劳动教育。④在入学预备班进行初步的读写教学，为进入小学做准备。⑤重视教学方法的指导，将方法从教育内容中分离出来。

由于心理学研究的进展和初等教育学制的改变，要求不得不对《幼儿园教育大纲》进行重新审定，所以，在1970年《幼儿园教育大纲》的修订版公开发行，其更加强调婴儿期的护理和教育，并加强了入学准备班的教育内容的知识性，用小学一年级语文、数学的部分大纲要求作为预备班儿童的教学内容。1978年《幼儿园教育大纲》的第八次修订版把学前期儿童分成4个阶段：学前早期（0—2岁）、学前初期（2—4岁）、学前中期（4—5岁）和学前晚期（5—7岁），并对各年龄阶段儿童的德智体美等方面的发展提出了统一的要求。

三、20世纪80年代以来的俄国学前教育

（一）苏联解体前的学前教育发展状况

1. 修订《幼儿园教育大纲》，深化全面发展和幼小衔接举措

1984年，苏联对《幼儿园教育大纲》进行第十次修订，在体、智、德、美、劳各项任务和为入小学准备等方面都加大了深度，要求教给幼儿的知识内容能反映出事物的本质联系，并要求通过更为系统的教育、教学活动，促使儿童个性的全面发展。

2. 出台《学前教育构想》，提升学前教育质量

进入20世纪80年代中期，虽然学前教育机构的数量有了很大的增长，但还是不能满足人民的需求。针对这一情况和当时学前教育中存在的一些问题，于1989年6月16日苏联教

育委员会通过决议批准了《学前教育构想》,并于1990年戈尔巴乔夫推行"改革新思维"之际,以教育委员会公报名义颁布了这一文件。其中提出了几点意见:①批判了30年代教育整顿后,人为地制造出许多忽视儿童的做法,反对忽视儿童自身的价值观点。②依据新的科研成果,强调学前期在个性形成中的意义;教师应努力掌握现代有关科研成果,使教育工作人道主义化。③改善儿童生活条件和幼儿园的工作条件,保证儿童教育各个领域发展的协调性。④确立多种形式学前机构并存的原则,以发展学前教育。⑤实现教育过程中家庭教育与公共教育的协调一致。

3. 学前教育机构

这一时期学前教育机构在类型上呈现出多样化的现象,主要有常设机构托儿所—幼儿园。除此之外,各地还因地制宜地开办有学前儿童之家、露天幼儿园、季节性幼儿园,以及招收接近入小学年龄儿童的普通学校附属预备班。20世纪80年代后期,苏联政府希望加快学前教育的普及,但是,与西方国家相比,苏联所取得的成果并不是十分理想。

(二)苏联解体后的学前教育发展状况

1. 学前教育办学去公益化

1991年,苏联解体给文化和教育带来了很大的冲击。1992年7月,俄罗斯颁布《教育法》,这一法案的颁布使学前教育受到市场调节,满足家长的多层次的需要,使儿童发展适应未来社会。由于解体后,俄罗斯立即走上了私有化的道路,学前教育也不再是公益性的事业,除了有托儿所、幼儿园、托儿所—幼儿园和家庭托儿所,家长也可根据自己的需要自主选择幼儿园。根据这一法案,学前教育机构的教育内容和教学方法也发生了变化:取消了统一的标准大纲下的模式,赋予地方更多的自主权,许多具有法人资格的教育机构都具有办学权。机构中的教育内容和教学方法也可以根据当地情况因地制宜,比如增设舞蹈、外语、计算机、民族文化等方面的教学,以改变之前忽视儿童的做法,强调教育应注重儿童的个性和创造性。

2. 多层次的学前教育师资培训

1992年,俄罗斯科学部高等教育委员会颁布《关于在俄罗斯联邦建立多层次高等教育的决议》,要求建立多层次的师范教育体系,包括中等师范学校、师范专科学校、师范学院和师范大学四个类型。[①] 高等师范院校中课程设置包括教育科目、专门科目和实习科目。教师培训学院的学前系主要负责培养学前教育机构的领导者、高年级教师和中等师范学校教师,其课程主要包括一年的理论课、一年的教法课,15%的选修课,以及在学习期间参加两次实习。

第六节 现代日本的学前教育发展

明治维新后的日本在各方面都取得了进步,之后日本开始对亚洲其他国家发起扩张战

---

① 胡金平,周采.中外学前教育史[M].北京:高等教育出版社,2011:284.

略,以致其教育都带有明显的军国主义色彩。进入国家垄断资本主义发展阶段的日本,成为军事封建性帝国主义国家,具有强烈的侵略性,日本教育也披上了军国主义、法西斯主义的外衣,学前教育发展缓慢。二战后,作为战败国的日本走上了教育改革之路,主张废除军国主义和法西斯主义的教育思想,发布了一系列的教育法案,学前教育也得到了很大程度的发展和普及。20世纪80年代以来,日本的学前教育适应时代发展,更加灵活多样,走在了世界前列。

一、19世纪末至二战之前的日本学前教育

(一)学前教育机构的出现和发展状况

随着日本资本主义的发展,妇女就业人数增加,简易幼儿园并不能满足于当时社会发展需要,因此,托儿所应运而生。1890年,赤泽钟美夫妇在新潟市创立了日本第一所托儿所。这所托儿所由私人出于慈善的目的而办,专门为照看贫民子女而设。由于这所托儿所开办的影响,1894年大日本纺织公司也分别在东京和深川的工厂内附设了托儿所,1896年在福冈县也成立了利用民宅建起的邻里托儿所,托儿所招收从出生至学龄前的婴幼儿,保育时间为11—12小时。1920年,内务部专设社会局,以便更好地进行托儿所保育工作。自从1890年开设托儿所以来,日本学前教育就走上了幼儿园和托儿所并存的道路。

自1876年第一所公立幼儿园诞生以来,公立幼儿园在日本一直处于主导地位,主要招收富裕家庭3—6岁的儿童。1896年开始规定每年向文部省呈报对幼儿园结业升入小学的幼儿的数据统计。1900年,日本政府修改《小学校令》促使幼儿园在小学的附设,刺激了公立幼儿园的发展。但是,幼儿园的发展相对来说还是缓慢的,这主要是由于经费问题,日本政府重视义务教育的发展,但地方政府的经费无力顾及非义务教育阶段的幼儿园。在观念上,很多人认为幼儿园教育会削弱亲子教育的力量,不利于家庭教育作用的施展。

(二)《幼儿园令》的颁布明确学前教育的地位

针对公立幼儿园发展缓慢的情形,1926年4月,日本文部省颁布了《幼儿园令》,这也是日本学前教育史上的第一部较为完整而又独立的学前教育法令,标志着学前教育进入了一个崭新的发展时期。

《幼儿园令》指出,幼儿园是为父母从事生产劳动而无暇进行家庭教育的儿童设立的保育机构。它首次明确了幼儿园在日本教育体制中的位置,规定幼儿园以保育儿童身体健康、培养善良性格、辅助家庭教育为目的,并且放宽了儿童入学年龄,不满3岁的儿童也可进入幼儿园接受保育。

《幼儿园令》中的设想很理想,但是并没有得到很好的实施。而且各部门并没有协调好,掌管托儿所的内务省表示:幼儿园不适合贫民的儿童,招收贫民子女的托儿所应该单独设立并有相应的法令。由于主持《幼儿园令》的大臣辞职,导致这一政令没有正式实施,但是幼儿园招收的儿童大部分还是来自富裕家庭。19世纪末产生的简易幼儿园在20世纪并没有得

到发展,而是改名为保育所,脱离了幼儿园系列。

(三) 自由主义保育思想涌现

20世纪初,"儿童中心"教育思想传入日本,受此思想影响的人士突破明治时期《教育敕语》的专制主义教育观,提出了与西方教育思想相呼应的自由主义保育思想。

1907年,日本教育家谷本富在第十四届京阪神联合保育会上,作了题为《怎样办好幼儿园》的演讲。他在演讲中指出儿童是一个独立的个体,具有独立的意志和独立的人格,不应该由成人随意摆布。他还指出幼儿园必须以遵循自然为原则,幼儿园是自由游戏的场所,应该禁止一切课业。1908年,谷本富和中村五六共同写了《幼儿教育法》,立足于自然主义原则。除此之外,1929年幼儿教育家仓桥惣三在《儿童保护的教育原理》一书中要求尊重儿童,主张教育要贴近儿童的生活,适合儿童的个性。自由保育思潮的传入,对学前教育政策的改革产生了一定的影响。1911年,文部省修改《小学校令》,取消了以往对游戏、唱歌、谈话和手技这四项课程的内容的具体指示,由各地自行安排,并扩大了幼儿园的规模。

20世纪30年代以后,随着日本对外侵略战争的加剧,武士道精神和军国主义思想也侵入教育领域,自由保育思想没有得以继续发展。但是,还是有一些先进人士对此进行反抗和斗争,主张以科学和实证主义来反对《教育敕语》中的教育思想。在1936年,保育问题研究会成立,旨在讨论以培养儿童未来独立生活能力为目标,以科学的、来源于生活的资源为主的保育内容的学前教育。但由于军国主义和法西斯的力量过于强大,这种反抗很快就被压制了下去。

二、二战之后至20世纪80年代的日本学前教育

(一) 战后学前教育改革

1.《幼儿园教育大纲》的修订

二战以后,日本处于百废待兴的状态,经济、政治、教育都处于混乱的状态,许多小学和幼儿园都变成了废墟。由于国际环境的影响,日本也认识到了学前教育的重要,颁布了一系列有关于学前教育的法案。

1947年3月,日本国会通过《学校教育法》,这部法案强调幼儿园是受文部省管辖的正规学校的一种,也再次明确幼儿园是学校教育体系的一个重要组成部分,招收年满3岁至学龄前的儿童,以保育幼儿、创造适宜的环境、促进儿童的身心发展为目的。为了达到这一目的,制定了以下目标:为了有健康、安全和幸福的生活,培养日常生活必要的生活习惯,谋求身体诸机能协调发展;通过园内集体生活,培养儿童愉快参加集体生活的态度以及协作、自主、自律精神的萌芽;培养儿童正确认识和对待周围的社会生活及事物;引导儿童正确使用语言,培养对童话、画册等兴趣;通过音乐、游戏、绘画以及其他活动,培养儿童的创作兴趣。

1948年,根据《学校教育法》的指示,文部省于1948年3月颁布《保育大纲》,并于1964

年颁布了对 1956 年的《幼儿园教育大纲》的修订案,其基本方针为:力求儿童身心得到协调发展;培养基本的生活习惯和正确的人生态度;激发关心自然和社会现象的兴趣,培养儿童初步的思考能力;提高儿童的语言能力;通过各种表达活动丰富儿童的创造力;培养儿童的自立性;因材施教;结合儿童的生活经验、兴趣、要求,全面教育;完善幼儿园环境;突出幼儿园特点,有别于小学;与幼儿教育家庭密切配合。该大纲将幼儿教育内容概括为:健康、社会、自然、语言、音乐韵律、绘画手工六个方面,并提出了相应的理想目标,要求无一遗漏地全部予以指导。

2. 振兴学前教育计划,推动学前教育快速发展

由于进一步认识到学前教育的重要性,20 世纪 60 年代,日本政府开始制定并推出学前教育振兴计划,意在提高日本学前教育的质量。

1962 年,日本文部省根据"培养人才"的政策,制定出从 1964 年开始的《幼儿教育七年计划》,目的是增加学前教育普及率,使万人以上的市、镇(町)、村的学前儿童入园率达到 60%以上[①]。

1972 年,日本又一次制定计划——《振兴幼儿教育十年计划》,目标是实现 4—5 岁儿童全部入幼儿园或保育所。在 4—5 岁的儿童教育已基本普及之后,该计划又将重点移至 3 岁儿童的保育上,并实行幼儿园入园奖励制度,对于将子女送往公立或私立幼儿园的收入微薄的家庭,减免保育费。

学前教育振兴计划以普及学前教育为基点,在提高入园率的同时也提升了教育质量,改变了社会不重视学前教育的观念,促进了日本学前教育的发展。

(二) 学前教育机构发展状况

由于历史原因,日本的学前教育机构实行双轨制,一轨为由文部省领导的,专门接收富裕家庭 3—6 岁儿童的幼儿园;另一轨为由内务省管辖的托儿所(保育所),专门招收贫困家庭 0—6 岁儿童。但随着社会的发展,民众对这一现象日益不满,特别是进入到 20 世纪 60 年代,日本社会响起一阵"幼保一体化"的呼声。受此影响,托儿所和幼儿园在性质、设备和功能上都有所接近。1963 年,厚生省与文部省达成协议,要求各地为保育所开设的课程和提供的设备必须与幼儿园基本相同。为此,1965 年厚生省以 1964 年文部省制定的《幼儿园教育大纲》为范本,制定了《保育所保育指南》。尽管这样,托儿所和幼儿园还是在领导部门、招收对象、保育时间和教育质量等方面上都存在差别。

(三) 保育思潮和教育研究的兴起

1. 西方和苏联保育思想的影响

二战之后,西方和苏联的学前教育思潮对日本都产生了很大的影响,致使日本也出现了"儿童中心保育论"与"社会中心保育论"。这些思潮以尊重儿童、让儿童自由游戏和活动为

---

① 杨汉麟. 外国幼儿教育史[M]. 北京:人民教育出版社,2011:321.

中心,将儿童作为社会成员来对待。除了受到西方教育思想的影响,日本学前教育还受到苏联的影响,产生了"集体主义保育论",主张及早地让儿童认识到自己是"整体之一员",让儿童热爱集体,让儿童懂得互相帮助。

2. 学前教育研究繁盛

20世纪60年代以后,日本的学前教育研究也日渐繁盛,比如在早期开发、幼保一元化、幼小衔接等方面都有所研究。其中有两位代表人物:井深大和铃木镇一。

井深大(1908—1997),日本早期开发协会的创始人,著有《到了幼儿园的年龄就太迟了》一书,书中说明早期教育的潜能是无限的,人的品德或能力不是天生的,而是由3岁之前的早期教育塑成的。该书对日本教育界产生了广泛的影响。

铃木镇一(1898—1998),日本著名小提琴音乐教育家,从20世纪40年代开始潜心研究儿童小提琴教学,创造"铃木教学法"。他认为,人的才能并不是天生的,而是后天教育的结果,最重要的是要对儿童循循善诱,耐心教导。"铃木教学法"在20世纪60年代以后成为世界瞩目的教育法之一。

三、20世纪80年代以来的日本学前教育

(一)《幼儿园教育纲要》出台带来新变化

20世纪80年代以后,日本经济发展迅速,科学技术也在日新月异地发生变化。1989年,日本颁布《幼儿园教育纲要》。该纲要对于幼儿园的方针、任务的规定力求使得儿童更加符合社会的需要。该纲要提出:幼儿园教育的根本方针是根据幼儿时期的特征,通过环境来对儿童进行培养。幼儿教育的基本目标是:为了儿童健康、安全和幸福地生活,要培养其基本的生活习惯和生活态度,奠定身心健康发展的基础;培养儿童对人的爱心和信赖感,形成其自立和合作态度以及初步的道德观念基础;培养儿童对身边事物的兴趣和爱好,使其产生对这些事物丰富的情感和具有初步的思考能力;在日常生活中培养儿童对语言的兴趣和关心,形成儿童乐于听、乐于说的良好行为习惯和语言感觉;通过多种多样的体验,培养儿童丰富的感受,使儿童富于创造性。

(二)《二十一世纪教育新生计划》推动学校、家庭和社区的协作

《二十一世纪教育新生计划》又称彩虹计划,以促进学校、家庭和社区的复兴,以"学校变好,教育变样"为目标,强调要自觉认识教育的起点源于家庭,重建家庭和社区教育能力,通过做经济团体等工作推动教育休假制度的实施,文部科学省和厚生劳动省合作推动、促进幼儿园和保育所的协作,社区教育能力重建包括新生儿童计划,以及通过做地方政府的工作设立教育节等,促进社区对教育的参与。[①]

---

① 胡金平,周采.中外学前教育史[M].北京:高等教育出版社,2011:279.

经过了近百年的发展，日本也从落后的学前教育国家转变为世界先进的学前教育国家，这与日本之前学习西方先进的学前教育思想之后根据国情不断调整和修改政策、完善学前教育机构和制度不无关系。日本的学前教育深受社会和教育改革的影响，随着改革的进一步深入，其学前教育也得到了进一步的发展。

 思考与练习

一、判断

1. 1923年麦氏姐妹创办英国保育学校。（　　）
2. 比纳—西蒙量表主要用于寻找儿童发展普遍规律。（　　）
3. "白天的母亲"是法国一种辅助幼教机构。（　　）
4. 美国只有幼儿园和保育学校两种学前教育机构。（　　）
5. 《托儿所—幼儿园统一教学大纲》是德国颁布的一项综合教育大纲。（　　）
6. 1926年4月，日本文部省颁布了《保育大纲》，这也是日本学前教育史上的第一部较为完整而又独立的学前教育法令，标志着学前教育进入了一个崭新的发展时期。（　　）

二、选择

1. 1918年通过的（　　），英国首次明确宣布教育立法的实施要"考虑到建立面向全体有能力受益的人的全国公共教育制度"。

A．《哈多报告》　　　　　　　　　B．《郎之万-瓦隆教育改革方案》
C．《巴特勒法案》　　　　　　　　D．《费舍法案》

2. 法国从（　　）年开始，实施学前教育免费入学的制度。

A．1981　　　　B．1991　　　　C．1971　　　　D．1961

3. 1922年德国政府颁布（　　），规定了儿童受教育的权利，学前教育成为青少年社会福利的一部分，归青少年福利部管辖。

A．《幼儿园条例》　B．《学前教育大纲》　C．《儿童福利法》　D．《儿童保育法案》

4. 由儿童心理学家魏卡特领导，探讨学前教育成效的一项长期跟踪研究计划是（　　）。

A．威斯康星大学皮氏学前教育实验方案　　B．佩里学前教育研究计划
C．拉瓦特里研究方案　　　　　　　　　　D．比纳—西蒙量表研究

5. 苏联教育人民委员部于（　　）年颁布第一个《幼儿园规程》，旨在规定幼儿园教育目的在于以共产主义精神教育儿童，使其全面发展。

A．1936　　　　B．1938　　　　C．1942　　　　D．1956

6. 自（　　）年第一所公立幼儿园诞生以来，公立幼儿园在日本一直处于主导地位，主要招收3—6岁富裕家庭的儿童。

A．1896　　　　B．1846　　　　C．1876　　　　D．1786

三、简答

1. 1933年英国《哈多报告》的主要内容和意义是什么？
2. 1926年日本《幼儿园令》的内容和意义是什么？

四、论述

1. 美国开端计划运动兴起的原因、具体措施和影响。
2. 二战结束后，德国学前教育机构以及主要承担的责任。

拓展阅读

1. 鲁思·本尼迪克特.菊与刀[M].吕万和,熊达云,王智新,译.北京:商务印书馆,2011.

2. 瓦·亚·苏霍姆林斯基.苏霍姆林斯基选集[M].北京:教育科学出版社,2001.

3. 苏珊·纽曼.学前教育改革与国家反贫困战略——美国的经验[M].李敏谊,霍力岩,译.北京:教育科学出版社,2011.

4. 郭良菁.德国研制《儿童日托机构的教育质量:国家标准集》的启示——兼论我国制订质量评价标准体系的若干问题[J].学前教育研究,2004(09):58—60.

5. 孙贺群,王小英.从保守走向进步:历史视野中20世纪初美国学前课程改革[J].河北师范大学学报(教育科学版),2010(12):48—52.

6. 虞永平.试论政府在幼儿教育发展中的作用[J].学前教育研究,2007(01):3—6.

7. 管华,王君妍.国外学前教育立法的启示[J].陕西师范大学学报(哲学社会科学版),2017(06):60—66.

8. 纪录片《他乡的童年》,由周轶君执导。

第十二章 现代西方学前教育思想

 学习目标

1. 理解杜威、蒙台梭利和皮亚杰学前教育思想的内涵和基本要点。
2. 理论联系实际,在学前教育实践中分析杜威、蒙台梭利和皮亚杰学前教育思想的影响。

 本章导览

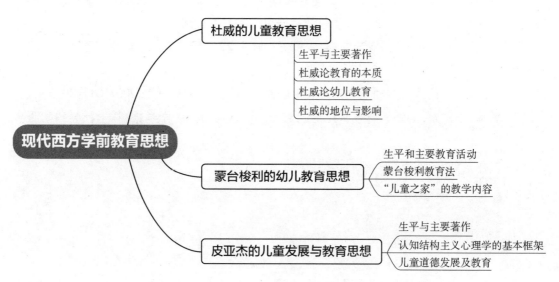

问题提出

瑞士著名的儿童心理学家和教育家皮亚杰对儿童的道德判断进行了一个小实验。他给儿童讲了两个小故事,第一个故事的主要情节是:约翰在自己的房间里,有人叫他去餐厅吃午饭。他不知道餐厅门背后的椅子上放着盛有15个杯子的盘子。他进餐厅开门时,门撞着了盘子,杯子全碎了。第二个故事情景与第一个故事颇为相似:妈妈外出了,亨利从橱柜里拿点果酱吃。因为果酱瓶放得太高,他就爬上了椅子试着去取,结果碰倒了一个杯子,掉地上摔碎了。皮亚杰给儿童提出的问题是:在这两个故事中,哪个孩子的错误严重,应该受到惩罚?儿童们的反应是约翰更严重——因为他打破了15个杯子,而亨利只打破了1个杯子。可见,此阶段的儿童并不注重行为的意图或动机。

以上是皮亚杰所做的儿童道德认知发展实验。在20世纪,出现了诸如杜威、蒙台梭利、皮亚杰等世界著名的教育家和儿童心理学家,他们的思想至今仍对学前教育发挥着深刻影响。本章将对他们的儿童教育思想和儿童发展思想展开阐述。

杜威、蒙台梭利、皮亚杰都是世界著名的教育家,他们的教育理论在学前教育领域有着广泛的应用。在杜威"做中学"思想的指引下,幼儿园的教师给孩子们提供各式各样的材料,让他们自己探索、发现并获得知识;蒙台梭利的教育思想,从重视儿童的自我发展、适应儿童心理发展的敏感期和阶段性、重视儿童的活动等多个方面给我们启示;皮亚杰则将儿童的心理发展进行阶段划分,为我们更好地认识和了解儿童提供了一种心理学的方法和途径。

第一节 杜威的儿童教育思想

约翰·杜威(John Dewey,1859—1952)是美国著名的哲学家、教育学家。从哲学上来讲,他继承了皮尔斯、詹姆士的实用主义哲学,并将其进一步发扬光大;从教育学上来讲,他的实用主义教育思想立足于现代社会,积极吸收人类文化各方面的优秀成果,构建起一座宏伟的教育理论大厦。杜威的教育思想和哲学思想具有鲜明的"美国性",因此他在有生之年,就被尊为"美国民主主义的哲学家",他本人也因此成为20世纪世界上少数几位最有影响力的教育家之一,他的教育思想在教育史上成为一座不可逾越的丰碑。

图12-1 杜威

一、生平与主要著作

1859年10月20日,杜威在美国佛蒙特州柏林顿镇出生,他的父亲是一位零售商,母亲性格开朗,受过良好的家庭教育,对杜威及其兄弟要求严格。杜威从小较为羞涩,其兄长戴维斯善于交际,兄弟俩酷爱思考,经常一起到附近的山林、湖泊附近探险。这样的早年经历使得杜威对自然充满着敬畏感,这在他早期的思想中可以充分体现出来。1875年,杜威进入佛蒙特大学读书,在读期间对赫胥黎的生物进化论产生兴趣,并由此逐渐对哲学产生浓厚的兴趣。大学毕业后,杜威先后在两所中学任教,在这期间他仍然钟情于哲学,工作之余开始发表哲学论文,并跟随大学期间的老师托里(H. A. P. Torrey)继续学习哲学。

1882年,杜威进入约翰·霍普金斯大学进行研究生阶段的学习,广泛涉猎生物学、逻辑学、伦理学、教育学、心理学、德国哲学、政治学等多个研究领域。杜威在这一时期主要受到执教的黑格尔主义者莫里斯(George Sylvester Morris)、哲学家皮尔斯(Charles S. Pierce)、心理学家霍尔(G. Stanley Hall)等人的影响,其中受莫里斯的影响最大。在莫里斯的影响下,杜威接受了黑格尔的哲学,并于1884年以论文《康德的心理学》获得了博士学位。从1884年毕业后一直到1894年,杜威除了到明尼苏达大学短期工作之外,一直在密歇根大学教授哲学,在这期间他的哲学思想逐渐成熟起来。与此同时,杜威对教育问题产生兴趣,1885年发表了第一篇教育论文,从此走上了试图将教育学、心理学和哲学综合起来进行研究的道路。

1894年,杜威应聘到芝加哥大学任哲学、心理学和教育学系主任,讲授哲学、伦理学、心理学、教育学等课程,从多个学科视角研究教育问题。1896年,杜威创办了包括幼儿部在内的芝加哥大学实验学校(也称作"杜威学校"),这所学校一直开办到1903年。直到1903年,杜威才离开芝加哥大学,在芝加哥大学的十年是杜威思想形成和发展的关键时期。在该时期,杜威的主要教育著作包括《我的教育信条》(1897)、《学校与社会》(1899)、《儿童与课程》(1902)。其中《我的教育信条》是杜威关于教育的纲领性著作,也是杜威教育理论形成的重要标志;《学校与社会》集中探讨了芝加哥实验学校的教育经验和理论。自1904年始直至1930年退休,杜威一直在哥伦比亚大学任教。在这期间,他的重要的教育著作包括《教育中的道德原理》(1909)、《我们怎样思维》(1910)、《明日之学校》(1915)、《民主主义与教育》(1916)、《经验与教育》(1938)。杜威于1919年来华讲学,宣传他的实用主义教育思想,对我国教育学界产生了重大的影响,胡适、陶行知、陈鹤琴等教育家的思想都在不同程度上受杜威思想的影响。

二、杜威论教育的本质

究竟什么是教育?这是每一位教育家在论述教育问题时不可避免的一个基本问题。杜威对这一问题的回答是:教育即生长,教育即生活,教育即经验的改造。这三个命题简明扼要地概括出杜威对教育本质问题的认识,展现出杜威教育思想与以往教育家的不同之处。

(一)教育即生长

"生长"本是一个生物学概念,杜威在卢梭思想的影响下将这一概念进行了改造和发挥,赋予了它一定的社会内涵。"教育即生长"这一命题其实质上是提倡一种新的儿童发展观和教育观。杜威认为当时的教育无视儿童的天性、兴趣和需要,用成人的标准去要求儿童,以外在的动机强迫儿童机械地记忆文字符号,一味让儿童为遥不可及的未来做准备,却忽视了儿童目前的兴趣、需要和感受。"教育即生长"要求教育和教学要适合儿童的身心发展水平,适合他们的兴趣和需要,允许他们有自由发展的空间。但杜威并不认为"教育即生长"是放任自流,他指出:"如果你放任这种兴趣,让儿童漫无目的地去做,那就没有生长,而生长不是出于偶然。"[①]杜威认为,生长是有机体自身与外部环境、内在条件与外在条件交互作用的结果,是一个持续社会化的过程。杜威批评了卢梭的学说,他认为人类的原始冲动没有善恶的倾向之分,这种冲动不可能自动生长,而是需要一定的外部条件。教育者应该做的就是提供一个适当的环境,使儿童可取的冲动得以进一步发展,而不可取的冲动则逐渐被废弃。

(二)教育即生活

在"教育即生活"这一命题中,杜威着重关心正规的学校生活、社会生活以及儿童的个人生活之间的关系。为了实现美好的生活,教育应该作出怎样的努力?应该怎样面对社会上的不足与弊端?教育本身与生活是否对立,能否成为美好生活的一部分?

杜威坚信教育是实现社会改革、促进社会进步的基本方法,改造社会需要先改造学校。教育是生活的一部分,学校生活是社会生活的一种重要形式,学校生活是生活的一个重要组成部分。学校生活只有与儿童自己的生活相契合、与儿童的需要和兴趣相契合、与学校之外的生活相契合,学校才能成为儿童的乐园而非监牢,才能适应现代社会的变化并成为推动社会发展的重要力量,这样的教育才是合适的教育,这样的学校生活才是理想的学校生活。

杜威提出这样的想法有其社会历史背景。杜威生活的19世纪末20世纪初是一个激烈变革的时代,美国的学校教育却因循守旧,与社会生活相脱节,与儿童的生活相背离。儿童在这样的学校中接受教育颇受压抑,不仅无法感受到快乐,而且学到的知识跟不上快速变革的社会。杜威希望对不合时宜的学校教育进行改造,使教育更有活力、更有乐趣、更有实效,通过学校将社会生活和儿童生活联系、贯穿起来,使学校成为两者的契合点,使教育有益于儿童的发展和社会的改造。

在提出"教育即生活"的基础上,杜威进一步指出"学校即社会"。杜威认识到,既不能认为教育可以脱离社会变革而单独存在,也不能将学校与社会相混同。学校生活应该成为一种经过选择和净化的理想的社会生活,学校应成为合乎儿童发展的小社会,只有通过改革学校的课程才能实现这一目标。在这一目标的要求下,杜威认为学校的课程内容应该注意到"从社会生活的最初无意识的统一体中逐渐分化出来","学校科目相互联系的真正中心不是科学,不是文学,不是历史,不是地理,而是儿童本身的社会活动",在课程中占重要地位的应

[①] 约翰·杜威.学校与社会·明日之学校[M].赵祥麟,等,译.北京:人民教育出版社,1994:47.

该是"代表社会活动的类型和基本形态"的活动,比如烹调、缝纫、手工等。① 因此,"学校即社会"是对"教育即生活"的引申,通过引入代表社会生活的活动性课程,使学校和社会紧密联系在一起。这些活动性的课程既能适应儿童的需要和兴趣,又能使儿童获得快乐和满足,还能加强学校与社会的联系。从"教育即生活"到"学校即社会",再到后来变革课程的"做中学",杜威的思想是一以贯之、前后一致、互相补充的。

(三) 教育即经验的改造

杜威关于教育本质的第三个命题是"教育即经验的改造"。"经验"是西方哲学史上一个重要的概念,不同哲学家的"经验"概念有着不同的含义。杜威的经验不同于其他哲学家,他的经验克服了经验与理性的二元对立,理性不再是一个抽象的、和经验相对立的体系,而将理性寓于经验之中,并在经验中不断修正。杜威的经验不再是通过感官被动获得的散乱的感觉印象,而是机体与环境相互作用的过程。在这个过程中,机体和环境相互影响、相互塑造。杜威的经验是一种行为、行动,人从做中学到的不仅仅是知识,还形成能力、养成品德。杜威的经验强调人的主动性,强调机体对环境的主动的改造。

三、杜威论幼儿教育

杜威认为儿童的心理处于不断地生长、变化和发展过程中,各个阶段都有其各自的典型特征。而教师应该做的就是在研究这些特征的基础上为儿童提供相应的材料,促进儿童的发展。杜威重视幼儿园和小学之间的衔接与连续性,认为从幼儿园到小学之间的过渡应该是自然而然、逐渐变化的,是儿童不易察觉的。因此,杜威扩展了严格意义上的幼儿园时期(4—6岁),将4—8岁的儿童作为芝加哥实验学校第一阶段的教育对象。与此相适应,杜威的幼儿教育理论也具有更为广泛的讨论范围和应用价值。

(一) 论幼年期的意义

杜威从进化论的角度出发,认为人类较长的幼年期意味着人类有可能习得较为复杂的行为,进行高深的学习,获得更高层次的发展。越是低级的动物,其幼年期就越短,虽然看似能很快进入成年时期的活动,但也限制了它们向更高阶段的发展。因此杜威认为儿童的未成熟状态意味着儿童具有潜在的发展的能力,是为人生打基础的时期,而不是人们普遍认为的匮乏状态。杜威看到了幼年期对人一生发展的影响,他指出,"所有的教育改革家都正确地坚持最初几年的重要性,因为控制后来发展的根本态度就是在这几年里固定下来的"②。

此外,杜威还认为儿童期可为教育提供借鉴。杜威认为,学习是儿童生长和自我保存的一部分,与他们的自身能力以及周围环境所引发的需要相联系,能引起他们自身的兴趣,因

---

① 约翰·杜威. 学校与社会·明日之学校[M]. 赵祥麟,等,译. 北京:人民教育出版社,1994:9—10.
② 约翰·杜威. 学校与社会·明日之学校[M]. 赵祥麟,等,译. 北京:人民教育出版社,1994:258.

此他们在刚入校的几年对学习充满兴趣,进步快而且发展平稳。但人们的普遍看法却是儿童厌恶学习,殊不知这是学校里不恰当的教育方法造成的后果。因此杜威指出,"如果我们要明白教育怎样才能最有效地进行,那么让我们求助于儿童的经验,在那里,学校是必需的事情,而不是求助于学校里的习惯做法"①。

(二) 论幼儿教育的内容

杜威在芝加哥实验学校一方面贯彻了福禄贝尔的许多幼儿教育理论,另一方面又反对形式主义地套用福禄贝尔的方法。杜威强调要回到福禄贝尔的精神实质,比如重视儿童的自我活动和社交关系等。

1. 论游戏和作业的教育意义

杜威重视儿童的游戏,认为它是儿童的本能,教育者必须利用这种本能以促进儿童的发展。杜威指出,"任何时代任何人,对于儿童的教育,尤其是对于年幼儿童的教育,无不在很大程度上依赖于游戏和娱乐"②。杜威虽然赞成福禄贝尔的教育原则,但并不赞成福禄贝尔的一些信奉者将游戏和工作对立起来的观点。杜威认为游戏和工作之间是有联系的,"把儿童业余时间从事的活动引入学校,从而给学生开出最生动的课程,要做到这一点,唯一自然的方法,就是把游戏作为幼儿的主要作业"③。

杜威认为游戏能够减少校内生活和校外生活之间的人为隔阂,提升儿童的学习兴趣。在游戏的情景下,儿童具有更为强烈的学习动机和合作动力,同时游戏又能使儿童认识到知识材料的社会背景。因为自发的游戏对成人生活环境中的优缺点都不加选择地进行重复和肯定,所以杜威和福禄贝尔一样,认为教育者应该对儿童的游戏和作业进行指导,学校应该创建一个良好的环境,使得游戏和工作能够促进儿童道德和智力的成长。

2. 论幼儿教育的课程和教材

杜威对于幼儿教育课程和教材的论述建立于他对教学的总体思想之上。杜威认为,幼儿教育不能仅仅在学校中采用游戏和主动作业,更关键的在于教育者如何运用游戏和主动作业达到最好的教育效果。杜威认为幼儿教材应该选择有社会用途的事物,因为它们是进行幼儿教育的媒介。

杜威和裴斯泰洛齐一样重视家庭生活对幼儿的教育作用,认为家庭是幼儿教育的中心。在芝加哥实验学校的幼儿园中,儿童的中心工作完全是模仿、展现家庭和邻里生活。杜威认为,"布置房间、家具、用具等的家庭生活和家庭中经常进行的作业结合在一起,由此就提供了儿童有着直接的真正的关系和他的自然地倾向于以想的形式再现出的教材。给儿童提供了丰富的道德食粮也就充满了伦理的关系和道德义务的暗示"④。如果不遵循这样的原则,

---

① 约翰·杜威.学校与社会·明日之学校[M].赵祥麟,等,译.北京:人民教育出版社,1994:222.
② 约翰·杜威.学校与社会·明日之学校[M].赵祥麟,等,译.北京:人民教育出版社,1994:277.
③ 约翰·杜威.学校与社会·明日之学校[M].赵祥麟,等,译.北京:人民教育出版社,1994:279.
④ 约翰·杜威.学校与社会·明日之学校[M].赵祥麟,等,译.北京:人民教育出版社,1994:91.

而是将儿童游戏和作业的涉及面扩大,甚至涉及这些儿童从不知道、无法理解的主题,远远超出了他们的经验和能力,那么既不能让孩子们真正了解这些内容,从中获得提高,也说明教育者自身对儿童的发展和教材本身没有足够的了解。

在关于"给儿童买玩具还是让他们动手制作玩具"这一问题上,杜威发展了洛克的观点,认为应该提供给儿童粗糙的原料让他们动手制作,而不是提供好的材料。杜威指出,提供好的材料虽然精美、易于控制儿童的操作,但却使儿童失去了发展创造力的机会。杜威认为当时的学校中过于重视成形的材料,过分夸大了材料的数学特性,比如数量、立体和平面的图形等。这样的材料只能使儿童获得技术性的知识,养成使用某种材料的习惯,而不是探索、创造的能力,不利于儿童发展他们的思维。

杜威将照顾布娃娃作为他的幼儿教育课程的核心与起点,因为儿童对布娃娃有着强烈的兴趣,那么就以布娃娃的各种"需要"为契机和起点引发儿童的各种活动。比如布娃娃需要穿衣,儿童就有兴趣给布娃娃做衣服;布娃娃需要家具、碗碟,儿童就有兴趣给布娃娃制作这些东西。杜威认为这样有助于培养儿童的主动性、创造性和思维能力。

杜威还主张从儿童的兴趣和需要出发来组织其他的活动课程,比如让儿童做手工、讲故事、唱歌、跳舞等。杜威认为儿童游戏中有演戏、模仿的本能,他们普遍喜欢模仿和扮演日常生活中见到的人和物,并且通过情景的展现,将其逼真地表现出来。杜威认为,儿童普遍难以理解抽象的概念,而对具体的动作和场景感兴趣,只有让他们将具体的场景表现出来,儿童才能感受到场景的真实性。此外,杜威还重视"自然研究",主要是培养儿童的审美和情感,让他们富于同情心。杜威尤其主张城市儿童通过旅行来认识自然和社会、城市生活与农村生活,使他们能够了解更为真实、完整的社会生活。

杜威并不完全反对儿童进行知识学习,但他认为必须与儿童的身心发展阶段相适应,按照其特点进行教育,不能超前也不能推迟,更不能强迫儿童进行知识学习,因为这样只会使儿童丧失学习的兴趣。杜威重点关注了儿童学习书写和阅读的问题。杜威一方面肯定了书写和阅读对于儿童了解他人和事物、便于与他人沟通方面的重要性,但另一方面也指出现行的学校制度让书写和阅读过早地进入了儿童的生活,不仅占据了儿童本应游戏、玩耍的时间,同时也使他们的视力、神经系统、身体发育变得过于紧张。他认为儿童到了一定的年龄和成熟度,就会较快地掌握阅读和书写的技能,因此没有必要一味地让他们专门学习阅读和书写。

(三) 论幼儿教育的方法

在杜威看来,儿童的本性发展依照一定的顺序:"自动的方面先于被动的方面;表达先于有意识的印象,肌肉的发育先于感官的发育,动作先于有意识的感觉。"[①]杜威认为动作引起观念,意识的本质是运动,而传统的教育强调儿童以被动的状态接受现有的知识和教育,因

---

① 约翰·杜威. 学校与社会·明日之学校[M]. 赵祥麟,等,译. 北京:人民教育出版社,1994:12.

此儿童才对学习不感兴趣。基于这种观念,杜威以"行动"作为他的教学方法论的核心,认为应当参照行动法则来选择教材、安排课程。

为了更好地根据儿童本性的发展进行教学,杜威认为必须对儿童的"兴趣"不断予以同情的观察。杜威认为兴趣是"生长中的能力的信号和象征"[1],是"统一的活动","真正的兴趣是自我通过行动与某一对象或观念融为一体的伴随物"[2]。杜威认为,对儿童兴趣的放任就使得其兴趣无法变得更加深入,而对儿童兴趣的压抑就等于用成人的兴趣代替儿童的兴趣,会减弱儿童的好奇心和创造力。因此,教师必须正确对待儿童的兴趣,对其既不放任也不压抑。

四、杜威的地位与影响

杜威的教育理论建基于哲学和心理学的基础之上,产生于美国19世纪末、20世纪初社会剧烈变革的大背景下,落脚于美国处于不断变革的社会之中。杜威试图通过教育领域的改革,促进美国社会生活的变化。他的理论充满着美国特色与时代特点,体系庞大,涵盖了教育的各个领域。杜威重视幼儿阶段的教育,其幼儿教育思想在其整体的教育思想中占了重要的部分,体现着他的基本教育纲领。杜威的幼儿教育思想俨然已经成为当下美国学前教育界普遍认可的观点,幼儿园的孩子们很少进行系统的知识学习,而是在"做中学",从日常的玩耍、游戏中学习和认识生活中的各种事物。

杜威的教育思想对我国产生了深远的影响。在胡适的邀请下,杜威于1919年到中国讲学并停留了两年之久,他的教育思想影响了当时包括胡适、蒋梦麟、陶行知、陈鹤琴等人在内的一大批教育家,无论是陈鹤琴的"五指教育",还是陶行知的晓庄师范学校,其中都蕴含着杜威教育思想的基本精神,蕴含着对儿童的重视,对实践和操作活动的重视。杜威的教育思想对我国当代的学前教育仍然有极大的指导和借鉴意义。我国目前仍有不少幼儿园存在着重知识教学轻操作经验、重教师讲解轻儿童探索等不足。杜威在其幼儿教育理论中多次强调要重视儿童的游戏和动手操作,主张儿童应通过自己的探索获得与日常生活相关的各种经验和认识,而不是让儿童过早地以小学阶段知识的学习方式进行系统的学习。

第二节 蒙台梭利的幼儿教育思想

蒙台梭利(Maria Montessori,1870—1952)是现代教育史上影响甚为深远的儿童教育家之一。她以其革命性的教育哲学与儿童教育方法闻名于世,杜威赞誉道:"在传播对任何真

---

[1] 约翰·杜威.学校与社会·明日之学校[M].赵祥麟,等,译.北京:人民教育出版社,1994:12.
[2] 约翰·杜威.学校与社会·明日之学校[M].赵祥麟,等,译.北京:人民教育出版社,1994:175.

正的教育都不可少的自由的福音方面,蒙台梭利已成为一个最重要的人物。"①如今蒙氏教育法风靡全球,许多国家也都设有蒙台梭利协会或蒙台梭利培训机构,蒙台梭利学校遍及110多个国家。在中国,以其思想为基础创立的蒙台梭利婴幼儿班和学前班,也受到家长和幼儿园的青睐。蒙台梭利在世界各国的诸多演讲结集出版,包括《教育人类学》(1908)、《科学的幼儿教育方法》(1909年出版,1912年英译本改名为《蒙台梭利方法》)、《蒙台梭利手册》(1914)、《高级蒙台梭利方法》(1916)、《童年的秘密》(1936)、《为了新世界的教育》(1946)、《儿童的发现》(1948)、《有吸收力的心理》(1949)等,②这些著作被译成近40种文字在全球出版,是儿童教育的经典佳作。

一、生平和主要教育活动

图12-2　蒙台梭利

蒙台梭利出生于意大利安科纳省的一个传统家庭,从小自立自强,富有强烈的责任感和创造精神。在幼年时期,蒙台梭利接受了普通的中产阶级教育,就读的学校也都是一般的公立学校,父母并未对她的学业成就予以过高的要求。因此,蒙台梭利自小便在自由学习的环境中长大,她对学业以及未来事业的选择是独立自主的。中学毕业后,她一度希望自己能够发展成为一名技术人员,先是违背家庭安排进入一所男子技术学院学习工程。在工科大学就读期间,她学习了许多新事物,为她后来从事科学教育研究奠定了良好的根基。后在毕业前夕她又因对生物学产生浓厚兴趣,决定学医。这一决定不仅仅在蒙台梭利的家庭中引发了风波,还成为当时社会讨论的一则重大新闻——她的决定改变了意大利男性独占医生职业的传统。即使盛怒的父亲断绝了经济资助,蒙台梭利还是突破重重困难,依靠奖学金和家教收入,于1890年秋天进入罗马大学医学院学习。1896年,蒙台梭利以优异的成绩毕业,成为意大利历史上第一位女医学博士,并在毕业后当了罗马大学附属精神病院的助理医生。在从医过程中,她积累了一些有关智力障碍儿童的临床经验,并在美国弱智儿童教育家塞根(Edouard Seguin)以及法国医学家依塔(Jean Itard)著作的影响下,逐渐确立起一个信念:"儿童心智的缺陷主要是教育问题,而不是医学问题。"③这一信念超越当时的一般观念,即一般人对于智障儿童的看法,都认为是医学上的问题,因此,对其治疗多以药物为主、教育为辅。在职业身份的认同上,蒙台梭利把塞根首先看作是一名教师,其次才是一名医生。毫无疑问,这也是蒙台梭利的自我定位。

1898年在意大利都灵召开的一次教育会议上,蒙台梭利就道德教育发表了题为《精神教育》的演讲,为"低能儿童"申诉要求获得和"正常儿童"一样多的教育,这一主张激起了与会

---

① 约翰·杜威.学校与社会·明日之学校[M].赵祥麟,等,译.北京:人民教育出版社,1994:297.
② 单中惠.蒙台梭利幼儿教育经典名著导读[M].济南:山东教育出版社,2018:219—229.
③ 玛利亚·蒙台梭利.蒙台梭利教育法[M].霍力岩,等,译.北京:中国人民大学出版社,2008:30.

者的强烈反响。这篇演说受到当时意大利教育首长巴克史利博士的推崇,他邀请蒙台梭利为罗马的教师开展了一系列有关特殊教育的演说,这些演说引起了意大利人民对特殊教育的关注和支持。对于蒙台梭利而言,这些演说一方面促使她正式着手归纳教育原理,另一方面也促成了国家特殊儿童学校(State Orthophrenic School)的成立。在这所学校任教的两年,是蒙台梭利真正从事教育的开端。在1889—1890年这两年期间,蒙台梭利在国家特殊儿童学校(State Orthophrenic School)担任负责人。这所学校是新设不久的全国智力缺陷儿童教育联盟在罗马所开办的一所实验学校。学校里设置了一个全日制班,班上招收的学生都是那些曾被认为是无可救药的心智缺陷儿童。蒙台梭利不仅仅承担教师培训者的职责,还全力投入对儿童的日常教育中。

为了弥补教育理论知识的不足,1901年,蒙台梭利辞去国家特殊儿童学校的职务,重回罗马大学系统地学习哲学、普通教育学、实验心理学和人类学等课程,开始从事深入的儿童教育研究。这是从观念到行动的彻底转变。

反思教育经验之时,有一个问题一直浮现在蒙台梭利的脑海里:对心智缺陷儿童所使用的教育法,只能局限在心智缺陷儿童的教育中吗?这些教育原则难道不比现在常用的教育法,更富合理性?

一个颇为偶然的契机,实现了蒙台梭利的愿望——可以在教育机构内开展这项推广研究。1906年底,罗马住宅改善协会总干事塔拉莫(Edoardo Talamo)想在住宅区的公寓大楼里开办学校。该协会制定这一计划是为了挽救罗马圣诺伦佐区日益贫民化的危机,试图将古老、落后、贫穷的区域,建造成合乎现代化、卫生与道德标准的新市区。改建的理念主要是针对家庭问题,将道德规范与家庭观念重新融入进贫民的日常生活中。除了改造建筑物的硬件设施,该协会还需考虑儿童的安置问题。这无疑是一项前景广阔的工作,因为该协会管辖了400多个住宅区。根据设想,在"楼内学校"里,住宅区各个家庭中的3—7岁的儿童聚集到一所大房子里,由该区一位教师指导儿童游戏和学习。1907年1月6日,在意大利的传统宗教节日"主显节"(即意大利的儿童节)当天,第一所学校在圣诺伦佐区玛希大街58号公寓里正式成立,并招收了50多名儿童,学校被冠名为"儿童之家"(Casa dei Bambini)。蒙台梭利认为这一教育机构拥有重大的社会意义和教育意义。一方面,"儿童之家"作为"楼内学校",直接关涉社会问题中最为重要的内容——人类的私人生活或者家庭生活,这样的幼教机构促使人类的生活方式达到和谐一致的状态,所生存的私人空间和公共空间均具有教育功能。教师既是学生的邻居,又是周围人群的"道德女神";"儿童之家"的设立,有助于加强学校与儿童家长的联系;妇女可以腾出时间外出工作,且并未放弃教育子女的天职,这种幼教机构使得家庭教育方式符合社会变革的需求。另一方面,"儿童之家"的教育事业,凸显出"纯教育意义",它根据儿童发展的独特性提供了适宜的环境,证明缺陷儿童教育方法对普通儿童的教育同样具有适用性。总之,蒙台梭利所追求的教育目标,不单是以学科知识教育为出发点,更是满足社会改造的需求,以儿童的整体性教育为根本目标。和她的精神导师伊塔、塞根一样,蒙台梭利在人类精神病学的发展上,为构成一种普通儿童完整个性发展的健康教育作出了突出的贡献。

儿童之家的实验是成功的,儿童的心智发生了巨大变化。根据蒙台梭利所言,在见到"儿童之家"第一批儿童时,发现这些儿童"惊恐不安、胆怯","表情呆滞,眼神迷茫","现实中,他们生活贫困,没有被很好地照管;他们从小居住的小屋光线黑暗,一片破败;他们内心苦涩,缺乏关爱;他们营养不良,缺乏新鲜的空气和阳光。他们注定是不能开花结果的嫩芽。"[1]罗马各地纷纷建立起儿童之家,过去使用福禄贝尔教育体系的瑞士,也开始根据蒙台梭利教育法改革孤儿院和幼教机构。在师友的鼓励下,蒙台梭利于1909年完成了《科学的幼儿教育方法》一书(英译本改名为《蒙台梭利方法》),书中总结了自己的实践经验和教育观点。该书出版后迅速被译成20多国文字,慕名来访者络绎不绝。为了进一步传播自己的教育理论以满足各国需要,蒙台梭利在很多国家开设了为期半年的国际训练课程班并亲自授课。该课程班从1919年一直办到1938年。接受培训的学员回国后大力宣传蒙氏教育法,由此形成的蒙台梭利运动进一步扩大到世界范围。1929年,国际蒙台梭利协会在荷兰成立,直至1952年蒙台梭利去世,她一直亲自担任该协会的主席。蒙台梭利致力于世界各地儿童的教育事业,曾连续三年被提名诺贝尔和平奖。

蒙台梭利曾于1912年和1915年两次访问美国,受到热烈欢迎。其批评旧式教育、尊重儿童个性的教育理念,受到了很多学者和媒体的重视。在杜威与女儿合著的《明日之学校》一书中,专辟一章介绍蒙台梭利的方法,认为蒙氏的方法整体上符合自由价值。在讨论蒙台梭利法的热浪中,"当头棒喝"首先便来自美国进步教育代表人物克伯屈,他在一本小册子《蒙台梭利体系考察》中,批评根源于塞根的蒙台梭利学说,包括对感官训练和缺乏社会生活的训练的强调,停留在"19世纪的中期",是"落后于现代理论的发展约50年的学说"[2]。克伯屈的批评代表了美国教育学界的权威之声。此外,蒙氏理论与行为主义心理学、智力测量运动、精神分析理论等诸多理论并不协调,再加上多数教师对儿童拥有自由精神的不满,诸多原因使得美国蒙台梭利运动很快便从高潮跌到低谷。不过,从二战以后蒙台梭利运动在美国的全面复兴情况来看,蒙氏学说对心智训练的重视,以及对教育与贫穷问题、种族问题解决的关联,恰恰表明:和进步主义教育理论一样,蒙氏教育法并不缺乏自身的有效性,它对当今的教育实践的指导依然具有新鲜的活力。

二、蒙台梭利教育法

蒙台梭利教育法影响了整个世界的教育体系,她继承了卢梭、裴斯泰洛齐、福禄贝尔等教育思想家的儿童教育理念。与此同时,她还作为实证主义教育研究者,与塞根、依塔等科学家自成一派体系。作为欧洲新教育的重要代表,她尖锐地批评了旧教育对儿童的摧残,忽视了儿童的精神需要。

---

[1] 蒙台梭利.蒙台梭利育儿全书[M].张建威,董大平,译.北京:中国妇女出版社,2006:445.
[2] Paula Polk Lillard. Montessori: A Modern Approach [M]. New York: Schoken Books,1972:10.

蒙台梭利指出,直到20世纪初期,教育依然不过是在制造"机器",而"人类的内在精神"却早已丢失。教育需要突破机械的教学模式对人类潜力的压制,恢复人之所以能够为人的自由自在状态。而儿童也拥有一种与生俱来的内在生命冲动和潜力,教育的任务便是促进儿童发挥其内在的力量,学校教师以及家庭成员要热爱和尊重作为"成人之父"(蒙台梭利在《童年的秘密》一书中多次提及儿童是"成人之父")的儿童,推动儿童智力、精神、身体以及个性的自然发展。蒙台梭利教育法之所以被认为是具有革命性的观念,在于她在掌握大量前沿的教育理论基础上,从事了多年的儿童观念和教育实验,从而提炼出关于儿童发展的重要发现。

(一)儿童发展观与教育阶段

1. 儿童观念的形成来源

蒙台梭利儿童观的形成,主要受到以下三方面的影响:

(1)宗教信仰。蒙台梭利的教育学说在基督教神学的氛围中展开,科学信念与宗教虔诚并不冲突。她认为自然界的宇宙万物与上帝安排的自然秩序保持一致,人作为自然的一部分,其内心潜能的发展与自然法则的支配协调一致。

(2)科学研究。蒙台梭利是医生出身,她原本就有着浓厚的生物学兴趣,观察作为典型的自然科学研究方法,也用在了儿童研究上。她甚至认为"儿童心理学的建立只能通过外部观察的方法",而当时盛行的心理测量并不适用于儿童,儿童的心理状态唯有通过本人的内省和反思才可能得以揭示。在蒙台梭利看来,持续的现场观察是更为规范、严谨、符合研究对象特性的儿童研究方法。

(3)哲学、心理学和教育学理论。例如,法国哲学家柏格森(Henri Bergson)的生命哲学曾对蒙台梭利产生了极大的影响,使她将生命现象神秘化,把生物的进化过程理解为"生命的冲动"。儿童并非只是一个肌体,儿童还具有一种内在的生命力,这种生命力规定着个体发展的准则。蒙台梭利还接受了心理学家麦独孤(William McDougall)的目的心理学思想,认为儿童行为主要受到天生的自发能动性影响。此外,蒙台梭利还继承了教育思想史上呼唤教育自由的传统,和卢梭、裴斯泰洛齐、福禄培尔等人的主张一样,强调儿童的自我表现、自我活动,教育必须遵循自然法则,不能违反儿童的天性。

2. 儿童心理的发展特征与阶段教育

在蒙台梭利看来,人和动物一样,都拥有出生之前的生理胚胎期。在生理胚胎期,人和其他动物一样,开始时一无所有,后来由一个细胞分裂成许多细胞,接着形成了各种器官,生长发育直至出生。但与动物相异的是,人还拥有一种独特的品质,即"心理胚胎期"。心理胚胎期是在出生以后至3岁这个阶段,它既区别于儿童在母腹中的生理胚胎期,又不同于成年人的心理活动。在这段时期,儿童通过无意识地吸收外界刺激,形成了各种心理活动的能力。也就是说,外界环境的刺激,使得儿童形成了许多感受点和心理所需要的器官,如此才有了心理。

蒙台梭利指出,正如处在生理胚胎期的儿童需要母亲的子宫作为发育的环境一样,儿童所具有的心理胚胎期特征,也意味着儿童需要一种与之相适应的特殊环境。该环境应尽可能地消除不利于儿童内在生命力冲动的因素,提供能够驱使儿童主动"吸收"文化的养料。这一发现给教育界带来了观念上的变革。人们不再将儿童视作弱小无能的小生物,而是拥有巨大创造力的人。但这种创造表现和成年人的心理活动不同,儿童只能通过活动和生活经验,才能将无意识的创造力转变成有意识的创造思维。

在蒙台梭利看来,儿童的发展具有敏感期,这种情况和生长现象密切相关,并和一定的生长阶段相适应。当某种敏感期出现时,儿童就表现出对一定目标和操练的特殊兴趣,产生了"精神饥渴",驱使儿童长时期地重复某个联系,最终能自如地学习。这一阶段性特征符合儿童的自然生长,"正是这种敏感性,使儿童以一种特有的强烈程度接触外部世界。在这时期,他们容易地学会每样事情,对一切都充满了活力和激情",同时,"儿童不同的内在敏感性使他能从复杂的环境中选择对自己生长适宜和必不可少的东西……使儿童对某些东西敏感,而对其他的东西无动于衷"。[①]

根据自己对儿童的观察与实验,蒙台梭利认为儿童处在一个阶段接一个阶段往前的发展过程中,在每个特殊阶段,儿童的生理、心理和社会性特征都和上一阶段不同,而上一阶段的发展又是在为下一阶段的发展打下基础。基于这种认识,儿童整个心理发展可以分为以下三大阶段:

(1)第一阶段(0—6岁)是儿童各种心理功能的形成时期。这一阶段的最基本特点便是出现接连不断的敏感期,也是儿童个性形成的最重要时期。整个第一阶段又可继续分成心理胚胎期和个性形成期。在心理胚胎期,儿童并没有有意识的思维活动,只是无意识地吸收外界刺激;而在个性形成期,儿童心理活动逐渐从无意识状态过渡到有意识状态,慢慢产生了记忆、理解和思维能力,并逐渐形成了各种心理活动之间的联系,获得了最初的个性心理特征。此外,她还试图区分不同的敏感期,如儿童自出生到5岁是感觉发展和动作发展的敏感期,1—4岁是秩序发展的敏感期,出生后2个月—8岁是语言发展的敏感期……基于这样的认识,蒙台梭利根据不同敏感期的需求,设计出独特的教具,以促进儿童在各个敏感期能获得充分的发展,并在不同活动的交替进行中,逐渐形成自己的个性。

(2)第二阶段(6—12岁)是儿童心理发展的相对平稳期。这一时期儿童开始具有抽象思维能力,产生道德意识和社会感。这是儿童增长学识和艺术才能的时期。这个时期教育的重点由感觉练习转向抽象的智力活动。

(3)第三阶段(12—18岁)是儿童身心经历巨大变化并走向成熟的时期,即青春期。这一时期变化之大犹如第一时期,且可分为两段:12—16岁和15—18岁。这一时期的人不仅在生理上产生许多变化,身体达到完全成熟,而且树立起理想,产生了爱国心和荣誉感,能根据自己的兴趣独立探索事物。因此,在这一时期可以像对成人那样进行宣传教育。

---

① 任钟印.世界教育名著通览[M].武汉:湖北教育出版社,1994:1228—1229.

蒙台梭利把儿童发展解释为人具有的生命潜力在先天因素和环境因素相互作用中的不断表现,这种发展过程呈现出动态性、节律性和阶段性的特征。她强调儿童作为主体的创造性表现,呼吁为儿童自然发展提供"有准备的环境",根据儿童发展的阶段性特征采取相应的教育方式。为了成为蒙台梭利式的教师,教师自己也必须成为"有准备的人",学会使用观察的方法,认识儿童内心深处所隐藏着的神秘力量,激发儿童参与活动的兴趣,以"被动的观察者和指导者"的身份帮助儿童发挥其在教育活动的主体意识和卓越表现力。因此,教育者的首要任务便是激发生命,让生命自由发展。

(二) 幼儿教育原则及环境

如教育史学家康纳尔所言,自由、工作、秩序是蒙台梭利为儿童所构房屋的三大支柱。这三者的联结是蒙台梭利教育学说的耀眼之处,她通过"工作"将"自由"和"纪律"这一对矛盾调和起来。

自由活动是蒙氏教育法的核心概念,也是整套体系的至高价值取向。在她尝试建构的科学教育学里,自由被赋予普遍的意义。"如果科学教育学要在学校诞生,那么学校必须允许儿童自然地表现自己"①,她还认为,儿童自然表现的自由和过去受到卢梭影响的教育者们倡导的自由相比,后者往往把自由的概念等同于"社会自由""阶层解放""思想解放",而前者则重视人类个体精神的自由。从教室的课桌椅布置到学校的奖励、惩罚措施,这些都是奴役、压迫精神自由的形式。从人类道德进步的历程来看,教育的枷锁正在一点点脱落,自然或生命的光彩正在焕发。

儿童如何获得自由?活动恰恰提供了自由的可能形式和载体。"儿童的自由就是儿童的活动"②,儿童通过与环境的互动获得经验,借助含有动作的活动来吸收知识,因而一个儿童自由活动的场所提供,成为儿童自我教育的重要条件。

在一个儿童享有充分自由的班级里,是否会毫无纪律?蒙台梭利的答案不乏清醒的洞察:在审慎的自由中,儿童所遵守的纪律必然是积极主动的。我们需要注意,蒙台梭利的自由虽然是普遍性的自由,但并非无条件的、泛滥的自由。相反,这样的自由是顺应儿童健康发展的趋势,如果儿童表现出侵犯他人的行为,则必须受到制止。在自由高于纪律的前提下,纪律获得了新生。一个丧失行动自由的人,"只是个迷失了自我的人,而不是遵守纪律的人";唯有掌握自身自由,人才会节制而尊重秩序,培养出正义感和集体意识。总之,"纪律教育的目标就是保持儿童的积极主动性,促进儿童的工作,让儿童分清善恶,而非让其静止不动、消极被动和盲目顺从"③。

纪律并非通过死板的道德教化而来,没有人是通过别人喋喋不休的说教学会自律和养

---

① 玛利亚·蒙台梭利.蒙台梭利教育法[M].霍力岩,等,译.北京:中国人民大学出版社,2008:15.
② 玛利亚·蒙台梭利.蒙台梭利教育法[M].霍力岩,等,译.北京:中国人民大学出版社,2008:82.
③ 玛利亚·蒙台梭利.蒙台梭利教育法[M].霍力岩,等,译.北京:中国人民大学出版社,2008:88.

成高尚道德情操的。蒙台梭利指出："纪律的第一道曙光来自工作。"①这种工作并非通常所言的制度束缚,而是一种儿童为了获得充分教育所必需的经验。这种工作也不是随便提出的某项任务,而是"人类出于本能的渴望去做的工作,必须是生命潜藏的趋势自然转向的工作,或者是可使个体一步步地获得自我提高的工作"②。从蒙台梭利对工作的规定我们可以看出,经验是儿童心理与外部环境的作用方式,外在表现即儿童在活动中的行为表现。这一经验并非总处在固定的、静止的水平中,它不断受到新的作用力刺激,产生新的经验,这使得儿童的自我教育和自我发展成为可能。工作使儿童发挥其内在潜能获得了途径。在工作中,儿童能够专心致志地从事某项活动,协调各个器官、神经和肌体,从而使儿童个性发展不断趋向有序状态,并充分表现出未来成长的无限可能性。

总之,自由是儿童发展的首要原则,而工作使儿童在精神上得到发展,并使儿童品尝到精神有序所带来的喜悦。毫无疑问,蒙台梭利关于自由、纪律和工作的看法,对于今人反思儿童自由与纪律的尺度与界限以及教学管理的恰当方式,不无理论指导价值。

三、"儿童之家"的教学内容

在儿童之家里,既考虑儿童日常生活的科学安排,也详细分配了儿童的学习内容。

蒙台梭利教育法的侧重点并不在于知识、技能的掌握,而是儿童身体和心理功能的健全发展。她认为儿童应具备三种功能:运动功能、感觉功能和身体适应功能,因此,他们的教育内容也主要围绕着这三方面展开。同时,儿童的发展具有阶段性和顺序性,儿童教育应该遵循这样的发展路线:从肌肉系统到神经和感觉系统;从感觉训练到一般概念;从一般概念到抽象思维;从抽象思维到道德。此外,儿童发展还具有整体性。具有阶段特性的儿童教育不能单单依靠碎片化的、孤立的教育经验,事实上,人的性格、智力、情感与成长都有着不可分割的联系。蒙台梭利为儿童设计的练习,既能发展能力、掌握技能、为日常生活作准备,又能培养纪律、锻炼意志力、守护住人类的精神火花。

具体而言,儿童之家的教学内容包括日常生活练习、肌肉训练、自然教育、体力劳动、感官教育、智力教育和读写算技能教育等,下文分别一一简述。

(一) 日常生活练习

儿童之家是培养3—6岁儿童的园地,蒙台梭利坦言:"让儿童每天在学校待这么久,并不是想把他们培养成公立学校那样的学生!"在这里,孩子们不是倍感压抑、毫无生气的机器,而是富有生命潜力的人。现在,教师们需要进行的第一步便是唤醒儿童,唤起他们的注意、唤起他们的内在、唤起儿童与他人共同生活的热情。蒙台梭利教育法的起点是:"为儿童适

---

① 玛利亚·蒙台梭利.蒙台梭利教育法[M].霍力岩,等,译.北京:中国人民大学出版社,2008:309.
② 玛利亚·蒙台梭利.蒙台梭利教育法[M].霍力岩,等,译.北京:中国人民大学出版社,2008:310.

应社会生活方式做准备。"①因此,儿童在儿童之家的生活,并非脱离社会生活的乌托邦。

儿童之家的一日活动是在日常生活练习中开始的,内容包括"清洁""有序""安静""会话"。首先,从清洁活动开始,包括个人卫生和教室环境卫生。儿童一到校,便开始卫生检查。卫生指导可在教师与儿童间进行,也可在年龄稍大一点和年龄较小一点的孩子们之间进行。在完成教室清洁卫生检查工作后,教师讲解正确的坐姿,此时儿童要保持安静,学会沉着平稳的举止和优雅沉静的动作,以及有礼貌地待人接物。对于儿童的表现,教师的评论语气平缓不夸张,且干预只限于纠正无序行为。最后的会话,是指教师与学生的谈话,这种谈话"在能够促进儿童语言能力发展或开发的同时,也具有较大的教育价值"②,因为谈话主题和内容的展开是受到限制和选择的,儿童逐渐从谈话中了解到交谈的原则。

(二) 肌肉训练

运动与心理发展有密切的联系。在儿童之家,体操被视为肌肉训练的方法。肌肉训练对儿童身心发展有促进作用,既利于儿童体形发育的保健,又利于促进儿童心理的发展。在蒙台梭利看来,运动对于个体的身心健康和社会的良善秩序意义重大。

儿童之家实行的帮助儿童训练肌肉的方法——体操,其内涵广泛,内容较为多样,包括以下几项。

(1) 锻炼下肢的各种运动,其形式主要是走路、上下楼、跳跃等。这些运动可分为两种:一种是日常生活中的自然运动,如在院子里行走、攀爬篱笆等;另一种是设计体育器械来发展儿童下肢,如摇椅、"钟摆"、圆形小木梯等,以促进实现儿童练习日常生活动作的协调。

(2) 自由体操,即不借助任何器械的体操。它分为两类:指导性的必做练习,如齐步行走操和福禄贝尔式的游戏;自由游戏,如球类、铁环、沙包和风筝游戏。

(3) 教育体操。上面言及的诸多自由体操练习主要是为了锻炼儿童的大肌肉,如腿部肌肉,而教育体操主要是为了锻炼儿童手部肌肉及其手指动作的协调。一方面,教育体操构成了学校其他工作的一部分,如耕种、照顾动植物等,这些活动要求各种动作的协调,如蹲下、起立和锄地等;另一方面,教育体操还为儿童日常生活提供了练习,如手指协调性练习便为穿衣作好了准备。

(4) 呼吸体操和嘴唇、牙齿、语言体操。这些体操的目的是调节呼吸,即教会儿童正确呼吸的办法。它们还有利于儿童养成正确的说话、发音方式,锻炼儿童的语言器官。

(三) 自然教育

蒙台梭利受到伊塔的"阿维龙野孩子教育实验"的影响,深信教育是为儿童进入社会生

---

① 玛利亚·蒙台梭利. 蒙台梭利教育法[M]. 霍力岩,等,译. 北京:中国人民大学出版社,2008:112.
② 玛利亚·蒙台梭利. 蒙台梭利教育法[M]. 霍力岩,等,译. 北京:中国人民大学出版社,2008:114.

活作好准备。在准备的过渡期中,针对儿童的教育工作需要顺应自然,需要让儿童从事农业劳动,指导儿童培育动植物,从而让儿童理解自然并思索自然。同时,英格兰的莱特夫人(Mrs. Latter)园艺学教育方法也证实了对儿童进行农业教育的可行性。在自然教育中,儿童的道德教育也自然形成了。第一,儿童通过自主观察生命现象并形成预见。儿童自我教育的实现,发生于儿童与其培育的生物之间产生生命的神秘感召之时,从中学会对生命体的成长和繁殖现象进行沉思。第二,自然教育培养了儿童耐心、自信的美德和对自然的感情。第三,自然教育使儿童个体的发展同人类的发展协调起来。

(四) 体力劳动

此部分内容源自蒙台梭利曾在"艺术教育学校"的所闻所见,一位艺术家兰登(Randone)教授尝试在该校重建制陶艺术。蒙台梭利在儿童之家也引入了这些练习,包括制陶、生产小型砖块和建造小型墙壁、房屋等技能。这里所言的体力劳动与肌肉练习中的体操教育不同,前者是完成特定的工作,生产对社会有用的物品,增加世界的财富;后者主要是锻炼双手,增强体质,使个体更加完美。当然,二者实质上互相联系,只有双手熟练的人才能生产出合格的产品。

(五) 感官教育

蒙台梭利在与实验心理学的比较中得出,自己所主张的教育学是为了训练儿童的感官,而非侧重于测量。因而教具选择的目的,也是为了发展儿童的能力。在不断试验和改造用于教育缺陷儿童的教具基础上,蒙台梭利发展出教具系统,满足了进行实际感官教育的基本需要。

1. 感官教育的目的和功能

(1) 感官教育的生物学目的,即促进个体的自由发展。3—7岁的儿童正处于感官发展的形成阶段,恰恰是我们应该系统地指引儿童感觉刺激的时机。感官训练还为儿童的智力发展打下坚实的基础,有助于发展、纠正儿童在学校中受到忽视的不足或缺点。

(2) 感官教育的社会学目的,即促进个体对环境的适应。其中,训练儿童的观察能力是首要的。蒙台梭利列举实证科学、伦琴射线等案例说明了观察的重要性。

(3) 感官教育的日常功能,即通过感官教育,把人们培养成观察者。它不仅是为了帮助人们养成适应现代文明社会的一般品质,还直接为人们提供了日常生活的经验和准备。日常生活需要感官教育,而以往的智力训练并没有实现这层目标。例如厨师、医生,必须在新手阶段就通过长期的、模式化的实践培训。在幼年期就开始的感官教育,能够帮助个人真正掌握生活常识,还能丰富人们的感觉能力,以及对各种细微刺激的鉴赏能力。

2. 感官教育的原则和内容

感官教育的进行,需符合几条普遍原则:①有缺陷的儿童和正常儿童对展示的由不同等级刺激构成的教具的反应有所差异。②感官教育的目标是通过反复练习,以改善对不同刺激的感觉能力。③可以根据塞根的原则,将正常儿童的语言与感知觉发展过程分为三阶段:把感知和颜色名称联系起来;根据颜色识别物体;记住相应物体。

感官教育主要是一个儿童依靠教具进行自我教育的过程,因此,教具的合理设计与使用至关重要。教师应当掌握基本的训练技巧,如尽可能地把各种感觉孤立,以有效地保持儿童注意力集中,增强儿童对物体特殊性的感受力;在刺激分配中,应注意从少数

图 12-3 触觉练习

对比强烈的刺激过渡到更多差异逐渐细微的刺激。感觉教育主要分成触觉、温觉、压觉、嗅觉、味觉、视觉、色觉、听觉等方面,尤为重视触觉的训练,这是因为蒙台梭利认为儿童常常以触觉来代替视觉或听觉,即通过触觉来认识周围事物。

(六)智力教育和读写算技能教育

图 12-4 写字练习

蒙台梭利认为,3—6 岁的儿童具备学习基础知识的能力,可以教他们学习阅读、书写和计算。在学习阅读和书写时,书写的练习一般先于阅读的练习。通过触觉的训练,儿童可以自然地进行书写练习。蒙台梭利还设计了简单的字母教具让儿童练习,使视觉、触觉、听音和发音结合起来,儿童能够很快辨认并记住字母的形体,学会辨别语音和拼音、阅读单词和理解断句。在学习计算时,蒙台梭利认为可以利用计算与日常生活的联系激发儿童的兴趣,再利用图形数字进行认数和记数的练习,接着再教儿童 1—20 的加减乘除运算。

尽管蒙台梭利教育法在不同时期受到不同的褒贬,但不可否认的是,蒙台梭利的理论代表了 20 世纪儿童教育学理论的发展趋势。揭示"童年的秘密",是儿童研究者为了突破困境而紧紧攥住的解密之匙。有趣的是,20 世纪无论是打着科学旗号还是艺术旗号的儿童研究,混合了过去界限分明的理性与非理性之分,纷纷质疑那台"制造机器的中央机器"。敏锐的教育家开始怀疑一直以来理性对现象的支配力量,这在秉持"观察法"还是"测量法"的争议中,体现得尤为明显。我们如何正确认识儿童?儿童和成人的差异何在?儿童作为个体发展的起点,是如何打开充满奇妙景象的成长画卷?在哪里能够找到活泼纯真、守纪爱人的儿童?在蒙台梭利看来,科学的教育学恰恰是在指引教师来研究儿童、观察儿童的天然禀性,唤醒儿童的智力生命。与其说我们看到了儿童的"横空出世",不如说是现代社会的人们清醒地认识到了盲目乐观的理性主义的局限之后,试图在"儿童的啼哭声与欢笑声"中重获生命力。

第三节　皮亚杰的儿童发展与教育思想

皮亚杰(Jean Piaget，1896—1980)是当代著名的儿童心理学家和教育家。西方将他当作与苏格拉底、弗洛伊德、爱因斯坦齐名的思想文化巨人。

一、生平与主要著作

图 12-5　皮亚杰

皮亚杰生于瑞士的纳沙特尔，幼年时对生物学产生了浓厚的兴趣，表现出突出才能，11岁时即在老师的指导下发表了一份动物调查报告。中学毕业后进入大学主修生物学，于1918年以一篇动物分类学论文获得了纳沙特尔大学自然科学博士学位。

在攻读博士期间，皮亚杰的学术兴趣发生了转向，开始着力探究"人是如何获得对世界的认识"这类哲学问题。对于这个问题，他以为生物学知识和方法不足以解决，于是先求助于逻辑学，后来最终试图从心理学角度来探讨认识的发生和发展。皮亚杰的心理学研究起点很高，彼时人类思维科学研究已经告别陈旧的联想主义，新的心理学研究范式兴起，例如詹姆士(James)、弗卢诺埃(Flournoy)和杜威(Dewey)的动力与实用主义心理学；弗洛伊德(Freud)的精神分析学派；杜尔凯姆(Durkheim)的社会心理学；霍尔(Hall)、格罗斯(Gross)、比纳(Binet)等人的发生心理学等崛起，皮亚杰吸收了这些不同学派的理论用来解释儿童的心理状态与行为方式。

在取得博士学位后，皮亚杰先是在苏黎世一所心理实验室及精神病诊所工作。工作期间，他对弗洛伊德的精神分析学说很感兴趣，但又认为这是思辨，不是科学，于是前往巴黎，师从实证论者布隆什维克(Léon Brunschwicq)和心理学家皮埃尔·让内(Pierre Janet)。1920年转入西蒙(Théodore Simon，即和比奈共同开发智力量表的心理学家)在巴黎的儿童心理实验室工作。皮亚杰在对法国儿童进行智力检测的过程中，注意到儿童的思维与心理发展，可能是他探索认识论问题的一个"突破口"。20世纪是儿童的世纪，皮亚杰深受卢梭、福禄贝尔、蒙台梭利和杜威等人以及20世纪上半叶"儿童中心论者"教育思想的影响，开创了自己独特的儿童心理学研究之路，以"日内瓦学派"闻名于世，对普遍的教育观念和学校机构教学方式的变革影响至深。

1921年，皮亚杰返回瑞士，任教于日内瓦的卢梭学院，教授教育学和儿童心理学。随着三个孩子的出生，皮亚杰在夫人的协助下观察儿童，研究婴幼儿心理发展，发表了《儿童的语言与思维》(1923)、《儿童的判断与推理》(1925)。1929年，皮亚杰转到日内瓦大学教授实验心理学,随后发表了《儿童智力的起源》(1936)、《智力心理学》(1947)和《发生认识论》(1970)。皮亚杰才华横溢,工作勤勉,著作浩繁。单是出版的著作就有70多本,创造出一条跨学科的科学的发生认识论研究范式。皮亚杰谦称自己只是一名发生认识论者,而不是教育工作者,作为一名心理学家,他只能提供教师能够应用的事实,而不是代替教师的职能。尽管皮亚杰在儿童心理学的研究领域中为教育理论的发展作出

图 12-6 皮亚杰观察儿童做实验①

卓越贡献,但他也曾单独就教育问题予以阐述,出版了专著《心理学与教育学》(英译名为《教育科学与儿童心理学》)和《教育往何处去——理解即发明》(英译名为《理解即发明——教育的未来》)。可以说,皮亚杰是当代对教育影响最大的心理学家。

二、认知结构主义心理学的基本框架

皮亚杰是一位极为忠实的结构主义者,他的心理学研究具有极为强烈的哲学风格,一直尝试将因果关系的客观归因与主观归因统一起来,走一条"中间路线",反复思考认识的发展和历史性研究,并与生物学类比进行重新思考。

跨学科的求学经历,为皮亚杰的研究提供了极佳的思考活力。他还集合了各国著名的心理学家、逻辑学家、哲学家、语言学家、控制论学者、数学家、生物学家、物理学家和教育家等,在日内瓦建立了"发生认识论国际研究中心"(International Center of Genetic Epistemology)并亲自担任主任。该中心由一位与皮亚杰合作多年的数学家亨里克(Gil Henriques)教授领导。该中心的各项研究成果,汇编为《发生认识论研究》丛书。国际学术界承认"他以一种完全经验的方式,探讨了此前纯属思辨哲学的问题,把认识论创建为一门相当独立于哲学而与有关人的各学科紧密相连的学问"②。事实上,从20世纪20年代开始,皮亚杰和"日内瓦学派"便创造出了一条独特的儿童思维研究路径,这条路径一开始称作"临床法",后来称为"关键探究法"。这种方法本质上是一种观察:让儿童说话,注意儿童思想开展的方式。其新颖之处,不在于仅仅满足于把儿童对问题的答案记录下来,而要让儿童主动地谈话。因此这种方法也是一门提问的艺术,它不局限于观察的表面,而是寻索隐藏在现象表面之下的儿童官能与思维发展的规律。皮亚杰在超过半个世纪的研究生涯中,坚持不懈地研究儿童认知、智力、思维的发展,先后深入研究了儿童的语言、判断推理、物理因果关系、数量、时间、空间、速度与运动、必然性与可能性、逻辑、直觉等诸多主题。皮亚杰的学术贡献,具体可以划分为四个阶段:第一阶段为1925—1940年,是研究儿童智能发展的一般阶段;1940年以后,用符号逻辑的形式结构模式描述儿童后期阶段的智力发展。第二阶段为

---

① 图源自:皮亚杰. 皮亚杰教育论著选[M]. 卢濬,译. 北京:人民教育出版社,1990:前页插图.
② 皮亚杰. 发生认识论[M]. 范祖珠,译. 北京:商务印书馆,1990:2.

1940—1960年,皮亚杰深入研究知觉的发展。第三阶段为1940—1980年,皮亚杰研究诸如时间和空间的科学概念。第四阶段为1950年以后,皮亚杰便重返认识论理论的研究。

皮亚杰的学术研究活动,包括生物学、逻辑学以及心理学领域的观察,都围绕着一个核心问题,即一个人的认识能力、理解力或智力,是从哪里来的,又是怎么发生的。认识论旨在阐释人类知识的形成,而认识是主体与客体之间的关系。皮亚杰确立了对康德一脉的思辨的哲学认识论问题的实证化,创造性地指出个体认识发生的研究范畴并非先验的。他从儿童的主体加之于客体的中介物——"活动"中找到了源头。人作为生物个体,一切活动都是他与生存于其中的环境不断接触、交往的产物。思维也是个体的一种活动,是个体在成熟的基础上,与外在世界不断交往互相作用中形成起来的。思维心理学就在于研究该形成过程。

(一) 儿童认知结构与智力发展的核心观点

皮亚杰在20世纪60年代初创立了"发生认识论",发生认识论的主要问题就是去解释"在知识发展中新的知识结构是怎样构造起来的"①。"发生认识论"的两个中心思想是"互相作用论"和"建构论",即认为知识不是外界客体的简单摹本,也非主体内部预先形成的结构的展开,而是由主体与外部世界不断互相作用而逐步建构的结果;认识是一种主动积极和不断的建构活动,儿童通过自己的活动,建构并形成他的认识结构与思维形式。皮亚杰试图把经验论和先验论的矛盾通过知识的不断构造进行调和,把知识的发生与发展归为两个主要方面:一是知识形成的心理机构(即认识结构);二是知识发展过程中新知识形成的机制。认识结构这一概念涉及图式(Scheme)、同化(Assimilation)、顺应(Accommodation)和平衡(Equilibrium)等基本概念。

1. 基本概念

(1) 图式。也有译作"格局",即人类认识事物的主观上的结构。皮亚杰的定义为:图式指动作的结构或组织,这些动作在同样或类似的环境中由于重复而引起迁移或概括。对于这个定义,我们可以将之纳入到皮亚杰对认知过程的理解中,在主体与客体相互作用的过程中,活动是过程的内容,而图式则是过程中形成起来、并组织活动的形式与结构。皮亚杰通过逻辑学的术语和思考方式,将之描述为"一个动作里可以重复和可以概括的东西""这里有一种架构(即图式)逻辑"。② 图式与图式之间可以彼此协调,图式的协调则意味着动作的普遍协调。这些动作协调形成一种动作逻辑,是逻辑数学结构的出发点。图式是一种主体活动(包含外部动作和内部思维)的功能和心理结构。一个图式就是一个有组织的行动系统。如果行动是外显的运动行为,则为感知运动图式;如果行动是内化的,则为认知图式。一个人所具有的图式,构成了其理解世界、获得新经验的基础。图式可以分为初始图式、初级图

---

① 皮亚杰. 发生认识论[M]. 范祖珠,译. 北京:商务印书馆,1990:53.
② 皮亚杰. 发生认识论[M]. 范祖珠,译. 北京:商务印书馆,1990:29.

式、高级图式等不同的发展水平。初始图式主要是遗传性的图式或反射图式;初级图式主要指感知——运动图式、习惯等;高级图式主要指运算图式、智力图式、思维结构等。图式从低级到高级的发展,是从本能开始的。随着婴幼儿在适应环境的过程中,活动范围不断扩大,在新鲜刺激的作用下,婴儿身处相似的情景,通过图式的分化和泛化,形成了新的图式。图式的不断增多和复杂化,以及多种图式间的相互协同,表明图式的发展水平和人类心理活动的层次不断提高。

（2）同化与顺应。同化与顺应是儿童个体适应环境的两种技能。皮亚杰对这两个公式给了简洁的定义:"刺激输入的过滤或改变,称为同化;内部图式的改变以适应现实,称为顺应。"[①]在认识过程中,通过同化,儿童将认知的客体（新的知觉要素或刺激物）纳入主体的原有图式之中,这只能引起图式量的变化。当儿童接触到新事物或者需要使用新方法去观察旧事物时,他们试图使这些事件或刺激,符合原有的认知结构。当个体不能把客观事物纳入主体原有的图式中,便产生了适应的另一种形式——顺应。顺应也译作"调节"或"调整"。当主体的图式不能同化客体,图式会发生质的变化,要么调整原有的图式,要么创立新的图式。

（3）平衡。在主体对环境的能动适应过程中,处于同化和顺应这两种机能活动之间,还存在着一定的稳定状态,即平衡。儿童每遇到新事物,在认识过程中总是试图用原有图式去同化,若获得成功,即可达到认知结构暂时的平衡;若没有成功,儿童则会作出顺应,调整原有图式或创立新图式去同化新事物,直至达到认识上的新的平衡。在皮亚杰看来,认识的发展恰恰是依靠同化与顺应两种机能,从最初的不稳定平衡过渡到逐渐稳定的平衡状态。新的、暂时的平衡并非绝对静止或终结,而是儿童在主体与客体的相互作用下,获得新经验的起点和过程。

2. 制约儿童心理发展的因素

皮亚杰对制约儿童心理发展的各种因素进行了分析,主要包括以下四个方面:

（1）成熟,主要指神经系统的成熟。尤其是婴幼儿的行为模式,与生理发展有着直接的关系。成熟是儿童心理发展的必要条件。但皮亚杰批判了格赛尔对成熟的过度强调,认为成熟仅仅是影响儿童发展的诸多因素之一。随着儿童年龄渐长,自然及社会环境对其影响的重要性也随之增强。

（2）物体经验,是指个体在作用于物体的动作时从事的练习和经验的习得,包括物理经验和逻辑数理经验。个体作用于物体,获得物体的特性知识,如大小、轻重、形状等,即物理经验;个体作用于物体,从而理解动作与动作之间相互协调的结果,即逻辑数理经验。逻辑数理经验对儿童来说是新的知识、新的构成的结果。在这种经验中,知识并非源于物体,而是源于动作,动作是形成主体认知结构的基础。

（3）社会经验,是指个体与社会的相互作用和社会传递,包括社会环境、社会生活、文化

[①] 皮亚杰,英海尔德.儿童心理学[M].吴福元,译.北京:商务印书馆,1980:7.

教育、语言等。皮亚杰十分注重环境和教育对儿童心理发展的重要作用,同时也承认了社会经验所起的作用是有限的。

（4）平衡化,是指儿童的自我调节的过程。皮亚杰认为,平衡化或自我调节是儿童心理发展的决定性因素。

(二) 儿童思维发展阶段理论

在皮亚杰看来,教育的主要目的在于促进儿童智力的发展,培养儿童的思维能力。教育的最高目标便是促成儿童养成逻辑推理能力和掌握复杂抽象概念的能力。传统的学校教学训练,教师机械地向学生传授事实类型的知识,儿童被动地接受知识的灌输。皮亚杰认为这是错误的,他强调过程的学习,注重儿童形成认知结构和发展逻辑思维能力。皮亚杰指出,认知发展过程是连续性与阶段性的统一。认知发展表现为几个不同水平的连续阶段,每个阶段都有其特殊的主要行为模式;前一阶段的行为模式总是要整合到后一阶段的行为模式之中。皮亚杰用个体的外部"动作"(action)和内部"运算"(operation)来阐释人与物的结构主义互动观点。动作是内部的外显,而运算是思维内部自低向高发展的标志。皮亚杰的发生认识论,除了理清认识中主客体的关系与遗传、环境的问题之外,还力图说明认识中的"知"与"行"的辩证关系,重视动作在认识中的作用。皮亚杰理论中的动作,是指个体的活动。人类的认识起源于动作,动作在儿童的智力和认知发展中起到重要的作用。认知结构逐步建构的起点便是动作(即活动),而不是直觉。因此,皮亚杰认为在教学中必须重视儿童的动作和活动。这一理论为新教育所主张的活动教学法提供了理论依据。

至于运算,皮亚杰定义了以下特征:①一个运算是一个可以内化的动作,即这种动作可以在物质世界中实现,同样,也可以在思想世界里实现。②运算是一种可逆动作,如减法便是加法的逆转。当然,这种逆转性并不是所有的动作都能办到的。由此可见,可转换性是皮亚杰结构主义哲学观的表现,也是他把结构论作为一种方法论所得出的结论。

皮亚杰认为,儿童发展可以划分为四个相对独立又互相连接的阶段。

1. 感知运动阶段（0—2岁）

感知运动阶段相当于婴儿期。这个时期儿童尚未掌握语言,他们主要通过感觉运动图式来和外界相互作用(同化和调节)并与之取得平衡。其行为发展经过本能反应、习惯形成和智力活动出现这三个层次。皮亚杰认为出生后第1个月婴儿的行为表现以遗传性反射图式为特征。1—4个月逐渐形成了最初某些习惯,到1岁左右开始出现感觉运动思维活动,这是儿童思维的萌芽。

2. 前运算阶段（2—7岁）

前运算阶段相当于学前期,也称表象或形象思维阶段。此时期儿童各种感知运动图式开始内化为表象或形象图式。由于语言的出现和发展,儿童日益频繁地使用表象符号来代替外界事物,重视外部活动。儿童凭借表象思维,可以进行各种象征游戏以及绘画活动等。在皮亚杰的认知理论中,运算是尤为复杂的心理活动。运算本是内化了的、可逆的、组成结构的且具有守恒性的动作,但在这一阶段,儿童认识缺乏概念的守恒性和可逆性,故用"前运算"来表达。

这一阶段儿童的另一特点是较为突出的自我中心。他们不能将自己作为主体从客体中分离出来,如抱怨"这楼梯真讨厌,它碰痛了我""云彩是由很多人推着走的"等,将自然现象赋予人格。儿童可以通过同伴间的交往活动来摆脱这种天真的自我中心。

3. 具体运算阶段(7岁或8岁—11岁或12岁)

在具体运算阶段,儿童能进行具体的运算,在同具体事物相联系的情况下进行逻辑思维。此阶段的主要特点是守恒性。守恒是通过两种可逆性来实现的:①逆向性(或称否定性),如+A是-A的逆向或否定;②互反性(或称互换性),例如A>B的互反便是A<B。儿童获得守恒性概念有一个递进的过程,先是数量守恒、长度守恒、物体守恒,然后是重量守恒、体积守恒。

4. 形式运算阶段(11岁或12岁—15岁)

形式运算阶段以抽象逻辑思维为标志。儿童在具体思维运算的基础上,通过不断同化、顺应、平衡,逐渐出现新的运算结构,形成了和成人思维相近的成熟的形式运算思维。形式运算是一种把形式和内容分开,可脱离具体事物、根据假设来进行逻辑推演的思维。

这一阶段儿童的主要运算图式有:比例、包含、组合、排列、概率、因素分析运算等。儿童可以通过抽象的逻辑思维,来解决现实中提出的许多新问题。

虽然皮亚杰划分了儿童心智发展的主要四大阶段,且具有普适性;但皮亚杰还注意到,儿童的发展也因外在客观条件以及内在的个体特征而出现差异。例如,儿童由于遗传、社会生活条件、经验等方面的不同,导致某个发展阶段加速、推迟甚至阻遏。因此,个体发展的速度不同,实际发展与理论的年龄划分并不完全吻合,也不是所有儿童都能达到最后的形式运算阶段。因此,在班级教学中,由于学生的认知结构和发展阶段处在不同的水平上,教师需要根据学生的实际情况和需求提供相应的学习内容。

总体而言,皮亚杰的儿童认知发展理论,与西方儿童教育先驱者的教育思想如卢梭的"儿童不是小大人"、福禄倍尔的"分析发展阶段""提供材料供儿童操作"、裴斯泰洛齐"以促进能力的发展为目的"、蒙台梭利的"重视发展的顺序"等教育理念相一致。

三、儿童道德发展及教育

皮亚杰看来,智力是一种适应过程,以一种高水平的、以认知功能为形式出现的行为结构。尤为重要的是,智力来源于活动,认识一个对象就是对它采取行动并改造它,活动是智力形成与发展的真正动因。其教育理论,有三个基本原则:①学习是儿童内在的主动的过程,因为知识是由儿童内部构建;②重视儿童相互间社会性影响的作用,儿童智能发展中需要儿童的相互协作,这和儿童与成人的协同同等重要;③建立在儿童实际经验的智能活动应居于优先地位,而非建立在言语之上的智能活动位于优先。

(一) 道德发展阶段论

通过儿童行为的系统观察、记录与分析，皮亚杰对儿童的道德发展提出了独特的分析。在《儿童的道德判断》一书中，他提出了一个道德研究的理论框架和分析路径。儿童道德发展可以分为四大阶段。

1. 前道德阶段（0—2岁）

这个阶段有两个分阶段：集中于自我时期和集中于客体永久性时期。儿童的道德认知是不守恒的。

2. 他律道德阶段（2—7岁）

他律道德阶段也称权威阶段或道德现实阶段。约从2岁开始，儿童的思维发展进入前运算阶段。在这一阶段，成人是一切道德和一切真理的源泉。每个儿童都按照违反或遵从成人的权威的规定去判断是非——听话就是好，不听话就是不好。正确与否的标杆，就是对成人或年纪较长者命令的遵从；反之，若按自己的意愿行事，即错误行为。这是一种他律的道德观，即儿童的道德判断受他自身以外的价值标准所制约和支配，且夹杂着儿童对成人的惧怕与爱恋的情感。在道德现实中，这一阶段的儿童形成了客观责任感，即儿童对行为的判断主要依据行为的客观物质后果，忽视了主观动机。他们也相信惩罚的效果，以为惩罚的痛苦将会使犯错误的儿童认识到过失的严重性。

在皮亚杰看来，他律不仅仅是较为低级的道德水平表现，也是智力发展的局限使然。对此，教育者应当加强儿童与社会的接触，培养儿童与集体相处的能力，以顺利从他律阶段过渡到自律阶段。

3. 自律道德阶段（7—12岁）

自律道德阶段或称道德可逆阶段。这一阶段是儿童发展的转折点，思维逐渐从自我中心状态中摆脱出来，达到具体运算水平。道德上也产生了互相尊敬、合作以及平等的公正感，开始能够根据自己的价值标准去判断道德行为、道德判断的标准是公正与否。这意味着摆脱了外界的约束和成人的道德强迫，也把行为本身同成人的惩罚（制裁）分离开来。

儿童在社会交往中，学会区分自己的观点和别人的意见，并尝试对不同观点进行协调。儿童的社会协作变得可能，协作使儿童的道德情感从单方面的尊敬发展到相互尊重。协作与互相尊重所产生的结果，便是平等的公正感。平等成为至高无上的原则。

惩戒对于此时的儿童，常常起着阻碍发展的作用。因为他们开始信奉"自食其果"原则，犯错误者不必从外部强制承受痛苦，只要他能够从错误所造成的恶果中感到痛苦就足够。例如，一人破坏了团体利益，将会受到该团体其他成员的孤立。儿童道德自律的发展，有助于稳定的、符合社会协作所需的恰当道德原则的形成。教育者采取通情达理的措施，通过摆事实、讲道理来实现良好的教育效果。

4. 更高水平的道德阶段（12—14岁）

这一阶段的儿童借助形式思维，进一步获得了能运用理想或超越个人价值的新境界，也形成了社会公道感和人格。他们就道德问题所作出的判断,其标准并非僵化的、刻板的固定形式,而是以同情、理解的态度作出公道的判断。这里的道德情感已超出了行为的道德判断,它本身便是一种以同情心为内核的道德关系。公道感是公正观念的一种高级形式。

而人格的形成需要具备两个条件:①形式运算思维。人格是一个使自我服从于理想、祖国以及社会公正等高层次概念的独特系统,需要借助形式运算思维才能实现。②社会的协作。儿童在社会交往中扮演着成人的角色。这两个条件的提出,提醒教育者应当重视道德教育的阶段性特征,对于此阶段儿童来说,极为重要的教育途径便是运转良好的社会机制,儿童是在所活动的社会范围内,运用发展成熟的形式运算思维来理解事物和周围环境,并养成了独立、坚强的人格。

(二) 活动教育法

皮亚杰得出结论,智力是一种适应过程,以一种高水平的、以认知功能为形式出现的行为结构。尤为重要的是,智力来源于活动,认识一个对象就是对它采取行动并改造它,活动是智力形成与发展的真正动因。基于此,皮亚杰提出三条基本教育原则:一是学习是儿童内在的主动的过程,因为知识是由儿童内部构建;二是重视儿童相互间社会性影响的作用,儿童智能发展中需要儿童的相互协作,这和儿童与成人的协同同等重要;三是建立在儿童实际经验的智能活动应居于优先地位,而非建立在言语之上的智能活动位于优先。

皮亚杰反对传统的强迫教学,认为这是一种违反心理学规律的教育方法。科学的教育法是把儿童看作学习的个体,让儿童能有更多的机会去"操作",去"实验"。可见,活动教育法是西方教育史上活动教育法脉络的延续,与20世纪的儿童研究潮流相吻合,也基本继承了杜威的"做中学"观点。与以往教育家们所论及的教育理论有所不同的是,皮亚杰的活动教育法是以发生认识论和认知心理学为基础。因此,一方面,皮亚杰所言的"活动"含义,与欧美新教育倡导者的言论颇为相

图12-7 按皮亚杰理论进行教育实验的美国海思可卜实验学校的儿童在进行建造活动①

似,活动即儿童在已有经验的基础上,根据兴趣和需要所进行的活动。另一方面,皮亚杰把"活动"的社会教化功能和个体认知功能联系起来,提出儿童发展的最高形式与阶段——形式运算思维与道德公道阶段。这是儿童中心论者忽视的领域。

皮亚杰认为,活动具有以下特征:①活动不仅包括躯体或手工方面的操作,还包括内心抽象的思考活动。②活动是一个认知过程,而不是描摹过程。描摹是形象的摹本,而认知本

---

① 图源自:皮亚杰. 皮亚杰教育论著选[M]. 卢濬,译. 北京:人民教育出版社,1990:前页插图.

身便是一种行动过程。③在活动教育法中,儿童主动地、有兴趣地自觉活动。④活动是以经验为基础的,同时对已有的经验进行改造。

教育者在运用活动教育法时,需要清醒地理解"活动"一词的深层内涵。活动教育法并不否认教师向儿童传授知识的过程,而是强调儿童主动学习的优先性。皮亚杰抛开了过去教育家对自由活动与教育秩序的浮夸争论,帮助我们树立了对教育的巨大信心。他对活动特征的描述,揭示出活动作为经验生长、改造的联结点,其本身是具有反思性的行动。无论是具有工作性质的实际生产活动,还是具有游戏性质的精神幻想活动,活动都没有彻底挣脱虚与实的缝合。从理论上来说,皮亚杰解决了福禄贝尔与蒙台梭利的意见分歧。最为可贵的一点在于,活动符合人发展的需求,人的认知无需任何强迫,自觉而全身心专注。最后,不能忘记的是,皮亚杰从未指望可整合出一套"万能"的教学策略,他不过是在尝试描述发生在内部又自然生发出来的学习现象。它不局限于学生生涯,也不止步于学校课堂。教育,本身就是人类生活的一部分。

 思考与练习

一、选择

1. 杜威在芝加哥实验学校第一阶段的教育中,是以(　　)岁的儿童为教育对象的。
   A. 3—6　　　　B. 4—6　　　　C. 4—8　　　　D. 0—3
2. 以下哪本不是杜威的著作?(　　)
   A.《学校与社会》　　　　　　　　B.《学校敢于建立一个新的社会吗?》
   C.《民主主义与教育》　　　　　　D.《我的教育信条》
3. 蒙台梭利教育原理是以(　　)为出发点的。
   A. 儿童中心　　　　　　　　　　B. 儿童生命
   C. 适应自然　　　　　　　　　　D. 反对成人化
4. (　　)非蒙台梭利为儿童所构房屋的"三大支柱"。
   A. 自由　　　　B. 工作　　　　C. 秩序　　　　D. 纪律
5. 皮亚杰认为(　　)是儿童心理发展的决定因素。
   A. 成熟　　　　B. 物体经验　　　C. 社会经验　　　D. 平衡化
6. 根据皮亚杰理论,小学儿童的思维处于(　　)。
   A. 具体运算阶段　　　　　　　　B. 感知运动阶段
   C. 前运算阶段　　　　　　　　　D. 形式运算阶段
7. 皮亚杰用来说明儿童认知发展的重要概念是(　　)。
   A. 图式、运算、同化、顺应　　　　B. 图式、成熟、同化、平衡
   C. 图式、同化、运算、成熟　　　　D. 图式、同化、顺应、平衡

8. 下列有关皮亚杰发展观点的阶段理论错误的是(　　)。

A. 每个阶段都有它独特的结构,标志着一个阶段的年龄特征

B. 各阶段的出现从高到低是有一定的次序的,没有相互间的交叉

C. 每个阶段都是形成下一阶段的必要条件,前后两个阶段有质的差异

D. 在心理发展中,两个阶段不是截然划分的,而是有一定交叉的

二、简答

1. 简述杜威的幼儿教育思想。
2. 简述蒙台梭利的幼儿教育思想。
3. 简述皮亚杰的认知发展阶段理论和儿童道德发展阶段理论。

拓展阅读

1. 罗伯特·B.塔利斯.杜威[M].彭国华,译.北京:中华书局,2002.
2. 玛利亚·蒙台梭利.蒙台梭利幼儿教育科学方法[M].任代文,译.北京:人民教育出版社,2001.
3. 皮亚杰.皮亚杰教育论著选[M].卢濬,译.北京:人民教育出版社,1990.
4. 孙瑞雪.爱和自由[M].北京:中国妇女出版社,2009.
5. 孙有中.美国精神的象征——杜威社会思想研究[M].上海:上海人民出版社,2002.
6. 赵祥麟.外国教育家评传(第2卷)[M].上海:上海教育出版社,1992.
7. 赵祥麟.外国教育家评传(第3卷)[M].上海:上海教育出版社,1992.

主要参考文献

1. 中国学前教育史编写组. 中国学前教育史资料选[M]. 北京：人民教育出版社,1989.
2. 李定开. 中国学前教育史[M]. 重庆：西南师范大学出版社,1990.
3. 杜成宪,王伦信. 中国幼儿教育史[M]. 上海：上海教育出版社,1998.
4. 乔卫平,程培杰. 中国古代幼儿教育史[M]. 合肥：安徽教育出版社,1989.
5. 何晓夏. 简明中国学前教育史[M]. 北京：北京师范大学出版社,1990.
6. 唐淑. 学前教育史[M]. 北京：人民教育出版社,2009.
7. 马镛. 中国家庭教育史[M]. 长沙：湖南教育出版社,1997.
8. 孙培青. 中国教育史[M]. 上海：华东师范大学出版社,1992.
9. 舒新城. 中国近代教育史资料[M]. 北京：人民教育出版社,1961.
10. 中国学前教育研究会. 百年中国幼教[M]. 北京：教育科学出版社,2003.
11. 曹孚,等. 外国古代教育史[M]. 北京：人民教育出版社,1981.
12. 约翰·杜威. 学校与社会·明日之学校[M]. 赵祥麟,等,译. 北京：人民教育出版社,1994.
13. 张宝贵. 杜威与中国[M]. 石家庄：河北人民出版社,2001.
14. 玛利亚·蒙台梭利. 蒙台梭利教育法[M]. 霍力岩,等,译. 北京：中国人民大学出版社,2008.
15. 吴式颖. 外国教育史教程[M]. 北京：人民教育出版社,1999.
16. 杨汉麟. 外国幼儿教育史[M]. 北京：人民教育出版社,2011.
17. 周采,杨汉麟. 外国学前教育史[M]. 北京：北京师范大学出版社,1997.
18. 单中惠,刘传德. 外国幼儿教育史[M]. 上海：上海教育出版社,1997.
19. 滕大春,吴式颖. 外国近代教育史[M]. 北京：人民教育出版社,1989.
20. 瞿葆奎,金含芬. 教育学文集·英国教育改革[M]. 北京：人民教育出版社,1993.
21. 苏真. 比较师范教育[M]. 北京：北京师范大学出版社,1991.
22. 胡金平,周采. 中外学前教育史[M]. 北京：高等教育出版社,2011.
23. Barbara Beatty. *American Pre-School Education* [M]. Jena：Jena University Press,1995.